KB174276

뿌리민족의 혼 6

음양 이론

그르고, 다르고, 바른 것에 대하여…

뿌리민족의 혼 6

음양 이론
그르고, 다르고, 바른 것에 대하여…

© 오경, 2019

1판 1쇄 인쇄__2019년 02월 10일
1판 1쇄 발행__2019년 02월 20일

지은이__오경
펴낸이__이종엽
펴낸곳__글모아출판
　　　등록__제324-2005-42호

공급처__(주)글로벌콘텐츠출판그룹
　　　주소__서울특별시 강동구 풍성로 87-6, 201호
　　　전화__02) 488-3280　**팩스**__02) 488-3281
　　　홈페이지__http://www.gcbook.co.kr
　　　이메일__edit@gcbook.co.kr

값 18,000원
ISBN 978-89-94626-78-9 03100

뿌리민족의 혼 ⑥

음양 이론
그르고, 다르고, 바른 것에 대하여…

오 경 지음

글모아출판

차 례

육생량(肉生量): 선천적 육 건사 육생살이 육생질량이다. 형이하학적, 신앙, 논리 등으로 육 편리 제공을 위한 것으로서 상극상충 갈등요인이 내재되어 있다. 생각차원의 지식과 과학을 토대로 물질문명을 개척하여 먹고, 입고, 듣고, 맡고, 느끼고, 만져지는 것 등의 물질적 외부적 부분을 가리키는 말이자 유색·유형·유취의 것을 가리키는 말이다.

정신량(精神量): 후천적 화합의 인생살이 인생질량이자 내가 만들어 나가는 차원이다. 형이상학적, 종교, 진리 등으로 육생량을 방편으로 상호상생을 위한 내부적 질량이다. 보이지도, 만져지지도, 냄새나지도 않는 정신적 차원을 가리키는 말로서 무색·무형·무취의 것을 가리키는 말이기도 하다.

인생량(人生量): 선천적 육생량에 후천적 정신량을 부가시켜 살아가는 삶을 말한다. 외적 장애요인을 내적 정신으로 용해시켜 나가는 차원이다. 예컨대 육생의 인간에게 정신량을 투여하여 인생의 사람으로 승화시켜 사람들과 사람답게 살아가는 차원이다. 이기적 사랑으로 이타적 행복을 영위하는 삶을 가리킨다.

선천(先天)질량: 활동주체 양의 기운 육생질량이다. 나를 위한 물질, 겉, 사랑, 합의, 신앙, 지식, 생각, 외(外), 버는 것, 수입, 이기… 등 '내 뜻대로'의 차원.

후천(後天)질량: 운용주체 음의 기운 정신질량이다. 너를 위한 정신, 속, 행복, 화합, 종교, 지혜, 마음, 내(內), 쓰는 것, 지출, 이타… 등 '나 하기 나름'의 차원.

업그레이드(upgrade) 시대: 동서양의 유(有, 물질)무(無, 정신)상통(相通)의 시대이자 물질에 정신을 부가시켜 나가는 차원상승의 시대를 말한다. 컴퓨터가 보편화되기 시작한 1988년 전후로서 아날로그 시대의 정점이자 디지털 시대의 시발점으로, 서양의 육생살이 물질문명이 동양의 동북아로 밀려와 양의 기운이 차오른 시대를 가리키는 말이다.

운용주체(運用主體): 전체(entirety)를 주관하는 음의 기운이자 이로운 갑(甲)의 위치로서 정신이든 물질이든 더 많이 소유한 이들을 가리키는 말이다. 장소에 따라 활동주체가 되기도 한다. 아쉬워서 찾는 자가 활동주체요, 이로워서 맞이하는 자가 운용주체라 합의를 통해 화합을 일으키느냐 못 일으키느냐는 더 많이 가진 이들 하기 나름이다.

활동주체(活動主體): 부분(part)을 관장하는 양의 기운이자 아쉬운 을(乙)의 입장으로, 찾아가서 아쉬움을 채워야 하는 이들을 가리키는 말이다. 장소에 따라 운용주체가 되기도 하며, 아쉬운 자의 고픈 곳을 채워줄 때 이로운 자의 허한 곳도 채워진다.

인생(人生)방정식(方程式): '내 뜻대로'라는 이기와 '나 하기 나름'의 이타는 적대보완적 관계로 인간생활 깊숙이 녹아 있다. 아쉬운 나와 이로운 너 사이에는 작용반작용의 법칙 상대성 원리가 적용됨에 따라 상호상생, 반쪽반생, 상극상충으로 인해 어려워진 원인을 밝혀내기 위한 인과율의 공식이다.

프롤로그

　작자가 보기에도 어렵기 그지없어 이해하기 힘든 대목이 종종 눈에 띈다. 문장력이야 타고나는 것이라 치고, 문제는 어휘력이 부족하다는 데 있다. 이십 년 가까이 수행으로 터득한 결과물을 설(說) 하기에 앞서, 출판해야 하는데 여러모로 난해한 부분이 많은 것 같다. 순리, 이치, 원리, 근본 등에 다가서지 못해 어렵다기보다 수사법이 부족하여 그런 게 아닌가 싶다. 예나 지금이나, 수행 전이나 수행 후나 보는 순간, 듣는 순간, 읽는 순간 뒤돌아서면 기억하지 못해 까맣게 잊어버리는 일은 여전하다. 때론 방금 통성명하고도 뒤돌아서면 성함은 물론 얼굴까지 기억하지 못하는 예가 비일비재했으니 그로 인해 괜한 오해를 사기도 했었다. 왜 이리 기억하지 못하는 것일까. 필요하다 싶은 상황에서는 스치고 지나간다. 저학년 시절부터 외우기를 잘했다면 어느 명문대 대학원 박사가 문제일까만 그렇지 못하다보니 공부에 흥미를 잃었고, 사지선다형 객관식 문제가 주어질 때면 검은 색은 글씨요, 하연 것은 종이라는 말만 되뇌었다. 그나마 주관식 유형의 문제가 주어지면 나름의 생각 어눌하게나마 몇 자 써내려간 기억이 어슴푸레 나는 것을 보면 외우고 주입하는 교육 방식이 맞지 않았던 것 같다.

굼벵이도 기는 재주가 있어선지 철학관 간판을 내걸던 때가 있었다. 오행과 형·충·파·해 공망 등 최소한의 것만이라도 외워야 응용할 수 있는 학문이 바로 사주명리학인데 말이다. 기를 쓰고 외우긴 외웠으나 기억력의 한계가 있었다. 반복 숙달이라고 할까. 선무당이 사람 잡아가며 숙지한 부분도 있고, 외우지 못한 부분을 틈틈이 노트에다 정리하다보니 한 권의 책이 되었다. 지인들이 종종 노하우의 비경이 아닌가 말을 건네기도 하지만 지극히 평범한 것들이어서 감히 비결이라 할 수도 없었다. 왕왕 적어놓은 그대로 읽어내릴 때가 있었는데 희한하게 용하다는 소리를 들었다. 그리고 어떨 땐 있는 그대로 읽었는데 입에선 엉뚱한 소리나 해대고. 그런데 이는 또 어찌된 노릇인가 눈물을 흘리고 있지 않은가. 조화도 조화도 이런 조화도 없을 것이라 은근히 야만과 함께 야상도 키우고 있었다. 그러고 보면 보고, 듣고, 외운 것을 응용하지 못하면 아쉬워 찾아온 너나, 맞이한 나나 모두에게 이롭지 않아 결국 시간만 허비한 꼴이 된다. 사주명리 공부는 선천의 질량이 무엇이고, 내가 만들어 나가야 하는 후천질량이 무엇인지 알고 응용하는 데 있지 않나 싶다. 이쯤 되면 너와 나 모두에게 이로울 터이니 말이다.

문장력은 타고난 질량이요, 어휘력은 꾸준히 익히고 답습한 결과물로서 잘 혼화시키면 문학계에 덕망을 남기지 않을까 싶다. 누구나가 그러하겠지만 특히 필자에게는 대용량 사전이 저장된 컴퓨터와 인터넷이 있어 무한 감사할 따름이다. 아마 보편화되기 이전이라면 글 쓰는 자체를 아예 포기했을지도 모른다. 사전이 있어본들 숙지한 단어가 별로 없는데 어찌 활용하겠으며, 있다한들 찾는 시간도 만만치 않아 집필 중에 간혹 근원에 접근한 상황이 순간적으로 스칠 경우 이를 무슨 재주로 써 내려가겠는가. 물론, 수행 중에 틈틈이 메모한 부분도 있지만 선후 결과가 없는 과정이어서 어휘와는 거리가 멀다. 그런데도 3년여 만에 평균 370쪽 분량이 넘은 6권의 책을 썼고, 앞으로 〈뿌리민족의 혼〉 시리즈물 1권을 더 집필할 예정이다. 분명한 것은 어떻게 썼는지 모른다는 것이다. 제정신이 아니었다는 것이다. 나머지 한 권도 어떻게 써내려가야 할지 모른다는 것이고, 외워서 될 일이었다면 가능하지 않았으리라. 원리에 입각하여 원인을 밝히고, 그 결과에까지 도달하다 보면 근본에 다가서는 것이라 질문에 답하기에는 그리 어렵지 않다.

그건 그렇고, 초야에 묻혀 살아온 학인의 글을 받아줄 출판사가 어디에 있을까. 문전박대 당연한 귀결이라 자비출판은 꿈꾸는 학인들에게 희망으로 자리한다. 돌이켜보면 형편없는 어휘력으로 제1편 〈업그레이드 시대 역사의 동선〉을 탈고했을 당시 출판되기만 하면 베스트셀러가 될 거 마냥 들떠 있었다. 누구나가 그러할까. 가뜩이나 육생량, 정신량, 인생량, 운용주체, 활동주체 등과 같은 어색하고 생경한 단어들이 반복적으로 쓰이다보니 어렵고 지루하기 이를 데 없는데 읽었다고 한들 내용이나 이해할지 모르겠다. 6편까지 연이어 출간될수록 반복 숙달된 어휘력이 조금 늘자 요번에는 철학의 차원을 넘어 신앙과 종교를 담론하기까지에 이르렀다. 사정이 이러한데 책을 손에 쥐어줘도 읽을 이가 있을까. 대박이 유행이고, 한탕주의가 유행이라 지금 당장 떼돈 버는 비법이나 아리따운 여인 꼬드겨 취하는 법 정도를 논한 책이라면 모르지만 고리타분하기 이를 데 없는 무명의 학인에겐 결코 쉽지 않은 일이다. 저명인사나 베스트셀러 작가의 책이면 사들이기야 하겠지만 그나마도 서재 전시용이 되는 현실 아닌가. 이해 못할 상황전개, 난해한 문구, 생경한 단어들이 거부감을 일으키더라도 만약 작자의 강의와 곁들인다면 사정이 다르지 않을까라는 생각을 해보는데, 요번에 발목 잡는 것은 증명되지 않은 비(非) 메이커라는 데 있다. 정녕 도움 된다면 천리타향 누가 마다할까.

읽든 안 읽든, 알려지든 안 알려지든 훗날 정치·경제·사회·문화 등의 다방면에 필요할 것이라 믿어 의심치 않아 그르고, 다르고, 바른 것에 대하여 써내려왔다. 섭리, 순리, 이치 등 근본에 입각했더라도 작자만의 논리가 아니겠느냐고 반문한다면 어쩔 도리가 없다. 하지만 세상사 일어나는 모든 일에 분명 그만한 이유가 있다. 그럼에도 불구하고 재수 없어 얻어 걸린 것 마냥 핑계로 일관하고 있으니 앞에서 벌어지는 일 어느 누구도 바르게 처리하지 못하고 있다. 싸우고, 충돌하고, 부딪치는 일마저도 남 탓 하는 마당이라 어렵고, 힘들고, 고통스러워지는 원인들이 밝혀질 리 없다. 타고난 질량을 바르게 알 때 오른(성공) 후의 삶이 알찬 것인데 그저 나 잘나서 이룬 것 마냥 자만하다 실패의 구렁텅이에 빠져 헤어나지 못한다. 그러고 하는 소리가 초심을 잃지 않겠다고 말한다. 가능할까. 무엇 때문에 부딪쳐 충돌했던 것인가에 대해서 모르면, 무엇이 달라 어려워진 것인가에 대해서 모르면 어림없어 하는 소리다. 인류에게 주어진 가장 난해한 문제답게 오늘도 이 문제를 풀지 못해 동물처럼 나 먹고 살기위해 혈안이다. 육 건사 일이야 선천질량 아닌가. 아울러 육생물질문명 선진화를 거론하려 한다면 후천의 정신량이 부가된 인생문명에 대해 알아야 한다. 특히, 나밖에 모를 때 속출되는 어려운 일들은 나밖에 모르기 때문에 받은 표적이라,

모면하여 보다 나은 삶을 살고자 한다면 아쉬워 찾아오는 이들과 하나 되어 살아갈 방도를 강구해야 하는데 이에 대한 물음이 바로 표적이라는 사실이다. 이로운 자리에 있는 이들이 아쉬운 자리에 있는 이들에게 이롭지 못할 때마다 쌓이는 게 불평불만이고, 때가 되면 폭발하는지라 이로 인해 부딪쳐 충돌하여 어렵고, 힘들고, 고통스럽게 살아간다.

1. 그르고, 다르고, 바른 것에 대하여

그 무엇도 알 수 없는 아마득한 옛날 빅뱅(대폭발)으로부터 우주가 시작되어 지구가 탄생했다고 말한다. 무엇으로 인해 어떻게 폭발하였는지 대해서 가설만 난무할 뿐 하나의 정설이 되기까지에는 아직도 얼마나 많은 시간이 흘러야 할지 모른다. 적어도 삼라만상 보이는 3차원의 이승세계 뿐만 아니라 보이지 않는 삼천대천 4차원의 저승세계까지 공유하는 데에서 오는 유무(有無)차원의 모든 질량을 측정하지 못하면 말이다.

특히 무형(無形)의 질량 저승 4차원의 세계는 보이지 않는 인(人)의 기운(氣運)들이 존재하는 공간이다. 물론, 학계에서 말하는 적당한 원자와 원소 등이 있는 텔레포트(teleport)의 공간이라 할 수도 있다. 시공(時空)의 차원과 간(間)의 개념 자체가 아예 없는 무형·무색·무취의 공간으로서 순간이동 생활화된 곳이다. 부지불식간에 시공(時空)이 자리할 때 간극(間隙)이 생겨났고, 만물(萬物)이 조물

되자 이승은 유형(有形)의 보이는 공간으로 자리하였다. 이로 인해 인기(人氣)가 인육(人肉)을 쓰고 인간(人間)으로 살아가는 삼라만상의 틀이자 3차원의 시공간에서 순수 육신만으로 순간이동 가능하지 않게 되었다.

무엇보다 인간의 육신은 물질로 빚어진 것이라 건사도 물질로 시켜야 하므로 크기, 부피, 질량, 무게 등이 정해지지 않은 듯 정해져 있다. 만물의 틀과 육의 옥에 갇혀 사는 만큼 이동수단은 두 발로 걷거나 동물 혹은 문명의 이기를 이용해야 하기 때문에 육을 쓰고 시공을 초월할 수 있는 방법은 없다. 다시 말해 인기가 물질 육을 쓰면 물질이동해야 하고, 벗으면 순간이동한다는 것인데 웜홀(wormhole)도 결국 삼라만상 보이는 이승 물질통로에 국한되어 있어 비물질이면 모를까, 물 번식 하는 육의 생명체는 불가능하다. 만약 타임머신에 인간과 동물을 실어 보내면 육은 녹아들어 동물은 흔적도 없을 것이고, 인간의 영혼(인기)은 불멸이라 영혼만 오가지 않을까 싶다. 화이트홀(white hole)과 블랙홀(black hole)은 우주만물의 생성과 소멸 3차원의 공간이라 사실상 보이지 않은 무형의 저승질량과는 유무상통(有無相通) 차원이다.

빅뱅 이전의 우주는 하나의 공한(空限)한 0차원 상태였다. 양의 물질 30% 삼라만상 유형(有形)의 우주와 음의 기운 70% 무형(無形)의 우주 둘로 갈리기 이전의 우주는 태역(太易)으로서 빛조차 통과하지 못한 칠흑보다 더 어두운 암흑우주 궁극의 공간이라 할까. 인기는 태역 우주 운행주체 핵심원소이었고, 0이라는 하나의 차원에서 둘로 나뉘었으니 하나의 무극(無極)에서 두 개의 음양(陰陽)이 형성된 것이었다. 쿼크(quark)보다 더 작은 질량이 순간 팽창하여 빅뱅으로 우주가 탄생했다는 무의 이론이 지배적이지만 대폭발 당시의 정황을 신이 아니고서야 아는 이가 없을 것이고, 학계에서는 질량과 에너지는 변화무쌍했을 것이라고 추정하고 있을 따름이다. 이어 빅뱅 에너지와 물질입자의 작은 변화가 불균형 일으켜 만물을 탄생시켰고, 물질과 반물질의 소멸 과정에서 살아남은 잔해의 일부분이 인류의 기원이라 추측하고 있다.

여기에서 쿼크보다 더 작은 입자들이 덮고 있는 곳이 바로 빛도 투과하지 못하는 칠흑보다도 어두운 0차원의 암흑우주가 아닐까 싶다. 물론, 시공간이 자리하지 않으니 '어제'라는 개념이 있을 리 없어 오늘과 내일도 있을 리 없다. 인간육신을 소우주라 말하는 것도, 지구에 음의 기운 물이 양의 기운 70% 지표면을 둘러싸자 형성된 5대양 6대주는 인간세상 소통과 화합의 로드맵으로 자리하였듯, 인체 내의 음의 물(피)이 양기 70% 육신을 감싸 안자 생성된 오(5)장육(6)부도 육 건사 소화기능과 건강을 위한 로드맵이라는 사실에 있어서다. 특히 음기인 물은 양기 만물을 운용해 나가는 주체로서 육의 생명체를 주관(主管)하고, 만물과 더불어 물 번식 하는 모든 육의 생명체는 활동주체로 자리한다. 결국 대폭발도 활동주체 3차원우주에 극과 극 차원 유형의 삼라만상과 무형의 삼천대천 음양세계를 자리하기 위한 것에 있지 않았나 싶다.

아울러 보이는 밝은 우주 삼라만상은 팽창하는 3차원의 지기(地氣)로서 30% 양의 물질을 관장하는 활동주체로 자리하였고, 있는 듯 없는 듯한 암흑우주는 7차원의 천기(天氣)로서 70% 음의 기운 주관하는 운용주체로 자리하고 있다. 그런데 하나의 0차원이었던 태역의 암흑우주를 굳이 3:7음양합의 0의 수로 나뉘어야 했느냐의 대한 사안은 신앙적 차원이고, 앞으로 과학이 풀어가야 할 과제다.

여기에서 분명하게 말할 수 있는 것은, 보이지 않는 음의 기운 정신량 고찰은 신앙의 영역이라는 것이고, 보이는 양의 기운 물질과 문명탐구는 과학의 영역이라는 것이다. 신앙이 지향하는 정신세계와 과학이 탐구하는 물질세계는 거시와 미시라고 하겠지만 기실 유형과 무형의 차원이라 이승과 저승처럼 화합을 일으켜야 하는데, 일으키는 그날이 바로 하나 되어 살아가는 날이 될 것이다.

활동주체 인기가 인육을 쓰고 인간으로 살아가는 만큼 육 건사를 위한 물질량도 그만큼 필요하고, 소통과 화합을 위한 정신량도 그만큼 필요하다. 또 보이지 않는 신을 흠모하는 신앙으로 인해 철학과 인문 등에 눈 떴고, 나름 저마다의 이념과 사상을 고취시켰다. 보이는 과학도 천문학, 물리학, 양자역학 순으로 물질문명에 기여해 왔고, 이는 모두 정신량에 접목시켜 나가기 위한 것에 있다. 그러나 신성불가침의 영역을 고수하는 신앙 때문에 육생살이에 발 묶여 신을 종용하는 비나리 신앙으로서만 자리할 뿐, 가르쳐 일깨우는 종교에까지 이르지 못해 인생살이를 전혀 모른다.

한편, 밝은 우주 지기는 만물에 갇혀 팽창하는 3차원 활동주체다. 이에 인기는 운용주체 4차원 저승과 활동주체 3차원 이승을 끊임없이 오가며 진화발전 하고 있다. 1안의 육생의 인프라를 구축한 오늘의 시점에서 삼라만상 30% 3차원 우주의 크기를 137억 광년쯤으로 추정하고 있다. 그리고 여기까지가 보이는 우주 삼라만상의 크기라고 한다. 이후부터 팽창하고 있는 우주의 크기 알 길 없고, 단지 더 멀리 떨어져 있을수록 더 빨리 팽창한다면서, 그 비율로 계산했을 때 3차원 밝은 우주의 크기는 460억 광년 정도가 될 것이라 추정하고 있다. 앞으로 얼마나 더 팽창해야 암흑우주 화

(化) 될지는 모르겠으나 지금에서 보이지 않는 암흑우주 7차원 크기는 70%라 3:7 음양합의 0차원의 대우주 크기를 미루어 짐작해 볼 수 있지 않을까. 한 치의 앞도 내다보지 못하는 막막한 육생살이 현실 앞에 그것도 3·4 차원 이후의 차원을 논한다는 자체가 어불성설이겠지만 만물의 근원을 바로 알지 못하면 삶의 질 한 뜸도 높이지 못한다. 음과 양은 운용과 활동의 차원이자 이로움과 아쉬움의 차이다. 이처럼 상호 화합의 질량을 모르면 하나 되어 살아갈 수 없다. 삼라만상의 온갖 현상은 쿼크보다 작은 공간에 갇혀 있던 액체들이 10의 마이너스 43분의 1초도 안 되는 플랑크 시간대에 급격히 팽창하여 물질과 에너지를 품어내면서 폭발했으며, 그 잔해들이 서로에게 멀어지기 시작하면서 태양계 넘어 성간우주를 형성했고, 점점 멀어져가고 있다는 게 빅뱅우주이론이다. 살아가는 데 있어 음양근본을 무시하고 지식의 힘으로 물질과학을 추구하는 민족일수록 힘의 육생에 머물러있다. 지혜와 덕으로 음양근본을 찾아 정신세계를 지향하는 민족일수록 인생을 살려든다. 하나에서 둘로 찢길 때 일어났던 대폭발로 0차원의 우주는 둘로 분리되면서 70% 남은 암흑우주는 7차원으로, 30% 떨어져나간 밝은 우주는 3차원으로 자리하였다는 동양음양 우주관과는 사뭇 판이하다. 이처럼 음양론이 불명확한 빅뱅이론만 강조하다 7차원 암흑우주 음의 질량에 접근이 용이하지 못하다보니 물질과학을 다루는 양의 기운 매순간 딜레마에 **빠져** 들기 일쑤다. 삶도 안과 밖의 질량에 의한 물질과 정신, 외면과 내면의 차이가 일으키는 내 사랑과 네 행복에서 잘 나타나 있다. 특히 7차원 암흑우주나, 삼천대천 저승세계나, 0차원 암흑우주 질량이나 크게 다르지 않다는 것이다. 더 말할 것도 없이 3차원 밝은 우주는 7차원 암흑우주 질량이다. 하나에서 둘

로 찢겨질 때 대폭발의 잔존물로 형성된 삼라만상으로 인해 암흑의 본질을 흩뜨려 놓아 변질되었다. 물론, 삼천대천 저승세계는 이승의 집착이 끊임없이 투영되는 곳이다. 지금의 순간도 이루 말할 수 없는 변형이 일어나고 있고, 그렇다고 해서 이승화될 리야 없겠지만 적어도 시공간이 없는 무형차원이라는 점에 있어서 다르지 않다는 것이다.

여하튼 유형의 삼라만상 이승세계는 대폭발의 에너지로 시공간 분별이 시작될 즈음 생성된 것들이라 본래는 없는 것들이다. 무형의 삼천대천 저승세계도 더 나은 세상을 건설하기 위해 잠시 머물다 가는 곳이라 할 수 있다. 그래서 만물은 인기가 인육을 쓰고 인간으로 살아갈 때에만 필요한 것이고, 쓰이지 않으며 그냥 있는 것일 뿐이다. 보이고, 느껴지고, 만져지는 것들은 이승에서나 필요한 것이지 저승에서는 무엇도 필요치 않아 그 옛날부터 성인들은 집착하지 말라는 말을 해왔다. 이승의 집착 그대로 투영되는 곳이 저승이라 자칫하다가 무형의 차원에서조차 생전의 집착에 갇혀 자유롭지 못할 수도 있으니 말이다. 삼라만상의 조화마저도 본래 없는 것이었고, 쿼크보다 더 작은 액체의 공간도 본래는 없었다.

0차원이었던 태역 우주가 천지음양 두 개의 차원으로 분리될 때의 에너지 폭발로 빚어진 삼라만상을 가지고 무(無)에서 유(有)의 창조를 논하고 있다. 그렇다면 이는 "누가 시켰을까" "조물주(대자연)가." "누구를 위해" "인육을 쓰고 살아가는 인간을 위해." 대체적으로 만물의 근원을 설명할 때마다 창조신을 이면으로 내세워야 하니 논리가 매우 조잡하고 미신스러워져 간다. 과학도 삼라만상 조화만발을 체계적으로 밝혀내야 하는 데 있어, 막힐 때마다 저승과 창조신을 논할 수는 없는 노릇이라 반물질이라는 가상의 개념을 적용시키고 있다. 물론, 신은 있다고 하면 있다 할 수도 있고, 없다고 하면 없다 할 수도 있지만 시공간의 차원에서 무거운 티끌 위에서 내리고, 티 없이 맑은 것은 아래에서 위로 올리는 근원에 심도 있게 접근해보면 어떠할까.

만유인력과 상대성 원리가 꽤 유사한 듯싶지만 보이는 세상의 일면에만 적용되는 것일 뿐, 보이지 않는 이면 세계에는 그 무엇도 없기에 에너지 보존 법칙이 적용되지 않는다. 만유와 상대성 두 법칙 모두 삼라만상 틀에 갇힌 물질의 법칙일 뿐이므로 일면의 물질계와 이면의 정신계 차이를 극명하게 드러내 보인다. 신의 입자라 불리는 힉스가 발견되었더라도 보이고 안 보이고의 차이일 뿐 우주구성 원소 중에 하나일 따름이다. 그러하다면 삼라만상 조물 되기 이전의 창조주는 물질이든 비물질이든 이미 존재했었다는 결론에까지 이른다. 예부터 인간은 만물의 근원을 밝혀내고자 수많은 법칙을 발견하였고, 육생살이 안위를 위해 물질문명을 개척하면서 신비의 별자리도 천문학의 개념으로 탐구해왔다. 보이는 일면과 보이지 않는 이면의 영역, 다시 말해 보이지 않는 음의 질량은 순수 보이는 양의 질량을 위한 것에 있다는 것이다. 이는 결국 보이지 않는 세계는, 보이는 세계를 위한 것에 있다는 결론에까지 도달한다. 따라서 육생량 그 물질의 일면에 빠지면 인생량 정신의 이면을 놓치기 십상이다. 그리고 입으로 물질을 먹고 육 건사시켜 육생을 살아간다면, 소통과 화합의 질량은 귀로 먹고 정신량을 고취시켜 인생을 살아가기 위한 것에 있다는 것이다.

추론하건데 인기(人氣, 에고이자 참나)는 영원불멸(永遠不滅)의 존재로서 천지음양으로 분리되기 이전 공한한 0차원 하나의 태역

우주에서 무엇에도 구애받지 않는 운행의 핵심주체 원소가 아니었을까 싶다.

유한(有限)과 무한(無限) 그 중간차원이 공한(空限)이라, 우주 공학에서는 빅뱅 이후 삼라만상 우주의 모형을 텅 빈 우주에서 열린 우주로, 다시 닫힌 우주에서 가속·팽창하는 우주로 추정하기에까지 이르렀다. 다중우주까지 논하긴 하지만 분명 초자연적 창조주가 빚어낸 삼라만상은 인간세계라, 그 실체를 과학으로 증명해야 하는 시대를 맞이하여 양자역학은 빛을 발하기에 이르렀다. 지상 3차원 초기 우주는 쿼크 시대로서 강성자를 생성하면서 랩톤(경입자) 시대를 거쳐 광자(빛의 입자)의 시대에 이르러 핵 합성 이후 물질 시대를 열어가고 있다고 추정한다. 보이는 물질세계로만 치우치면 시공간 모순의 꽃은 지지 않는다.

☪ 외계생명체

빅뱅으로부터 형성된 3차원 삼라만상에서 최초의 별과 은하가 탄생하면서 생성된 원소들로 행성이 만들어지고, 그 티끌로 생명의 원천 물이 생성되자 육(동식물)의 생명체가 탄생하였다고 추론한다. 이후에 출현한 인류가 거듭 진화발전하여 오늘날의 육생물질문명을 이루었다는 것이다. 작금의 4차 산업 인공시대에 이르기까지 137억 년이라는 시간이 흐르는 동안 우리 은하계는 80억 년 전에 생성되었고, 크기는 10만 광년으로 추정하고 있다. 태양계의 크기 4광년으로, 지구의 나이를 45억 4천만 년으로 추산하고 있다.

이승과 저승이 공존하는 3차원의 나이가 137억 년이라면 당최 지구에서 저승과 이승을 오가는 인류가 언제쯤 출현한 것일까. 고

고학계에 따르면 600만 년 전에 첫 발을 내딛고 숱한 역경과 진화를 거쳐 250만 년 전에 도구를 사용하기에 이르렀다고 한다. 즉 사회는 신체구조의 변화가 이루어진 후 뇌의 발달을 거쳐 언어와 도구를 사용하면서 이루었다고 가정한 것이다. 예로서 아프리카 지역에서 적어도 300만 년 전에 살았던 오스트랄로피테쿠스 아파렌시스의 화석을 들고 있다. 호모하빌리스, 호모에렉투스, 하이델베르크 인, 네안데르탈 인, 크로마뇽 인에서 베이징 원인까지 인기가 인육을 쓰고 인간으로 살아가기 위해 숱한 변화와 변동 속에 생물학적으로 현생인류와 동류인 호모사피엔스가 35만 년 전에 출현한 것으로 내다보고 있다. 변화와 변동이 뜻하는 바는, 걸리버 여행기 소설처럼 때론 거인(巨人)일 때도 있었고, 소인(小人)일 때도 있었다는 것이다. 이는 오늘날 현존하는 인간의 완전한 성체를 위해 거듭 진화해 왔음을 뜻하고 있다. 인류의 역사 헤아릴 수 없는 시간 흐름에도 불구하고 원시 그대로 사는 종족, 물질문명을 위해 사는 종족, 정신문명을 위해 사는 종족, 3단계로 나뉘어 있다.

언제나 닭과 알 언쟁처럼 야기되는 문제가 하나 있는데 그것은 바로 창조론과 진화론이다. 무신론, 범신론, 유신론에 따라 의견이 분분하겠지만 인기와 우주에너지 마음을 안착시키기 위해 조물된 것이 인(人)의 육신이고, 그 육신 건사하기 위해 도구를 발명하고 산업화를 일으켜 대량생산체제에 돌입하면서 육생물질문명 절정에 이른 오늘날 창조진화론 조심스레 유추해본다. 왜냐하면 인의 육신 지탱의 뼈는 206개이고, 세포는 약 60조 개 정도인데다 뇌 세포는 140억 개 정도로 추산하고 있다. 여기에 육이 얇고 털이 없어 육천육혈(六天肉血) 모공(毛孔)에 인기(참나)와 우주에너지 마음이 안착할 때마다 재차 인간으로 환생하기 때문이다. 그런데 선천적 본능에 의지하는 동물들은 두꺼운 가죽과 털로 덮여있고, 특히 '나'라는 생각주체와 '육신' 단 2개의 차원뿐인 일회용 생명체인 데다가 생각(지능)의 차원도 깊지 않고 영혼마저 없다. 그러나 후천적 분별로 살아가는 인간은 '나'라는 에고(생각)와 '마음'과 '육신' 3개의 차원으로 조물 되어 내 안에 너와 나의 차원이 공존함에 따라 도덕적 가치를 매우 중히 여긴다. 만약 육천육혈 모공에 인기(에고)는 물론, 절대분별의 차원 우주에너지 마음이 안착하지 못한 이가 있다면 유사인간일 뿐, 동물과 다름없어 육생본능에 의한 삶을 살아간다.

특히 문명이 발전할수록 우주생명체에 많은 관심 두고 있는데 우주공간 어느 곳이든지 생명의 원천 물이 있다면 얼마든지 있을 수 있다. 그렇다고 외계의 생명체도 인(人)일까? 인(人)의 기운 참 나(에고)와 마음이 육신의 모공에 안착되고 난 후에 인간으로 환생한 것이라 거의 불가능하고, 단지 외계 생명체일 따름이다. 물론, 생각차원이 깊으면 색다른 차원의 문명을 건설할 수도 있기야 하겠지만 마음과 인기(참나)는 불가분의 관계라는 데 있어 인기가 육신에 안착된 후 육천육혈 모공을 통해 마음이 안착되지 않으면 일회용 동물과 다를 바 없어 본능에 의지한 삶을 살아간다. 그렇다면 왜! 색다른 차원의 문화라고 굳이 표현했을까. 생각(지식)은 나를 위할 때 쓰이고, 마음(지혜)은 너를 위할 때 쓰이는 차원이라는 데 있다. 따라서 생각은 지식이자 본능이요, 마음은 지혜이자 분별이라는 데에서 원인을 찾을 수 있다. 아울러 '나'라는 자기 차원의 생각만으로 살아가는 단순생명체 동물과 너와 나의 차원 생각과 마음이 공유하는 인간의 삶과는 천양지차일 수밖에 없다. 만물의 영장으로서 사랑과 행복을 꿈꾸며 사는 것도 생각차원 지식과 마음차원 지혜가 공존하기 때문인데 그래서 늘 이기와 이타로 벌어진 너와 나의 간극을 좁히고자 고뇌하고 사유한다. 나밖에 모르면 육생이요 너를 위하면 인생이라 그리하여 절대분별의 차원 우주에너지 마음이 생성되지 않은 외계 생명체의 문명은 특별할 수밖에 없다고 말한 것이다.

더욱이 생각과 마음이 공존하는 인간들이나 사회를 이루어 살아가는 것처럼 설령 나의 본능과 너의 분별을 인식하여 사회를 구성하더라도 인기는 영혼불멸이요 우주에너지 마음은 인간들에게 부여된 특권이라 인의 기운일 리가 없다는 것이다. 유사한 삶은 살아가겠지만 일회성 삶은 진화발전에 지대한 영향을 끼치지 못하므로 화합을 위한 합의가 얼마나 가능할지 모르겠다. 물론, 너와 나의 차원은 진화발전의 적대보완적 구심점이 되어준다. 하지만 영혼이 없으면 저승도 없는 것인데 유무상통 정신문명사회를 이룰 수 있을까. 본능과 분별, 지식과 지혜가 함께하는 것도 물질문명 너머 정신문명 사회를 이루기 위한 것에 있다. 해서 행위가 나에게 쏠리면 네가 발끈하는 것이고, 너에게 쏠리면 내가 발끈하는 것이라 삶의 균형을 위해 숙고하며 살아가는 게 인간이다. 과연 외계생명체에게 영혼이 있을까. 생각차원이 깊더라도 마음이 생성되지 않으면 영혼 없는 육생살이 2차원의 동물과 다르지 않다. 우주에너지 마음은 인기(나)가 육신에 안착되고 육천육혈 모공에 뒤따라 안착되기에 세 개의 차원으로 구성된 인간은 삼라만상 틀에 갇혀 물 번식하는 핵심 생명체로서 육은 방편이요 인기는 삶의 주체가 된다.

아울러 영혼과 마음 있고 없음의 차이는 인류 진화발전에 지대한 영향을 미쳤다. 현생 인류 호모사피엔스에까지 이르기 위해 숱한 생성과 소멸을 거쳤다. 그것은 바로 분별의 에너지이자 지혜의 에너지이며 너를 위한 에너지 마음을 안착시키기 위한 것이었다. 즉 생각차원의 뇌가 성숙하는 만큼 마음도 성숙해짐에 따라 내 안에서 적대보완적으로 자리하기 마련인데, 본능과 분별을 활용하기 위한 것이다. 성인이 된 자아는 스스로 생각과 마음의 쓰임을 달리하여 삶의 향방을 달리해 나간다. 이때 본능적 생각과 지식을 앞세우면 물질문명 개발을 위해 살아가고, 분별적 마음과 지혜를 앞세우면 정신문명 창달을 위해 살아가게 되는데 왜 그런 것인가에 대한 사항은 윤회의 차원이므로 이쯤하자.

육을 쓰고 살아가는 모든 생명체는 종족번식을 위해 본능의 힘으로 육 건사를 시켜왔다. 인간에게 있어서도 먹고사는 문제만큼은 동물과 다르지 않아 감정을 앞세워 부딪쳐 싸우며 살아왔다. 본능에 의지한 육생살이 동물과 분별로 살아가야 하는 인생살이 인간과 삶의 질량이 같다면 상극상충의 원흉 힘의 논리만이 자리할 뿐이다. 생각과 감정을 표현하는 언어수단이 뛰어난 것도 합의로 화합을 이루고, 사랑으로 행복을 영위하기 위한 것에 있다. 너 죽고 나 죽는 힘의 논리 역사는 내 욕심의 생각으로 나 먹고 살기 위한 육생살이 육생량만을 일구어왔다. 결국 1안의 육생의 인프라 구축될 무렵이면 사람답게 살아가고자 2안의 인생의 인프라 구축에 눈 돌리게 되는데 금강산도 식후경인 이유가 있다. 그 시기가 컴퓨터가 보편화될 때이므로 생각의 지식 넘어 마음의 지혜로 육생과 인생의 가교 정신량 마련에 심혈을 기울여야 할 때이다.

어느 쪽으로 치우치지 않는 정신량의 근본요소는 선천적 본성(本性)에 후천적 인성(人性)을 부가시켜 이성(理性)을 잃지 않는 데에 있다. 본성은 이기의 산물로서 모든 일을 자기 뜻대로 해보겠다는 욕심이 두드러지는데 뜻대로 안 될 때마다 곧잘 이성을 잃어버려 일을 그르치곤 한다.

이성은 분별의 중심추이다. 잃어버리면 치우쳐 생활의 모순을 자아낸다. 대개 너 따로 나 따로 놀아날 때 일어나고, 내 뜻대로 행위를 정당화시키려들 때 발생하며, 분별력은 이성을 잃을 때 함께 잃는다. 곤혹은 치우친 자기 모습을 보지 못해 치르고, 모든 어려움은 내 뜻대로 해보려는 이기의 본성이 일으킨다. 선천적 육생살이를 위한 이기의 생각과 지식까지 함축되어 있는데 모두 내 욕심의 발로다. 문명과 산업과 발명은 물론이요 화합을 위한 소통까지도 내 욕심에서 기인한다. 후천적으로 배양한 인성은 이타의 질량이자 이성의 중심잡이로서 치우친 분별력을 곧추세운다. 마음의 지혜는 냉철한 이성을 통해 그 쓰임을 다하므로, 인성과 분별력을 바로잡아 나갈 때 정신량은 최고조에 오른다. 아울러 바른 정행(正行)은 착한 선행(善行)의 모순을 알 때 가능하므로, 자칫 이성을 잃어버리기라도 하는 날에는 그르게 전개되는 치우친 사행(邪行)마저도 정행마냥 합리화시키려 들기 마련이다. 특히 인성을 배양하지 못하면 이성과 분별은 따로따로 놀므로, 이로울 게 없고 후천적 인생살이 정신량은 지혜의 보고 마음에서 기인하지만 정신문화는 '인성'과 '이성'과 '분별'이 삼위일체 할 때 일으킨다.

이와 같이 인간 육생의 일면은 육 건사를 위한 것에 있으므로, 이기의 본성에 가미시킨 이타의 인성은 분별의 정신량이라 배양했다면 인간의 일면은 사람의 이면으로 성장한다. 요컨대 물질은 사랑의 방편이요 정신은 행복의 궁극이라 인간은 본능적으로 육생을 위해 이기적인 지식을 쌓기 마련이고 일면의 모든 행위는 자신의 안위를 위한 육생량(肉生量)을 쌓아나가는 과정에서 비롯된다. 그렇다면 인간에서 승화한 사람은 본능 너머 분별 그 사랑에서 행복한 삶을 위해 이타적 지혜를 한껏 구사하기만 하면 된다는 소린데, 이면의 모든 행위는 정신량(精神量)에 의해 좌우된다는 사실이다. 사랑은 이기요 이타는 행복이라, 사랑하는데 행복하지 못하면 반드시 되돌아봐야 한다. 내 안에 이기적 생각차원과 이타적 마음차원이 공존하고 있기 때문이다.

따라서 사랑을 통해 구가하는 행복은 궁극의 차원으로 육생량에 정신량을 첨가하면 음양화합 이룬 인생량(人生量)이 된다. 무엇보다 만물은 이기적인 질량이므로 채워도 채울 수 없는 아쉬운 질량일 수밖에 없어 육생량 앞에만 서면 싸우고, 충돌하고, 부딪치기 십상이요, 정신량은 이로운 질량이라 의논합의를 통해 화합을 일으킨다. 그리하여 인생량은 이기와 이타가 하나 되어 살아가는 행복의 차원이고, 아쉬운 육생량을 통해 만나 이로울 듯싶을 때 솟아나는 감정의 소산물이 사랑이다. 극도로 이기적 상태인 만큼 이로움을 주고받지 못하면 이내 깨지기 십상이나 정신량을 가미하면 행복하기 위해 노력하므로 쉽사리 깨지지 않는다.

인간의 생각차원 복잡 미묘한 것도 아쉬워 찾아온 인연 내 뜻대로 해보려하는 데에서도 오고, 또 욕심대로 주어진 방편을 사용해보겠다는 데에서도 온다. 마음이 생성되지 않은 동물은 육생이 전부라 매우 단순하고 이기적 생각에 지배당해 적자생존 힘의 논리 행위가 전부다. 사랑마저도 거의 종족번식을 위한 것에 있다 하겠으니 생각은 나만을 위한 육생의 만족을 느낄 따름이지 마음으로 하나 되는 인생살이 행복을 느끼지 못한다. 즉 동물들의 사랑은 감성보다 감정으로 발정 기간에 이기의 육생량에 아쉬운 육생량을 해소하고자 하는 행위가 전부라 정신량이 부가된 행복의 차원과는 거리가 멀다. 인간의 사랑도 아쉬운 무언가를 채우기 위해 하지만 채움의 궁극은 행복하기 위한 것에 있다. 그러므로 먼저 너의 고픈 곳을 채워줄 때 나의 허한 곳이 채워지는 나 하기 나름이라는 선순환 법 인생방정식이 인간생활 깊숙이 녹아들어 있다.

☾ 인간 세상

3차원 삼라만상 시공간의 차원을 분리하자면, 무생물은 1차원 천기라 할 것이요, 육의 생명체(동식물)는 2차원 지기라 할 것이다. 아울러 비물질 인기(참나)가 우주에너지 마음과 더불어 2차원지기 에서 빚어낸 인육에 안착되면서 5차원의 인간으로 탄생하였다. 그리하여 탄생한 3차원은 천기(天氣), 지기(地氣), 인기(人氣) 세 개의 차원으로 나뉘어 운행되는 세상이 되었다. 천기 1차원이 지기 2차원을 품어 안자 지기 2차원은 만물을 낳았고, 만물을 품어 안은 2차원 지기는 삼라만상으로 인기가 인육을 쓰고 5차원 인간으로 살아가자 이내 이승과 저승이 공존하는 3차원이 되었다. 다시 말해 인간출현으로 3차원에 4차원이 공존하게 되었다는 것이며, 출현하지 않았다면 2차원 지기에 머물렀다는 것이다. '천지기운 가만히 계시사 인(人)이 동(動)하는 것'도 삼라만상의 운용주체는 천지요, 그 방편을 활용하며 살아가는 인간은 활동주체라, 천지만물 쓰지 않으면 그대로 있는 것에 불과할 뿐이니 쓰는 자가 주인이라는 것이다. 즉 나를 위해 쓰면 상극상충 일으키는 치우친 사(邪)의 질량이요, 선후사정 모르고 너를 위해 쓰면 반쪽반생 일으키는 착한 선

(善)의 질량이며, 너와 나를 위해 바르게 쓰면 상호상생 일으키는 바른 정(正)의 질량이 된다는 것이다. 물론, 삼라만상 3차원은 인간세상 유형의 이승이고, 삼천대천 4차원은 영혼세상 무형의 저승이나 결국 유형무형의 차원은 인간세상을 위한 것에 있다. 여기에 인간 세(世)를 덧붙이는 것은 무생물은 1차원의 하(下)층이요, 동식물은 2차원의 중(中)층이며, 인간은 3차원의 상(上)층으로, 세 개의 층으로 나누어진 세상(世上)에서 살아간다는 뜻이기도 하다. 인간계도 상중하 차원으로 나뉘었기에 지경 계(界)는 종족끼리 사회와 국가를 이루어 살아가다 자연스럽게 지어진 경계를 가리켜 세계라 부른다. 빅뱅 이후 천(天)은 1이요 상층이라 천상(天上)이고, 지(地)는 2이고 중층이라 지중(地中)이며, 인(人)은 3이자 하층이며 인하(人下)이니 세 개의 층으로 나누어진 3차원은 불변이다.

다소 억지스럽다 할지 모르지만 천지인, 육해공, 상중하, 부모자식, 머리(뿌리)몸통다리(가지) 등 3차원, 3계층, 3단계로 나뉘어 운행되는 세계다보니 더도 덜도 없는 삼세판이 인간생활 깊숙이 자리하였다. 본디 삼라만상은 2차원 지기(지상)에서 인기가 인육을 쓰고 인간으로 살아가면서부터 3차원이 된 것이므로, 자연스럽게 천지인에서 세 번째 인을 가리키는 3을 가장 이상적인 숫자로 여겨왔다. 게다가 우리가 사는 곳이 3차원의 우주라는 사실을 일깨우기 위한 방편의 하나로 삼세번에 따른 3·3·3법도가 생활 깊숙이 녹아들지 않았나 싶다. 특히 한반도를 가리켜 삼천리금수강산이라 부르는 이유가 있다. 보이는 일면 그대로 골골산천 구석구석 빼어난 경관이 자리했다는 것이고, 보이지 않는 이면은 그에 못지않은 기운까지도 함께 머금고 있다는 것이다.

일면으로 보기에는 해양세력과 대륙세력 사이에 위치한 작은 반도에 불과하지만, 보이지 않는 이면의 기운은 해양과 대륙세력을 덮고도 남음이 있다. 또 이 땅은 압록강과 두만강을 경계로 길이는 3천 리, 둘레는 7천 리, 산이 70%, 들이 30%, 3면이 바다로 둘러싸였다. 이에 못지않게 인체비율도 70% 물(피)에 30% 육으로 이루어졌고, 머리·몸통·다리 3등분에 3마디로 구성되어 삼라만상 통틀어 가장 안정적인 구도비율이 3:7 음양합의 0의 수에 잘 나타나 있다. 무엇보다 동해 경북 울진에서 시작된 위도 37˚선은 한반도 중심 충주를 거처 안성을 지나 충남 서해로 지나는데, 그 중심에서부터 사계의 변화가 뚜렷이 나타나니 반도에서 살아가는 우리 민족의 사주(四柱)도 그만큼 뚜렷이 나타난다.

특히 지판의 70%를 해수면이 감싸 안자 30% 지판 위에 만물과 함께 인간이 살아가고 있다. 그 중에 한반도 지판이 3:7 음양합의 0의 수를 이루어 가장 안정적인 비율을 보이고, 동쪽에서 서쪽으로 시간이 흐름에 따라 동서(東西)는 생장수장(生長收藏) 질량으로 남북(南北)은 중심잡이 질량으로 자리한다. 만물과 인간이 함께 살아가는 지판을 나무와 인체에 비유하자면, 가장 안정적인 비율을 보이는 한반도는 뿌리(root) 지점이고, 인체로는 머리(head)에 해당한다. 인간의 발원은 서쪽에서 시작하여 중쪽을 거쳐 동쪽을 들어온 만큼 지판의 뿌리 동쪽 끝에서 살아가는 민족이야말로 인류의 시원 뿌리가 아닐까. 해 지는 서쪽(서양)에 가까울수록 물질(육생량) 생산의 활동주체가 되는 가지(다리) 부분에 해당하고, 해가 중천에 뜬 중쪽(중앙)에 가까울수록 가지와 뿌리의 기운이 교차하는 활동주체 생명의 줄기(몸통)에 해당하며, 해 돋는 땅 동쪽에 가까울수록 영양분(정신량)을 생성하는 운용주체 뿌리(머리)에 해당한다.

지정학적 일면이나 기운학적 이면이나 천하제일 명당이 아닐 수 없어 북으로는 대륙세력이 남으로는 해양세력이 자리하였고, 그 중심에 지판의 뿌리에 한반도가 자리하면서 동북아 삼국시대는 그 옛날부터 시작되었다. 남북의 기준점이 되는 적도의 위도 0°에 가까울수록 일 년 내내 매우 덥고 비가 많이 내리는 열대성 기후다. 멀어져 37°에 가까우면 사계가 뚜렷해지다가 남쪽으로 기울수록 대륙성 기후로 변하여 평균기온 영하 55°로 떨어지고, 북쪽으로 기울수록 해양성 기후로 변하여 평균기온 영하 40°를 나타낸다. 동서 방향은 자전축의 기울기 23.5°를 중점으로 그리니치 천문대 본초자오선의 경도를 0°에 맞추어 나누었다.

　사계가 불분명한 남극과 북극은 사계가 뚜렷한 동서 중심잡이 질량으로서 1안의 육생 인프라 구축될 즈음에 서쪽 가지에서 발원한 육생량은 태평양을 통해 열도 두둑을 거쳐 동쪽 끝 반도 뿌리로 들어오게 되어 있다. 이후 몸통 중쪽으로 올라가는데 이유는 물질과 정신 교역의 장소라는 데 있다. 아울러 동북아에서 육생량이 뜻하는 바는 정신량 촉발을 위한 것으로 봄·여름·가을·겨울 사계의 변화가 뚜렷이 나타나는 것은 물질변화에 따른 정신문화 창출을 위한 조건이다. 말인 즉은, 춘하추동(春夏秋冬) 생장수장(生長收藏) 생동감 넘치는 육의 생명체 터전은 시간의 흐름에 따른 동서방향이라 육생량을 담당하는 서양은 활동주체로서, 정신량을 담당하는 동양은 운용주체로서 자리해왔다. 아울러 춘생(春生) 봄에 파종하여, 하장(夏長) 여름에 성장시켜, 추수(秋收) 가을에 수확하여, 동장(冬藏) 겨울에 이르러 새로운 춘생 준비를 위해 동면에 든다. 한 그루의 나무가 꽃피워 열매 맺고 수확 후 새로운 에너지 생성을 위해 늦가을부터 가지의 물을 뿌리로 내려 휴면에 드는 것은 자연으로부터 새로운 영양분을 공급받기 위한 것에 있다. 서양의 물질문명이 동양으로 들어오는 이유도 다르지 않다.

동장(冬藏)의 겨울은 움직이지 않는 듯 움직이는 음의 계절로, 적절한 발육단계와 다음 번식을 준비하는 휴식기다. 따스한 3개월, 무더운 3개월, 쌀쌀한 3개월, 강추위 3개월의 1년 4계절, 12달 24절기에 맞추어 우리는 살아간다. 더군다나 사회라는 행의 현장에서 활동해야 하는 인간에게는 주말이 있고, 연휴가 있고, 휴가가 있다. 이는 모두 양의 활동을 활성화하기 위해 주어진 음의 시간이자 에너지 충전을 위한 시간이다. 일상의 문제는 언제나 내 앞에 인연에게서 비롯되고, 소통이 수월하지 못한 만큼 앙금이 쌓이면 결국 폭발한다. 일이 이쯤 되면 싸우거나 충돌하거나 부딪쳐 결국 멈추거나 좌절하거나 실패하거나 하는 일이 발생한다.

이는 양기 활동주체가 음기 운용주체 에너지(정신량)를 충전하지 못할 때마다 상극상충 일으키는 표적을 받은 것이다. 음과 양의 근본은 태역의 암흑우주 0차원에서 분리된 것으로, 활동주체 양의 힘은 운용주체 음과 하나 될 때 배가 되는 법이다. 아울러 의논을 통해 합의를 이끌어내지 못하면 화합이 어려워 고통 받는 생활은 누구에게도 예외일 수가 없다.

만물 이기적 질량인 것처럼, 육 건사를 위한 육생부터 살아가야 하는 인간들도 다를 바 없이 선천적 이기의 질량에 속한다. 후천적 이타생산을 위해 크건 작건 모든 것은 지속적인 부침변동 속에 꾸준히 성장해왔다. 모두 천기의 운송수단이자 생명의 원천 물이 있어 가능했지만, 변화변동이 심하지 않은 남북은 중심잡이 질량으로, 변화무쌍한 동서는 춘하추동 사계가 중심이 되어주어 발전 가능했다. 육생량에 정신량을 부가시켜 나가는 업그레이드 시대를 맞이하여 한반도의 정세가 남북은 이념장벽으로, 동서는 지역갈등으로 삼분오열된 실체를 재조명해야 할 때가 왔다. 해가 동쪽에서 뜨는 것은 서쪽에서 달이 밀어올리기 때문이듯, 서쪽으로 해가 기우는 것도 동쪽으로 떠오르는 달 에너지를 충전하기 위해서다. 이처럼 태어나, 성장하고, 늙어서, 죽으면 그 무엇도 없이 공(空)의 차원으로 돌아간다는 성주괴공(成住壞空)의 뜻도, 결국 없는 것에서 빚어진 것이라 집착하지 말라는 것이다. 삼라만상도 마침내 없어질 터이니 말이다. 덧붙여 생기고, 머물고, 변화하고, 소멸하는 생주이멸(生住異滅)의 원리에서 벗어나 살 수 없다는 것을 '너는 알고 있느냐'에 대한 물음이기도 하다.

인간으로 태어나 사람으로 승화하여 사람답게 살아가야 하는 육생살이에서 헤아릴 수 없는 부침과 변화와 변동을 가져다주는 것이 바로 만물이다. 왜 그런 것일까. 금강산도 식후경이라 춥고 배고픈 상황에서 할 수 있는 일이 과연 무엇이 있을까를 사유해보자. 내 등 따시고 배부르고 난 후에서나 네 아쉬움이 눈에 들어오기 마련이라, 가장 먼저 해결해야 할 문제가 육 건사를 위한 육생량 해소라는 데 있다. 이미 주어진 모든 선천질량은 육 건사를 위한 육생량에 지나지 않아 지극히 이기적인 질량일 수밖에 없고, 개척의 질량인지라 무엇 하나 정해진 바도 없다. 그러나 너와 나를 인연 짓는 가장 큰 방편이기도 하므로, 하나 되고자 한다면 이타의 정신량을 부가시켜야 한다. 사랑은 아쉬운 선천적 육생량으로 시작하고, 행복은 이로운 후천적 정신량으로 구가하기 때문이다.

다시 말해, 사랑하게 만든다는 육생의 질량은 개척의 차원이요,

행복을 구가하게 된다는 인생의 질량은 내가 만들어 나가는 차원이라는 것이다. 육생량을 토대로 창출하는 정신량은 육생과 인생을 연결하는 가교다. 이를 부가시켜 나가는 일은 자신 스스로 해야 한다. 때문에 적대보완적으로 너와 나, 생각과 마음, 이기와 이타 등이 내 안에 공존하는 것은 선천의 본능을 통해 후천의 분별을 일깨우고자 함에 있다. 지기 양의 본질은 천기 음의 본연을 따르는 법이라 벗어나거나 잃어버리는 날에는 충돌을 빚는다. 아울러 동물의 본연은 선천적 본능에 의지하고, 인간의 본연은 후천적 분별에 의지한다. 내 욕심 생각차원 지식으로 1안의 육생의 인프라를 구축했다면 마음차원 지혜로 2안의 인생의 인프라를 구축해야 한다는 것인데 이를 연결할 가교가 바로 정신량이라는 것이다. 이는 또 이기의 육생량을 통해서만이 창출 가능한 부분이고, 내 욕심의 육생량은 언제나 채우지 못할 아쉬움만 남기므로, 그르게 전개되는 치우친 사행을 조장하여 상극상충을 일으켜왔다.

육 건사를 위해 육생량 개척하던 시대는 생각과 지식을 바탕으로 군림을 위해 육의 힘을 앞세웠다. 이를 상쇄시키고자 신앙, 철학, 사상, 이념 등이 다르게 전개되는 착한 선행을 부추겼는데, 이는 바르다는 정행이 무엇인지 몰라 벌어야 했던 일들이다. 물론, 육생량 개척시대는 모든 면이 부족할 수밖에 없었던 힘의 구속시대였고, 이를 채우고자 신에 의지해왔던 비나리 시대이기도 했다. 그야말로 신을 흠모하는 신앙의 위세는 실로 대단했다. 육생의 힘이 부를 가름했었으니 상호상생 일으키기가 좀처럼 어려운 시대기이도 했다. 물론, 치우친 사행의 모순이 끊임없이 생성되는 육생시대에 바르다는 정행이 나오더라도 착한 선행에 국한될 수밖에 없다. 왜 그런 것인가. 바른 정행은 치우친 사행을 모두 알 때서나 논할 수 있어서라고 할까. 지금 이 순간도 착한 선행이 바른 정행 노릇을 하고 있는지라 바른 정행 논해봤자 어찌 되겠는가.

다르다는 선행이 바르다는 정행을 대신해왔던 만큼 착하게 살아야 복 받는다는 믿음이 만연했을 터이고, 그 바람에 정신량을 첨가시켜 종교(宗敎)로 승화해야만 했던 신앙(信仰)은 아쉽게도 선악(善惡) 논리에 발목 잡혀 신(神)을 흠모하는 신앙(神仰)에 주저앉고 말았다. 기실, 육 건사를 위해 이기의 육생량 개척에 매달려야 했던 시대에는 기복(샤머니즘)도 분명 하나의 방편이 아니었나 싶다. 간절하게 아쉬운 육생량 개척에 매달려야 했었던 만큼 부족한 게 많았을 터이고, 자연재해, 굶주림, 질병 창궐 등은 물론 잦은 전쟁으로 무엇 하나 풍족한 게 없었을 터이니 말이다.

군림하고자 하는 지배층의 노림수는 교묘하다 못해 악랄하기 그지없으니 대를 위한 소의 희생의 명분은 매우 그럴듯해 보였다. 육생 그 본능이 삶의 일환이라면 무조건 따라야 하겠지만 절대분별의 삶은 인간의 본연이라, 무엇이 대익이고 소익인지 가늠하기 전에 막무가내 희생을 강조해왔던 것이 문제였다.

육생량 앞에 분별을 놓치면 고초는 민초요, 실속은 지배계급이라 상극상충의 원흉인 그르다는 치우친 사의 행위가 목구멍이 포도청이라는 명분 앞에 정당화되곤 했었다. 정행의 본연을 찾지 못할 때마다 사행으로 밀려드는 어려움을 신에게 빌어 곧잘 넘기는 때이기도 했으니 어쩌면 육생살이 개척시대는 신에 의지하지 않으면 안 되는 육생시대이기도 했던 모양이다. 무엇보다 '지구촌'은 운용주체 천지(天地)가 활동주체 인(人)을 위해 제공한 삶의 터전이다. 해서 운용주체 음의 질량 해수면이 활동주체 양의 질량 지판을 감싸 안아 육해공 곳곳에 육에 생명을 불어넣었다. 해지는 서쪽 땅은 활동주체 육생량의 원산지요, 해 돋는 동쪽 땅은 운용주체 정신량의 본산지로서 컴퓨터가 보편화되고 스마트폰이 일상화될 무렵이 오곡백과 넘쳐나는 수확의 계절과 다르지 않아 지구촌 구석구석 양산되는 모순들이 컴퓨터에 차곡차곡 저장되는 것은 보다 나은 삶을 위한 것에 있다.

가을 무렵에 가지에서 생장(生長)시킨 육생량을 겨울 즈음에 뿌리로 수장(收藏)시키는 것은 다가올 봄에 파종하기 위한 것도 있지만 열매의 영양분, 즉 좀 더 나은 이로운 성분을 생성하여 첨가하기 위한 것에 있다. 육생량 1안을 담당한 가지 서양과 2안의 정신량을 담당한 동양 뿌리와의 차이는 주고받고 들고나는 안팎의 질량, 즉 물질과 정신에 있다.

해가 중천에 뜬 땅 중앙 몸통이야 일면이든 이면이든 소통의 공간으로 정신량을 책임진 뿌리하기 나름이라 대체로 삶의 형태는 뿌리를 닮는다. 만약 뿌리가 가지의 육생량 문제에 봉착하면 보드기를 면치 못할 것이고, 가지가 뿌리의 정신량 문제에 간섭하려 든다면 본연의 삶을 잃은 것이라 아름드리 성장은 어림도 없다.

☙ 육생의 서중동(西中東), 인생의 동중서(東中西)

뿌리, 몸통, 가지로 나뉘어 운행되는 아름드리나무 한 그루나 동양, 중앙, 서양으로 나누어진 지판이나 머리, 몸통, 다리로 나누어진 육신이나 모두 삼위일체 하나 되는 삶을 살기 위한 것에 있다. 천상(天上)은 뿌리이자 머리이고 지혜이며 동양이자 운용주체의 정신량이라 할 것이고, 지중(地中)은 몸통으로 정신량과 육생량 교역의 통로 중앙이라 할 것이며, 인하(人下)는 가지이자 다리이고 지식이며 서양이자 활동주체의 육생량이라 할 것이다. 무엇보다 5차원 인간육신을 2차원의 나무를 모델 삼아 조물하지 않았나 싶은데, 왜 그런 것인가. 그럴듯한 이유야 많지만 개중에 몇 가지 예를 들자면 인간의 육신은 소우주라는 것과 지구와 인체의 비율이 유사하다는 것을 들 수 있다. 특히 육생의 서중동(西中東), 즉 먼저 아쉬운 육생량은 서쪽에서 열매 맺고 중쪽을 거쳐 동쪽으로 들어왔다. 이후 이로운 정신량은 동쪽에서 창출하여 중쪽을 거쳐 서쪽으로 올라가는 인생의 동중서(東中西) 순환의 생태계가 한 그루 나무의 생장원리와 자못 흡사하다.

무엇보다 지구, 인체, 나무 세 개체 순환의 생태계 생장수장 춘하추동에서 기인했다고 하면 어떠할까. 육생 너머 인생을 살아가야 하는 인간의 일생도 생로병사 사계가 있듯이, 하는 일에도 생로병사 사계가 있고, 사랑에도 생로병사 사계가 있다. 따라서 나의 삶은 나 하기 나름이듯, 내 앞의 인연도 나 하기 나름이고, 내게 주어진 소임도 나 하기 나름이다. 예컨대 생장수장 춘하추동에서 춘하(春夏)는 생장(生長)이자 사랑이며 생로(生老)다. 추수(秋收)에 행복을 수확(收穫)한다면 아름다운 노년에 죽음 사(死)를 맞이할 것이고, 없다면 만병(萬病)의 고통 속에 사(死)를 맞이할 것이다. 이처럼 춘하추동(春夏秋冬) 생장수장(生長收藏)의 결과물은 생로수사(生老收死) 행복의 수확물이어야 하는 것이지, 생로병사(生老病死) 즉, 수확도 없이 고통스럽게 병으로 죽어간다면 본연의 삶을 다하지 못한 결과물이라는 사실을 알아야 한다.

만약 천(하늘)의 질량이 지(땅)의 일을 하려 한다면, 또 지(땅)의 질량이 인(인간)의 일을 하려 한다면 상·중·하 뿌리·몸통·가지 차원의 질서가 어떻게 될까. 할 일을 잃은 인(人)의 질량은 자칫 넘사

벽 지(地)나 그 너머 천(天)의 일을 하려들 텐데 본연을 잃은 삶은 무엇을 하든 결코 아름다울 수가 없다. 나 하기 나름에 달리 나타나는 작용반작용의 법칙 상대성 원리가 인간생활 깊숙이 녹아들은 것은 자연의 섭리, 생활의 이치, 본연의 순리, 인간의 도리 등을 일깨우기 위함이라 어긋나거나 벗어나면 그에 상응하는 표적을 받는다. 땅은 물에 의해 운영되듯이 만물도 물에 의해 운영된다. 운용주체 물이 본질을 잃으면 활동주체 만물도 따라서 본연을 잃는다. 만약 음의 질량 달(月)이 양의 질량 해(日)의 일을 하게 되는 지경에까지 몰렸다면 과연 해는 달의 일을 해낼 수 있을까.

어머니는 정신량의 모체이자 운용주체 음의 기운이고, 아버지는 육생량의 실체이자 활동주체 양의 기운이다. 부모가 합의를 통해 화합을 이루기만 한다면 부러울 게 무엇이 있을까만 자식 낳고 이혼 하는 것을 보아하니 여간 만만치 않은 모양이다. 운용주체의 자리는 활동주체를 위한 것에 있듯, 보이지 않는 음은 보이는 양을 위한 것이고, 이로운 정신량은 아쉬운 육생량을 위한 것에 있다. 육의 모든 생명체를 낳아 품어 키우는 모성애는 정신량이다. 어느 정도까지는 활동주체 육생 행위를 할 수도 있지만 부성애의 육생량은 낳고 품는 운용주체 행위를 할 수 없다. 물론 애비의 부성도 경우에 따라 품기도 하겠지만 힘이 가미된 육생 행위일 수밖에 없어 양과 양은 태반이 부딪쳐 사달 난다. 이처럼 여인에게는 인류평화를 잉태할 거룩한 경(經)과 궁(宮)을 품에 안고 태어났다는 사실만으로도 육생량을 위해 살아가는 활동주체의 미래는 정신량의 운용주체 하기 나름에 달려있다는 것을 알 수 있지 않을까.

종족과 사회와 계층은 유유상종하는지라 삶의 질은 상중하 차원으로 나뉜 지는 태고시절부터였다. 본연을 잃지 않으면 격상될 것이고, 잃으면 격하될 것이라 한 달에 한 번 본연을 놓치지 않기 위해 숭고한 경의 뜻을 되뇌어야 한다. 하층보다는 중층, 중층보다는 상층으로 올라갈수록 음의 기운 운용주체 숭고한 경에 배여 있는 정신량을 간절히 바라고 있다. 이처럼 경은 운용주체의 중심질량인데 본성을 잃고 양성화될수록 고달픈 육신에 비례하여 삶의 풍파가 찾아든다. 사회적 지위가 최상층에서 중층으로 떨어졌다면 몰락을 뜻하는 것이고, 정신량의 운용주체가 육생량의 활동주체로 격하된 것이라 이보다 곤욕스러운 일이 또 있을까. 중층 은수저에서 하층 흙수저로 떨어졌다면 상층보다 어렵기야 하겠느냐만 본래 상층의 금수저 집안에서 태어난 이가 중층의 은수저나 동수저 삶을 살아가야 한다면 죽음보다 더한 고통에 못지않다.

이 같은 일련의 상황은 아쉬운 육생량에 이로운 정신량을 부가하지 못할 때 나타나는 표적의 일환으로 충격은 활동주체보다 운용주체가 더 크다. 물론 힘의 자원 아쉬운 활동주체의 고통도 이루 말할 수 없겠지만 한 달에 한 번 경의 뜻을 되살리지 못한 운용주체보다는 크지 않다. 특히 신앙마다 종파마다 도파마다 오늘에 이르기까지 전수해온 경(經)이라고 해봐야 누구에게는 맞고 누구에게는 맞지 않은 인간논리의 경일 따름이라 사랑을 빙자하여 수많은 모순을 양산했는데도 기복에 취해 오히려 합리화시키기에 여념 없다. 그러나 여인의 품속에 간직한 경은 삼라만상 조물 될 때 주어진 선천적 경이라는 사실에 있어 천지음양 깊은 뜻이 배어 있는 대자연의 경이 아닐 수 없다. 이를 바르게 해석해 낼 수만 있다면 사랑을 통해 행복을 영위하는 일은 그다지 어려운 일만은 아니다. 보금자리 궁에서 살아가는 일에 있어서 말이다.

각설하고, 뿌리·몸통·가지 세 단계로 나뉘어 성장하는 나무와 머리·몸통·다리 세 부분으로 나뉘어 성장하는 인간과의 상관관계를 보자. 나무의 중심을 뿌리가 잡아나가듯, 인간의 중심은 머리가 지탱하니 컨트롤 타워가 아닐 수 없다. 또 나무는 지기(땅)의 에너지(영양분)로 살아가는 2차원의 생명체라 뿌리는 땅속을 향하고, 인간은 천기(하늘)의 에너지(기운)로 살아가는 3차원의 생명체라 머리는 하늘을 향하고 있다. 물론, 우주에너지 마음이 있고 없음의 차이도 있겠지만 이는 오직 3차원의 생명체 인간의 고유권한이자 자유의지 표상으로, 이기적 본능 차원 너머 이타적 분별 차원의 삶을 뜻한다. 양팔은 중심잡이 운용주체 질량이고 양발은 활동주체 질량이듯, 뿌리에서 밑동까지는 중심잡이 운용주체 질량이고, 밑동에서 몸통까지는 소통의 질량이며, 사방팔방으로 뻗친 가지는 활동주체 질량이다. 따라서 궁극은 천의 뿌리(머리)요, 과정은 지의 몸통이고, 결과물은 가지(다리)라는 점이다.

기실, 삼라만상마저도 방편으로 자리한 마당에 육생살이 동식물이나 육 건사를 위해 육생을 살아가야 하는 인간이나 모두 선천적 본능에 의지하고 살아간다. 그런데 인간은 만물의 영장이라 성인 시절에 들어 인간에서 사람으로 승화하기 위한 분별력은 저마다 달리 나타난다. 이 시기에 육생량에 빠지면 정신량을 놓치고, 지식에 빠지면 지혜를 놓치는 경향이 두드러지니 어느 쪽으로도 치우치면 곤란한 때이다. 왜 그런 것인가. 문자와 도구와 물질을 사용할수록 생각은 복잡 미묘해지기 마련이라 무엇보다 만물(육생량)은 내 욕심의 산물이라는 데 있다. 물론, 지기에서 1차원의 광물과 무생물을 빚고 2차원 육의 생명체 동식물이 생성되자 인의 육신까지 조물 된 것은 5차원 인간과 함께하여 3차원의 삶을 영위하기 위한 것에 있다. 문제는 만물은 채울 수 없는 이기의 질량이라는 것이고, 본능 너머 분별을 바로 세울 때까지 육 건사를 위해서 그르게 전개되는 치우친 사의 행위를 하며 상당 기간을 살아갈 수밖에 없다는 것인데, 그로 인해 발생하는 상극상충의 모순을 토대로 힘겹게 정신량은 진화발전해야 한다는 것이다.

이와 같이 육 건사를 위해 힘을 써야만 했던 육생시대에 양산한 숱한 모순은 동물의 세계와 본능의 세계에서 순리이자 이치이다. 하지만 절대분별로 살아가는 인간 세계에서 적대보완적이라 누구에게는 좌절과 실패의 고통을 안겨주고, 누구에게는 성공과 성취의 기쁨을 안겨주기도 한다. 그렇다고 그 순간이 오래 지속될까. 먹고 먹히는 약육강식 힘의 세계 2차원적인 삶 속에 생산(육생량)과 소통(정신량)을 위한 3차원적인 삶의 인생관이 배여 있어 삼세번, 3단계, 3원칙 등의 도덕적 본질이 녹아들었다. 때문에 선천본능은 지금 당장을 위한 것에 있다면, 후천분별은 오늘은 어제로부터 시작된 것이자 내일을 위한 것이므로 근기에 따라 다소 차이나겠지만 누구에게나 공평한 기회를 주기 위한 것에 있다.

또 인간에게 있어 진화발전은 아쉬운 전생(前生), 못미더운 현생(現生), 꿈꾸는 내생(來生)과도 같이 세 개의 차원이 끊임없는 순환으로 이룬 것이다. 지난날에 머물면 육생의 본능이요, 오늘에 깨우치면 정신의 분별이고, 내일을 위해 살아가면 인생의 화합이라 이는 생각과 마음이 공존하는 인간이라 가능한 것이다. 그렇다고 전생의 업보가 현생으로까지 이어지는 것일까. 만약 이어진다면 현생에서 무엇을 어떻게 해야 하는 것일까. 그리고 이룰 수 있는 것이 과연 무엇이 있을까. 가뜩이나 선악차원 정해진 것 마냥 매도하여 인과응보(因果應報)와 권선징악(勸善懲惡)을 불리할 때마다 부르짖는 통에 나 하기 나름에 따른 작용반작용의 법칙 상대성 원리가 묻혀버리고 말았다.

풀지 못한 어제의 일들을 오늘에도 바르게 해결하지 못하면 내일의 문제로까지 이어지지만 이는 인기가 인육을 쓰고 인간으로 살아가는 현생에 주어진 문제일 뿐이다. 나 하기 나름에 따라 발전, 머무름, 퇴보가 전개되는 일상에서 보더라도 윤회 때마다 분명 하에서 중에서 상으로 점진적 발전을 이루지만 전생의 업보가 현생으로까지는 이어지지 않는다. 업보가 쉼 없이 이어진다면 약육강식 힘의 논리 육생살이 시대를 어떻게 설명해야 할까.

아쉬운 자는 도움받기 위해 이로운 자를 찾아가야 하는데 선악의 발단은 여기에 있다. 이로울 듯싶어 찾아온 이에게 이로웠다면 그도 이로울 것이고, 해로웠다면 그도 그만큼 해로울 것이라 표적은 쌍방 간에 주고받음에 따라 본래 선도 없고 악도 없다. 단지 육건사를 위해 육생량에 의지해야 하는 터라 인간의 행위는 치우쳤다 치우치지 않았다는 사(邪)와, 이롭다 이롭지 않았다는 이(利)와, 바르다 바르지 않다는 정(正)의 행위만 자리할 뿐이다. 착하다 착하지 않다는 선(善)의 행위는 이율배반이라 이기의 물질 앞에 도리에 어긋난 인간의 욕심이 만들어 낸 산물이다.

힘의 논리가 만연한 먹고 먹히는 육생살이 시대에서 과연 다르다는 착한 선행이 가능했을까. 예나 지금이나 다를 바 없이 착한 선행은 반쪽반생을 조장하여 너 따로 나 따로 놀아나는 결과를 초래하고 있는데도 말이다. 내 욕심에서 비롯된 행위가 기복이지만, 착하게 살아야 복 받는다는 말로 무지한 백성을 현혹시켜 벌어진 결과물이다. 어려워진 과정을 외면하고 지금 당장 빌어서 모면하고자 했던 행위가, 작용반작용의 법칙 상대성 원리라는 인간화합의 법칙을 멀리하는 결과를 초래했고, 목구멍이 포도청이라 물질의 법칙에만 국한시킨 소산이 바로 선악의 논리다. 치우친 행위의 산물이 무사안일주의에 따른 쏠림의 만연이라 누구나 육생량 앞에서 분별이 멈추기 마련이라 어려워지고 나서 탄식한다.

☾ 육생량은 방편이요, 정신량은 과정이고, 인생량은 궁극이라

육생문명 발판을 마련한 세대가 있다면 정신문화 기틀을 마련해 나가야 하는 세대가 있어야 한다. 또 유지보수 해가면서 행복을 만끽하는 세대도 있어야 할 것인데 이를 위해 주어진 게 바로 사주(四柱)다. 선천질량이자 달란트라고도 말하지만 수완, 솜씨, 재능 등으로 타고난 역량을 가리키는 말로서 받아온 질량만큼 짊어지고 살아갈 삶의 무게이기도 하다. 이는 4차원 저승의 무형세계 질서가 그대로 투영된 곳이 3차원 이승 유형세계라는 소리와 다르지 않아 사주는 분명 유형의 이승을 위해 무형의 저승에서 받아온 육생의 기본금이다. 삶은 나를 위한 육생본능으로 시작하여 너를 위한 인생분별로 살아가야 하는 데까지가 궁극이라, 너와 내가 만나 사랑하며 살아가기 위한 육생의 기본금 사주는 행복하기 위한 인생의 자본금이기도 하다. 물론 근기에 따라 달리 주어졌지만 받아온 만큼 노력하면 누구나 오르고, 취하고, 구할 수 있다. 그리고 마침내 기본 자리에 올랐다면 육생살이 성공한 것이고, 인생살이를 위한 2차 출세가도를 달려야 할 때이므로 이에 필요한 질량을 알기 위한 노력을 아끼지 말아야 한다. 이후 행로는 내가 만들어 나가는 차원이라 그 무엇도 정해진 바가 없다.

기본 자리에 오르기까지 맛보는 아픔은 육생 깨침을 위한 절박함의 교훈으로 노력하면 오르는 데까지 아무런 지장도 없다. 하지만 실패는 성공 후에 맛보는 뼈저린 표적이라 오를 때 맛보는 좌절의 농도와는 판이하다. 그러고 보면 인간사 삼세번의 기회가 주어지는 것도 좌절극복을 위한 것에 있기보다 실패극복을 위한 것에 있다. 예컨대 첫 번째 성공 후에 무난히 두 번째 출세가도를 달린다면 3대에 걸쳐 상(上)기업으로 우뚝 선다. 하지만 한 번 실패하고 재기한다면 중(中)기업이요, 거듭 실패 후 재기하면 하(下)기업이라 이쯤 되면 그저 육 건사시킬 정도의 소상공인에 머문다. 대체로 실패의 원인은 성공 이후에 무엇을 어떻게 해야 할지 몰라 주춤거리다 나락에 빠져드는 것이다. 주어진 기본 자리는 활동주체로서 나를 위해 찾아야만 하는 것이요, 찾았다면 너를 위해 살아가야 하는 운용주체로 신분상승한 것인데 이때 또 하나의 문제가 주어지는 것은 바로 너를 위해 사는 법을 아느냐는 것에 있다.

어린 시절, 너를 위해 살아가고 싶어도 살아갈 수 없는 나를 위해 살아가야 하는 육생 시절이다. 이 때문에 성인으로 성장할 때까지 벌어지는 일련의 상황은 부모책임이고, 너를 위해 살아가는 성인 시절에는 자기 자신의 책임이며, 가정을 이루어 살아가면 운용주체 반려자의 책임이다. 나를 위할 때와 너를 위할 때와 가정을 이루어 살아갈 때 3단계로 나누어진 책임량은 하나 되어 살아가기 위한 것이므로 육생의 기본금을 통해 만들어 나가는 나의 운명은 그 무엇도 정해진 바가 없다. 육생량 개척과정도 정신량 창출과정도 나 하기 나름이라는 데 있어, '나 하기 나름이라'는 것은 지기(地氣)의 운(運)은 내가 부리는 것이고, 명(命)은 천기(天氣)대로 살아간다는 것이다.

육생량으로 사랑하고, 정신량으로 인생 행복을 영위하느냐에 따라 삶은 금, 은, 동… 무수히 많은 차원으로 갈린다. 부여받든, 물려받든, 올라섰든 성공 이후에 이로운 정신량을 마련했느냐에 따라 향후 삶의 향방이 재차 갈린다는 것이다. 나 하기 나름에 따른 작용반작용의 법칙 상대성 원리가 적용되는 인생방정식 누구도 예외 없이 적용되는 업그레이드 시대를 맞이해서라기보다, 육생 너머 인생을 살아가야할 때가 찾아왔기 때문이다. 보편적으로 육생량을 개척할 시기는 나를 위해 살아가는 아쉬운 활동주체의 시절이고, 개척했다면 너를 위해 살아가는 이로운 운용주체의 시절을 맞이했다. 이와 같이 주어진 기본 자리에 올라서면 아쉬워 찾아온 이의 고픈 곳을 어떻게 채워주고, 나의 허한 곳을 어떻게 채워나갈 것인가 이에 대한 고민을 심히 할 때이다. 다시 말해 도와 달라 찾아오는 이들과 하나 되어 살아가야 하는 때이므로 화합의 정신량 마련에 몰두해야 한다는 것이다.

물론, 육생살이 인간으로 태어나 인생살이 사람으로 승화되어 사람들과 사람답게 살아가는 데 있어 정신량보다 먼저 필요한 것이 육생량이라 부침변동 일어나게 되어 있다. 이기적 질량이자 채워지지 않는 아쉬운 질량이라는 이유도 있지만, 유형의 이승에서 살아가는 데 없어서는 안 되는 질량이라는 것도 있다. 특히 육생량은 방편이요, 정신량은 과정이고, 인생량은 궁극이라는 데 있어 윤리적으로 너를 위한다고는 하나 태반의 행위는 나를 위한 것에 있다. 도와 덕이 가미되면 '채워주고 채워지는' 선순환 상대성이 적용되어 너와 나를 위한 행위로 자연스럽게 승화된다. 무슨 소리냐

면, 이로운 자의 입장일 때와 아쉬운 자의 입장일 때와 제 삼자의
입장일 때 벌어지는 상황은 매 순간 달리 적용되므로, 개인의 질량
이자 화합의 질량인 사주 그 기본 자리에 올라서야 운용주체로서
먼저주고 후에 받는 삶을 살아갈 수 있다는 것이다.

  어린 육생시절은 성인 인생시절을 위한 것에 있다. 다시 말해 너
를 위한 사람으로 살아가기 위해 먼저 나를 위한 인간으로 살아가
고 있다는 것이다. 때가 되어 이로운 운용주체 반열에 올라섰다면
아쉬워 찾아오는 활동주체가 있을 터이니 운용주체는 이들의 손을
잡고 나가야 하는 지도자라는 것이다.
  전부가 육생의 기본 자리에만 목적을 두다보니 오르고 난 후 무
엇을 어떻게 해야 할지 몰라 갈팡질팡 하다 나락으로 빠진다. 분명
흙수저보다 나은 동수저는 은수저를 토대로, 은수저는 금수저를
바탕으로 상호발전을 이루기 위해 노력한다. 그리하여 사주는 육
생의 기본금이자 인생의 자본금으로서 아쉬워 찾아오는 활동주체
를 위한 운용주체의 대안을 마련한다면 오른 후 승승장구 출세가
도 거칠 것이 없다. 그런데 다들 대안은 없고 복안이라고 해봐야
육생량에 육생량을 접목시키는 행위가 전부인지라 양양상충의 고
통을 겪을 대로 겪다가 그만 나락으로 빠지는데 원인은 다른 데 있
지 않다. 받아온 기본금 육생량에 내가 만들어 나가는 정신량을 첨
가하지 못해서다.

  무형의 4차원 저승에서 받아온 사주가 뜻하는 바가 있다. 육생의
기본의 자리에 올라섰을 때가 너를 위해 살아가야 할 때이므로, 나
를 위해 거두어들인 만큼 너를 위해 써야 한다는 바로 그것이다.

들고나는 차원은 마시고 뱉는 호흡과 다르지 않아 응당 나를 위해 살아왔다면 너를 위해 살아가야 하는 사실을 알면서 모른 체 하는 것인지 진짜 몰라서 못하는 것인지 모르겠다. 사달은 주고받지 못해 나는 것이고, 어려움은 바르게 쓸 줄 몰라 겪는 것인데도 본래 없어서 겪는 것 마냥 인식하고 있다. 타고난 금수저야 없을 때의 궁색함을 어찌 알겠느냐만 기실 흙수저의 궁색함은 기본의 자리에 오를 때 느끼는 것이고, 어려움은 오르고 난 후에 겪는 것이다. 이렇듯 흙수저의 궁색함과 금수저의 어려움은 천양지차로서 흙수저의 좌절극복은 육생성공을 위해 하고, 금수저의 실패극복은 인생 출세가도를 달리기 위해 한다.

따라서 금수저 태생의 실패는 흙수저처럼 성공 후에 하기보다 시대의 흐름에 편승하지 못하여 한다. 나를 위해 살아왔으면 너를 위해 살아가야 하는 지극히 보편적 원리를 무시하여 받은 표적이 바로 실패다. 육생량 개척세대가 있다면, 정신량 창출세대도 있어야 하고 그에 따른 문화를 널리 퍼트리며 살아가는 세대도 있어야 한다. 퍼뜨린다는 것은 육생문화에 가미된 정신량의 쓰임을 알려야 한다는 것이고, 아쉬워 찾아온 이들과 하나 되어 살아가지 못하면 그 무엇도 이룰 수 없다는 것을 가리키기 위한 표적이 바로 좌절과 실패다. 선천적 성공은 육생이요, 후천적 출세는 인생이라 누누이 강조하였듯 하나로 연계할 질량은 내가 만들어 나가야 하는 것으로 금수저 태생의 사명은 이를 창출하는 데 있다.

이를 위해 기본 실력을 갖추어야 하겠지만 타고난 사주의 본질은 너를 위한 것에 있다는 사실이다. 근기에 따라 주어진 육생의 기본금이라 어느 경로를 통해서든 노력하면 얼마든지 오른다. 취한 후 운용주체로 직위가 상승한 것이라 함께하는 이들과 하나 되어 나가는 방안을 꾸준히 모색한다면 주가가 오르면 올랐지 떨어지는 일은 없다. 어린 시절이나, 성인 시절이나, 가정을 이루었을 때나, 간판을 내걸었을 때나 모든 행위는 너를 위한 것에 있으니 취한 후에도 여전히 육생량에 연연하면 양양상충 표적을 피해가기 어렵다. 그런데 이는 또 어찌된 노릇인가. 그 피해를 고스란히 아쉬워 찾아온 활동주체가 떠맡아야 하는 울고픈 경우가 허다하니 말이다.

　너를 위한 성인 시절은 나를 위해 살아온 어린 시절의 모습이라 인생을 위한 육생행위도 별다르지 않다. 금수저, 흙수저, 지휘고하를 막론하고 정신량이 부재하면 반쪽반생을 일으켜 난관에 봉착하기는 마찬가지다. 어려움의 이면도 아쉬움에 이로움을 부가하지 못한 것에 있으니 그에 대한 책임량은 맞이하는 운용주체에게 70%가 있고, 찾아가는 활동주체에게 30%가 있다. 개척의 육생량 70%에 창출의 정신량 30%를 첨가하면 3:7 음양합의 0의 수 이룬 것으로 부불삼대(富不三代) 권불십년(權不十年) 화무십일홍(花無十日紅)이 두렵지 않다. 상극상충의 주범 그르게 전개되는 치우친 사행은, 반쪽반생의 주범 다르게 진행되는 착한 선행을 추구한다는 데 있고, 다시 착한 선행은 상호상생 일으키는 바른 정행을 암묵적으로 지향해 왔다. 또 그러한 사행이 없었다면 착한 선행을 하려 하지 않았을 것이고, 착한 선행이 없다면 바르게 전개되는 정행을 분별하는 데 있어 상당한 애로가 따르지 않을까.

　절대분별은 상대적이고 상대성이라 육 건사 육생 안위에 머물면 힘의 논리에 놀아난 것이고, 정신량을 모르면 어리석은 분별로 자기희생을 정당화시키려 들었을지도 모른다. 그러다 자칫 다르다는 반쪽반생 착한 짓거리를 상호상생 바른 행위로 오인하여 기본 권리마저 포기하려 들지 않을까 싶다. 행위가 그르게 진행되면 싸우고 충돌하고 부딪치는 일이 발생하고, 다르게 벌어지면 어렵고 힘들고 고통스러워지며, 바르게 추구하면 합의를 통한 화합은 크게 어렵지 않다. 이는 사랑으로 행복을 일구어 나가는 과정의 단면만을 설명한 것이다. 과연 행복을 위한 화합의 질량을 모르는 마당에 권리를 찾고 의무를 다할 수 있을까. 막무가내 배 째고 등 따라는 식으로 우기고 떼써봤자 나만 손해라는 것이다.

먼저 주고 후에 받는 상호상생은 나 하기 나름이고, 주고도 받지 못하는 반쪽반생 나만 손해이며, 주고도 분란을 야기하는 상극상충은 쌍방 간에 원한만 살 뿐이다. 인간은 지극히 이기적인 데다가 만남은 이기적 육생량을 발판으로 이루어진다. 또 그 앞에서 이기적 셈법으로 이기적 합의를 일으키는 데 있어 손해 볼 짓 누가 할까 싶지만 살펴보면 태반이 손해 보는 짓을 하며 살아가는 이들뿐이라 이는 또 어찌된 노릇인가.

이기적이라 이기의 육생량 앞에 서기만 하면 이기의 달콤한 향기에 저절로 눈멀어 분수를 잃곤 하니 분수를 알아야 한다는 말을 예부터 곧잘 써왔다. 주고받음이 상생이요, 오고감이 소통이며, 들고남이 음양이라는 사실을 모르지는 않을 터, 허나 지금까지도 육생량만을 위해 살다보니 섭리를 안다 하나 육생의 안위일 따름이고, 이치를 안다 하나 힘이 가미되었으며, 순리를 안다 하나 자기의 논리일 따름이라 도리를 다하기에는 무리가 따른다.

분수는 도리를 다하는 것에 있다. 의리야말로 이로울 성싶을 때나 지키는 이기적 행위라 종용할 그 무엇이 아니다. 그러기 때문에 분수, 감정, 기분 등의 의식수준 편차는 바른 분별과 평정심 유지를 위한 것에 있다. 인간에게 있어 분수(分數)는 관계(關係) 조절기능이요, 감정(感情)은 자기(自己) 조절기능이며, 기분(氣分)은 인(人)의 조절기능이다. 인기가 인육을 쓰고 살아가는 만큼 절대 질량이 육생량이듯 그 절대 질량을 취하기 위해 모든 일은 내가 좋아하는 것에서 기인한 생각과 지식의 일면으로부터 육생물질문명을 개척해왔다. 너를 이롭게 할 때만이 쓰이는 마음과 지혜의 이면은 정신문명을 창달하고자 하는 것에 있으므로, 이는 세 개의 차원으로 나뉘어 운행되는 인류문명의 숙원 과제이다.

따라서 육생량은 방편으로 자리할 뿐이고, 정신량은 인의 본질과 다르지 않아 다 함께 하는 인생살이를 위해 무엇을 보고 들었느냐에 따라 사랑과 행복의 깊이를 달리 해석한다. 이로울까 싶어 만나, 이로울 성싶을 때 싹트는 게 사랑의 감정이므로 만남은 지극히 이기적인 상태에서 이루어진다. 그리하여 결혼은 지극히 이로울 성싶을 때 하는 것이고, 이혼은 지극히 이롭지 않을 때 하는 것처럼, 모든 행위의 결과는 나 하기 나름이나 이로움의 성과는 내 앞의 너를 통해 나타난다. 즉 육생량에 결부된 사안은 개인만족을 위한 것일 수도 있고, 정신량에 부합된 사안이면 함께하는 행복을 위한 것일 수도 있으며, 이후에 자녀가 일으키는 기쁨은 수확의 결과물일 수도 있다. 이롭지 않아 벌이는 행위도 이에 따른 데 있지 않을까. 이쯤에서 생각해볼 문제는 기본금 사주를 나보다 더 받은 너는 과연 무엇을 하며 살아가느냐는 것이다. 육생개척의 질량이든 만들어 나가는 정신차원의 질량이든, 더 받은 자가 덜 받은 자를 이끌어야 하는 것이므로, 하나 되지 못한 책임이 더 가진 자에게 있다.

만물이나, 육생량이나, 육 건사 행위나, 육생의 인간으로 살아가는 것이나 모두 대표적 이기의 산물이다. 나밖에 모르는 이기적 육생살이를 위해 이기적 육생량 앞에서면 이기적인 육생 안위를 위해 자신에게 이로운 것만 보고 들으려 한다. 오늘날 장족의 발달을 이룬 육생물질문명도 결국 육 건사 욕망에서 비롯된 것만큼 육생량에는 욕심과 반항과 군림하고자 하는 힘이 배어 있어 언제나 채워도 채우지 못한 아쉬움만 남긴다.

◖ 동서는 생장수장 질량, 남북은 중심잡이 질량

가지 서양에서 영그는 육생량을 감안하여 지구촌 순환 구도를 볼 때 섬나라 영국은 위로 치솟은 본(本)가지 중심이고, 미국은 동서남북 사방팔방 흩어진 곁가지의 핵심에 자리한다. 중국은 핵심몸통이요, 몽골은 북방몸통이며, 러시아는 가외몸통이고, 특히 일본열도는 두둑으로서 서양가지권의 태평양의 기운을 막거나 연계하는 자리다. 앞으로 뿌리반도의 기운(영양분)은 핵심몸통 중국과 가외몸통 러시아를 거쳐 본가지 중심 영국을 경유하여 곁가지 핵심 미국에까지 이르게 될 것이다. 뿐만 아니라 뿌리기운 70%는 핵심몸통이, 30%는 가외몸통이 머금었으며, 반면 가지기운 70%는 가외몸통이, 30%는 핵심몸통이 머금고 있다. 두둑열도는 가지해양세력과 뿌리반도를 연계하는 전진기지로서 1897년 대한제국을 기점으로 가지해양세력의 육생물질문명은 컴퓨터가 보편화되기까지 태평양을 통해 두둑열도를 거쳐 뿌리로 들어왔고, 이후 깊이 잠든 핵심몸통을 깨우는 원동력이 되었다.

뿌리(반도), 몸통(대륙), 두둑(열도)으로 이어지는 동북아 삼국관계는 뿌리, 몸통, 가지(해양)로 이어나갈 한 그루 나무의 핵심이다. 그중에서도 뿌리반도는 해양세력 가지와 대륙세력 몸통의 중심잡이 질량이다. 만약 몸통대륙으로 치우치면 가지해양이 발끈할 것이요 가지서양으로 치우치면 몸통대륙이 발끈할 것이라, 사통팔달의 요람 뿌리반도는 두둑강점기와 동족상잔 6.25 이후 세계평화의 중심지로 부상하기 시작하였다.

　정말일까. 고조선 붕괴 후 열국에서 사국에 이은 삼국, 그리고 이국시대에서 고려를 건국하기까지 1천 년의 세월은 하나 된 민족국가를 이루기 위한 과정이었다는 것에 대해서 말이다. 그리고 마침내 고려(918~1392)에서 조선(1392~1919)에 이르기까지 1천 년의 세월 동안 하나 된 민족국가의 역사를 써내려 왔다. 그러나 두둑과 몸통과 하나 되는 법도를 강구하지 못해 크고 작은 외침에 시달리다 끝내 서구 열강의 등쌀에 대한제국을 끝으로 하나 된 민족국가 1천 년의 역사는 사라졌다. 어찌 보면 1910년 두둑(일제)강점기는 2천 년 세월을 허비한 표적의 일환이 아니었나 싶고, 그들이 본국으로 돌아가자 민주·공산 이념의 장벽이 처지면서 동족상잔 6.25를 치러야 했다. 오늘날까지 남북으로 보이는 이념의 장벽이, 동서는 보이지 않는 지역감정의 벽을 실감하지만 이는 분명 삼분오열된 가운데 정체된 뿌리본연의 질량을 찾도록 주어진 구실이 아닌가 싶고, 한편으론 뿌리의 번영과 몸통과의 화합과 가지와의 인류평화 대안마련을 위해 깔아놓은 멍석이 아닌가 싶다.

　남북은 중심잡이 질량이요, 동서는 생장수장 질량이다. 삼분오열되어버린 뿌리 화합의 대안은 먼저 동서 갈등 해소할 방안을 마련하는 데 있다. 요컨대 뿌리남북의 중심을 동서로 가로지른 두 개의 이념은 영원히 하나 될 수 없는 철로와 다르지 않다. 밀고 당기는 남북이념의 열차는 세계평화의 열차로서 생장수장 질량 동서를 쉼 없이 횡단하는 것은 하나 되어 살아가는 방도를 강구하기 위한 것에 있고, 마련할 때서나 중심잡이 남북질량은 하나가 된다.

특히 화합(행복)의 인프라 인생량 도모는, 각자도생(사랑) 육생의 인프라를 구축하고 나서 가능한 일이다. 그리하여 인류는 18세기 가지 서양에서부터 자원증진을 위한 1차 기계화 산업혁명 일으키면서 육생물질문명은 1안의 육생의 인프라 구축한 20세기 업그레이드 시대로 항해가 시작하였다.

19세기 말 재차 일으킨 2차 산업혁명은 1차를 발판으로 자본 증식을 위한 대량생산 체제를 구축하자 서양 가지에는 전운이 감돌았다. 이에 발맞췄다고 해야 할까. 뿌리반도는 대한제국을 선포하였는데 아마도 두둑열도 강점기를 예견한 조치가 아니었을까 싶고, 1천 년 부패한 토양을 뒤집기 위한 대자연의 특단의 조치가 아니었을까 싶다. 결코 우연일 수 없는 현실 속에 1775년 본가지 중심 영국의 식민지에서 벗어나고자 1775년 독립전쟁을 치렀다. 그리고 마침내 1783년 13개 주의 독립을 얻어 낸 미국은 곁가지의 핵심으로 부상하면서 힘을 위시한 육생살이 모순 생산 국가로 자리하기에 이르렀다. 1861년 노예해방전쟁(남북전쟁) 발발로 정의 구현을 부르짖고 있으나 총칼 앞세운 우스꽝스러운 평화행진이라 쉴 새 없이 육생살이 문제를 야기하고 있다.

가지권의 핵심으로 부상하기 위한 미국, 독립전쟁을 치르기에 앞서, 가지 서양(유럽의 모든 열강이 참여)에서 열강세력 간의 7년 전쟁(1756~1763)을 치렀는데 공교롭게 1차 산업혁명과 때를 같이 한다. 미국 독립전쟁에 이어 노예해방 남북전쟁도 우연처럼 2차 산업혁명 때와 같이 하였다. 우연을 가장한 필연적 육생물질문명의 발전도 가지권 전쟁을 통하여 이루어 나갔다. 이후 발발한 1차 세계대전(1914~1918)으로 열기구와 비행선을 뛰어넘어 동력 비행기로 하늘을 날더니만, 2차 세계대전(1939~1945)으로 통신기술 발전과 더불어 제트기가 하늘을 날았고, 싸워야 키 큰다는 말처럼 지구는 일일생활권 하나의 촌(村)이 되어가고 있었다. 그러나 뿌리는 민주·공산 이념의 화약고가 되면서 3.8이남은 해양가지 세력이, 3.8이북은 몸통대륙 세력이 간섭하기에 이르렀다. 이는 드러나는 육생의 일면이고, 드러나지 않는 인생의 이면은 뿌리에서 전쟁을 없을 것이라 민주해양 세력과 공산대륙 세력 간의 화합의 질량을 마련하라는 대자연의 메시지가 담겨 있다.

20세기 후반에 육생물질문명 장족의 발전을 이루고 맞이한 정보화 혁명 3차 산업시대에 걸맞게 어느덧 컴퓨터는 보편화되고 있었다. 거짓말처럼 사방팔방 막혀 있던 뿌리에 거미줄처럼 인터넷이 쳐지자 데이터 혁명이 일어나기 시작하였다. 1안의 육생의 인프라가 구축된 시점이자, 2안의 인생의 인프라를 도모해 나갈 기점이었다. 힘의 논리 육생시대에서 이로운 인생시대를 열어가기 위해 이기의 육생량에 이타의 정신량을 부가시켜 나가는 대화합의 시대가 찾아왔다. 선진국 반열 목전에 두고 IT 강국으로서 축제문화와 더불어 한류열풍 부는가 싶더니 다문화 가정이 자리하기 시작하였다. 5천 년 뿌리의 혈통이 희석되는 시대를 맞이한 것인데 정녕 그러한 것일까. 일면으론 동서남북 사방팔방 막혀 있는 듯싶지만 이면으론 뿌리 고유의 질량으로 화합과 소통의 시대를 맞이하고 있다. 이에 필요한 질량은 무엇일까. 뿌리는 정신량의 시원이고, 가지는 육생량의 발원지며, 몸통은 정신량과 육생량의 소통로라 뿌리가 본연을 잃으면 가지와 몸통은 자연적으로 들썩인다.

이보다 더 큰 문제는 해양세력 민주와 대륙세력 공산은 중심잡이 질량 반도를 가운데 두고 힘겨루기 해가며 자신들에게 이롭지 않을 때마다 돌아가며 표적질을 해대고 있다는 것이다. 몸통·가지의 중심잡이 뿌리는 상호 이로움의 질량을 마련하지 않고는 결코 자유로울 수 없다는 것이다. 기운(지혜, 정신량)만이 자원인 뿌리민족은 힘(지식, 육생량)에 의지하여 살아가는 가지나 몸통 민족에게 육생의 힘으로 겨뤄보겠다는 생각을 애당초 버려야 한다.

운용주체 음의 민족 뿌리는 여인과 같은 지혜의 기운이라 할 것이요, 활동주체 양의 민족 가지는 남성과 같은 지식의 기운이라 할 것이며, 몸통은 지식과 지혜 운용과 활동이 반반 부합된 민족이라 할 것이니 힘겨루기 해봤자 골병드는 것은 뿌리이지 몸통·가지가 아니다. 힘은 힘 앞에 충돌을 부르지만 이로움 앞에선 하나 되고자 할 터, 아울러 업그레이드 시대는 뿌리의 정신량으로 살아가야 할 때라는 것이다.

대체로 뿌리에 가까운 몸통일수록 뿌리의 삶을 배우려 들고, 가지에 가까운 몸통일수록 가지의 삶을 배우려 든다. 하지만 정신량을 배제한 육생량을 쫓는다면 본연을 잃은 몸통의 역습으로 골머리 썩게 된다. 예나 지금이나 뿌리하기 나름인데도 본연을 잃고 산지 오래라 몸통에 시달리고 두둑에 시달리다 가지에까지 휘둘리고 있다. 모든 이유와 원인을 육생살이 육생량에서 찾다보니 호미로 막을 것 가래로도 막지 못하는 결과를 초래하고 있다. 인생살이 정신량 뿌리가 아니면 이러한 사실 어디에서 알까. 그리고 본연의 질량은 신토불이 기본값으로 사차원의 저승에서 받아온 사주와 다르지 않다. 상극상충은 육생이요 상호상생은 인생이라, 그만큼 받아왔으니까 삼차원 이승에서 육생의 안위를 누리며 살아간다. 이는 결국 받아와 쓰는 만큼 이로움의 질량으로 채우지 못하면 고스란히 삶의 고통으로 메워야 한다는 소리와 다르지 않다.

때문에 기본금 사주는 마이너스 통장이라 할 수도 있고, 상환대출이라 할 수도 있으며, 차관이라 할 수도 있다. 그 기본값을 치르지 못할 때마다 싸우고, 충돌하고, 부딪쳐 결국 어렵고, 힘들고, 고통스럽게 살아가고 있으니 말이다. 개인마다 기본값이 있듯, 가정마다 기본값이 있고, 사회구성도 개개인의 기본값으로 형성되듯이 국가의 본연도 사회의 기본값에서 비롯된다. 문제는 그 질량값에 대하여 얼마나 잘 알고 있느냐는 것인데, 본연을 잊는다는 것 본질을 잃어버리고 사는 것과 다르지 않다. 예를 들어 자연은 육식동물과 초식동물이 어우러져 형성되는 것처럼, 한 그루 나무는 뿌리에서 자연의 온갖 거름을 흡수하여 영양분을 생성하므로 상응한 열매는 가지에서 맺는다. 반면 크게 자라지 못한 나무를 '보드기'라 부르듯이 아름드리지 못한 과일을 '무녀리'라 부른다.

이리 되면 누구의 잘못일까. 거름 주고, 숨고, 가꾸지 못한 농사꾼에 있겠지만 문제는 뿌리기능이 저하되면 몸통과 가지가 본연의 행위를 하고 싶어도 할 수 없다는 것이다.

그리되어 유실수는 무녀리를 낳고, 조경수는 보드기를 면치 못하는 것이라 이쯤 되면 벌목 대상이 되지 않을까. 뿌리·몸통·가지 세 개의 차원으로 나뉘어 운행되는 세상이라도 뿌리(머리)의 기능을 잃으면 재기불능으로 참으로 심각한 일이 발생한다.

한편, 21세기 초 지식의 4차 산업혁명시대가 시작됐다. AI, 나노,

로봇 등의 최첨단 정보기술이 넘쳐나는 데다가 하드와 소프트 개념을 넘어 빅 데이터 시대로 접어들었으니 과히 육생의 혁명시대라 해도 과언은 아니다. 심히 우려되는 것은 인공지능으로 인해 사라질 직업 걱정이나 해대는 모양새뿐이라는 것인데, 자칫 화합불가 돌연변이 사고 출현으로 헬 조선(hell朝鮮)을 넘어 헬 세상(hell世上)을 만들지도 모른다.

육생량이 쌓이면 정신량이 소원해지고, 생각에 몰두하면 마음을 외면하고, 지식을 앞세우면 지혜를 방관한다는 사실을 잊지 말아야 한다. 즉 육생량을 개척하는 것도, 정신량을 창출하는 것도, 방편을 찾아 써야 하는 것도 다 함께하기 위한 것에 있다는 것이다.

이나저나 인공지능은 우주에너지 마음생성이 불가한 상태라 본능차원 지식에 의해 절대분별의 차원 지혜를 완전 잠식시킬지도 모른다. 인간에게는 생각과 마음이 적대보완적으로 공존함에 따라 평정심을 되찾고, 모순된 일련의 상황을 깨우칠 수 있었다. 너를 위한 분별적 지혜의 차원 없이 나를 위한 본능적 지식의 차원만 자리한다면 어떻게 될까. 그르다는 치우친 사행의 차원을 견제하기 위해 다르다는 착한 선행의 차원을 종용하기에 이른 것이고, 바르다는 정행은 치우친 사행과 착한 선행에 대하여 분별 가능할 때 정립이 가능한 차원이다. 너와 나의 차원 생각과 마음이 공존하지 않으면 본능 혹은 지식에 의존하겠지만 지적생명체라 할 수 있는 인공지능은 자칫 착한 선행을 바른 정행으로 인식하여 반쪽반생을 상호상생인 것 마냥 호도하여 강제규범과 다르지 않은 육생 안(案)의 윤리규범을 공고히 할지 모른다.

총칼 앞세운 보여주기식 사랑행위 앞에 보여주기식 삶을 살아가야 한다는 것은 본연의 삶을 잃어버렸음을 뜻한다. 본능에 의지하는 2차원 동물의 세계에서 약육강식 적자생존 힘의 논리야말로 자연 그대로의 법칙이겠지만 본능 너머 분별로 살아가야 하는 인간세계 3차원에서는 순리에서 벗어난 약육강식이거나 승자독식 체제라 피 흘리며 살아갈 수밖에 없다. 생각과 마음, 지식과 지혜, 너와 나의 차원 이기와 이타가 공존하지 않으면 동물처럼 먹고 먹히는 본능적 삶을 살아야 한다. 게다가 이기적 인간이 이기적 사랑행위를 육생만족을 위해 해댄다면 무분별한 성행위까지도 인생행복으로 간주할지 모를 일이다. 너와 나의 차원이 함께하는 것은 나를 위해 살아가는 육생의 인간에서 너를 위해 살아가는 인생의 사람으로 승화하여 사람답게 살아가기 위한 것에 있다. 우주에너지 마음이 생성되지 않는 인공지능에 방대한 지식을 입력시켜본들 사랑하고 만족할지는 모르나 행복을 영위하지는 못한다.

☾ 인공지능의 오류

바둑계에서 회자되는 AI 알파고가 경우의 수까지 읽자 진화창조한다고 말하지만 지식의 육생량일 따름이라 인간에서 사람으로 승화되어 사람답게 살아가는 차원과 전혀 무관하다. 육생만족이라면 모르지만 인생행복까지 구현하기 어렵고, 특히 반쪽반생의 착한 선행을 상호상생의 바르다는 정행으로 받아들여 의지하면 인간에서 사람으로 승화의 비율은 매우 희박하다.

바르다는 정의 차원 속속들이 모두 안다면 모를까. 이제 겨우 그르다는 치우친 사행을 통해 다르다는 착한 선행의 모순을 알기 시작하는 단계라, 이를 통해 만들어 나가는 바르다는 정의 행위에 대해 알리가 만무다. 치우친 사와 착한 선이 빚는 모순을 토대로 만들어 내야 하는 방안이 상호상생 일으키는 바른 정행이므로 모를 수밖에 없다.

만약 치우친 사와 착한 선이 이기적 육생량에 첨가시킬 이타적 정신량을 마련했다면 바른 정의 실체에 찾아들어가는 일은 그다지 어렵지 않다. 하지만 육생량이 착한 선행 반쪽반생을 일으킨다는 사실과 정신량의 바른 정행의 차원을 분별하지 못하면 어림없다. 인공지능에 입력시켜 또 그렇게 진화하여 새로운 차원의 지식을 창조하더라도 기운(참나)과 마음이 실제 하지 않으면 육생 안위에 국한될 수밖에 없다. 왜 그런 것인가. 마음은 우주에너지 중심잡이 질량으로 자리하고 있다는 것이고, 또 보이지 않는 기운은 보이지 않는 삼천대천세계 저승과 연관되어 있어서인데 이는 다음 장에서 논하기로 하자.

그리고 왜 마음이 중심잡이 질량인가. 본능 너머 생각, 그리고 지식 너머 분별을 일깨우는 지혜의 보고이기 때문이다. 유의할 점은 육생량을 위해 지식을 써야하는 민족일수록 지혜가 소원해질 수밖에 없다는 것이고, 정신량을 위해 지혜를 써야하는 민족일수록 지식을 소홀히 할 수밖에 없는 것이다.

정녕 지식과 지혜 모두 함께 쓸 수 없는 것일까. 장기에서야 양수겸장(兩手兼將)이 얼마나 유리할지 몰라도 인간에게 주어진 선천 질량의 쓰임은 절대 그렇지 않다. 개인적인 사주의 소비량이 많을수록 행의 질량도 그만큼 다채롭고 알차야 하는 법이다. 만약 그렇지 못하면 에너지만 소비하는 꼴이라 그 자리에 주저앉기 십상이다. 주어진 육생량은 내가 만들어 나가는 정신량을 위한 것에 있듯, 정신량 또한 영위하는 인생량을 위한 것에 있다. 아울러 기본값 사주, 어느 정도까지 중심잡이 역할을 할 수 있으나 한시적이다. 즉 재능이 두 배인 것 같은 문무를 겸비한 자는 힘을 두 곳에 나눠 써야 하는 만큼 한 곳에 집중하는 무관보다 못하다. 또 힘을 앞세운 무관은 덕을 겸비한 문관에 미치지 못하다. 이유는 운용주체의 본질은 양의 지식에 있지 않고 음의 지혜에 서려 있어서다.

고로, 못 미더운 육생량은 선천적 물질이자 다듬어 지지 않은 정신과도 다를 바 없어 만남의 방편으로 자리하고 있다. 미더운 정신량은 선천의 육생량에 후천의 인생량을 연결할 가교로서 스스로 만들어 나가는 차원이고, 하나 되는 인생량은 사람들과 사람답게 살아가는 궁극의 차원이다. 아울러 지식 너머 지혜는 정신량을 창출하기 위함이고, 생각 너머 마음은 하나 되어 살아가기 위함이며, 육생 너머 인생은 사람답게 살아가기 위함에 있다. 해서 인간사고의 영역은 진화발전의 역량을 최고치로 끌어올리기 위한 것에 있다. 고로, 육생 문화발전은 하나 되기 위한 인생 정신문화발전의 토대라는 데 있어 인간생활 깊숙이 나 하기 나름에 달리 나타나는 작용반작용의 법칙 인생방정식이 녹아 있다.

음양화합 차원은 보이는 것과 보이지 않는 질량의 합일로써 통하면 상생이요, 막히면 상극이고, 부딪치면 상충이다. 인간에게는 통하면 진보요, 막히면 멈춤이고, 부딪치면 퇴보라 하겠으니 육해공 교통수단은 물론이요 최첨단 정보통신 기술이 넘쳐나는 시대에 살아가는 이유가 어디에 있을까에 대해 심히 고민해야 할 때다. 먹고, 놀고, 즐기기 위한 육생의 안위를 위한 것이라면 아마 내 안에 이기를 넘어 이타를 지향하는 너의 차원은 자리하지 않았다. 말 그대로 배고프면 먹고 피곤하면 자면 될 터이니 말이다. 음의 질량이자 생명의 근원으로서 물은 위에서 아래로 내려와 육의 생명체를 번식시킨다. 양의 질량 빛도 만물의 원동력이라 위에서 아래로 비추어 육의 생명체를 생장시킨다. 그리하여 아래에서 위로 타오르는 음양합일의 결정체 불(火)로 육생물질문명 이루어왔다. 운용주체 물은 위로 올라가고 활동주체 불은 아래로 내려온다는 수승화강(水昇火降)은 일면의 육생량을 위한 것에 있고, 불은 위로 올라가고 물은 아래로 내려오는 화승수강(火昇水降)은 이면의 인생량을 위한 것에 있다.

말하자면 가벼운 것은 위(上)로, 무거운 것은 아래(下)로 오르내리자 낮과 밤의 극과 극 음양분별이 일었고, 물(水)과 빛(光)의 화합의 결정체 불(火)을 일구자 물질물명을 일구기에 이르렀다는 것이다. 요컨대 물과 빛은 둘이자 하나로서 불을 낳아 인간 삶의 질은 육생 문화혁명을 거듭하여 일취월장했다. 신앙은 1안의 육생의 인프라 구축할 때까지 보이지 않는 정신차원을 탐구하였고, 과학은 보이는 물질차원을 연구개발해 왔다. 오늘과 내일 너머 미래까지도 양의 질량을 다루는 과학은 유형의 물질개발 연구에 박차를 가하여 육생물질문명에 지대한 영향을 미칠 것이다. 이에 발맞춰 음의 질량을 다루는 신앙도 사람 사는 세상을 위하여 무형의 정신(기운)에 다가설 수 있도록 무한히 노력해야 한다. 묻지도 따지지도 않고 신을 찬양해야 한다고 부르짖으면 종교로 승화는커녕 비나리 신앙의 오명을 씻지 못한다.

흠모하고, 종용하고, 찬양한 결과 신앙은 미신의 요람이 된 듯싶고, 과학은 물리학과 양자역학을 내세워 비과학적 행태를 매몰차게 몰아붙이기에까지 이르렀다. 보이는 과학과 보이지 않는 신앙과의 대립체계는 음양 관계로서 인생량을 위해 반드시 사랑으로 만들어나가는 행복의 실체를 드러내야 한다. 이에 필요한 질량은 정신이므로 이부터 해결해야 하는데 누가 마련해야 하느냐는 문제만 남았다. 보이는 이기의 육생량을 다루는 것은 과학의 몫이고, 보이지 않는 이타의 정신량은 신앙에서 다뤄야 하건만 한결같이 종파마다 도파마다 술(術)과 경(經)에 빠졌으니 법(法)의 경(經)에까지 이르지 못해 모순만 양산한다. 그렇다고 신앙과 과학은 적대적 관계일까. 음양 관계라는 사실에서 입각해 볼 때, 단지 술로 인해 기본의 값 본연을 잃어버렸을 뿐이라 인생량을 위한 상호보완적 관계는 변함없다. 따라서 1차 산업은 선천적 1안의 육 건사 육생량을 위한 것에 있고, 농수산 목축업 등의 개척분야는 전적으로 천(天)의 기운에 의지해왔다.

이를 토대로 힘차게 기지개 켠 과학은 기계공업혁명을 일으켜 2차 산업혁명으로 대량생산 일구어냈으나 이 또한 선천적 지(地)의 질량에 불과한지라 1안의 육생혁명에 그칠 수밖에 없다. 이도 기초과학이 일구어낸 성과겠지만 결국 인(人)이 창출한 2안의 후천적 정신량을 부가시켜야만 하는 1안의 선천적 육생량에 불과한 것들이다. 상극상충 일으키는 치우친 사의 차원을 겨우 반쪽반생 일으키는 착한 선의 차원으로 상쇄시키고자 했었으니, 물질과 물질은 힘과 힘의 양양의 차원이라 충돌할 수밖에 없다. 그리고 그때마다 코피 터져야했던 것은 착한 선행을 했던 이들이다. 과학이 일구어낸 육생물질문명은 채워도 채워지지 않는 내 욕심의 산물이라 각자도생의 냉정함을 끌어안고 살아왔다.

보이지 않는 이타적 기운이 첨가되면 모를까. 과학이 일구어낸 육생물질문명은 분명 즐겁고, 신나고, 기뻐야 할 텐데 잠시 잠깐 찾아드는 만족만 있을 따름이라 싸우고, 충돌하고, 부딪치는 일이 다반사다. 물질량이 점차 늘어날수록 드러나는 육생살이 적폐와 아쉬운 육생량 앞에서 드러나는 배금주의 작태가 갑질 문화를 도모하나 싶더니 을의 몸부림에 적대보완적 체제가 유지되고 있다. 어느 날인가부터 내 보따리 내놓으라는 작태가 나타나기 시작했는데 분명 양극화 해소를 위해 필요한 게 아쉬운 을을 위한 이로운 갑의 법안을 마련하는 일이다. 무엇을 부가시켜 나가야 할까. 두말할 나위 없이 정신량이 아닐까 싶고, 이 때문인가 3차 서비스 산업은 컴퓨터가 보편화된 업그레이드 시대 전후로 시작되었다.

다시 말해, 하늘(天)의 질량 물(水)로 일구어낸 1차 산업은 땅(地)의 질량 빛(光)의 토대가 되어 2차 산업 대량생산 체제를 구축하였다는 것이다. 1차 목축과 농경은 2차 공업을 일으켰고, 이를 기반으로 3차 서비스 시대를 맞이하여 지구촌 구석구석 하나 되고자 숨 가쁘게 오가고 있다. 대융합을 부르짖는 글로벌시대에 걸맞은 질량이 정신량이고 보면, 인(人)의 마련한 정신량은 상생하는 소통 전략으로서 남녀노소 누구나 할 것 없이 직접 운용해 나가는 시대를 맞이했다. 천지만물로 일구어낸 1, 2차 산업물량까지도 3차 서비스 산업 시대에선 인에 의해 좌우된다. 분명 서비스의 일면은 고객 편의제공을 위한 것에 있다. 하지만 그 이면에는 아쉬운 육생량으로 만남은 이로운 정신량을 가미시켜 하나 되어 살아가자는 것이다. 업그레이드 시대의 서비스 산업은 물질 판매보다 소통과 화합에 초점을 맞춰야 했었다는 것이다.

고작 물건 팔아먹자고 펼치는 서비스 사업은 나 먹고 살기 위한 행위에 지나지 않는다. 간판 보고 찾아간 이들의 지갑만 노릴 심산이면 시간이 문제이지 사달 난다. 찾아오면 도와주겠다는 뜻이 담긴 간판을 보고 찾아간 이들에게 이로웠다면 육생량(금전)의 문제가 일어나겠느냐만 언제나 차질은 이롭지 않을 때 빚어지는 법이다. 득 될까 싶어 찾아가듯, 아쉬워서 찾아가는 것이라 서비스도 찾아오는 이들의 삶의 질을 높여주기 위한 것에 있어야 하지, 호주머니만 노리며 찾아간다고 해서 서비스일까. 있다고 한다면 순전히 득보자고 내 욕심 부리는 행위일 텐데 장사치밖에 더 되겠는가. 찾아온 너의 아쉬움을 채워줄 때 맞이하는 나의 아쉬움도 채워지는 법이다. 선순환에 따라 맞이하는 자가 운용주체 갑이요, 찾아가는 자가 활동주체 을이다. 간판 건 자가 이로운 갑이요, 이를 보고 찾아가는 자가 아쉬운 을이라 이처럼 서비스는 아쉬움에 이로움을 첨가하는 행위여야 한다.

크건 작건 도산했다, 파산했다, 실패했다는 이들의 경우를 살펴보면 이기의 육생량에 의지한 채 버티다가 결과를 자금부족에 둘러대거나, 경험부족에 둘러대기도 하며, 운이 나빠 어쩔 수 없었다는 식으로 둘러대기도 한다. 정말 그런 것일까. 간판을 막 건 시기가 기본의 자리에 올라선 이도 있을 것이고, 기본의 자리에 올라서려 하는 이도 있을 것이다. 좌절도 그렇고, 실패도 그렇다. 주고받는 행위를 육생량으로만 해결 가능할 것이라는 자기 생각만 앞세우다 당하는 일이다. 만약 어려움이 자금부족, 경험부족, 혹은 운이 나빠 찾아드는 것이라면 겁이 나 간판 내걸 이가 얼마나 될까. 없지는 않겠지만 자책과 변명에 불과할 뿐이다. 특히 이로운 정신량을 외면하고 이기의 육생량으로 아쉬운 육생량을 얻고자 했으니 양양상충의 표적권에서 어찌 벗어날 수 있을까.

찾아오면 도와주겠다는 간판의 의미만 되짚어 봤어도 어쭙잖게 불러들인 인연들을 돈으로만 상대하지 않는다. 너를 존중하고 인정하는데 찾지 않을 이가 어디에 있겠으며, 자신에게 이로움을 주는 곳이 있다면 천리타향 마다할 이가 있을까. 이롭지 않아 두 번 다시 찾지 않는 것이고, 이용당해 불쾌해서 찾지 않는 것이며, 돈으로 취급받아 찾지 않는 것이다. 소상공인들의 좌절과 실패의 원인이 여기에 있지 다른 데 있지 않다. 간혹 자기 셈법에 눈이 머는 경우도 종종 있다. 나를 위해 살아왔다면 너를 위해 살아가야 하는 것이 아닌가. 끝까지 나밖에 모른 삶을 살다가 받는 표적이 '실패'다. 간판 걸기까지가 나를 위해 살아온 시절이었다면 걸은 후엔 너를 위해 살아야 하는 시절인데도 고작 해봐야 불러들인 인연들의 호주머니만 노린다면 구렁텅이에서 헤어 나오지 못한다.

한편에선 너를 위한 행위를 서비스라 말하기도 하는데 과연 그럴까. 오고감이 소통이듯, 들고남이 상생이라 본연은 버는 데 있지 않고 쓰는 데 있다. 받아왔으니까 오르고, 누리고, 간판을 내거는 것이므로 언제까지 버는 개념이 성립될까를 생각해봐야 한다. 선천적으로 아쉬운 사주의 무게만큼이나 후천적인 이로움으로 채워나갈 때 천지음양 양팔저울 수평을 이룬다. 들숨날숨이 생명을 보존하듯, 주고받음이 화합이라 벌어들이는 양의 활동보다 소비하는 음의 활동도 그만큼 중요하다는 것이다. 작금의 양극화도 기본금 육생량에서 비롯된 일이라 이로운 정신량으로 채워나가야 하는데 모르다보니 방도를 달리 찾지 못하고 있다.

3차 산업 서비스 시대는 음의 기운 충전하고자 양의 질량 밀려오는 시대였다. 소비 시대를 맞이하여 사주와 양팔저울 상관관계를 알기 위해 노력할 때로서 도산, 파산, 실패 등의 표적은 기본값 육생량을 무시하면 그 누구도 피하지 못한다.

천지인 세 개의 차원으로 나뉘어 운행되는 세계라고 누누이 강조해온 이유라고 할까. 본래 4차 산업의 실체는 없다. 육생량에 육생량을 업그레이드시킨 육생문화 일원일 따름이다. 천지음양 1, 2차 육생 산업차원에 머무는 바람에 인이 만들어 나가는 3차 인생 서비스 시대를 바르게 인식하지 못하고 있다. 물론 보이는 3차원은 이승이고, 보이지 않는 4차원은 저승이라는 데 있어 무형의 4차 산업 개념이 설지도 모르겠으나 소통과 화합을 위해 끊임없이 오가는 윤회 차원일 뿐이다. 즉 인기(참나)가 이승과 저승을 오가는 차원의 일면은 진화발전을 위한 것에 있고, 이면은 하나 되고자 하는 것에 있다. 아쉬운 육생량에 부가시킬 이로운 정신량을 마련하지 못하면 호주머니 일면의 서비스 산업만 부르짖을 뿐이라 하나 되기 위한 이면의 서비스 산업과는 무관하게 흐른다.

물론, 마련했다면 즐기고, 누리고, 만끽하는 차원은 덤이다. 보이지 않고, 들리지 않고, 만져지지 않는 차원계를 굳이 설명하자면 순위까지도 열거할 수 있지만 이는 여기서 다룰 문제가 아니니 이쯤하자. 그리고 분명한 것은 이기적인 사랑을 통하여 이타적 행복을 영위하는 데까지 이른다면 삶에 필요한 육생량은 저절로 취하게 된다는 사실이다. 그런데 문제는 흡족하거나 만족한 것을 가지고 행복했다고 말한다는 것이다. 이는 아마도 육생량이 넘쳐나는 시대라 잠시 잠깐 찾아드는 육생의 황홀경을 맛보기 때문에 그렇지 않나 싶고, 무엇보다 행복은 인간관계로 구가하는 차원이지 물질에서 추구하는 그 무엇이 아니라는 것이다.

즉 아쉬운 육생량으로 만나 이로운 정신량을 부가시켜 하나 되어 나갈 때 느끼는 감흥이 바로 인생의 행복이요, 입으로 먹고 육건사의 풍만함을 느끼는 것은 육생의 기쁨일 뿐이라는 것이다. 아울러 눈으로 보고 머리가 맑아지면 행위가 아름다워지고, 귀로 듣고 정신량 채워지면 삶 자체가 충만해진다. 무슨 소리냐면 키우는 짐승이나 반려동물은 육생이 전부라 먹을 것만으로도 충분히 길들일 수 있지만, 개체이자 주체의 삶을 살아가는 인간은 먹을 것(육생량)만으로는 어림없다는 것이다. 개인주체는 주종관계가 될 수 없기 때문에 너와 나 우리가 되는 삶을 살아가야 한다. 먹을 것(육생량)에 만족을 드러내는 동물과 내 앞의 인연과 하나 될(정신량) 때 행복해 하는 인간과는 삶의 질은 천양지차라는 것이다.

펫팸 족(petfam 族)이란 pet(애완동물)과 family(가족)의 합성어로, 반려동물을 가족처럼 여기는 이들을 가리키는 신조어다. 특히 육생 선진국을 자처할수록 반려동물과 끈끈한 정을 나누며 살아가는 모습을 방송매체에서 왕왕 비춰주곤 한다. 볼 때마다 선망이 되었던지 반려동물 1천만 시대를 맞이했다고 떠들썩한데, 이면은 둘째 치고 일면으로 풀어야 할 문제가 산재하다. 외롭거나, 소외당했거나, 우울하거나 할 때 반려동물의 재롱에 잠시 한시름 놓거나 위로받을 수 있다. 그 무엇보다 항상 곁에 있어주는 것만으로도 위로를 넘어 즐거움과 기쁨 자체가 아닐 수 없으니 가족이라 여기는 것이 문제이겠느냐만 그러다 자칫 동물사랑에 빠져 인간관계가 소원해질까 염려스럽다.

☾ 반려동물의 시대

육생의 방편에 빠지면 본질을 놓치고, 본질은 본연이고 인생이라 기본값을 다하지 못하면 되레 역 고립을 자초할 수도 있다. 먹을 것만 주면 뜻대로 부리고 할 수 있다는 데에서 자기 속 편키 위해 길들이는 행위가 부지기수다. 배변 습관 잡고, 이 닦아주고, 목욕시켜주고, 심지어 옷 입히고 예쁘게 꾸미기까지 하는데 반려동물의 재롱을 보고자 한다면 그만한 수고는 당연한 몫이다. 악취 나고 더러우면 어떠할까. 혹여 존중으로 보살피는 이들도 있기야 하겠지만, 먹을 것만으로 말 잘 듣고 잘 따르는 견종일수록 명견의 족보까지 첨부하고 있다. 인간은 육생을 넘어 인생을 살아가야 하기 때문에 먹을 것(육생량)에 길들여지면 충견이라 비아냥거리거나 배알 없이 사는 놈이라 무시하기 일쑤다.

개체이자 주체의 삶을 살아가야 하는 만큼 내면 깊숙이 사상, 철학, 이념 등이 자리하였다.

가지권의 개념은 자기 주체성으로 고집과 독선을 비롯한 감정과 감성 등이 성정에 배어 있다. 아울러 자아(에고)는 주체의 본질이라 곧잘 인간관계에 있어서 본성을 드러내곤 한다. 소통과 화합은 본능이 아닌 분별이라 이 때문에 인성을 함양하여 본성에 부가시키려 한다. 선천적 본능은 선천의 육생량에 길들여지고, 후천적 분별은 후천의 정신량으로 하나 되고자 하는 것에 있어 인간은 결코 인간에게 종속당할 그 무엇이 아니다. 물론 삶의 질량은 상중하 차원으로 나뉘었지만 1, 2, 3차 산업에 따른 직업의 질량이자 행위의 질량일 따름이지 종속관계에 묶여 있지 않다.

그리하여 육생량이라는 이기의 힘에 길들여지면 결국 본연을 포기해야 하는 일에까지 직면한다.

구속과 속박에서 벗어나고자 자유를 외치는 것도 기본 행위만이라도 하며 살아가고자 하는 것에 있다. 게다가 동물에게는 주어지지 않고 인간에게만 주어진 기본금 사주 얼마큼 주고받느냐에 따라 질이 달리 나타난다. 이는 채워줄 때 채워지는 인간관계 형성을 위한 것으로 예컨대 기본금 육생량의 쓰임은 하나 되기 위한 것에 있듯 2차원의 동식물도 아쉬운 육생방편에 하나일 뿐이다. 나 하기 나름에 달리 나타나는 양팔저울 수평관계는 받아온 사주만큼 이로운 행의 질량으로 맞춰 나가야 하는 것이고, 그 질량은 3차원의 인간들 사이에서 구해야 한다.

　우려하는 바는 동물처럼 먹을(육생량) 것만으로 이웃하는 인간을 다스리려다 상처받는 일이다. 크건 적건 육생의 기본값을 받아온 이상 본연의 삶을 살아가야 한다. 하나 되어 살아간다고 하지만 본연을 놓치면 언제든지 등 돌리는 게 바로 내 앞의 인연이다. 다시 말해, 이롭지 않으면 언제든지 떠날 수 있다는 것인데, 상처받는 대다수에게 나타나는 공통점이 있다. 그것은 바로 너를 위한다는 행위가 대체로 나를 위한 것에 있었고, 특히 제 속편코자 한 행위를 가지고 너를 위한 행위로 간주하는 것이다. 태반이 아쉬워서 찾아온 이의 목소리에 귀 기울이기도 전에 자기 생각과 착한 심성으로 미리 계산하여 난관에 봉착하고, 고초는 그로 인해 겪고 있지 않은가. 뜻하는 바는, 인간의 이로운 행위는 육생량이기보다 정신량에 있으므로 인성을 배양하고 본성에 가미하여 이성을 곧추세우면 정신량이 가리키는 바를 알게 된다는 것이다.

　만족은 신나고 즐겁고 기쁜 일이요, 사랑은 아쉽고 못미더운 이들이 만나 이로움을 채우기 위해 벌이는 행위이고, 행복은 이로움과 아쉬움 주고받을 때 구가하는 법이다. 상극상충은 나밖에 모를 때 일어나는 일이고, 반쪽반생은 주고도 받지 못할 때 일어나는 일이며, 상호상생은 주고받을 때 일어나는 일이다. 혹자는 정 주고, 돈 주고, 몸까지 줬는데 배반당했다고 말한다. 이 때문에 인간세상은 냉정하고, 비열하고, 참혹하기 그지없어 동물만도 못하다고 절규한다. 정말 그런 것일까. 아쉬워 찾아간 이에게 정녕 이로워야 할 이가 이롭지 못하면 냉정하고, 비열하고, 참혹한 세상이 될 수밖에 없는데 말이다.

　속상하고 야속하여 매정함에 눈물짓다 위로 받을 때가 없다고 지나치게 반려동물에 의존하면 오히려 소통장애로 더욱더 소외받고 살아갈지 모른다. 깊어질수록 이기의 소산물인데다가 매사 내 뜻대로라는 이기적 생각차원에 머물기 십상이라 그러하다. 이타적 마음차원으로 넘어가기도 전에 자기 셈법에 막혀 세상을 탓하고, 인간을 탓하며, 심지어 자신까지 탓하다가 자칫 반려동물을 되레 신주단지 떠받들듯 떠받들며 살아갈지도 모른다. 내 뜻대로 안 된다고 외면하고, 내 셈법과 다르다고 돌아서고, 나와 같지 않다고 쌀쌀맞은 행위만 해대는데 함께 하고자 하는 이가 있을까. 당장에 필요한 육생량이라면 모르지만 배부르고 등 따시면 본연을 생각하는 게 인간이다. 이는 아쉬운 육생량을 채우는 동안 이로운 정신량도 함께 첨가했느냐에 대한 물음이기도 하다.

　상처는 이롭지 않을 때 받듯이 아픔도 이롭지 않을 때 받는다. 싫고 좋고 따지기보다 바르다는 정의를 위하여 그르다는 치우친 사의 행위가 무엇이고, 다르다는 착한 선의 행위가 무엇인지 먼저 생각해 봐야 하지 않을까. 감정이 섞이면 그르고 다른 일조차 분별하기 어려워질 터이고, 조절 가능하다면 바른 행위와 가늠해볼 터, 그런데 문제는 이로운 정신량은 감정에도 감성에도 있지 않다는 것이다. 왜 그런 것인가. 육생의 방편으로 만물이 자리함에 따라 나를 우선할 때마다 소통과 화합을 저해한다는 사실부터 알아야 한다. 힘 앞세우면 갑질이요, 무릎 꿇으면 종속이고, 손 비비면 아부 해대는 꼴이라 그 비굴함으로 육생량에 치우친 사의 세상 결코 바르게 바라 볼 수 없어서다.

기본의 자리에 올라 날갯짓하고자 한다면 이로운 운용주체를 잘 만나야 하는데 가능할까. 다르다는 착한 선행의 운용주체는 있을지 몰라도 바르다는 정행의 운용주체를 보지 못해 하는 소리다. 그만큼 상극상충 그르다는 치우친 사행으로 말미암아 착한 선행의 실체를 알 수 있듯이, 반쪽반생 다르다는 선행의 모순을 알 때서나 상호상생 바른 정행의 실체를 알 수 있어서다. 인성의 핵심이자, 소통과 화합의 원동력 정신량에 대해 알고자 한다면 욕심과 욕심이 만나 일으키는 충돌의 모순 그 본질을 바로 아는 일에 있다. 그런데 누구라고 할 것 없이 이기의 육생량을 눈앞에 두면 이기적 자기 셈법을 작동시키기 때문에 아쉬운 활동주체들이 정의 구현하고자 발버둥 쳐본들 사실상 이로운 운용주체가 바른 정행을 일으키지 않으면 개혁은 힘들다.

가르치는 운용주체가 바른 정행에 대하여 모르면 아쉬워 찾아가 배우는 활동주체는 무엇을 위해 어떻게 살아가야 하는 것인가. 육생량의 운용주체를 이끄는 정신적 지도자들마저도 몰라서 바르게 이끌지 못하는 것이 아닐까 싶은데, 그렇다면 이로워 맞이하는 운용주체 잘 해봐야 반쪽반생 선행이 전부라는 소리지 않은가. 천지음양 1, 2차 산업을 통하여 인의 3차 서비스 산업 부흥을 위한 정신량 창출이 미미하면 해양과 대륙, 민주와 공산, 보수와 진보, 공교육과 사교육 등의 갑질 놀음에 뿌리민족 등골만 삭는다.

인류탄생 이래 오늘날까지 무엇이 달라졌을까. 분명 육생물질문명은 장족의 발전을 이루어 육생(만족)지수는 나아졌는지 모르겠지만 인생(행복)지수는 나아진 게 전혀 없다. 이기의 선천질량이라 피로 물든 육생살이뿐이고, 업그레이드 대화합 시대를 맞이하여 후천질량을 마련하지 못하면 몸통권 중동전쟁의 끝은 결국 동북아 삼국 뿌리권으로 향하지 않을까 심히 두렵다.

이보다 더 큰 문제는 종교로 승화하지 못한 신앙에서 착한 선행을 부추기고 있다는 것이다. 게다가 마주보고 대립하는 적대적보완적 과제마저도 기복에 의지하는 형국이라 치우친 사(邪)와 착한 선(善)의 쌍방 간에 빚어내는 숱한 모순을 보지 못하고 있어 양극화를 그저 바라만 보고 있다.

고생의 낙은 있어야 할 것이고, 이로웠다면 득이 있어야 하는데 고생은 고생으로 끝나고 득이 오히려 실이 되어 돌아온다면 내 뜻대로의 육생교육을 강요한 결과다. 무조건 열심히 하면 안 될 것 없다는 무데뽀식 가르침은 다르게 펼쳐지는 선행만 부추기는 꼴이 되고 말았다. 힘겨운지 간혹 못마땅한 투로 고생한 것 알아 달라 투정부리는 이도 있지만 주눅 든 세월만큼 이내 기세가 숙지며 하는 소리가 대체로 "알았으면 됐어요"라는 말이다.

서러워 하는 소리가 분명할 터, 그리고 이에 따른 보상은 지난 세월을 인정받고자 하는 데 있지 않을까 싶고, 반응이 별무신통이면 "모르면 말고"라는 식으로 토라진다. 산통 깨자고 몽니부린 것일까. 대가가 없으면 안 하느니 못하건만 매사 좋은 게 좋은 것 아니겠느냐는 식의 사고방식은 반쪽반생의 결과를 초래하기 십상이라 결코 이로울 게 없다. 가뜩이나 "아니면 말고" 식의 발언은 책임회피성이라 반감만 살뿐이다. 분명한 목적과 명분은 물론 주고도 받지 못할 것 같은 행위는 절대 삼가야 한다. 아쉬운 행위일

망정 그 이면은 양팔저울에 수평 맞추기 위함에 있으니 주고도 받지 못하면 아무 소용없다. 상호상생은 선순환 자연의 섭리다. 세상만사 나 하기 나름에 달리 나타나는 작용반작용의 법칙 상대성 원리가 그대로 적용되는 인생 공학이라는 것이다.

아울러 그르고, 다르고, 바르게 행해지는 것들을 인생방정식에 대입해보면 치우친 사(邪)와 착한 선(善)과 바른 정(正)에 대해 상세히 알 수 있다. 만약 네 고픈 곳 채워줬으나 내 허한 곳 채워지지 않을 때 어떻게 해야 할까. 직성이 풀릴 때까지 마냥 원망하고 탓이나 해대야 하는 것일까. '나 하기'란 하나 되고자 하는 것에 있고, '나름'은 육생량 앞에 드러나는 욕심을 절제하여 융통성 부리는 행위를 말하며, '달리 나타난다'는 것은 믿음, 책임, 신뢰, 화합 등의 차원으로 이로움을 주고받고자 하는 것에 있다. 합의는 화합을 위한 것에 있듯 '득(得)이 되고' '실(失)이 되고' '해(害)가 되는' 차원에 분별을 곧추 세워야 한다. 득이 되는 것은 바른 정행이 낳은 이로움의 질량이고, 실이 되는 것은 다른 선행이 낳은 아쉬움의 질량이며, 해가 되는 것은 그른 사행이 낳은 해로움의 질량이라는 사실에 대해서 말이다.

따라서 이롭다는 이(利)는 바르다는 정(正)을 지향하고, 바르다는 정(正)은 덕(德) 된 삶의 차원을 대변하는 대변자라 덕(德)이 되고 득(得)이 되는 상호상생 정(正)의 개념은 내면적, 양심적, 도덕적 규범에 가까운 선순환 법에 의거한다. 무덕(無德)하니 무득(無得)하더라의 반쪽반생 선(善)의 개념은 외면적, 윤리적, 계산적 규범에 가까워 때론 대(大)를 위한 소(小)의 희생을 강요하기도 한다. 특히 해(害)하니 독(毒)이 되더라의 치우친 사(邪)의 개념은 약육강식 적자생존 힘의 논리라 군림하는 자의 말 한마디가 곧 법을 뜻하므로 소수의 의견이 묵살 당하는 경우는 예사다. 치우친 사행을 상쇄하고자 착한 선행 강조하는 윤리규범, 과연 누가 누구를 위한 것에 있을까. 바른 정행의 불리함을 아는 이들이 부추기는 것은 아닐까.

의논은 치우침 방지를 위한 것에 있고, 합의는 너와 나의 아쉬움을 채우고자 하는 것에 있으며, 화합은 하나 되어 살아가기 위한 것에 있다. 소수의 의견이라도 묵살당하면 그에 따른 반감을 사는 게 인지상정이고, 다수의 의견이라 하더라도 필요하지 않으면 그만한 문제가 발생하기 마련이다. 아울러 달란트(사주)는 사랑의 방편이라는 점과 사랑하며 사는 자체가 행복의 가치라는 점이다. 그리하여 사랑은 내 허한 곳을 채우기 위해 시작하고, 불통은 주기만 하고 받지 못할 때 일어나지만 이기적인 사랑과 이기적인 불통 모두 이타의 행복을 염원하고 벌이는 일이다. 예컨대 아쉬움, 미련, 후회, 회한 등도 결국 화합의 원동력이자 사랑의 활력소 그 자체라는 것인데, 그러고 보면 치우쳐 그른 사행도 내 욕심에서 기인하듯, 착하여 다르게 전개되는 선행도 잘해보겠다는 내 의지에서 비롯되었고, 사행과 선행에서 기인한 바른 정행도 결국 나 하기 나름이라는 것에 있다.

그렇다면 정행(正行)을 지향하는 정의(正義) 실체는 무엇일까. 그르고 다른 부정(不正) 행위를 바로잡아 나가는 일에 있지 않을까. 그야말로 그르고 다른 차원의 분별이 가능할 때 가능한 일이라서 정의는 착한 선과 치우친 사의 전말을 알아야 논할 수 있다. 정작 화합의 정신량을 모르면 하고 싶어도 할 수 없는 행위가 먼저 주고 후에 받는 선순환 법 정의 행위다. 다들 마지못해서거나 득보자고 하는 경우를 가지고 너를 위한 일이었다 말하고 있으니 반쪽반생과 상극상충의 분별이 어리석어질 수밖에 없다. 혹자는 육생 안위를 위한 육생량 탓으로 돌리지만 본래 착한 선행은 치우친 사를 외면하고, 사의 행위는 착한 선을 껄끄러워 하는 만큼 적대보완적인데도 나 잘났다는 식으로 적대적 관계만 유지하다 치우친 사와 착한 선의 빚어내는 모순을 한 뜸도 바로 보지 못하고 있다.

☕ 인생의 참 교육

자연의 섭리나, 생활의 이치나, 인간의 도리나, 세상의 순리나 음양화합 일으키고자 덕이 되고 득이 되는 선순환 행위를 지향한다. 해 돋는 땅에 가까울수록 도덕적 양심에 가치를 두고, 해 지는 땅에 가까울수록 사회적 윤리에 가치를 두기에 해가 중천에 뜬 땅에 가까울수록 윤리와 도덕이 혼화되어 정의가 살아 숨 쉬는 곳이어야 한다. 이기적 물질윤리에 이타적 정신도덕을 혼화시키면 싸우고, 충돌하고, 부딪칠 때 찾아드는 어렵고, 힘든 고통을 그리 겪지 않는다. 만약 혼화시켰는데도 충돌의 고통이 찾아든다면 혼화 행위 그 자체를 되돌아봐야 한다. 왜 그래야만 하는 것일까. 아쉬울 때 찾아가고 이로울 법 할 때 만남이 성사되는 데에서 충분한 불통의 이유를 찾아볼 수 있기 때문이다.

인생의 참 교육은 육생량을 가르치는 선생이나, 자기 자식밖에 모르는 부모를 통해 배우고 구하는 그 무엇이 아니다. 내 앞에서 벌어지는 일과 뒤와 옆에서 벌어지는 일을 토대로 그럴 수밖에 없었던 상황을 이해하고 흡수하는 것에 있으므로 참된 스승은 내 앞에 인연일 수도 있고 뒤와 옆에서 사행과 선행의 분별을 흩트리는 인연일 수도 있다. 그들이야말로 그르고, 다르고, 바른 차원을 일깨우는 조력자들이 아닐 수 없다. 내 생각과 다르다고 내 뜻대로 안 된다고 해서 배척하기보다, 네게 이롭지 않으면 내게도 이롭지 않은 법이라 나 하기 나름이라는 인생 공학 법칙을 떠올려 자신의 행위가 이로웠는가를 생각해 볼 일이다. 너와 내가 뜻한 바가 같을 수 없고, 네 뜻을 받아주지 않으면 내 뜻대로 되는 일도 없을 것이라 '싫어요', '안 돼요'로 까탈스럽게 대하기보다 원하는 바를 알기 위한 노력을 게을리 하지 말아야 한다.

의논과 합의를 통해 화합을 이룰 때까지의 행위는 내 욕심의 발로 지식의 원천 생각과 이기에 의지한다. 그런데 '나만을', '나밖에' 모르는 행위가 조화를 이룰까. 깨우치지 못하면 형용할 수 없을 정도의 불통을 생각이 일으키는데 종식은 너를 위한 마음의 지혜로 다가설 때 된다. 또 내 뜻대로가 일으키는 불화는 그 원인을 깨우칠 때까지 아쉬운 행위만 골라서 한다. 물론 육생살이 윤리사회가 실재하지 않으면 인생살이 도덕사회는 없다. 그 육생살이 윤리를 통하여 인생살이 도덕에 부흥코자 한다면 정신량을 마련해야 할 터, 선천적 육생살이 이기의 끝은 후천적 인생살이 이타의 시발점이라는 사실을 간과하지 않는다면 결코 어렵지 않다.

그 출발 선상은 바로 업그레이드 대화합의 시대다. 부탁하는 자는 아쉽고 이기적 활동주체인 만큼 맞이하는 자는 이롭고 이타적 운용주체여야 한다. 합의와 화합과 음양의 조건이 뒤틀리면 너 죽고 나 죽는 결과를 초래하기 쉬워서다. 너 살고 나 살고자 한다면 이로운 자의 입장일수록 냉철해야 한다. 이는 승낙의 열쇠와 거절의 열쇠까지 모두 쥐고 있기 때문인데 아쉬운 이기와 이로운 이타와의 소통은 주는 데 있지 않고 함께하는 데 있어서다. 버는 데 있지 않고 쓰는 데 있으며, 가르치는 데 있지 않고 품어 안는 데 있어 진정한 화합은 나눔에 있지 않고 창출에 있다는 것이다. 어린 시절의 교육은 성인 시절을 위한 것에 있듯, 선천적 수입은 소통과 화합을 만들어 나가는 후천적 지출을 위한 것이어야 한다.

대체로 육생의 기본금을 거둬드린 자들이 불편해 할 때가 언제인가를 보면 나밖에 모를 때거나 이로움이 없을 때이고, 아쉬운 자들이 불편해 할 때는 부담될 때이므로 결국 불통도 나밖에 몰라 이로울 게 없을 때거나 부담될 때 발생한다.

특히 가까워질수록 이로움을 가장한 관심을 보이다가 언제인지모르게 은근히 간섭하다 이내 참견까지 이르니, 부담감 느낄 때쯤이면 불통의 벽은 이미 쌓였다. 사랑은 받을 때와 줄 때와 할 때가있다. 하나 되어 나가고자 한다면 수위 조절 위해 거절할 줄도 알아야 하고, 수평 조절을 위해 부탁도 할 줄도 알아야 하며, 관계 조절을 위해 승낙할 줄도 알아야 한다. 자칫 감성에 젖으면 너에게치우치기 십상이고, 감정에 빠지면 나밖에 모른다 할 것이니 어느쪽으로도 치우치지 않는 이성 유지를 위해서라도 인성은 반드시배양해야 한다.

상대성 원리 인생방정식이 인간생활 깊숙이 묻어있는 것은 내앞의 인연은 나 하기 나름에 달린 문제가 주어졌기 때문이다. 네가내게 이로우면 내가 찾아갈 것이요, 내가 네게 이로우면 네가 찾아올 것이라 내게 해롭다고 해서 네게도 해로울까. 네게 해롭다고 해서 내게까지 해롭지 않을 것이나 치우치면 이로울 게 없다. 만약옆에 뒤에 있는 이와 곤란해졌다면 앞에 있는 너와의 사이도 고려해 봐야 하겠지만 편 가르기 하고자 한다면 산 넘어 산 육생살이고달플 수밖에 없다. 불통의 주된 원인은 내 뜻대로 해보려 하던가에 있지 않으면, 내 뜻만 받아달라고 하는 데 있다. 이로움이 소통이자 화합이며 행복이라, 구하고자 한다면 네 뜻을 헤아리고 받아주는 일에 있으니 걸맞은 품성을 갖추어야 한다.

아울러 그르다는 치우친 사행을 알게 되면 다르다는 착한 선행도 알게 되고, 손해 보지 않기 위해서라도 바른 정행에 관심을 갖는다. 인기가 인육을 쓰고 인간으로 살아가는 동안 육 건사에 필요한 게 육생량이라는 데 있어 삼라만상의 표상 만물은 이기의 질량으로 자리하고 있음이 잘 나타나 있다.

결국 육생살이 치우친 행위는 살아남기 위한 것으로 종족 간의 짧은 언어장벽에 막힐 때마다 힘으로 해결하려 들었으니, 언어의 깊이가 크고 넓을수록 순리대로 처리하려 들지 않을까. 언(言) 즉, 말의 표현 뛰어날수록, 어(語) 문장의 표현도 뛰어나므로 지식의 소산 물질세계보다 지혜의 발로 정신세계를 앙망한다.

이 때문에 인류 진화의 요인은 언어발달에 따른 정신차원에 있다. 문명발전의 요인은 크고 작은 일들을 기록한 데 있었고, 과학은 수치와 계산을 통해 물질로 외면적 삶의 질을 높이는 데 있다. 정신문명은 감(感)과 기운(氣運)에 의해 내면 깊숙한 부분까지 이르렀으나 문제는 물질이나 정신이나 할 것 없이 육생 안위에 머물렀다는 것이고, 착한 선행이 바른 정행을 대신해오던 시대였었던만큼 치우친 사행은 착한 선행을 본보기로 삼았다. 육생량을 통해 '나'라는 이기와 '너'라는 이기가 만나는 데 있어 소통을 장려하고 합의를 독려하고자 밑지듯 살아야 관계가 좋아진다는 말이 나돌았고, 지금도 여전히 나돌고 있다.

과연 그럴까. 만약 그러하다면 '속았네' '당했네' '그럴 줄 알았

네' 등의 볼멘소리가 들리지 않아야 하는데, 원성 가득할 걸 보아하니 아쉬운 자를 위한 이로운 자의 방안이기보다 결국 가진 자들의 안위를 위한 술책에 지나지 않은 것 같다.

아쉬운 물질로 만나 나라는 이기와 너라는 이기가 손해 보지 않기 위해 치우친 사와 착한 선이 대립하고 갈등한다는 사실을 알고 있을까. 육생 너머 인생이라 등 따시고 배부른 후에서나 정신량을 논하는 법이라 받아온 육생의 기본 자리에 올라설 때까지 삶은 지극히 모순적이고 이기적일 수밖에 없다. 올라서고 보니 아쉬운 자들이 받들어 모시는 듯싶자 이기에 첨가된 아만으로 아상이 춤춘다. 오른 후에 이로운 행위라고 해본들 결국 내 득보기 위한 행위에 지나지 않아 실패의 표적을 면치 못한다. 또 재기하고자 잘못 살아온 지난날을 성찰한다나 육생에 국한되어 있어 육생살이 범주 넘어서지 못한다. 선천적 성공을 넘어 후천적 출세가도를 달려야 한다는 사실을 모르면 백약이 무효다.

삼라만상은 인간의 표상이다. 그런데 인생살이 사람으로 승화하지 못하면 여전히 동물처럼 육생살이 면치 못한다. 티 없이 맑은 인기가 티끌에 덮인 이기가 된 것도, 인육을 쓰고 살아가는 순간부터다. 그 순간부터 육 건사시켜야 하는 까닭에 욕심이 일어난 것이었고, 화의 자초 불 보듯 빤해도 제어하지 못해 저질러 고통을 자초했다. 그러한 만물은 욕화의 소산이자 하나 되기 위한 방편이고, 또 하나 될 수 없는 방편이기도 하므로 육생에서 인생으로 연계할 화합의 질량마련을 위해 내면세계질량을 탐구했으나 문제는 육생살이 육생시대였다는 것이다. 무엇보다 착한 선행은 치우친 사행을 상쇄시킬 수 없다는 점에서 내 욕심과 네 욕심이 빚는 쌍방의 모순이 뜻한 바를 알아야 한다.

　너와 나 우리에게 있어 정신량을 위한 아쉬운 육생량이 필요로 하는 만큼 육생량을 앞에 두면 제일 먼저 치우친 사행의 모순부터 낳는다. 싸우고, 부딪치고, 충돌하는 이유가 육 건사 행위를 위한 것에 있었고, 어렵고, 힘들고, 고통스러워진 이유도 육생 안위를 추구하기 위한 것에 있었다. 욕심으로 만나 사랑한다는 것과, 욕심으로 행복하고자 사랑하며 살아가기 위해 애쓴다는 것도 결국 내가 부리는 욕심이라 별 차이 없다. 육을 쓰고 사는 만큼 육생량은 채워야 하고, 그 티끌의 때는 벗어야 하므로 언제나 사랑할 때와 줄 때와 받을 때의 질은 다르다. 치우친 사행을 관조하여 착한 선행을 동조해온 신앙, 바른 정행을 위해 매진해야 하는데 숭배하는 신(神)에 빠지고 경(經)에 빠지는 바람에 만인만법 종교에까지 이르지 못했다. 이에 따라 인간의 삶도 육생에 멈추고 말았으니 무한 책임져야 한다.

2. 그르다는 치우친 사(邪)의 차원

　　삼라만상 인간의 표상이라 한 것은 만물의 영장이라는 데 있다. 무형의 기운 인기가 유형의 인육을 쓰고 인간으로 사는 순간부터 육 건사 필요한 모든 육생량을 빚어내기 시작하였고, 그에 따른 에너지까지도 추출하고 있기 때문에 영묘한 능력 더더욱 빛나지 않을 수 없다. 우주의 나이 137억 년, 지구의 나이 45억 4천만 년, 인류의 나이 600만 살에 이를 때까지 육 건사를 위해 숱한 역경을 딛고 진화해 오는 동안 도구는 250만 년 전에 사용한 것으로 추정하고 있다. 인류문명의 발전은 도구를 사용하면서부터 시작되었고, 불은 30만 년 전에 남아프리카 동굴에서 베이징인이 사용하였던 것보다 훨씬 전인 100만 년 전에 사용 흔적을 발견했다고 한다. 인류문명의 발화도 이 시점부터 시작되지 않았나 싶다.

　　육(肉)을 가진 모든 생명체는 물 번식한다. 즉 하늘(위)에서 땅(아래)으로 비(水)를 뿌려 생명잉태를 시작하자 문명과 문화의 발화점이 된 불(火)은 땅(아래)에서 하늘(위)로 피어오르기 시작하였다. 때를 같이하여 동서남북 사방 중에 남북은 중심잡이 질량으로, 동서는 시간의 흐름과 춘하추동 사계의 변화로 생장수장 질량의 법칙까지 자리하였다. 일월성신(日月星辰) 음양의 근본으로 자리하면서, 이루고(成) 머물고(主) 분해되어(壞) 본래의 자리(空)로 되돌아간다는 성주괴공(成主壞空)의 가르침은 우주질서 근본에까지 이르게 했다. 이어 태어나(生) 기거하고(住) 변화하여(異) 소멸(滅)하는 생주이멸(生住異滅)의 가르침으로 대자연의 법도를 깨치기에 이르렀다. 그리고 마침내 신토불이라 태어난 곳 그 기운에 맞춰 살아감으로써 태어나(生) 살아 숨(者) 쉬는 것은 반드시(必) 멸한다(滅)는 생자필멸(生者必滅)의 가르침의 깊이를 알았다. 육생량(만물)도 없는 것에서 빚어진 것이라 차후에 없어질 것이다. '집착하지 말라'는 교훈을 뒤로하고 육생살이 여정은 시작되었다.

물은 생명의 원천이다. 육의 생명체를 번식시키고, 천기로서 본연의 자리를 찾아 위로 올라간다. 춘하추동 시간에 맞춰 비를 뿌려 대지를 적시는 것은 생장수장 육의 생명체를 순환시키기 위한 것에 있다. 지기의 불은 육을 가진 모든 생명체의 생장을 돕고, 쓰임을 다하면 지기에서 소멸된다. 특히 불의 발화점은 하늘과 땅이 하나로 연결됐을 때이므로 양기로서 지기의 순환은 음기인 천기 물로 운용된다. 따라서 천지(天地)에서 비롯된 일월(日月), 물불(水火), 암(우)수(♂), 요(凹)철(凸) 등은 팽창과 수축을 뜻함과 동시에 주고받고, 들고나고, 화합하는 우주음양 질서와 때를 같이하여 자리 하기 시작하였다. 아울러 성주(成主), 생주(生住), 생자(生者)는 육생의 시작과 숙성과정으로서 생장(生長)은 양기 팽창 중이다. 괴공(壞空), 이멸(異滅), 필멸(必滅)은 육생의 결과와 수장(收藏)을 뜻하는 바라 물질 수확으로 음기 수축 중일 때를 가리킨다.

이렇게 만물의 생성과 소멸, 생각과 지식의 생성과 소멸, 마음의 지혜와 생성과 소멸, 육신의 생성과 소멸 등과 같은 현상은 일월, 물불, 암수, 요철 등이 안정적으로 음양활동을 시작할 때 비롯된다. 당최 무엇을 하기 위한 것에 있을까. 영혼은 불멸로 꺼지지 않는 불꽃과 같다. 이는 분명 육의 생명체 동식물은 방편이요, 삼라만상의 주인공은 인간이라는 사실을 깨우쳐 주기 위한 것에 있지 않을까 싶다. 천기의 운송수단 물로 육의 생명을 불어넣고, 지기의 불로 육 건사에 필요한 육생량을 빚음으로써 인류문명은 발원되었다. 생각적 본능으로 육생을 살아가는 동물들과 마음적 분별로 인생을 살아가야 하는 인간들과는 근본부터 다르다는 것을 가리키는 대목이다. 물론 직립보행이라는 가장 큰 장점을 지닌 이유도 있다. 또 물과 불로 빚어 이룬 육생문명에 정신문화를 주입해 나가야 하기 때문에 다섯 개의 손가락은 물과 불을 다루기에 적합하도록 조물 되었고, 다섯 개의 발가락도 뛰거나 걷는데 편리하도록 빚어져 목축과 농경에 필요한 농기구를 제작하면서 리(里), 면(面), 읍(邑), 군(郡), 시(市) 등으로 이어지는 사회구도를 형성하였다.

획일적으로 인간과 영장류의 차이는 불의 사용으로 구별되었다고 말한다. 그로 인해 원시상태에서 벗어나 여러 환경을 마련하게 된 동기가 되었다고 한다. 즉 양기로서의 불은 활동주체로, 음기로서의 물은 운용주체 역할을 시작하자 육 건사를 위한 인류의 육생문명도 함께 발전해왔다. 물로 만물을 소생시키듯, 불로 문명을 촉진시켰다. 0차원이었던 태역의 암흑우주가 천과 지로 나뉘어 음양

활동을 시작하자 인기가 인육을 쓰고 이승에서 인간으로 살아가게 되었다. 이후 인육을 벗으면 영혼(인기, 참나)이 되어 저승으로 돌아간다. 이처럼 인기가 유형무형의 차원을 오가는 것도 음양 두 개의 차원으로 분리되기 이전의 0차원 태역의 암흑우주 본향으로 돌아가기 위한 것에 있다. 그 시기가 바로 천지음양 0의 수를 이룰 때이자, 자타일시성불도(自他一時成佛道)를 이룰 때로써 의논하고 합의하여 모두 하나 되어 살아갈 때를 말한다.

질병, 가난, 불행, 실패, 좌절 등의 고통은 인육을 쓰고 인간으로 살아가는 순간부터 받게 되는 표적이다. 이 모든 사항은 불로 조물된 육생량에서 비롯되는 것으로 이를 상쇄시키고자 마련해야 하는 질량이 바로 정신량이다. 상극, 상충, 상반도 정신량 부재로 벌어지는 표적의 일환으로 육생량을 앞에 두고 하나 되기까지 숱한 난항을 겪는 것도, 본래 육생살이 인간은 이기적인데다가 특히 이기적인 물질이 육생량이라는 데 있다. 이 때문에 저마다의 셈법이 난무하여 너 나 할 것 없이 육생량 앞에만 서면 이해타산 양양상충은 자동발생이다. 화합의 대안을 마련할 때까지 내 욕심의 육 건사 육생물질문명시대가 지속될 것이므로 그르게 전개되는 힘의 논리 치우친 사(邪)의 세상이 아닐 수 없다. 이에 따라 윤리적 가치마저도 육생 안위에 맞추어지자 사행을 상쇄시키고자 뭔가 다른 차원의 행위를 부각시켜야 했다. 전혀 다르게 전개되는 착한 선행의 실체를 알 리 없어 반쪽반생을 바른 정행으로 둔갑시켜 시대적 모순이 모순을 자아내고 있었다. 그 모순된 힘이 권력의 상징이 되었고 통치자 뜻대로 되지 않을 때마다 군림을 위해서라도 힘을 쓰지 않으면 안 되었다. 뜻에 응하지 않는 자들은 가차 없이 처단했고 동맹이 어려운 국가와는 전쟁도 불사했으니 사상과 이념과 철학 등의

가치는 민초들을 깨우기에 앞서 절대권력 군주들을 일깨우는 방편
이어야 했는데 내 뜻대로라는 욕심에 막혀 미치지 못했다.

그나마 육생살이 모순의 곳간 신앙이 중재에 나서야 했으나 저
마다 섬기는 예언자의 가르침에 있어서는 어찌된 노릇인지 한 치
의 양보가 없다. 그래서 인류의 역사는 피의 역사이자 싸움의 역사
이며 전쟁의 역사일 수밖에 없었던 것인가. 뿌리·몸통·가지로 이
어지는 세계의 판도는 15세기 르네상스 대항해 시대를 통해 드러
나기 시작했다. 19세기 말 뿌리·몸통·두둑으로 이어지는 동북아
삼국이 서양 가지권에 신비한 모습을 드러내자 20세기 초 몸통은
깊은 잠에 빠졌다. 두둑은 두둑으로서의 역할을 위해 가지의 열강
세력과 손잡았고, 그로 인해 뿌리는 두둑강점기와 동족상잔 6.25를
치러야만 했다. 그때까지만 하더라도 1, 2차 세계대전은 이념과 사
상 전쟁인 듯싶었지만, 이후 재기된 기독교와 이슬람 간의 신앙전
쟁으로 말미암아 율법마저도 힘의 논리 육생차원을 넘어서지 못했
음을 만천하에 드러내고 말았으니 신앙분열과 이념분열 무엇이 다
를까. 육생 너머 인생의 방편이었음에도 불구하고 힘이라는 육생
논리에 발목 잡혀 전쟁과 테러의 공포에서 벗어나지 못하고 있다.
이념과 사상이야 그렇다 치고, 신앙마저 하나 되지 못하는 이유가
어디에 있을까.

육생신앙의 율법을 모토로 오직 동물처럼 육 건사 안위를 위해
살아가게 만들어 놓은 것에 있지 않을까. 계율마저도 자신들이 믿
고 따르는 예언자의 이름으로 규정된 안을 한 뜸도 벗어나지 못하
도록 옥죄고 있으니 간극의 골 깊어만지고 있다. 육생만족이야 개
인적 차원이라 느낌이 얼마든지 다를 수 있지만 이기적 사랑의 행

위가 다르지 않듯 이타적으로 영위하는 행복도 다르지 않다. 모든 사회의 기초체제는 원시법이든, 고대법이든, 문명법이든 샤먼, 토템, 애니미즘 등과 같은 무언의 계율에서 시작되었고, 인생 종교로 거듭나지 못한 육생 신앙에 발목 잡히어 테러의 공포에서 벗어나지 못하고 있다.

아예 동물처럼 본능차원의 육생이 전부라면 모르지만 그 넘어 인생을 살아가야 하는지라 육생 신앙의 율법과 계율을 굳건히 믿고 따랐던 게 오히려 분별차원으로 다가서지 못하게 만든 단초가 된 것이 아닌가 싶다. 나하기 나름이라는 상대성 원리를 밝혀내지 못해 누구나 할 것 없이 온갖 표적질을 해대며 살아가고 있다. 육생살이 동물의 일생은 종족번식을 위한 육 건사에 있으니 과연 신의 가르침이 있기나 할까. 인간의 육생도 본능적 차원이나 본질은 그 너머 분별로서 인생을 살아가야 하는 데 있으니 진화발전은 이승과 저승을 오가면서까지 한다. 너의 차원이 내 안에 존재하는 이유가 있다. 생각의 지식으로 물질문명을 일으킬 때 마음의 지혜로 정신문화를 창출하기 위해서다. 하지만 마음에까지 다가서지 못해 분별이 미흡하여 싸우고 충돌하여, 어렵고 힘들게 살아가다 뜻을 펴보기도 전에 지고 만다. 동물들도 생각적으로 대처하긴 하나 그 질량은 매우 미숙한데다가 영혼마저 없어 발전은 물론이거니와 진화도 매우 느리다.

이를 통해 지혜는 인간이 찾아 쓰는 것이고, 지식은 축척시킨다는 사실을 알 수 있다. 지상의 모든 육의 생명체는 공통적으로 물번식한다. 그중에 인간만이 영혼과 마음이 공존하는 만물의 영장으로서 불을 다루어 육생량을 조물하고 문명을 발전시켰으며, 언어의 발전은 인생살이 소통과 화합을 위해 주어졌다. 내 귀를 통해 네 뜻을 전달받고, 내 뜻은 내 입을 통해 다양한 방법으로 네 귀를 통해 전달한다. 저마다의 지능과 재능은 근기에 따른 것으로 시간의 흐름에 점차 희석되기 마련이라, 문자발명으로 지식을 기록하기에 이르렀다. 그러나 지혜의 차원은 전혀 다르다. 생각에 쌓아둔 지식은 나이 들수록 뇌에서 서서히 지워지지만 태어나면서부터 육천육혈 모공에 안착된 마음의 지혜는 찾아 쓰는 이로움이라 나이와는 하등 관계가 없다. 생각의 지식은 어린 시절에 축적하고, 마음의 지혜는 성인 시절에 찾아 쓰는 것에서 알 수 있듯, 나를 위해 살아왔으면, 너를 위해 살아가야 하지 않겠느냐는 메시지가 담겨 있다는 것이다. 살아가는 데 있어 잊어지거나 사라지는 것은 쓰임을 다했거나 도움이 되지 않을 때이고, 잊혀지기보다 쓰임이 다양해지는 것은 그만한 이로움이 남아 있어서다.

지식과 언어구사 능력이 뛰어날수록, 나라는 이기와 너라는 이기가 득볼 심산으로 만나 육생물질문명을 개척하였고, 오늘날 육생문화를 인위적으로 만끽하기에까지 이르렀다. 그런데 안타깝게도 바르다는 정행을 빙자한 다르다는 착한 선행이 도덕과 윤리의 척도가 된 마당이라 비난받아 마땅한 치우친 사행을 정당화시켜 유지하고 있다. 물론 이도 나 하기 나름이라 저마다의 욕심으로 각기 다른 사회를 구성하고, 각기 다른 문명을 이루었다. 허나, 채울 수 없는 이기의 육생량으로 이룬 것들이라, 이로움을 가장한 이념마저도 육생 안위를 위한 것에 지나지 않는다. 물론, 지향하는 바는 사람답게 살고자 하는 것에 있겠지만, 대체로 가지권의 사고가 배여 있는 육생량이 뿌리와 몸통을 지배하고 있으니 가치와 개념마저 육생 안에 묶여 있다는 게 가장 큰 문제다. 삶의 질은 육 건사

시름에서 벗어났을 때 논하는 것처럼 언어체계도 육생의 인프라가 구축되면 더더욱 다양해진다. 발전의 추이는 소통하기 위한 것에 있고, 중점은 이기의 사랑을 통해 이타의 행복을 영위하자는 것에 있다. 동물들이야 배부르면 그만이라 육 건사 만족이 삶의 최고치라 해도 무방하다. 하지만 인간에게는 육생차원이라 만족에 머물면 육생살이 평지풍파 면치 못할 것인데, 다들 인생을 살다가 당하는 것쯤으로 인식하고 있다.

☾ 판도라의 상자

싸우고, 부딪치고, 충돌하는 것도 표적이요, 이로 인해 받게 되는 어렵고, 힘들고, 고통스러운 것도 표적이라, 모든 사항 내 앞의 인연으로부터 기인한다. 제아무리 이기의 육생량이라도 그렇지 과연 이유 없이 육생량이 직접 피해를 입히는 것일까. 채워도 채울 수 없는 아쉬운 육생량으로 만나 공평하게 주고받지 못할 때 상극상충의 암투가 벌어지는 것이므로, 육생량은 결코 아무런 이유 없이 피해를 입히지 않는다. 주고받고 들고나는 선순환 행위가 바르면 상극상충 현상은 일어나지 않는 법, 언제나 표적은 너보다 나를 위할 때 받게 되어 있다. 행복은 육생량으로 만나 정신량으로 하나 될 때 구가하는 차원이고, 만족은 육 건사 안위로 나만이 느끼는 흡족(쾌락)의 차원이다. 해서 자신의 뜻을 말로 직접 전하는 것은 통해 보자는 것에 있고, 글로 남기는 것은 정신문화에 기여하기 위함이라 행복과 만족을 분별할 줄 알아야 한다.

어울려 살아가는 일은 행동도 중요하지만 이로움은 말에서 비롯되므로 하나 되는 일은 결코 육생량에 있지 않다. 이야말로 육생의 인간에서 인생의 사람으로 승화되어야 하는 이유라고 할 성싶은데, 개인만족 육생살이에 발목 잡혀 싸우고, 충돌하고, 부딪치며 살아가고 있다는 사실을 알까. 물론 원천적으로 육생량에서 비롯되는 일이긴 하지만 상대성 원리 인생방정식은 인생살이 정신량을 지향하는 바라, 육생량 앞에 동물처럼 으르렁대는 것도 달콤한 육생 안위에 빠져 일어나는 일이고, 사달은 이로 인해 난다. 배고프면 먹고 피곤하면 잠자는 육생살이 동물들이야 얼마든지 육생량으로 길들일 수 있지만, 인생살이 인간은 배고프다 먹고 피곤하다고 마냥 잘 수만은 없는 노릇이다. 또 그리 길들여지면 동물과 다를 바 없어 단체와 사회가 필요하기나 할까. 인간으로 태어난 이유는 사람으로 승화하여 사람들과 사람답게 살아가기 위한 것에 있기에 육생량만으로는 결코 하나 되어 살아가지 못한다. 개인주체 삶을 살아가야 하는 까닭에 지식과 지혜처럼 본능과 분별이 공존하는 것이므로, 소통수단이 미약한 동물과는 삶의 질이 판이하다. 인간 사회에서도 언어구사 능력이 다양한 민족일수록 생각의 구도가 복잡 다양하여 도구사용이 능수능란한 반면, 구사능력이 떨어질수록 생각차원도 매우 단순하여 도구사용 능력도 현저히 떨어진다.

영혼이 있고 없음의 차이가 마음이 있고 없음의 차이이자 본능에 의지하느냐 분별로 살아가느냐의 차이기도 하다. 물론 불을 다루어 육생량을 빚고, 언어를 통하여 문명을 일으켜 문화생활 하는 차이도 있겠지만 육생물질문명은 생각에서 비롯되고, 인생정신문화는 마음에서 기인한다는 자체에서부터가 다르다. 특히 진화발전의 질량은 축척의 기운에 있다하겠으니 오랜 시간 윤회를 거듭해 온 민족일수록 지식만큼이나 지혜가 무르익은 것이고, 횟수가 적으면 적을수록 지식은 뛰어날지 모르나 지혜는 설익었다. 결국 뛰어난 지식으로 나밖에 모르는 육생과 무르익은 지혜로 너를 위해 살아가는 인생과의 차이는 어떻게 하나 되어 살아가느냐에 달려있다. 지식으로 가득 차 나밖에 모르는 사회일수록 억압된 질서에 제 주장만 해대기 십상이다. 인간의 일대기도 다르지 않다. 너를 위해 살면 천국이 될 것이고, 나를 위해 살면 지옥이 될 것인데 이처럼 생각과 마음이 공존하는 인간에게만 천당지옥이 있을 뿐이지 동식물들에게는 자리하지 않는다.

왜일까. 너라는 차원 없이 오로지 나를 위해서 살아가는 육생살이 힘의 논리 동물의 세계는 영혼이 없기 때문이기도 하고, 분별의 에너지 마음이 자리하지 않았기 때문이기도 하다. 인간에게 삼라만상은 방편이듯, 모든 육의 생명체에게도 방편이기는 하겠지만 영원불멸의 존재가 아니라는 것에서부터 차이가 난다. 영혼을 꺼지지 않는 불꽃으로 비유하는 것도, 불꽃을 피워야 하기 때문이라서 그렇다. 또 영혼불멸의 존재만이 사행이 낳은 선행을 통해 정행을 추구하는 바라, 상호상생 이루어내지 못하면 육생의 고통에서 추호도 벗어나지 못한다. 무엇보다 육생량은 이기적인데다가 채워도 채울 수 없는 아쉬운 질량이라 집착하기 쉬워 한번 빠지면 헤어나지 못해 동물처럼 살다가 생을 마감한다는 것이다. 또 그렇게 저승으로 돌아간들 이승의 집착이 사후에 향방을 달리하므로 많을수록 나아질 것은 없다.

사주는 사차원에서 받아온 삼차원 육생의 기본금으로 근기마다 달리 주어지지만 받았거나, 찾았거나, 올라섰다면 인생의 자본금인지라 아쉬워 찾아오는 활동주체를 위해 이로운 운용주체로 사는 일만 남았다. 다시 말해 오르기까지는 아쉬운 육생시절로 기본금을 받는 시간이요, 찾았다면 인생시절이라 이롭게 써야하는 시간대에 들어선 것이다. 주고받고 들고나는 선순환 법은 음양화합을 위한 것으로, 향후에 벌어들이는 행위보다 소비하는 행위가 그만큼 중요하다. 이 시기에 벌어들이기만 하면 양양상충 외상장애가 클 것이요, 소비만 하면 음음상극 내상장애로 골병들 것이라 어느 쪽으로도 치우치면 이로울 게 하나 없다. 보다 더 큰 문제는 치우칠수록 치우친 그 자체를 합리화시킨다는 것이다. 이 못지않게 지식에 빠지면 지혜를 소홀히 하고, 지혜에 빠지면 지식을 소홀히 하므로 화합과 행복은 지식에 지혜를 적절히 혼화시켜 나가는 일에 있다. 육신과 정신이 조화를 이룰 때 뜻을 이루듯, 본능이 분별에 혼화될 때 사랑을 통해 행복을 영위한다.

일출(日出)은 충전을 알리는 시간이요, 일몰(日沒)은 방전을 알리는 시간처럼 양기 활동주체의 개념은 흡수하거나 벌어들이는 데 있고, 음기 운용주체의 개념은 배출하거나 지출하는 데 있다. 에너지 충전량만큼 활동주체가 육생활동에 전념하는 것이겠지만 이면엔 정신량의 운용주체가 있어 가능한 일이다. 지혜의 소산 운용주체 아내가 가정을 지키고 있다면 지식의 산물 활동주체 남편은 행의 현장 사회에서 뜻한 바를 이루기 그다지 어렵지 않다. 에너지 충전소이자 음양화합의 발원지 가정이 있고 없음에 따라 좌절과 성공을 가른다. 즉 성인 남녀가 가정을 이루어 의논하고 합의하여 화합을 이루어 나갈 때 뜻한 바를 손쉽게 이루므로, 너와 나의 사랑은 우리의 행복을 누리고자 하는 것에 있다. 정신량의 운용주체는 운용주체대로, 육생량의 활동주체는 활동주체대로 소임에 임한다면 부러울 게 무엇이 있을까. 육생량을 취하고자 힘에만 의지하니 정신량의 아내는 지혜를 저버리고 활동주체가 되어야 했고, 지식의 육생량 남편은 지혜의 운용주체가 될 수 없는 법이라 화합을 일으키지 못하는 가정은 비정상적일 수밖에 없다.

이쯤에서 그리스 신화 최초의 여성 판도라(Pandora)와 행(幸)과 불행(不幸)의 상징이 된 상자(항아리)에 대해 논해보자. 불의 신격인 프로메테우스(Prometheus)가 불을 훔쳐 인간에게 선사하자 만물의 아버지 격인 제우스(Zeus)가 이 축복에 맞먹는 불행을 주기 위해 장인들의 수호신 격인 헤파이스토스(Hephaistos)에게 흙으로 여자를 빚게 하였고, 신들은 이에 온갖 신비한 힘을 불어넣자 판도라는 모든 것을 부여받은 여인이 되었다. 그리고 마침내 그녀가 지상으로 내려가게 되자 제우스에게 상자 하나를 선물 받았다. 이후에 제우스의 아들이자 다산의 신격인 헤르메스(Hermes)에게 이끌려 프로메테우스의 동생이자 티탄의 신이라 일컫는 에피메테우스(Epimetheus)와 결혼하였다.

모든 신에게 모든 선물을 부여받은 판도라, 그 아름다움 앞에 녹아들지 않을 이가 어디에 있으랴. 안타깝게 제우스의 선물을 받지 말라는 프로메테우스의 경고를 잊고 동생 에피메테우스는 아내로 맞이하였다. 제우스의 작품인 판도라의 우아하고 고혹적 매력을 이겨 내기는 힘들었을 터, 이윽고 지상에서는 불의 축복에 대한 만물의 재앙이 시작되었고, 무엇보다 안전한 곳에 고이 간직하고 열지 말 것을 당부했다는 상자, 하지만 이는 제우스 고도의 심리전술이 아니었나 싶다. 궁금증 유발로 판도라는 상자를 끝내 열고 말았는데, 열기 전까지 인간세상은 질병과 고통, 근심걱정 없는 나날을 보냈다고 한다. 뚜껑을 여는 순간 인간들이 겪어야 할 이루 말할 수 없는 재앙이 쏟아져 나왔다고 한다. 이에 놀란 판도라 황급히 뚜껑을 닫아 희망만은 빠져나오지 않았다고 한다. 이는 분명 새날의 꿈을 심어주기 위함이 아닐까 싶다.

그러고 보면 인간에게 있어 희망은 사랑이자 꿈이며 포부이자 가치가 아닐까. 이는 기실 받아온 기본금 육생량일 수도 있고, 만들어 나갈 정신량일 수도 있다. 누군가는 기본의 자리에 오르는 도중에 좌절하여 일어서지 못할 경우도 있고, 또 누군가는 기본의 자리에 올랐으나 더 이상 발전을 이루지 못해 실패하는 경우도 있다. 이처럼 단순하게 희망이 뜻하는 바는 나 잘 먹고 잘사는 것에 있지 않다. 다 함께 행복하게 살자는 것에 있어 삶의 의미가 함축된 상자의 메시지를 바르게 이해해야 한다. 받아온 육생의 기본금을 찾거나, 구하거나, 오르기까지의 행보는 모두 아쉬운 나를 위한 것에 있지만, 취하여 마련했다면 이로운 자의 입장으로 직위가 상승한 것이므로, 아쉬워서 찾아오는 이들과 하나 되어 나가는 방도를 강구해 나가는 일만 남았다.

이를 마련했을 때가 꿈을 이루었다 할 것이고, 그리고 마침내 자신의 가치를 드러낼 때를 맞이했다고 하겠는데 그야말로 포부는 사랑하며 살아가고자 하는 데 있지 않을까.

육 건사가 우선인 시대에서는 귀로 먹는 정신량이 아쉬워 찾아가기보다 입으로 먹는 육생량이 아쉬워 찾아가기 마련이다. 남녀 지간의 사랑도 이로울 성싶을 때 만나, 이로울 성싶을 때 솟아나는 감정에 불과하듯이 말이다. 물질이든 정신이든 이로움의 자원이 없다면 사랑하며 살아가고 싶어도 살아갈 수 없고, 사랑받으며 살아갈 수도 없다. 말인 즉은, 받아온 기본의 자리에 오를 때까지 사랑을 갈망함에 따라 사랑받기 위해 사랑을 찾아다닌다 할 것이고, 오른 후에는 행복을 지향함으로써 사랑받고자 찾아오는 인연들과 사랑하며 살아가야 한다는 것이다.

물론, 득 보기 위해 만나 득 될 성싶을 때 하게 되는 지극히 이기적인 행위가 사랑이지만 본래 불로 빚은 육생량은 이기의 산물이라 주고받지 못하면 산통은 깨지게 되어 있다. 사랑을 통해 행복을 영위하려거든, 합의를 통해 화합하려거든 잊지 말아야 할 것은 이로워서 맞이하는 운용주체가 누구이고, 아쉬워 찾아가는 활동주체가 누구인지를 인식하는 것에 있다. 탁한 인의 기운에, 탁한 인육을 쓰고, 탁한 인간으로 살아갈 때 우선 필요한 게 탁한 육생량 아닌가. 본래 탁한 삼라만상에서 불로 빚어낸 육생량은 탁할 수밖에 없어, 나라는 이기와 너라는 이기와 만남에 있어 자기 셈법이 난무한 것이다.

그래서 판도라의 상자가 열리는 순간 질병과 고통, 근심과 걱정 등이 쏟아져 나온 것이었고, 또 육생의 인간으로 살아갈 때 필요한 게 육생량이라 탁한 인간이 탁한 이기의 질량을 중화제 없이 가지려고만 하다가는 싸우고, 충돌하고, 부딪쳐 종국엔 어렵고, 힘들고, 고통스럽게 살아가다 생을 마감해야 한다는 사실을 가리키고 있다. 더군다나 양기의 만물을 양기의 불로 조물 하여, 내 욕심의 양기로 육생량을 빚었고, 이를 방편으로 이기적 인간과 인간이 만나므로 결국 이기적인 육생량 앞에 내 욕심과 네 욕심은 득이 되지 않을 때마다 상충을 일으킨다. 천지인 세 개의 차원으로 나뉘어 운행되는 세상, 육 건사에서 비롯되는 시기와 질투, 증오와 분노, 가난의 고통, 전쟁과 테러의 역사 등을 정녕 잠재울 수 있는 방도는 없는 것일까. 판도라의 상자에 남겨진 희망의 모태, 그 깊은 뜻을 헤아린다면 탁한 육생량을 희석시킬 중화제 마련은 그다지 어렵지만은 않다.

화(禍)의 본질은 못미더운 육생살이 육생량으로 발병되는 것이므로 보이고 만져지는 물질만으론 치유가 어렵다. 물 번식하는 모든 육의 생명체마저도 탁해진 상태가 아닐 수 없어, 이를 취하고자 너와 내가 만나는데 부딪침이 끊임없이 속출하는 게 당연한 일이지 않을까. 만약 내 욕심을 희석시켜 네 이기와 만나면 불행한 일들이 일어날리 없다. 소소한 부딪침 정도야 일기야 하겠지만 진화 발전을 위한 사항이다. 이처럼 불행은 내 앞에 있는 너를 통해 일어나기 마련인데도 아무런 이유도 없이 어느 날 갑자기 하늘에서 뚝 떨어지는 벌쯤으로 받아들이면 곤란하다. 싸우고, 부딪치고, 충돌하는 일도 즐겁고, 신나고 기쁜 일도 내 앞의 인연에게서 비롯되므로, 너는 무엇을 위해 내 앞에 와 있는지 그리고 나는 너 앞에 왜 서있는지에 대해 알고 있다면 불행을 미연에 방지할 수 있다. 판도라의 상자가 뜻하는 바는 불로 빚어낸 이기의 육생량을 이타의 행위로 그 쓰임을 다하고자 하는 것에 있다. 그리고 그러한 너는 쓰임에 대한 가치를 얼마나 알고 있느냐를 물어보는 바와도 같다. 곤궁은 없을 때 느끼는 것이요, 탈은 소통시키지 못해 나는 것이고, 어려움은 있다가 없을 때 느끼는 것처럼 모든 상황은 나에게 기인하여 앞에 있는 너에게로부터 비롯된다는 사실이다.

☾ 조화만발의 세상

특히 육생량은 보이고, 냄새나고, 만져지지만 채울 수 없는 아쉬움의 질량으로, 이기의 발로이자 화(火)의 산물이며 만병(萬病)의 발원이다. 따라서 육생량을 위해 활동하는 양기 활동주체 그 육생의 힘에 정신량이 첨가되면 보약이요, 부실하면 독이 된다. 알아야 할 것은 음기는 운용주체로서 정신량의 에너지 산실이라는 데 있다. 그리고 과연 중화작용제가 보이는 물질 양기의 만물에 녹아 있느냐, 보이지 않는 비물질 음기의 정신에 배어 있느냐에 대한 물음이 바로 판도라의 상자다. 인류의 미래 희망상자를 음의 기운 고이 품고 있다는 것인데, 양기의 불로 양기의 만물을 다루어 양기의 육생량을 생산해내는 만치 음기의 물로 음기의 정신을 고양시켜 음기의 정신량을 창출해내야 한다. 힘은 정신을 바라듯 지식은 지혜를 지향하고, 싸움은 화해를 추구하듯, 전쟁은 평화를 기원하는 것처럼 불의 신 프로메테우스에 대한 만물의 신 제우스의 노여움은 상호상생위한 양양상충을 도출하였다.

다시 말해 제우스가 지향하고자 하는 바를, 양의 물질을 양의 불로 다루어 육 건사 육생량을 조물하자 이에 필요한 것은 음의 정신량이라, 양기 제우스로 인해 탄생한 음기 판도라는 인류희망의 모태로 자리하기 위한 것에 있었다. 때문에 판도라는 다산의 신 헤르메스에 이끌려 티탄의 신 에피메테우스와 하나가 된 것이었고, 이는 인류희망을 잉태하는 하나의 과정이기도 했다. 그러고 보면 '판도라의 상자'와 '이브(Eve)의 선악과'가 주는 의미는 일면으론 재앙이지만 이면은 새날을 잉태하기 위한 것을 뜻한다. 그리고 양기 활동주체 아담(Adam)과 에피메테우스를 음기 운용주체 이브와 판도라가 얼마나 품어 안고 나갈 수 있느냐가 관건이다. 자의건 타의건, 알건 모르건, 이기심이건 욕심이건 음양이 만났다는 것은 하나 되고자 하는 것에 있다. 이후부터 합의를 통해 화합을 이룰 수 있느냐는 문제가 대두되는데, 이로움은 정신량을 담당한 음기 운용 주체에게 있지 아쉬운 육생량을 담당한 양기 활동주체에게 있지 않다. 달은 태양을 위한 것에 있듯, 태양은 만물의 생장을 위해 필요한 것이고 그 만물을 잉태하는 것은 물이요, 만물에 생기를 불어넣는 게 불이라는 사실에 입각해서 말이다.

조화만발의 세상은 음과 양이 하나 될 때 이루어진다. 보이고, 냄새나고, 만져지는 물질의 일면을 담당한 과학은 물질질량의 법칙과 방정식을 찾아냈다. 보이지 않고, 냄새나지도 않으며, 만져지지 않는 비물질 이면을 담당한 정신세계도 나 하기 나름에 달리 나타나는 인생 공학 방정식을 마련해야 하는데 신앙 의존도가 크다보니 여간 만만치 않다. 물질의 육생량은 일면이요, 비물질의 정신량은 이면이라는 데 있어 유형무형 유색법과 무색법에 따른 이승과 저승의 차원에 비교되는 부분이다. 그리고 활동을 지식과 힘에만 의지해야 한다면 분명 일면의 이기의 육생량만을 추구한다 할 것이고, 지혜와 덕(품)까지 함께 공유하면 이면의 이타의 정신량까지도 지향한다 할 것이다. 일면의 물질로만 표현한 판도라의 상자와 이브의 사과 그 이면은 비물질 세계의 차원을 가리키고 있다. 그것은 바로 새날을 잉태할 위대한 궁(宮)과 지혜를 낳는 거룩한 경(經)과 깊고 넓은 여인의 품(덕)을 가리킨다. 다시 말해 운용주체에게는 인연을 맞이할 궁이 있어야 하고, 이를 운영해나갈 법(경)이 있어야 하며, 따르는 자들을 품어 안을 덕이 있어야 하는 것처럼 말이다. 이기적 사랑의 일면은 활동주체 남성의 구애로부터 시작되지만, 이타적 행복의 이면은 운용주체 여성의 손길을 애타게 원하고 있다.

그르다는 치우친 사의 차원은 음에서 기인하여 양에서 비롯되었기에 불을 다루어 육생량을 개척하였다면 물을 다루어 정신량을 마련해야 하듯, 이를 바로잡아 나가는 일은 궁과 경과 품(지혜)을 머금은 여인하기 나름에 달려있다. 활동주체 남성에게 있어 금단의 사과와 상자는 희망의 모태이자 욕망의 산물이라 선악의 유혹에 빠져들기 쉽다. 양기 활동주체가 육생의 기본의 자리에 올라 태반이 음의 나락에 빠져 헤어나지 못하는데 그 이유가 어디에 있는지 짚어보자.

기본의 자리(성공)에 올라섰다면 이로운 운용주체라 정신량을 부가시켜 나가야 하므로 여느 때보다 운용의 지혜를 절실히 찾게 되어 있다. 이때 어느 음의 기운을 부가시키느냐가 출세가도의 페달을 밟느냐, 향락과 방탕에 빠져 타락하느냐의 중대한 기로다. 이때 상자를 함부로 열어서는 안 될 것이며, 사과가 먹음직스럽다고 한입에 왈칵 물었다간 그대로 골로 갈지도 모를 일이다.

그만큼 상자와 사과는 음기로서 궁과 경과 품의 깊은 뜻을 알고 아쉬운 육생량을 위한 이로운 정신량을 아로새길 때 조화만발의 세상을 열어진다. 여인들은 거룩함과 위대함과 지혜를 품어 안았기에 상자와 사과를 희망의 모태로 묘사했다.

남은 것은 피부에 와 닿도록 양의 기운과 힘의 지식을 위한 음의 기운 품과 지혜를 체험해 보는 일이다. 물론, 좋은 일은 경험해 보고, 좋지 않은 일은 물리쳐야 한다. 자기발전을 위해 경험해 보겠다면 모르겠지만 그래도 표적은 피할 수 있으면 피해야 한다. 그 고통 여간 만만치 않아 불통의 실상을 못미더워 하는 이들일수록 어찌 할 줄 몰라 하다 그대로 주저앉는다. 이를 몸소 겪지 않고 스스로 깨친 자는 선지자(先智者)고, 가르쳐 일깨운 자는 현지자(賢智者)이며, 몸으로 때운 자는 그나마 난 자이고, 그래도 모르는 자는 어리석은 자다. 누가 먼저 깨우쳐야 하는 것인가. 육생량을 위해 힘으로 살아가는 활동주체일까. 정신량을 위해 덕으로 살아가는 운용주체일까. 이로움은 지혜의 질량과 지식의 질량으로 나눔에 따라, 운용주체도 정신량을 위한 자와 육생량을 위한 자로 나뉘는데 물질보다는 비물질을 다루는 자들이 먼저 깨우쳐야 한다. 세상은 육생량을 추구하는 활동주체에 의해 좌우된다. 하지만 아쉬운 육생량을 운영하는 것은 이로운 정신량이라 활동주체의 미래는 운용주체 손에 달렸다.

왜 그런 것일까. 좌절은 기본의 자리에 오르다 맛보는 아픔이고, 실패는 기본의 자리에 올라 느끼는 고통이라는 데 있다. 즉 활동주체는 운용주체에 힘입어 승승장구하기도 하지만 타락하기도 한다. 생명의 시발이자 정신량의 요람 여성에게 힘의 원천 남성의 장래가 달렸다는 것은, 성공한 남성은 여성에 의해 타락하지만, 성공한 여성은 어지간해서 남성에 의해 타락하지 않는다는 이유도 있다. 천지인 육해공으로 나뉘어 운행되는 세상의 질서도 다르지 않다. 천의 음기가 지의 양기를 운행하는 운용주체이듯, 삼라만상 품어 안은 지기도 인기 앞에서는 운용주체이고, 여성은 활동주체 남성을 이끌어 나가는 운용주체라는 사실이다. 아울러 스스로 깨우치는 선지자는 못될지언정 가르쳐 일깨우는 현지자라도 되어야 하는데, 육생량에 빠져 남녀음양 화합 불가한 상태에까지 이르렀으니 싹튼 돌연변이 사고로 갈 때까지 갈지도 모른다. 지혜를 잃으면 지식이 춤추어 나밖에 모르면 네가 질타할 것이고, 덕의 품을 잃으면 힘에 포박당할 것이다. 일체의 깨우침은 인간에서 사람으로 승화되어 사람들과 사람답게 살아가는 데 있다.

　이렇게 천지음양에서 비롯된 차원은 본래 그 무엇도 없는 0이라는 하나의 차원에서 3:7 음양비율로 분리되자 만물을 비롯한 남녀 음양분별이 시작되었다. 0차원에서 빚어진 삼라만상 음양을 일깨우기 위한 방편이자 화합을 일으키기 위한 구도로 자리하였다. 이에 맞춰 1차원 천기가 낳은 2차원 지기에서 온갖 사물과 현상이 일어나자, 물 번식하는 육의 생명체가 살아 숨 쉬었고, 진화의 결정판 인기가 인육을 쓰고 인간으로 살아가자 2차원 지기는 3차원으로 화하기에 이르렀다. 인육을 벗으면 인기(영혼)요, 인육을 쓰면 인간이라 3차원 이승에 4차원 저승이 함께하는 이유라고 할까. 양기는 활동주체로서 이승을 일면이라 한다면, 음기는 운용주체 저승의 이면이 아닐 수 없는데 보이지 않는 저승의 질서(위계)체계가 보이는 이승에 그대로 투영되었다. 따라서 이승은 유형의 삼라만상 세상이 되었고, 저승은 무형의 삼천대천세계로 자리하고 있다. 사실상 유형무형의 모든 실체는 2차원의 지기에서 모두 빚었고, 이승의 인간이 인육을 벗고 저승의 인기(혼)로 돌아가면 삼라만상은 방편적 쓰임을 다했다 할 것이니 그 무엇도 없는 것이 된다. 왜 그런 것인가.

　0이라는 하나의 차원에서 분리된 70% 7차원의 천기는 음의 질량 운용주체 무형의 기운으로 자리하였기 때문이고, 30% 3차원의 지기는 양의 질량 활동주체 유형의 기운으로 자리했기 때문인데 3차원 이승은 삼라만상 인간세상이요, 4차원 저승은 삼천대천 영혼세계로 자리하여 3차원은 유무상통의 세계라는 것이다.

　기독교의 창세기 천지창조 신화와 흡사한 이론이라 할 수 있다.

이나저나 저승은 무형의 세계라고 하면서 어떻게 해서 삼천대천세계가 자리한 것인가? 저승의 위계질서가 이승에 투영된 만큼 육건사 육생량을 방편으로 살아가는 이승의 집착이 그대로 저승에 반영된 욕망의 산물들이 삼라만상만큼이나 켜켜이 쌓여서다. 결국 천당과 지옥도 없는 것에서 만들어진 차원이라는 것인데, 대체 왜 자리한 것일까. 원인을 알고자 한다면 인기(영혼)는 불멸이라, 먼저 인육을 벗고 본연의 자리로 돌아가지 못하는 이유가 어디에 있느냐를 찾아 봐야 한다. 그렇다고 천당과 지옥을 논하자는 것이 아니다. 없는 것에 만들어진 만물의 형상은 본래 없는 것이라 죽으면 없어질 것인데 그러한 개념들이 만들어진 이유를 찾아보자는 것이다. 특히 천당이든 지옥이든 죽어서 가겠다고 하면 얼마든지 갈 수도 있다. 기실 삼라만상은 곧 삼천대천과 다르지 않아 천당과 지옥은 이승의 집착으로 얽혀진 관념의 상에 불과할 뿐이라 생전의 고집이 육생량을 만들었듯, 사후의 집착이 천당과 지옥을 만들었다는 것이다. 삼라만상이야말로 욕망과 집착의 실세가 아닐 수 없어 이승의 집착이 그대로 반영된 곳이 저승이요, 저승의 위계질서가 그대로 투영된 곳이 이승이다.

◖ 선악의 차원

육 건사 육생량에 의존하는 육생살이 내 뜻대로에서 비롯된 내 욕심과 내 셈법을 어떻게 극복하느냐의 문제가 주어졌다. 음의 질량 저승은 양의 질량 이승을 위한 곳이자 쉬어가는 곳으로서 에너지 충전소와도 같다. 반면 집착이 그대로 반영되는 곳인 만큼 켜켜이 쌓인 집착의 차원도 차원이거니와 이보다 더 큰 문제는 이승에서의 선악 논리가 천당과 지옥이라는 저승의 집착 고리에 묶여 있다는 것이다. 분명 어제의 일이 오늘의 연장선상이고, 내일로까지 이어지지만 이는 이승에서 벌어지는 상황일 뿐이고, 죽음은 현생의 소임을 끝마친 상태라 내생으로까지 이어지지 않는다. 어떤 신앙에서는 피안의 언덕을 넘고자 전생은 현생의 연장선상이라 내생으로까지 이어진다는 윤회를 가르치고 있고, 또 어떤 신앙에서는 죽으면 끝이라 천당과 지옥 논하며 하느님의 나라 천국을 가르치고 있다. 무엇이 옳고 무엇이 그르다를 논하자는 것이 아니다. 생각과 마음, 너와 나의 차원이 내 안에 공존하는 것은 육생을 넘어 인생을 살아가기 위한 것에 있으므로, 무엇보다 이를 먼저 깨치는 일이 중요하기 때문에 하는 소리다. 특히 타의와 자의, 본능과 분별이 함께한다는 것은 작용반작용의 법칙 상대성 원리가 적용된다는 것을 뜻하므로, 지금 여기에 있는 시간보다 소중한 시간이 없다는 것을 모두가 알아야 한다.

아무런 예고 없이 어려움이 찾아든다면, 아무런 이유 없이 고통스럽다면, 아무런 상황 없이 죽어가야 한다면 전생을 통하여 현생을 사는 것이라고 할 수 있다. 뿌리반도는 위도 37°선을 중심으로 동서남북 사방팔방 춘하추동 생장수장 질량이 짙게 나타난다는 사실에서 볼 때 세상은 천지인 육해공 머리몸통다리 세 개의 차원으로 나뉘어 운행되지만 하나로 연계되어 있음을 뜻하고 있다. 웬 뜬금없는 소리냐고 하겠지만 남북은 중심잡이로 동서는 생장수장 질량으로 자리하는 만큼 마음은 중심잡이요 생각은 생장수장 질량이라 분명 일어나는 모든 일에는 그만한 이유가 있다는 것이다. 물론 받아온 기본금 사주의 질량 달란트가 다르다는 점에서 의아해 하겠지만, 올라섰거나 받았다면 이로운 삶을 살아가야 한다는 조건이 부여된다. 그만한 혜택에 걸맞은 행위를 하지 못한 운용주체는 활동주체에게 상응하는 표적을 직간접적으로 받는다는 데 있어 사주 그 무게의 질량을 대략 짐작할 수 있지 않을까. 내 앞의 인연에게 비롯되는 일련의 상황이 행·불행과 연관된다는 데 있어 하나 되지 못하면 가르침의 표적은 누구도 피해갈 수 없다. 특히 기본질량이 크면 클수록 정신적 고통의 무게도 크다 할 것인데, 중층에서 상층으로 올라갈수록 드러내지 않을 뿐이지 육생량에 얽매이는 하층과 무게의 본질이 다르다.

그렇다고 보면 저승의 천당지옥 차원은 이승의 선악개념에서 기인한 것이라는 소리와 결코 다르지 않다. 작용반적용 상대성 원리 인생방정식을 통해 죄를 지으면 벌을 받아야 한다는 개념을 심도 있게 살펴볼 일이다. 이승에서 죄와 벌이 성립될 때 저승의 천당지옥 개념이 서는 것처럼, 선악의 논리 어느 입장에서 바라본 것인가. 사건 사고는 어느 쪽으로 치우쳐서는 안 되는 것으로, 상응한 표적은 죗값과는 본질이 다르다. 이롭고 아쉬움의 농도에 따라 짓는 인연, 맞이하는 자는 이로운 자로서 기본금을 더 받아왔거나 먼저 올라선 입장이거나 그리고 찾아가는 자는 아쉬운 자로서 덜 받아왔거나, 오르려하는 입장이다. 도움 받고자 찾아갔는데 받지 못하면 어떻게 될까. 선악차원을 일면과 이면으로 나뉘어 볼 때, 저지른 죗값이 크다 하겠지만 궁지로 몰렸다면 저지른 자보다 몰은 자의 죗값을 어떻게 따져 물어야 할지 말이 없다. 인연을 맞이하고자 걸어 놓은 간판의 뜻은 찾아오면 도와주겠다는 것에 있지 않은가. 절박해서 절실해서 찾아갔는데 전혀 이롭지 않으면 누가 궁지로 몬 것일까. 궁지에 몰리면 저지를 수밖에 없는 게 죄라 하겠으니 선악의 차원을 일면으로만 해석하면 먼저주고 후에 받는 선순환 행위를 쉽사리 받아드리지 못한다. 이처럼 인생 공학에 따라 그르고, 다르고, 바른 행위에서 해롭고, 아쉽고, 이로운 일들이 상대성 원리로 일어나는 일련의 행위들이 선순환 법 인생방정식에 의해 밝혀진다.

이승의 선악 논리가 죄와 벌로 이어져 저승의 천당지옥까지 이르게 되는 주된 원인은 벌기만 하고 바르게 쓰지 못하는 데 있다. 살아가는 데 있어 불의 불상사가 끊이지 않는다면 상극상충 표적을 의심해야 한다. 모든 불행은 불통에 있으므로 주고받지 못한 원인을 밝힐 때 잠재워지는 법이다. 아쉬울 때 소통하자 다가서고, 이롭지 않을 때 불통하기 쉬우므로, 이로운 자의 입장에 섰을 때 해야 할 일은 먼저 주고 후에 받는 방안을 강구하는 일이다. 이기와 이기가 만나 하나 되고자 한다면 상극상충 치우친 사행을 통해 반쪽반생 착한 선행을 분별해야 한다. 이승에서야말로 전생의 업이 현생으로 이어지고, 현생의 업이 내생으로 이어지는 게 아니므로 나 하기 나름에 달리 나타나는 작용반작용의 법칙 상대성 원리가 철저히 적용되고 있다. 내 앞에 있는 너에게 덕 되게 하면 득이 되어 돌아올 것이요, 무덕하면 무득할 것이고, 해하면 독이 되어 돌아올 것이라 선순환 행위는 상호보완적 공적을 쌓아 나가는 것에 있으므로 빌어서 구하고, 더러워서 피하고, 무서워서 피하기나 한다면 달리 면할 길이 없다.

주고받는 소통 행위가 깊어질수록 이승의 직위가 오를 터이니 저승의 직급도 상승할 터이라, 사적인 사주(私主)에 따른 공적인 사주(四柱)의 질량도 달리 주어진다.

직급에 맞춰 주어지는 육생살이 기본금을 토대로 인생살이 질량은 '내가 만들어 나가는' 차원이라 결국 후천행위를 위한 선천질량도 나 하기 나름에 달려있다.

저승의 직급과 이승의 직위는 하나로 통한다. 이승은 양의 질량 활동주체 공간으로 상호 공적을 쌓기 위한 행의 현장이라면, 저승은 음의 질량 운용주체 공간으로 에너지 충전소라고 할까. 직위에 따라 삶의 질을 달리 해나가는 곳이 이승이지 저승이지 않다. 아담과 하와의 선악과 태초에 죄와 벌의 단초가 되어 천당지옥 개념을 낳았지만 선순환 법에 위배되는지라 논란이 잦을 수밖에 없다. 게다가 인간으로의 환생은 업 소멸(상생)을 위한 것에 있다는 사실을 모르면 이승의 선악에서 비롯된 저승의 천당지옥 개념은 무너지지 않는다. 그에 따라 주어지는 육생의 기본금 사주 공적에 따라 주어지기에 육생살이는 이로부터 시작된다. 간혹, 부모형제자매 일신을 일깨우기 위한 본보기(자폐아 등등)로 태어나는 이들도 있지만 이는 매우 특수한 경우이고, 이승에서 부모형제가 본연의 삶을 살아간다면 본보기로 태어난 자식이든, 형제든, 자매든 소임을 다한 것이므로 본연(저승의 본 줄 직계로)의 자리로 돌아간다.

깨우치지 못했다면 본연의 삶을 잊고 사는 것으로, 태반이 어찌할 바를 몰라 그저 마냥 붙들고 매달리다가 쫄딱 망하는 경우도 허다하다. 고통도 본보기 자식보다 가슴 아파하는 부모에게 더 크게 가해지므로, 책임량도 낳은 부모에게 있지 태어난 자식에게 있지 않아, 순수 부모에게 주어진 공부다.

상중하 차원으로 나뉜 인간사 변화무쌍한 육생량 만큼이나 삶의 모양새도 다양하고, 그만큼 암암리에 가해지는 게 표적인지라 자칫 자신만 빼고 모두 별 탈 없이 잘 먹고 잘 사는 것으로 오인하기 쉽다. 기본금이 많건 적건 경우에 따라 철천지원수가 되기도 하고, 동반자가 되기도 하며, 때론 아군인지 적군인지 모르는 이들까지 한데 섞여 살아간다. 이는 나 하기 나름에 따라 달리 나타나는 상극, 상충, 상반, 상생의 질량이 인간생활 깊숙이 녹아 있어서다. 사랑은 행복을 위해 하는 것처럼 삶의 여정은 나를 위한 육생에서 너를 위한 인생을 살아가는 데까지다. 내가 이로우면 내 편이 될 것이고 네가 이로우면 네 편이 될 것이라, 잘잘못은 누구도 탓할 일이 아니다. 인간관계 형성을 위한 인성교육은 '널리 세상을 이롭게 하라'는 홍익인간을 모토로 하나 되어 살아가고자 하는 것에 있다.

그리하여 나를 위한 육생의 기본 자리에 올라설 때가 너를 위한 인생을 살아가야 할 때이고, 이후에 삶은 벌어 놓은 기본금을 이롭게 써야 하는 때이므로, 쓰는 법을 배워야 할 때다. 또 다른 문제는 육생을 살다보니 내 앞의 인연을 욕심을 앞세워 내 뜻대로 해보려는 경향이 짙어진다는 데 있다.

육 건사 행위의 간절함은 목숨 부지하자는 것에 있고, 없다가 있으면 호주머니만 노리는 모양새를 취하기 십상이라 너 나 할 것 없이 군림하려 든다. 선천의 본성에 후천의 인성을 가미하면 이성을 잃지 않을 터, 나밖에 모르는 육성(肉性)의 본성(本性)에 놀아나면 거기에 머물러 집착하기 마련이다. 육생량은 유형의 이승에서 필요한 것뿐이고, 저승은 무형의 차원이라 살아생전 행의 공적 이외는 무엇도 필요치 않다. 오직 상생(사랑)의 에너지만 필요할 뿐이고, 생전의 집착 그대로 반영되는 곳인 만큼 육신과 마음에서 분리된 영혼(참나)은 매우 단순해진 상태로서 실재와 허상의 분별이 용이하지 않다. 극히 드물지만 저승과 영혼을 보는 이들도 있는데 영매(靈媒)이거나 신(神) 제자(무속인)들이다. 보고 듣더라도 지극히 국한된 일부분만 보기 때문에 자칫 신과 영적세계에 휘둘리기 쉽다는 게 문제다. 근기에 따라 겪고, 보고, 듣는 차원이 달라 관조하고, 이해하고, 받아들이는 능력이 다를 수밖에 없지만 이승에 투영된 저승의 본체를 찾는다는 것이 그리 쉽지 않은 일이다. 즉 '나는 누구인가'를 찾는 과정에서 정신량(도법)을 주관하는 이면의 깨달음은 육생량(도술)을 주관하는 일면의 깨달음을 넘어설 때 다가서게 되는 차원이라는 것이다.

육생량의 운용주체에게 상중하 차이가 있듯, 정신량의 운용주체에게도 상중하 차이가 있으므로 영혼을 부르고 만나는 급수도 상중하로 차이가 난다. 저승의 직급이 이승의 직위이요, 이승의 직위가 저승의 직급이라 죽은 자와 산 자의 연결매체이자 이승과 저승의 경계선상에서 살아가는 이들이 바로 신 제자 영매들이다. 이승의 삼라만상과 저승의 삼천대천은 만휘군상과 다를 바 없다. 유형이건 무형이건 없는 것에서 빚어낸 것들이라 없어질 것이라는 데 있어서 말이다. 특히 육생살이 욕심의 발로에 대해 안다면 이승의 욕심으로 발전이 멈춘다거나 저승의 집착으로 진화에 발목 잡히는 일은 없다. 저승의 질서가 이승에 투영되고, 이승의 집착이 그대로 저승에 반영되자 인간생활 깊숙이 선악논리가 자리하였고, 본연을 잊어버린 신앙 덕택에 영혼들의 집착의 굴레 천당지옥까지 자리하기에 이르렀다. 구천을 떠도는 귀신들의 실체만으로도 집착의 실상을 알 수 있지 않을까. 생전의 욕심 죽어 집착으로 말미암아 저승 한켠에 묶인다는 것, 환생의 에너지 충전하지 못하는 경우와도 같아 누구에게도 이롭지 않다. 이승의 집착이 낳는 하나의 상은 저승에서 풀지 못할 또 하나의 차원을 낳는다 해도 무방하다. 태어날 때도, 살아갈 때도, 돌아갈 때도 원한을 사거나 집착에 묶이지 말아야 한다는 소리는 이를 두고 한 말이다.

이승의 신앙 수만큼이나 저승에 자리하는 천당지옥 그곳에서 얼마나 많은 영혼들이 교화되었을까. 이승의 육신은 감옥 가고, 저승의 영혼은 지옥 가고 그러하다면 정녕 이승은 사람 사는 세상이어야 할 터이고, 저승은 티 없이 맑은 영혼들의 에너지 충전소여야 하건만 어찌된 노릇인가. 갈수록 속이고 속고, 죽이고 죽임 당하는 세상이 되어가고 있으니 말이다. 어디에도 사람답게 사는 곳이 없으니 날로 범죄는 극악무도해지고 있다는 사실에 있어 이승의 감옥과 저승의 지옥 처벌 강도가 마냥 약하기 때문일까. 만약 그러하다면 처벌의 수위를 올려야 할 것이고, 그렇지 않다면 감옥과 지옥의 개념을 달리 해 나가야 하지 않을까 싶은데, 신을 종용하는 신앙이 수고하지 않으면 어림도 없다. 수도나 수행이나 고행이나 모두 육을 쓰고 살아가는 인간에게나 가능한 일이므로 구도의 여정이라 해도 무방하다. 이 과정으로 구하였다면 깨달은 것이요, 소임을 찾았다면 깨우친 것이라 앞으로 할 일은, 사람으로 승화되어 사람들과 사람답게 살아가는 방도를 강구하는 일만 남았다.

고행이든 수행이든 깨달아 일체의 행위 없이 죽음을 맞이했다면 어떻게 될까. 고작 해봐야 육생의 인간으로 태어나 육생 짓거리만 하다가 죽어간 자일뿐이라 거룩할 것도 위대할 것도 없다. 삶은 육생의 시작이요, 죽음은 인생의 끝이다. 나를 위한 끝은 너를 위한 것에 있어야 하는 것이므로 시작은 발원이고, 죽음은 회향이다. 그런데 깨닫고 죽은 자 과연 깨달은 자라 할 수 있을까. 그 무엇도 남기지 않고 돌아갔다면 고행도 나를 위해 한 것이고, 깨달음도 나를 위한 것이라, 그저 육생을 살다간 자에 불과해서 하는 소리다. 음양은 0이라는 하나의 차원에서 둘로 분리되었듯, 삼라만상과 삼천대천도 본래는 하나이고 이승과 저승도 본래는 하나였으니 천당과 지옥도 하나이다. 결국 육생과 인생, 인간과 사람, 귀신과 영혼의 본질도 하나이니 만큼 하나에서 둘로 나뉜 죄와 벌의 원인을 찾아내기만 한다면 하나 되어 살아가는 일은 어렵지 않다.

화합은 하나에서 둘로 분리된 음양이 하나로 결합하는 일이다. 따라서 이승의 죄와 벌과 저승의 천당과 지옥의 두 개념을 넘어 하나의 차원 본향으로 회귀는 근본으로 되돌아가는 원시반본이라 말한다. 해서 이로움 그 거룩한 행위는 하나 된 2차원 지기의 본질 양기와 1차원 천기의 본연 음기가 대화합을 일으키는 것으로, 인의 본성과 대자연의 섭리는 크게 다르지 않다. 음의 천기가 양의 지기를 주도하듯, 이로운 운용주체가 아쉬운 활동주체를 이끄는 일처럼 말이다. 특히 이승에서 부리는 욕심과 저승에서 부리는 집착은 불통의 상태라 이곳이나 그곳이나 존재가치는 고독하고 황량하기 그지없다. 이승과 저승 유무상통 체계를 이해하지 못하면 이곳은 욕심으로 고통스럽고, 저곳은 집착으로 고통스러운 건 다르지 않아 나밖에 모르는 육생에 머물면 나아질 것은 없다. 수천 년 전의 교리에 묶여 한 뜸도 나아가지 못한 신앙일수록 반쪽반생 착한 선행을 강조할 터, 성불 혹은 은총이라는 미명하에 본인들조차 지키기 힘든 규율을 내세워 세력을 단속하려 드는 건 인지상정 아닐까 싶다. 정신량이 부가된 종교에 가까울수록 그르다는 치우친 사행에서 벗어나 바르다는 정행을 지향한다. 허나 착한 선행을 모르면 바른 정행도 모르는 것이라, 이것은 맞고 저것은 틀리고, 하라 하지마라 식의 교리는 분별을 어리석게 만들어 화합을 저해시킬 뿐이다.

활동의 공간 보이는 이승이요, 운용의 공간 보이지 않는 저승인 것처럼 조상이 중요한 만큼 자손도 그만큼 중요하다. 왜 그런 것인가. 행의 공적은 이승의 자손으로부터 비롯된다는 것에 있다. 저승의 조상들은 운용주체로서 이승의 활동주체 자손들이 명(名) 내기를 간절히 바라고 있으며, 소임에 따라 근기에 따라 그에 걸맞게 보이지 않는 힘을 밀어주고 있다. 이를 기운이라 하고 음덕이라 하는데 행의 공적이 음덕을 쌓으므로 그만한 혜택이 돌아갈 것이고, 부족하면 부족한 만큼 돌아간다. 음덕에서 비롯된 기운, 형상에 무릎 꿇고 머리 조아린 비나리 공덕을 말하는 것이 아니다. 내 앞의 인연에게 쌓은 이로움의 공적을 말한다. 무엇보다 음의 기운 고향에 계신 부모님의 행색이나, 양의 기운 도시에서 생활하는 자녀의 몰골이나 별반 다르지 않은 것은, 양기에 투영되는 음기의 차원은 다르지 않기 때문이다. 성인으로 성장할 때까지 본연의 삶을 살아갈 수 있도록 보살피고 키워준 운용주체 노후 부모님 삶은 활동주체 자녀들이 명 내기에 달려있다.

☾ 조상천도

음택과 양택의 관계도 다르지 않다. 사실 명당은 누구나 살고 싶다 해서 살 수 있는 자리도 아니요, 쓰고 싶다고 해서 쓸 수 있는 자리도 아니다. 타고난 기본질량이라고 할까. 그만한 능력이 되니까 명당에 살고, 묘지를 쓰는 것이지만 문제는 자손들이 그에 걸맞은 행위를 못한다는 것에 있다. 명문가, 명문대를 비롯하여 온갖 명품을 선호하는 만큼 삶의 명품을 위해서라도 타고난 본성에 걸맞게 인성을 함양하여 부가시켜야 한다. 받아온 육생의 기본금 사주의 진정성에 대해 모르는 터라 나 먹고 살기 위한 육생 행위가 전부일 수밖에 없어 화무십일홍, 권불십년, 부불삼대를 넘어서지 못하고 있다.

업그레이드 시대 전후로 해서 골골산천 구석구석 비나리 기도발이 서서히 듣지 않았고, 무속인들의 신통력마저 떨어져가는 마당에 풍수라고 예외일 수가 없다. 사행이 추구한 착한 선행 너머 바른 정행을 지향하는 유리알처럼 투명한 시대를 맞이하여 명당에서 살아가는 만큼 방정한 품행이 명당에 비례하지 못하면 어떻게 될까. 그 기운에 눌려 입방아에 오르내리다가 싸우고, 충돌하고, 부딪쳐 큰 화를 자초하는데 이는 누구도 예외는 없다.

특히 족보는 이승과 저승을 잇는 계보로서 멀게는 종중(宗中)에서 문중(門中)에 이르기까지 공적사항을 밝히는 가계도다. 명문가일수록 본연의 줄을 찾지 못해 구천을 떠도는 넋이 많을수록 패가망신하기 마련이라 저승길을 터준다는 천도는 고(苦)푸는 행위에서 비롯되었다. 즉 어긋나고, 벗어나고, 치우쳤다는 뜻이 함축되어 있는 고(苦)는 배반을 뜻하는 죄(罪)와도 같은 의미다. 구천을 떠도는 조상의 수가 늘어날수록 우환이 끊이지 않는 것은 왜 그런 것일까. 생전의 집착으로 제일 아끼고 사랑했던 이의 곁을 떠나지 못해서거나, 그 굴레를 벗어나지 못해서이고, 보다 더 큰 문제는 잘난 자식에게 빙의된다는 것이다. 특히 망자가 죽어갈 때의 고통을 고스란히 겪다가 생을 마감하기도 하는데 대체로 눌리지 못해 내림으로 신 받아 무속의 길을 걷는다. 한편 천도는 이승의 한을 풀고 저승의 본 줄을 찾기 위한 것에 있다. 다하지 못한 생전의 한과 살과 집착을 풀어내고자 산신고풀이, 칠성고풀이, 서낭고풀이 등으로 다양하다.

이처럼 죽은 자의 한을 푸는 육생 제법의 하나로 굿은 어느 때까지는 분명 통하여 기복에 매달린 시대도 있었다. 문제는 어렵고, 힘들고, 고통스러워진 이유를 불문하고 손쉽게 빌어서 면해볼 심산이라 상대성으로 주어지는 표적을 탓하거나 신세한탄이나 했으니 바로 알 리 없다. 게다가 힘으로 윽박지르는 시대이기도 했으므로 착한 선행이 바른 정행으로 둔갑하여 치우친 사행 앞에 무릎 꿇고 머리 조아렸던 시대이기도 했다.

사필귀정이라면 모를까. 착한 선행을 부추기는 권선징악으로 말미암아 죽은 후 극락에 갈 수 있게 해달라는 생전예수재(生前豫修齋)까지도 치르는 모양인데 이 정도면 면죄부라 육생량에 정신량을 부가시켜 나가는 업그레이드 시대를 무색하게 만든다. 설사 가능하더라도 티 없이 맑은 제사장이 있어야 하건만 정녕 그런 이가 있기나 한 것일까. 육생살이 요 모양 요 꼴인 것도 내 욕심 앞을 가려 분별하지 못한 어리석음 때문이 아닌가. 배운 게 도둑질이요 사는 게 전쟁이라 지껄이며 남 탓이나 해대는데, 이 책임은 또 누구의 몫인가. 어려움은 내 앞의 인연과 하나 되지 못할 때 찾아드는 것이 아닌가. 유리알처럼 투명한 시대를 맞이하여 진정한 고풀이는 불통의 이유와 원인을 찾아 밝히는 것에 있어야 한다.

막무가내로 신앙에 매달려 구하는 행위보다 쉬운 일이 또 어디에 있을지 모르겠다. 또 그렇게 구할 수 있는 육생량이면 이승에서 못할 게 무엇이겠으며, 저승에 가지 못할 곳도 없다 하겠으니 들고나고 주고받는 행위가 필요하기나 할까. 굿판을 벌려 해로운 게 이로운 것이 되고, 이로운 게 해로운 것이 된다면 받아온 기본금의 쓰임을 어찌 알겠으며, 모르는데 주어야 할 이유도 없지 않은가.

수행이든, 고행이든 행위와 쓰임의 다채로움을 밝혀내기 위한 것에 있어야 하는 것인데도 도중에 들어오는 신(도술)에 빠지고 있으니 기복에 춤출 수밖에 없는 노릇이다. 이로움이 묻어나는 조상의 넋은 기려야 하나 기일에 발목 잡혀 혈연지연학연의 굴레를 벗어나지 못하고 있으니 문제가 아닐 수 없다. 불상사는 매우 단순해진 넋(조상)에게 집착(자손, 제사, 음식 등)을 심어준 대가로 일어난다. 이리하면 이리된다는 본보기를 보여주는 것인 데도 기복에 사로잡혀 표적의 진정성을 파헤치지 못하고 있다.

천지인 부모자식 세 개의 차원으로 운행되는 세상에 녹아내린 3·3·3법칙이 하나 되는 원리를 담고 있듯, 기일은 3대 108년까지 고인을 기리는 날이어야 하고, 묘, 제사, 음식 등은 집착의 소산물이라 매달릴수록 이로울 게 하나 없다. 활동주체 자손에 의해 운용주체 조상을 기리는 것은 하나의 팀을 이루었기 때문이고, 기일 날 제사나 굿은 방편이요, 찾아온 자손들을 위한 잔치의 향연을 벌일 때 음덕은 절로 쌓이는 법이다. 뜻 깊은 날 하나 되지 못하면 백약이 무효다. 나를 통해 네가 빛날 때 나도 빛나는 것이고, 조상 탈이건 자손 탈이건 원인은 앞에서 벌어지는 일을 바르게 처리하지 못한 것에 있다. 혼(넋)은 육신과 마음이 완전 분리되어 지극히 단순한 상태에 머무른다. 즉 자손이 도둑질한다면 조상도 도둑질하고, 사기 친다면 사기를 친다. 왜 그런 것인가. 조상은 운용주체이지만 마음이 소멸된 지극히 단순해진 상태라 활동주체 자손이 하고자 하는 일에 힘을 실어준다는 명목으로 집착하는 데 있다. 도둑이 도둑을 부르고, 사기가 사기를 부르듯, 천도가 천도를 부르는 이유라고 할까.

　유념해야 할 것은 무속인을 비롯한 신앙계의 제사장들까지도 음기 서린 곳마다 빙의된 집착귀(鬼)를 악령, 마귀, 사탄 등으로 매도하여 떼어 놓기 급급하다는 것이다. 정녕 집착귀들이 살아가야 하는 곳이라 그런 것인가. 그 집착귀들이 누구인가 심히 생각해 봐야 한다. 갈 곳을 잃어 떠돌다 빙의한 것으로 저승길 터줄 것 마냥, 가계의 본 줄(가계도)을 찾아줄 것 마냥 떼어놓기 바쁘니 생전에 맺힌 한과 집착을 어이 풀어낼까. 또 그리된다면 귀신천지 되지 않을 텐데 그리되지 않는다는 게 문제다. 진정 본 줄 찾는 천도까지 병행한다면 모르지만 이를 풀지 못하면 어림없다. 집착과 한을 풀고자 구천을 떠돌다 오가는 것인데 무조건 떼어 놓는다고 해결될 문제인가. 그 바람에 영상명산 구석구석 음기 서린 곳은 물론이요, 당산과 성황당은 귀신 밭이 되었다. 생전에 집착 심어둔 곳이나 한 맺힌 곳이나 어둡고 음습한 곳을 배회하다가 만만하다 싶은 인연에게 달라붙는 이유 중에 하나가 해코지라기보다 대체로 도와주고자 하는 것에 있다. 매사 타박이나 해대면 타박 해대는 귀(鬼)가, 낙담이나 해대면 낙담을 시키는 귀가, 죽고 싶어 하면 죽음으로 이끄는 귀에 빙의된다. 반면 꿈과 희망 가득 찰 땐 꿈과 희망을 이루게 하는 대신(代神)이 함께한다는 사실이다.

　한편, 영혼은 지극히 단순한 상태라 악령, 마귀, 사탄으로 불리는 것도 인간에게 꺼둘려 집착의 굴레를 벗어나지 못한 것에 있다. 또 맺힌 한을 풀고자 집착한 곳에 출몰하지만 사는 곳에 따라, 집착한 것에 따라, 인간들이 생각한 그 모습 그대로 나타나는데 힘으로 떼어 놓을 무엇이 아니다. 따라서 천도, 고풀이, 한풀이 등의 행위는 본연을 찾기 위한 방편일 뿐이라, 집착을 놓고 맺힌 한을 풀 수 있는 도법을 구하지 못하면 도술(굿, 기도 등)로는 놓지도 풀지도 못하는 일시적 행위만 되풀이한다. 신앙마다 종파나 도파마다 전해져오는 주술주력을 쓴다고는 하지만 방편에 불과하여 효과가 극히 미미하고, 이승의 한이나 저승의 집착이나 별다르지 않아 자손이 깨우쳐 바르게 행할 때서나 영혼도 함께 깨우쳐 풀고 놓는다. 저승의 체제가 이승에 투영된 만큼 이승의 집착이 저승에 반영되는 것이므로, 이승의 깨침이나 저승의 깨침이나 다르지 않아 가계의 본줄은 이승에서 하기 나름에 달린 문제다. 무조건 귀신을 떼는 행위가 유무상통 깨우침을 준다면 모르지만 주술주력에 불과할 따름이라 시간이 흐르면 놓지 못하고, 풀지 못해 떠돌기는 매 마찬가지라 귀신천지가 되어버린 이유가 있다.

개체이자 주체의 삶을 살아가는 인간에게 주어진 자유의지, 영혼에게도 있을까. 활동주체 이승을 위해 자리한 운용주체가 저승이라는 데 있어 그렇지 않다. 어린 시절은 성인 시절을 위한 것에 있듯, 나를 위해 살아왔다면 너를 위해 살아가야 하는 것이므로 자유의지가 세대마다 잘 반영되어 있다. 물론 심신 허약자도 있고, 영매의 길을 가야 하는 자도 있으며, 깨우침을 주기 위한 본보기 삶을 사는 자도 있다. 이는 모두 나 하기 나름에 달리 나타나는 작용반작용의 법칙 상대성 원리로 일어나는 일들이다. 이쯤에서 생각해보자. 엎친 데 덮친다는 설상가상 머피의 법칙과 좋은 일에는 좋을 일만 일어난다는 금상첨화 셀리의 법칙과 절실히 바라고 원하면 이루어진다는 심상사성 줄리의 법칙에 대해서 말이다. 이 때문에 마인드 컨트롤 필요하지만 실의에 빠졌을 때의 기운과 체념할 때의 기운 그리고 좌절할 때의 기운과 절망했을 때의 기운을 살펴보면, 희망을 품을 때와 극복할 때 그리고 사랑할 때와 행복할 때의 기운이 어디에서 비롯되는지 알 수 있다.

그렇다고 해서 무조건 기운을 운용주체가 실어주지 않는다. 그 뜻에 응해야 하는 위치가 활동주체인지라 머피도, 셀리도, 줄리도 결국 나 하기 나름에 달린 문제라는 것이다. 음의 조상과 양의 자손은 한 팀이라는 데 있어 운용주체 조상에서 밀어줄 때 활동주체 자손의 영역을 넓힐 수 있고, 후손의 행위 여부에 따라 조상의 지위 또한 좌우된다. 다시 말해 저승이 이승을 주도해 나가는 정도에 따라 공적의 질이 다르다는 것으로, 그 누구와도 거침없이 통하는 자손이 되기를 조상은 간절히 바라고 있다. 줏대를 잃고 신의를 저버리면 어려움이 찾아드는 것도 한 팀으로 움직였던 조상(신)들이 등 돌렸기 때문이라 운이 다했다, 기운이 떴다는 소리를 해대는 것도 실패를 직감하고 하는 말이다. 특히 조상의 서열은 치적이나 치사에서 비롯되고, 직계의 가르침은 상황에 따라 기운을 실어주기도 표적을 내리기도 하는데 이러한 가계의 위계질서 체계는 매우 복잡 미묘하다. 생전에 공적을 쌓지 못한 3대 미만의 조상이 내리는 표적이 자칫 해코지가 될 수도 있어 일반적인 범주를 넘어서는 경우도 허다하다. 드물게 공적을 많이 쌓은 조상이 표창을 내릴 때도 있다. 그에 걸맞게 대자연(유일신)의 대역(代役)을 대신(代身)하는 직위를 물려받아 대신(代神)이라 하는데, 무속에서는 신령(神靈)이라 부르기도 하고, 하나의 산을 도맡아 관장한다하여 큰 대(大)를 붙여 산왕대신(山王大神)이라 부르기도 한다.

특히 무속인들에게 신령(神靈)은 원력(願力)의 줄이라 극진히 모시고, 공적 여부에 따라 7대부터는 신선(神仙)계열이요, 미미하면 더 높아도 조상 줄에 머물고, 3대라 하더라도 쌓은 공적이 높으면 대신(신령)의 반열에 오른다. 이를테면 이승에서 몇 칸짜리 한옥에 사느냐가 신분을 나타나듯, 저승에서 영산(靈山)을 관할하느냐 명산(名山)을 관할하느냐에 따라 위계가 다르고, 위치와 크기와 쓰임에 따라 품계가 달리 나타난다. 물은 용왕(龍王)이고, 강우(降雨)는 칠성(七星)이라 신장(神將), 장군(將軍), 대신(大神), 도사(道士) 등으로 불린다. 그러고 보면 산(山)은 산왕대신 기운이요, 물(水)은 용왕대신 기운이라 인간들이 사는 곳 어디에나 산수음양(山水陰陽) 대신(代神)들과 함께하고 있음을 알 수 있고, 들(野)이라고 해서 다르지 않다. 먼저 집안을 지키는 가신(家神)을 살펴보면 가옥의 우두머리 성주신, 집터를 관장하는 터주신, 집안의 화복 주관하는 제석신을 비롯하여 마루에는 주신(主神), 안방에는 삼신(三神), 부엌에는 조왕신(竈王神), 정낭에는 측신(廁神), 마당에는 지신(地神), 장독대는 칠성신(七星神) 등이 있다. 모두 대자연의 역할을 인(人)이 대역한 신(神)이자 조상들로서 한 때는 신줏단지(세존단지)를 장손 집 안방 은밀한 곳에 모셔두기도 했다.

여기에는 샤먼(shaman)에 의지한 길흉화복 차원도 있지만, 조상과 자손은 3대 108년까지 한 팀이므로 죽어서도 함께한다는 의미가 함축되어 있다. 이후는 어떻게 될까. 승진에 의한 상급부서로 발령 난 것과도 같아 이승의 인사 체계와 별다르지 않다. 한 가정의 가신(家神)체제를 넘어 한 마을 지켜주는 체계는 다음과 같다. 당산신은 토지와 마을 지켜주는 서낭신(성황신)이다. 그리고 리(里) 단위 마을은 당산과 실개천이 흐르고, 면(面)으로 이어지면 개울이 되고 앞산이 되며, 읍(邑)으로 흐르면 강이 되고 진산(본주본

산)이 된다. 들판은 오곡백과가 무르익는 생장수장 질량이고, 산신과 용왕과 칠성도 하나 되기 위한 중심잡이 질량으로 자리하고 있다. 즉 마을 당산은 읍내의 본주명산(본산) 주령타고 대도시 본주영산에 다다라 남에서 북으로 치솟는 백두대간 주령으로 뻗어나가는 뿌리반도의 길이는 3천리 둘레는 7천리, 산 70% 들 30% 3:7 음양합의 0의 수로 이루어졌다. 백두 천지(天池)와 한라 백록(白鹿)은 천기(天氣)로 통하고, 태평양에서 치솟은 백두용맥(龍脈)은 지리 용천(湧泉)에서 발원하여 태백 단전(丹田)을 거쳐 백두 천지(天池)에 이르기까지 지기(地氣)로 통한다.

큰 산은 큰 강이 휘감아 돌고, 작은 산은 작은 강이 휘감아 돈다. 가신이 좌정한 가구의 수(數)는 강물의 수량 정도에 따라 리(里)에서 면(面)으로 읍(邑)에서 군(郡)으로 이어질수록 늘어간다. 골골산천 구석구석 신(조상)과 함께하는 것은 유무합의를 통해 인간화합 이루어내고자 하는 것에 있다. 아울러 인(人)이 동(動)하는 곳이야말로 행의 실천 도량이 아닐 수 없어, 어떻게 사느냐에 따라 좌중하고 있는 조상신의 행위도 달리 나타난다. 물론, 인이 동하지 않는 곳에도 대자연의 대역을 대신하는 대신들이 좌중하지만, 양기는 음기를 통해 활성화되므로 인이 동하지 않으면 그냥 있는 기운(신)에 불과할 뿐이다. 천지기운 가만히 계시사 인이 동한다고 말하는 것도, 활동주체 인간은 운용주체 신(기운) 없이 살아갈 수 없어, 음기 조상(신)도 양기 후손이 끊기면 기운도 끊겨 그 상태 그대로 머문다.

결국 유형과 무형 조상과 자손은 하나의 팀으로 움직일 때 진화발전한다는 것인데, 인간관계가 불협화음일 때를 보면 자기 독선이 난무할 때다. 이는 음의 조상이 뜻한 바를 양의 자손이 깨트린 결과로서 원만한 해결이 어렵다. 때론 고집으로 뜻한 바를 일구어 내기도 하지만 가치가 바로 설 때 가능한 일이다.

☾ 저승의 위계질서 이승에 투영되고, 이승의 집착 저승에 반영된다

육생량 없는 정신량 없고, 공적 없는 치적은 없는 것이라 실력발휘를 하느냐 못하느냐는 것도 음의 기운을 밀어주느냐에 따른 문제다. 예컨대 실력은 받아온 육생의 기본금이라고 한다면 원력은 조상의 음덕으로서, 실력과 원력이 하나로 어우러져 여무는 열매가 성공을 낳는다. 탐스럽게 영글었다면 도력의 단계로 접어드는 것으로 이는 육생량에 정신량을 부가시켜 인생량 차원으로 들어서는 것을 말한다. 즉 실력에 원력을 더하면 도력을 낳는 것이나, 본능에 인성을 가미하면 이성을 잃지 않는 상황이나 다르지 않다는 것이다. 이쯤 되면 치우친 사행이 부추긴 착한 선행의 모순을 보지 않을까 싶은데, 본다면 바른 정행의 실체를 알게 된다. 그건 그렇고, 몇 십 년 살던 집을 이사하면 어떻게 될까. 가신(家神)도 함께 이주하므로, 흥해서 나가느냐 쇠해서 나가느냐에 따라 이후에 성패가 좌우되고, 이사 오는 이들의 경우도 가부장의 기운에 따라 가신이 좌정한다. 대체로 살던 이가 쇠해서 나갔다면 쇠한 인연이 들어오기 마련이라 흥(興)하기보다 쇠(衰)한다. 쇠한 집은 거의 대부분 집착귀와 원한귀가 서려 있기 마련이라 그런 것인데 지신밟기, 안택굿, 성주풀이를 했던 이유 중에 하나가 악귀를 물리치고 가신을 안택하기 위한 것에 있다.

건드려서 안 될 것을 건드려 뜻하지 않은 변고를 당할 때 동티났다고 말한다. 그러고 보면 구석구석 신(조상)이 좌정하고 있음을 알 수 있고, 집착귀의 짓이면 본연의 자리를 찾고자 함이요, 조상의 짓이면 자신도 함께하고 있다는 사실을 알리고자 하는 것에 있다. 이승의 인연은 거의가 도움 받고자 찾아오지만, 저승의 영혼은 떠돌이 귀신일망정 대체로 도와주기 위해 찾아와 빙의한다. 앞서 밝혔듯이 조상과 자손은 한 팀이라 이승의 자손 행위 여부에 따라 저승의 조상 공적이 쌓이듯, 이승에서 자손이 쌓은 공적은 아쉬워 찾아온 인연들에게서 비롯된다. 사랑은 아쉬울 때 만나 하게 되는 것이고, 행복은 내 앞의 인연과 하나 되어 살아갈 때 구가하는 법이다. 그 성공은 조상과 자손의 뜻이 하나로 일치될 때 하게 되는 것이고, 승계는 아쉬운 활동주체에서 이로운 운용주체로의 승격을 말한다. 대체로 공적은 운용주체 행위를 이행할 때부터 쌓이고, 아쉬워 찾아온 인연과 하나 되어 나가는 수만큼 쌓인다.

그러고 보면 지금까지 신과 육생량 모두 선천적 사랑의 방편이라는 사실을 엿보았다. 모든 행위의 결과는 후천적 행복에 있다고 하겠으니 사랑만 하고 행복의 결실을 맺지 못하면 주고받는 과정에 문제가 있었다는 것도 알 수 있다. 아쉬운 육생량으로 사랑하고, 이로운 정신량을 부가시켜 영위하는 것이 행복이므로 운용주체 직위는 활동주체를 위해 쉼 없이 정신량을 생성시켜 나가야 하는 자리다. 무형유형 음양차원 조상과 자손이 함께하는 이유는 사랑과 성공에 힘입어 출세가도를 달려 행복을 구가하기 위한 것에 있다. 주고받는 사랑 그 깊은 뜻 헤아리지 못하고 자기만족만을 위한 사랑만을 쫓다가 실패의 고통에서 벗어나지 못하는 것은 힘을 실어주던 대신(조상)들이 떠서 일어나는 현상이다. 조상의 음덕 혜

아려 사랑을 통해 행복을 영위한다면 그만한 공적을 쌓는 것이므로, 더 큰 힘을 실어주면 실어줬지 떠야 할 이유가 없다.

한편, 그리고 다른 길을 가는 자손에게 바른 길로 인도하기 위해 대신들이 내리는 표적과 집착귀 혹은 원한귀에게 받는 표적의 의미는 사뭇 다르다. 유산된 태아령(胎兒靈), 3세 미만의 명도(明圖), 10세 미만의 동자동녀(童子童女), 총각으로 죽은 몽달귀, 처녀로 죽은 손각시, 갈 곳 잃은 부유령(浮遊靈), 자신의 죽음을 깨닫지 못한 지박령(地縛靈), 사랑을 고백 하지 못한 상사귀(相思鬼), 남편에게 사랑받지 못한 미명귀(未命鬼), 자손 없이 죽은 무자귀(無子鬼), 굶주림의 걸귀(乞鬼) 등을 보더라도 다하지 못한 것에 대한 집착과 한을 내려놓지 못해 본 줄을 찾지 못하고 구천을 떠도는 구신이 되어버렸다. 그렇다고 무작위 인간에게 해코지할까. 명도나 동자동녀 등은 무속인과 팀을 이루어 활동하는 경우도 있지만, 다하지 못한 삶의 미련으로 간혹 심술을 부리곤 한다. 유의할 점은, 육신과 분리될 때(죽을 때) 절대분별의 소산이자 우주에너지 마음까지 소멸되어 지극히 단순한 상태로 머문다는 것이다. 내 안에 생각과 마음이 적대보완적으로 공존할 때 분별이 바로 서는 법이다. 너를 위한 차원 마음이 소멸되어 집착이 강할수록 죽을 때의 모습 그대로, 원한 서린 모습 그대로 천년만년 지속된다는 것인데, 이처럼 생전에 다하지 못해 맺힌 한과 집착으로 말미암아 무형의 형태를 지속적으로 유지한다.

음습한 곳은 생전의 집착이 강한 곳이라 그런 곳에 귀신이 왕왕 출몰하는 것에서 알 수 있다. 게다가 절대분별 우주에너지 마음이 분해되어 지극히 단순한 상태에 머물러 있어 다하지 못한 것에 대한 집착을 강하게 드러내곤 한다. 특히 사랑을 이루지 못한 원앙귀(鴛鴦鬼)는 여느 집착귀보다 매우 강한 집착 기운을 드러내는데, 특유의 음침한 기운에서 느낄 수 있다. 이 때문에 신앙마다 특유의 제(祭) 의식에 주력하는 이유 중에 하나가 재앙을 몰고 오는 악귀를 물리치고자 하는 데 있다. 반면, 매우 단순하여 겁주면 겁먹고, 꾸짖으면 주눅 들고, 사랑으로 가르치면 사랑스럽게 다가오는데도 불구하고 집착에 풍겨나는 음습한 기운 때문에 악귀와 악령이란 오명을 씌웠다. 물론 빙의되면 고통은 이루 말할 수 없고, 음침한 기운이 오금 저릴 정도라 무조건 겁박하여 떼어 놓기에 급급하다. 그래서인가. 골골산천마다 자리한 기도원, 굿당, 서낭당, 당산나무 등은 어느 사이엔가 귀신 밭이 되었다. 가르치고, 일깨우고, 갈 곳을 일깨울 실력을 갖췄다면 모르지만 일체 깨우침의 행위도 없이 사탄마귀로 내모는 지경이라 정작 어디에서 무엇도 할 수 없어 원기만 더 서리게 만든다. 인간이라면 교화의 프로그램이라도 마련하겠지만 보이지 않는 한과 집착의 틀에 갇힌 터라 풀지 못하고, 놓지 못하면 그곳을 배회하다 결국 인간에게 빙의한다. 이도 물론 표적의 일환으로 적용되지만 제사장으로서 목사, 스님, 신부 등의 숫자가 늘어나는 만큼 퇴마사와 무당이 늘어나고 수행자들도 늘어나는데, 신앙에 주저앉는 이유가 고작 귀신 쫓는 퇴마 행위에 놀아나고 있기 때문이다.

신이나, 조상이나, 귀신(악귀)이나 이승의 인간으로 살아가는 데 있어 분명 누군가에 의해 누군가는 본보기 삶을 살아가기 마련이다. 이와 같은 인생 공학 상대성 원리는 아쉬운 자와 이로운 자 사이에 벌어지는 화합의 선순환 법칙인데도 누군가에 의해 누군가가 매몰차게 악한 자로 내몰린다면 어떻게 될까. 또 그가 죽어 돌아간 저승에서조차 본 줄 찾지 못하고 떠돌이 구신으로 천년만년 머물러야 한다면 형평성에 어긋나도 너무 어긋난 것이 아닌가.

사랑 그 이로운 행위를 가르치면 이로운 사랑의 본질에 대해서도 가르쳐야 한다. 무섭다고, 더럽다고, 도움 되지 않는다고 외면해 낳은 결과가 나 잘 먹고 잘사는 일시만족에 불과한 것들인데 행복으로 포장했으니 본보기 삶의 의의는 오간데 없다. 물론 집착과 한으로 얼룩져 귀신이 되어야 했던 것도 있지만 윤회도 있고 그러한데 참으로 원통하고 분통한 일 죽어서까지도 풀지 못하면 어찌할까. 인의 기운 천지의 자식이라 누구 하나 소중하기 이를 데 없으며 하나라도 이탈하면 음양합의 0차원 이루어 살아가기 어렵다. 그만큼 이승이나 저승이나 고통에서 벗어날 수 없어 생전에 맺힌 한 풀어주고자 찾는 곳이 신앙이라 귀신(영혼)의 실체를 바로 알지 못하면 기복에 꺼둘려 살아가야 한다.

소름끼치도록 무섭다는 것도 자신에게 이로움보다 해로움이 많을 것 같을 때 느끼는 공포감이다. 만물과 인간, 기운과 인간, 인간과 인간은 결코 다르지 않아 생사의 실체를 얼마나 이해하고 받아들이느냐에 따라 소름의 농도는 달리 묻어난다. 만물과 사물은 그렇다고 치고, 기운(귀신)과 기운(귀신)끼리도 공포를 느낄까. 나밖에 모르는 지극히 단순한 상태에 머물러 위축은 물론 주눅도 들고, 절대분별력이 소멸됐어도 때에 따라 극도의 공포심 느끼기도 한다. 단지 소름과 무서움은 인간만이 느끼는 전율이다. 인기가 인육을 쓰고 인간으로 살아가는 동안 없어서는 안 될 게 육생량이므로, 물질의 탐심은 인간의 육 건사 기본 욕구라 욕심이라 부르면 곤란하다. 하지만 분수를 모르고 저지레를 떨 때마다 가해지는 표적은 일련의 깨우침의 과정이었으나 점차 죄라는 개념을 부가시켜 신에게 매달리게 만들었고, 그때마다 찾아드는 안심과 불안초조의 두 얼굴은 욕심의 산물이었다. 개척의 질량이자 육생의 기본질량 성공은 물론이요, 인생출세는 스스로 만들어 나가는 창출신화인데도 성공과 출세 모두 기복에 의탁하려 든다면 이미 기복을 넘어선 맹신차원이다. 육 건사 육생량은 채울 수 없는 질량이고, 쾌락과 희열이 가져다주는 육생만족은 한순간이다. 무엇을 채워야 할까.

그리고 채우지 못한 아쉬움과 다하지 못한 두려움으로 느끼는 공포심은 동물처럼 나밖에 모르는 육생살이에서 기인하였다.

인육을 쓰고 인간으로 살아가는 동안 내 생각 이기와 네 마음 이타가 적대보완적 분별을 일으킬 때마다 느끼는 공포감은 그르고, 다르고, 바른 차원을 일깨우기 위해 치는 요동이다.

육신에서 분리된 영혼은 너를 위한 절대분별의 차원 마음이 소실된 상태라 절망, 좌절, 체념, 실의, 낙담은 물론이고 두려움이나 공포심 등을 본래 느끼지 못하나 단순한 상태인 만큼 생전 집착의 농도에 따라 다르다. 아울러 인간이 무력을 행사하면 극히 무서워할 수도 있고, 극히 두려워할 수도 있으며, 극히 절망할 수도 있지만 육생살이 인간으로 살아가면서 느낄 때와는 판이하다. 반면 인간이 집착귀로부터 느끼는 공포심은 실로 대단한데, 그렇다면 과연 인간이 인간에게 두려움을 느낄 때는 언제인가. 내 앞의 인연이건, 삼자를 통해서건, 매스컴을 통해서건 아쉬운 이들은 사지(死地)로 내몰릴 때이고, 이로운 이들은 사지로 내몬 이들이 반기(反旗)들며 찾아올 때가 아닌가 싶다. 애초부터 아쉬워 찾아간 이들의 호주머니만 노리는 이들도 있겠지만, 누구나 할 것 없이 육생량에 눈멀어 내 욕심만 채우고자 할 때 흐트러지는 것이 분별력이고, 어려워지는 것은 살림살이며, 늘어가는 것은 타박이라 과연 누가 누구를 사지로 몰아넣는 것일까를 생각해 볼 일이다.

태반이 너로 인해 벌어진 일이라고 말하지만 모든 결정권은 내가 가지고 있어 문제의 발단은 나에게 있지 너에게 있지 않다. 먼저 주고 후에 받는 선순환 행위가 상호상생을 일으키지만 도움은 찾아가서 받는 것이요, 이로움은 찾아오는 이에게 주는 것이고, 판단은 자유의지 개인주체 삶을 사는 내가 한다. 기망이든 기만이든, 속이고 속아 넘어갈 때가 언제 많이 벌어지는가를 보면, 기본의 자리에 오를 때보다 오르고 난 후다. 믿지 못해 멀리하고, 뜻과 같지 않아 단절을 거듭할 때쯤이면 아쉬움 속에 두려움도 함께 자리한다. 한은 받지 못할 때 쌓이고, 집착은 매달릴 때 쌓인다. 어떻게 해야 쌓지 않고, 벗어날 수 있는지를 몰라 집착의 굴레에서 맴도는 것인데 방법은 알려주지도 않고 마냥 놓고, 비우고, 뛰어 넘으라는 소리만 해대고 있으니 참으로 무책임한 이들만 사는 것 같다. 한시라도 못 보면 죽고 못 살 것 같은 사랑하는 사이라고 해서 무조건 결혼만 하면 행복할 것이라고 생각하는 것과 무엇이 다를까. 이에 장단 맞춰 주례는 검은머리 파뿌리 되도록 행복하게 살아야 한다고 운까지 띄우는데 그러고 보면 꼭 애 낳고 이혼한다.

놓고, 비우고, 버리고 싶어도 안 되어 못하는 것인데 안 해서 못하는 것 마냥 말하고 있다. 그렇게 말하는 이는 정작 할 수 있어 종용하는 것인가. 주례마저도 이혼하는 걸 보아하니 모순도 이런 모순이 또 있을까만 그러한 모순을 서로 보지 못하고 있다. 한을 품지 않고 살아갈 수 있다면, 집착하지 않는 삶을 살 수 있다면 이는 정녕 인간에서 사람으로 승화되어 사람처럼 살아가는 이라 하겠으니 그가 바로 현인이고 진인이다. 나를 찾는 인연도 사랑받기 위함이요, 내 앞에 나타난 집착귀도 사랑받기 위함이라, 가장 큰 공포감을 느낄 때가 나밖에 모르고 살아가다 뜻밖의 상황에 맞닥뜨리는 때이다. 왜 벌어지는 것일까. 행복을 위해 사랑은 이승에서 하는 것이고, 함께하기 위한 기운은 저승에서 밀어주는데 말이다. 결실을 맺지 못하면 한이 쌓여 집착하게 되는 것이므로, 행위(소임)를 다하지 못할수록 이곳이나 그곳이나 지옥일 수밖에 없다. 저승의 위계질서 이승에 투영되고, 이승의 집착 저승에 반영되듯 틀에 박힌 고정관념 자기 생각의 틀에 가둔다.

☾ 산 자를 위한 안수(按手), 죽은 자를 위한 천도(遷度)

지옥의 개념은 사랑하며 살아가지 못한 것에 대한 욕화의 틀이자, 행복을 위해 사랑하며 살아가야 한다는 가치의 틀이기도 하다. 사랑을 한다 하나 행복하지 못하면 상응하는 고통이 묻어나는 법이다. 아울러 지옥은 사랑의 개념을, 천당은 행복의 가치를 지향한다는 사실이 싸움의 역사, 피의 역사, 전쟁의 역사에 잘 나타나 있다. 너를 위해 산다고는 했으나 온통 나를 위해 살아온 흔적뿐이다. 사랑할 줄 모른다는 것이다. 행복을 모른다는 것이다.

주고받았다면 원한이 서릴까. 속박과 구속은 조화와 질서 즉, 자유와 평화를 위한 것에 있다. 하부구조(민초)일수록 아쉬운 육생량에 매달리는 만큼 최상위구조(지도자)라면 먼저 주고 후에 받는 이로운 정신량을 위해 매진해야 하나 총칼을 앞세우고 자기만족을 위한 사랑을 강요하는 모순을 자행하고 있다. 미움받기 위해 사랑하는 이가 있을까. 사랑받기 위해 사랑하는 것인데 사랑행위를 권력자들의 욕망에 부합시켰으니 신앙이든, 철학이든, 이념이든 피로 물들어야 했다. 어쩌다 민초들이 육생의 안위를 취하기도 하는 날에는 포만감에 행복하다 말하는 모양인데, 총칼 앞에 사랑을 할 수는 있겠지만 행복할 수는 없다. 전쟁의 참상을 안다면 지옥을 논하지 않아도 될 것이요, 주고받는 사랑의 실체를 알면 천당을 논하지 않아도 되는 것처럼 말이다.

이렇듯 삶의 질은 개인만족 육생량보다 하나 되는 정신량에 농도가 짙게 배어 있다. 인간으로 태어난 것은 정신량을 부가시켜 사람으로 승화되어 사람들과 사람답게 살아가기 위함이라, 사랑하며 살아갈 때 영위하는 행복이야말로 황홀경이 아닐까. 복지사회든, 정의사회든 삶의 질은 행복하기 위한 것에 있어 이승의 이상향은 저승의 천국을 의인화시킨 것이다. 육을 쓰고 사는 순간부터 내 꺼라는 집착에 꺼둘려 불태운 욕망은 탐욕과 쾌락을 그리다가 육생 만족을 인생 행복으로 오인하기에까지 이르렀다. 사랑받지 못해 쌓인 한과 사랑받고자 하는 집착은 필경 주고도 받지 못한 상충의 결과물이라고 할까. 내 욕심으로 분별없이 준 내 잘못이지 받은 네가 잘못이지 않다는 것이다. 미치도록 미울 때가 내가 손해 보는 때이고, 싫어질 때는 내 뜻을 받아주지 않을 때로서 경우를 살펴보면 내 뜻과 네 뜻이 같지 않아 쌓이고 곪은 게 원인이다. 특히 집착은 머물러 살다 간 만큼 쌓이는 것이고, 집착귀 또한 스스로 풀어낼 재간이 없어 구천을 떠도는 것이며, 인간에게 쌓이면 3대가 풀어야 할 숙제로 남는다.

풀지 못하면 한이 되고 집착이 쌓여 어렵고, 힘들고, 고통스러워지는데 싸움은 소통하지 못할 때 하게 되듯, 불통은 합의하지 못할 때 일으키고, 부딪침은 내 고집만 세울 때 일으킨다. 특히 천변만화 하는 곳이 이승이다. 산 자의 노력 여하에 따라 풀고, 놓고, 어우러질 수 있지만 죽은 자의 세상에선 전혀 그렇지 않다. 신앙마다 전해져온 경(經)과 술(術)로 신기원을 열려하지만 어디 될 법한 일인가. 산 자를 위한 안수(按手)를 한다 하나 인심은 갈수록 메마르고, 죽은 자를 위한 천도(遷度)를 한다 하나 나뭇잎에까지 신이 내리는 시대가 도래했으니 정녕 방안이 있기라도 한 것일까. 궁하면 변하고, 변하면 통하고, 통하면 오래간다 말을 하지만 어떻게 변해야 하는지 대해서는 일언반구가 없다. 그리고 그렇게 맞닥뜨린 어려움에 변화를 추구하려 들지 않을 이가 있을까. 알면 하려 들고, 이끌면 따라갈 터인데 그저 놀란 토끼와 눈 큰 사슴들을 다그치기만 할 뿐이라, 그나마 그들의 먹잇감 되지나 않으면 다행이다. 그러고서는 고작 믿음이 약했다는 둥, 치성이 부족했다는 둥, 최선을 다했는지 되돌아보라는 둥의 애먼 소리만 해대고 있으니 어떻게 하라는 소릴까. 절박하고 절실해서 손을 내밀었는데 알고도 안 한 것쯤으로 말하면 정말 곤란하다.

　사랑하라 다그치지만 말고 주고받는 사랑을 할 수 있는 방도를 강구해 달라는 것이다. 행복해야 한다 말로만 종용하지 말고 행복하게 살 수 있는 대안을 마련해 달라는 것이다. 왜 다들 어려워지고 나서 변화를 구하려 드는 것일까. 성공은 받아온 선천적 육생의 기본의 자리에 오른 것이요, 이후부터 후천적 출세가도를 달릴 때가 성공한 인생살이인데 말이다. 어려움은 이를 대비하지 못해 맞이한 것인데도 아무런 이유 없이 그냥 신이 나를 미워하여 내리는 벌쯤으로 인식하고 있다. 성공 후 맞닥뜨린 어려움은 운용주체 덕목을 깨우치기 위해 내리치는 공부로서 지금까지 나를 위해 살아왔다면 지금부터 너를 위해 살아가야 한다는 사실을 일깨우기 위한 방편의 일환인데 말이다.

이와 같이 변화의 물결은 너를 이롭게 하기 위한 것에 있어야 하는데도 나 득보기 위한 것에 두고 있으니 그리 큰 변화를 일으키지 못한다. 이보다 더 큰 문제는 지금 당장 꺼야 하는 발등의 불마저도 버티어야 한다고, 견디어야 한다고, 이겨내야 한다고 대책 없는 격려뿐이라 힘겹게 끄고 나서 재차 마주하는 장벽에 주저앉고 만다는 것이다. 대체로 어려워진 이유를 육생량에만 국한시키다보니 어지간해서 실패의 나락에서 헤어나지 못하고 있다. 힘겹게 나와 봤자 육생살이에 꿰맞추니 어디 앞으로 나아갈 수 있기나 한가. 때론 궁하면 통하기도 하고, 변하면 살기야 하겠지만 표적은 근본을 찾기 위해 내리는 공부라 순간 모면에 힘쓰면 갈수록 약발이 듣지 않는다는 사실이다.

어려워서 찾아간 곳마다 조상 탈이 났다거나 산소 탈났다고 부추겨 천도나 권하고 사탄마귀의 장난이라 기복만을 권유하는 실정이라 이후 주고받는 선순환 법에 부합되지 않으면 크게 달라지는 것은 없다. 흥할 사람 흥하고, 망할 사람 망한다는 소리는 자칫 복불복 숙시주의를 연상케 하지만 받아온 기본금 사주의 깊은 뜻을 알면 흥망성쇠는 누구도 탓할 게 없다는 것도 안다. 아쉬운 자와 이로운 자의 뜻이 하나 될 때 사주 그 힘은 배가 되고, 너 따로 나 따로 놀아나면 흩어지는 것 또한 사주의 질량이다. 부부가 사랑할수록 하나 되듯, 부모자식도 하나 되며, 내 앞의 인연과도 하나가 된다. 그런데 누구의 뜻에 맞춰야 하는 것일까. 육생의 기본금 사주는 선천질량이다. 이를 통해 후천적 인생길을 열어가야 하는 것으로 이로운 운용주체 뜻에 부합되지 않으면 아쉬운 활동주체는 힘 한번 써보지도 못하고 돌아간다. "어디로" "저승으로" 표적이건, 불의 불상사건, 예견된 일이건 사고의 원인은 뜻에 부합하지 못하거나, 하나 되지 못한 것에 있다. 또 유형무형의 음양 관계를 이해 못하더라도 내 앞의 인연은 나 하기 나름이라는 사실 하나만 받아들여도 보편적 가치를 충분히 알 수 있다. 늘 그러하듯이 원한은 네 뜻을 무시할 때 사는 것처럼, 집착도 내 뜻대로 안 될 때 쌓는 법이다.

객사(客死)는 객지로 떠돌다 각종 사고로 죽은 이들을 가리키는 말이다. 죽어서까지도 떠도는 객귀(客鬼)가 된다는 것이다. 표면으로 드러나지 않지만 집집마다 객귀가 없지는 않을 터, 이는 당최 누구에게 가해지는 표적일까. 망자와 제일 가까운 사이가 풀어낼 숙제가 아닌가 싶고, 무엇보다 가슴 아파 대성통곡하는 이에게 주어진 공부가 아닐까 싶다. 뜻이 통하여 하나가 되었다면 객지에서 비통하게 죽지는 않았을 것이라, 이처럼 살아가면서 풀어나가야 할 숙제는 산 자에게 주어지는 법이지 죽은 자에게는 주어지지 않는다. 간혹 함께 잘살다가 나 홀로 여행을 떠나 참변 당하는 일도 부지기수인데, 정녕 본연을 잊지 않고 살아왔다면 가슴 아픈 일이 벌어질까. 본래 죽은 자는 활동주체요, 산 자는 운용주체다. 그 이로움의 질량을 다하지 못해 받은 표적이 빙의고 보면 죽은 자는 다하지 못한 삶이 그저 안타까울 따름이고, 풀어나가야 하는 산 자는 다하지 못해 안쓰러울 따름이다. 특히 사고는 나는 곳에서 난다. 참변도 당하는 곳에서 당한다. 익사자 태반이 익사 당한 곳에서 익사한다. 고사는 원통하고 분통하여 혼자 갈 수 없다고 물귀신이 되어 잡아당겨서 일어난 일이라고 믿고 지낸다.

예부터 강원 양양을 동해용궁으로, 황해도 풍천은 서해용궁으로, 전남 나주는 남해용궁으로, 함경 경성을 북해용궁, 사해신(四海神)으로 정하여 제(祭)를 올렸다. 여전히 동해 경주 대왕암(문무대왕릉)은 무속인의 발길이 끊이질 않는데 어디 이곳뿐이겠는가. 강나루는 서울 한강, 평양 대동강, 의주 압록강, 경원 두만강, 공주 웅진, 장단 덕진, 양산 가야진 7곳을 칠독신(七瀆神)이라 부르고, 수재(水災)를 없애고 국태민안을 기원하는 제를 올렸다. 기실, 불의 불상사는 정해진 것일 수도, 미리 예방할 수 있는 것일 수도 있다. 그리고 간절한 염원의 치성은 분명 어느 시기까지는 통하기도 했었다. 1980년대 아날로그 시대에서 1990년대 디지털 시대로의 전환기를 맞이하여 이 땅 영산명산에 빼곡히 들어섰던 기도원, 수련원, 굿당 등의 수가 확연히 줄어들었다. 왜 그런 것일까. 신이 존재한다면 모습을 드러내 보여야 하는데 왜 드러내 보이지 않느냐고 말하는 이도 있고, 있다고 한다면 억울한 일은 늘 당하는 이만 당해야 하냐고 볼멘소리 하는 이도 있으며, 형평성이 이리도 어긋나는데 신이 어디 있겠느냐 단정 지어 말하는 이도 있다. 세상사 모든 현상은 나 하기 나름에 따라 나타나게 되어 있고, 저마다의 본연은 근기에 따라 주어진 소명이며, 신의 세계는 영매제자들 이외에 함부로 보여 지는 그 무엇이 아니라는 것이다. 특히 찾는다고 찾아지는 게 신이 아니다. 때가 되면 찾아드는 게 신인 것처럼 영적세계는 육을 벗으면 보이고, 입으면 보이지 않는다. 그리고 기운은 사주와는 사뭇 달라 근기에 따라, 소임에 따라, 행위에 따라 알게 모르게 대신(代神)들이 실어 준다.

컴퓨터가 보편화되고 지식의 창고 스마트폰을 남녀노소 할 것 없이 휴대하는 시대를 맞이하여 진정 필요한 것이 무엇일까. 인터넷으로 검색하면 필요한 정보가 쏟아지는 시대에 무엇을 위해 어떻게 살아가야 하느냐는 것이다. 저승은 시공간이 자리하지 않은 무형의 차원이다. 물리적 생리적 인위적 고통이 따르지 않는 만큼 의식은 단순해졌을 터, 생전에 응집된 집착과 한부터 풀어야 한다. 지금도 신앙을 종교마냥 신봉한 나머지 실패 후 재기마저도 신이 해결해 줄 것이라고 믿고 있기 때문인가, 인간욕화마저도 신이 일으킨 것쯤으로 알고 있으니 말이다.

인간에게 부여한 기본금 사주는 선천적 화합의 질량이자, 욕심의 산물이라 누구나 육생량 앞에 서면 탐심이 일렁인다. 해서 어린 시절의 공부는 받아온 기본금을 취하기 위한 것에 있는 만큼, 성인 시절의 수행은 주어진 소명을 바르게 처리하기 위한 것에 있어야 한다. 허나 경과 술에 빠져 제 의식마저도 바르게 이해하지 못하자 내가 만들어 나가는 후천적 행위마저도 신에게 의지하려 든다. 대자연(유일신)에 올리는 감사의 축원이 바로 제 의식인데, 어느 사인가 기복으로 변질되어 사후세계 면죄부마저 통용될 판이라 주어진 기본금이 그저 무색할 따름이다.

정녕 육생의 기본금 그 쓰임을 다하고 가는 이가 있을까. 육생 너머 인생이듯, 기본 행위를 다할 때 맛보는 차원이 인생이라 지금까지 맛본 이는 없을 듯싶고, 남은 생 육생차원의 행위만이라도 다 하려든다면 황천길은 금의환향이다. 저승의 그림자 이승에 비추므로 분명 육생량의 쓰임은 인생량을 위한 것에 있다. 업그레이드 시대는 유형과 무형차원을 연계할 가교 정신량이 그 무엇보다 필요한 시기였고, 4차 혁명을 거론한다는 것은 때가 왔다는 것이다. 마련하고자 한다면 육생기본금 그 쓰임의 용도에 대하여 알아야 한다. 정신량 마련을 위한 자본금이므로, 육생량으로 사랑하고 정신량으로 하나 될 때 행복은 인생량으로 영위한다는 사실에 대해서 말이다. 무형의 세계에서 받아온 유형의 기본금을 바탕으로, 돌아갈 때 무형의 질량 행복을 한아름 품고 가야하는데 육생의 찌꺼기 집착만 짊어지고 가는 형국이라, 천당과 지옥이 자리하지 않을 수 없다. 삼칠일이든 백일이든 기도 회향의 일면은 받은 것을 베푸는 것이고, 이면은 마지막 한 톨까지 남은 것을 쏟아 붙고 돌아가야 하는 것에 있다. 아울러 열반은 나를 위해 살아온 만큼 너를 위해 살아갈 때 하는 것이요, 해탈은 유형의 질량을 무형의 질량으로 순화시켜 돌아가는 일이다.

남으면 남을수록 무거워 올라갈 수 없어 구천을 떠돌게 되므로, 일생을 마치고 본연의 자리를 찾는 것도 티 없이 맑을 때 가능하다. 제 명(命)을 다하지 못한 원혼도 부지기수라 사는 게 고통이 아니겠느냐만, 구천을 떠도는 원귀들의 아우성을 보더라도 티끌이라도 짊어지면 본 줄을 찾는 일도 그만한 고행길이 아니겠느냐는 것이다. '돌아가시다'와 '세상을 버리다', 그리고 '세상을 등지다'는 본래 이승의 소임을 마치고 저승으로 돌아간다는 것을 뜻한다. 하지만 겨우 육생의 값어치 정도만 알고 가는 것도 다행이 아닐까 싶다. 이에 '돌아가시다'는 미련을 두고 간다는 뜻이 아닐까 싶고, '세상을 버리다'는 집착물 육생량을 두고 간다는 것이 아닐까 싶으며, '세상을 등지다'는 마지못해 간다는 뜻이 아닐까 싶다.

그렇지 않다면 '사는 게 지옥'이라는 말을 하지 않을 것이고, '죽어서 지옥 간다'는 말을 하지 않을 것이다. 이도저도 아니라면 사는 게 두려운 것일까. 아니면 사후를 두려워하기 때문일까. 그만큼 행복을 빙자한 나만의 만족을 위해 나밖에 모르는 삶을 살아간다는 방증이 아닐까 싶고, 아쉬워 찾아온 인연들을 위해 살아가기보다 나만의 신을 위해 신앙에 매달린 걸 보더라도 사후세계의 두려움이 없지는 않은 모양이다.

☾ 악인(惡人)이나 악귀(惡鬼)나

황천(黃泉)은 동서남북 사방팔방 중앙으로서 유형과 무형의 세계를 연결하는 길목에 위치하였고, 물 건너 저편에 저승이 있다는 것을 시사하고 있으며, 북망산(北邙山)을 뜻하기도 한다. 북쪽은 춘하추동 생장수장에 있어 겨울 동(冬)과 감출 장(藏)에 속하여 동면에 들어가 새봄을 기약한다. 즉 다음 생을 기약하는 곳이기도 하지만 황천의 물(水)과 북망산의 산(山)은 음양 관계라 깊이가 다르다. 간혹 구천(九泉)으로 비유하기도 하는데 본 줄을 찾지 못한 원귀가 떠도는 곳이고, 황천은 저승길이지 원혼들이 사는 곳이 아니다. 그러나 황천과 구천 모두 샘(泉)이 경계함이라 이승과 저승, 삶과 죽음의 차원을 물에 담아두었기 때문이고, 요단강을 건너간다는 것도 다르지 않다. 이승의 티끌마저도 씻어내고 저승으로 넘어간다는 뜻이자, 하느님의 나라로 갔다는 것을 의미한다. 강우를 담당하는 음기 칠성은, 천기의 운송수단으로서 삼라만상 육의 생명체를 관장하고 있다. 음기 어머니의 자궁은 천기 물속이요, 탯줄은 지기 태아의 생명선이고, 세상 밖으로 나아가서는 생명의 운송수단 지기 탯줄을 끊고 스스로 천기를 섭취하며 인간으로 살아간다. 칠성줄을 타고나면 무속에서는 신줄, 공줄, 조상의 줄이라 하여 영매의 길 걸어가야 한다고 말한다. 죽어서는 일곱 군데를 삼목으로 묶어 칠성판에 눕혀 돌려보내는 의식을 거행하는 것도 삶과 죽음의 연결매체가 칠성 물이라는 사실을 일깨우기 위한 것에 있다. 때문에 칠성신은 가문의 명운을, 조왕신은 집안의 평안을 주관한다 하여 장독대나 부뚜막에 정화수 떠놓고 소원을 구하기도 하였다.

무엇보다 구천은 더 이상 갈 곳이 없는 원귀들이 떠도는 곳을 뜻하므로, 유주무주 고혼을 달래고자 수륙재(水陸齋)를 지내는 것도 삼천대천세계로 들여보내기 위한 것에 있다. 구천도 저승의 한 켠이긴 하겠지만 살아서 떠돌이 신세나, 죽어서 떠도는 원귀나 집착의 반연으로 빚어진 일이다. 물론 일곱 군데 삼목에 묶여 칠성판에 뉘여 의식을 치르겠지만, 갈 곳을 잃었다는 것은 소임을 다하지 못했다는 것이자 변화에 편승하지 못했다는 것이다. 누구도 찾지 않는 외로운 영혼을 달래어 본 줄 찾아줘야 하겠지만 조상과 자손이 하나 되지 못하면 쉽지 않은 일이다. 대가 끊긴 가문도 있을 것인데, 원통하고 비통함을 푸는 일이 제 의식만으로 가능한 것일까. 영(靈)은 혼(魂)이 사는 세계다. 본 줄을 찾는다면 구천이 필요할까만 찾지 못해 떠도는 것이고, 넋을 혼백(魂魄)이라 부르는 모양인데 혼(魂)은 에고이자 참나이며, 백(魄)은 상념체라고 할까. 즉 생전에 뜻을 두었던, 아끼고 사랑한 지난날 미련의 그림자라고 한다면, 넋은 생전의 발자취라 할 수 있다.

몹시 놀라 정신이 없을 때 혼비백산(魂飛魄散)했다고 말한다. 혼(魂)은 하늘로 날아가고 백(魄)은 땅에서 산화한다는 것이다. 다시 말해 하나인데 하나가 아니고, 하나가 아닌데 하나인 것이 바로 혼백이다. 백(魄)은 소멸되는 기운이고, 혼(魂)은 본연으로 돌아가야 하는 불멸의 기운이라 머물러 떠돌기라도 하는 날에는 혼이 변해 원귀가 되고, 해코지라도 하는 날에는 악귀가 된다. 본래 악귀가 자리했던 것인가. 악행은 선행에서 비롯됨이라 악인이나 악귀나 하나 되지 못한 내 앞의 인연에서 기인한다. 세상사 나 하기 나름의 원리가 적용되지만 혼과 혼, 혼과 귀, 귀와 귀는 지극히 단순한 상태라 그 원리가 적용되지 않아 악귀로 몰아붙인 것은 인간이다. 집착에 묶인 인간이나, 한 맺힌 원혼이나 과하면 탁해지기 마련이라 해로우면 악인이 되고 악귀가 되듯, 이로우면 호신이고 호연이며, 대신이고 조상이다. 특히 이승의 인간은 아쉬워 찾아가지만 저승의 영혼은 악귀든 호신이든 거의가 도와주기 위해 찾는다. 집착이 강한 원귀일수록 죽을 때의 모습을 털어내지 못하여 원한 서린 그 모습 그대로 나타나는 경우가 허다하다. 때에 따라, 장소에 따라, 관념에 박힌 형상으로 나타나는 게 원혼이라 이 때문에 악귀라는 억울한 누명을 쓰기도 한다.

70% 육신에 30% 에고(혼)가 안착되어 인간으로 살아가는 데 있어 70% 생장수장 질량 생각과 30% 중심잡이 질량 마음이 적대보완적 관계로 자리하여 절대분별의 삶을 살아간다. 다시 30% 에고(참나)를 100으로 환산하면, 죽으면 육신은 지기 땅에서 빚어진 것이니 땅에서 소멸되고, 마음은 우주에너지라 본래의 자리로 돌아간다. 에고의 70%는 혼으로서 천기 하늘(저승)로 올라가고, 백은 30% 상념체로서 생전에 몸담았던 곳에 머물다 사라진다. 집착으로 말미암아 본 줄을 찾는 시간이 길어질수록 혼은 백이 머문 곳을 종종 찾아가기도 하는데 지극히 단순해진 상태라 집착을 풀지 못하면 영혼은 점차 원혼이 되고 원귀가 된다. 삼우제는 망자의 혼백을 진정시키기 위한 것에 있고, 사십구재는 본 줄을 찾기 위함이라 생전에 망자가 입던 옷가지나 아끼던 소장품을 소각시키는 이유가 혼적(집착)을 없애기 위한 것에 있다. 못 미더워 할수록 떠돌기 마

런이라, 본 줄을 찾기도 전에 혼이 백의 기운을 찾아 나서는 날에는 동티는 물론이요, 우환으로 평안한 날이 없다. 이도 물론 자손에게 주어진 공부요, 제일 가슴 아파 하는 자가 풀어나가야 할 숙제다. 아울러 제 의식은 한낱 방편일 따름이고, 우환은 인간 본연의 삶을 위해 가하는 표적의 일환이라는 것이다.

그러고 보면 넋과 백은 유형무형의 군상이라고 할까. 넋은 삶의 흔적이요, 백은 상념체로서 이로운 질량이면 자손들에게 이로울 것이고, 해로운 질량이면 해로울 것이라 치적과 공적은 보이고, 만지고, 먹고, 입는 유형의 육생량이 아니라 무형의 정신량으로 자손만대 길이 남는다. 이승에서 쌓고, 저승으로 가져가는 무형의 질량 공적은 활동주체 인간만이 쌓게 되는 것으로, 운용주체 조상은 자손들이 떠돌이 원귀가 되어 갈수록 몰락한다는 사실이다. 육생의 흔적 한 줌도 남기지 말고 돌아가야 하는 것이거늘 장묘로 육신에 집착하게 만들었고, 제수로 자손과 음식에 집착하게 만들었다. 빌고 떠받드는 행위가 거듭될수록 죽어서도 자신(조상)을 돌봐줄 내 자손밖에 모르는 이기적인 기운이 만연되었다.

육생살이 원초적 본능마저도 티 없이 맑아 낭만에 취해 살아왔던 아날로그 시대의 넘치는 인정도 어느 사이엔가 육생량에 집착하자 추억이 되면서 인정까지도 추억이 되어간다. 기계식 시대의 어린이들과 아날로그 시대의 어린이들도 현저한 차이가 나는데, 디지털 시대의 어린이들은 어떠할까. 알파고가 대세인 시대에서 살아가는 어린이는 그야말로 애어른이 아닐 수 없다.

자손만대 번성을 위해 음택을 논하고 양택이나 논하는 바람에 이로움의 산실이었던 운용주체의 본질이 그렇게 흐트러져가고 있었다. 성공의 기본질량을 이해하지 못해 척이나 해대고 군림하려 들었으니 출세가도 달려야 하는 운용의 개념을 알 턱이 없다. 기본금으로 주어진 사주만 이해했더라도 하나 되는 일을 그다지 어렵지만은 않았을 것인데 제 잘나 이룬 것 마냥 뼈기는 바람에 형충파해(刑沖破害) 공망(空亡)이나 따져가며 되레 음택과 양택에 혈안이다. 똥 푸는 이가 있어 사장이 있는 것이 아닌가. 오만방자할수록 기본질량이 민초에 머무는 이들을 게을러 노력 하지 않아 그리 된 것쯤으로 몰아붙이고 있다. 사장이 있어 전무가 있고, 부장이 있어 과장이 있다. 또 말단사원과 하나 될 때 회사는 번성하는 것이므로, 부서마다 이로운 이들이 아쉬운 이들을 바르게 이끌어 나가지 못하면 질서는 와해된다. 은근히 성공신화는 말단에서부터 시작한다고는 부추기지만 타고난 것인데 과연 얼마나 될까. 또 부장에서 멈추는 이도 있을 것이요, 과장에서 멈추는 이도 있을 것이라, 그러한 그들은 과연 성공하지 못한 것일까. 상하 조율은 중간계열로서 장소에 따라 운용주체가 될 수도 있고, 활동주체가 될 수도 있다. 조연이 있어 주연이 빛나듯, 이사가 있고 사장이 있는 것이라 근기에 따라 주어지는 기본의 자리는 누구에게나 최상의 자리로서 새 출발의 귀착점이다.

받아온 육생량 70%에 만들어 나가는 정신량 30%를 부가시키면 음양합의 0의 수를 이루어 행복을 누리는 인생량이 된다. 다시 말해 양의 기운 70%는 활동주체 생장수장 질량이요, 음의 기운 30%는 운용주체 중심잡이 질량이라 기본금 육생량으로 사랑하고, 만들어 나가는 정신량으로 하나 될 때 영위하게 되는 차원이 궁극의 인생량이라는 것이다.

이리되면 국가는 세계적 직위가 높아질 것이고, 기업은 승승장구할 것이며, 가정은 행복할 것인데 아마 이쯤 되면 사회는 행의 현장으로서 본연을 다하고 있을 것 같다. 공적이자 치적의 질량이 행복의 질량인지라 많을수록, 깊을수록, 높을수록 인류 공영에 이바지 한 것이므로 어떤 성자나 현인에게도 부러울 게 없다. 육생량은 의논의 방편이요, 정신량은 합의의 궁극이라 사랑에서 기인한 행복의 가치는 육생의 기본금에 비례하므로 가장 이상적인 삶은 사장은 사장의 가치를 다할 때이고, 부장은 그에 걸맞은 행위를 다할 때이며, 말단은 그 직분에 알맞은 행위를 다할 때이다. 물론 기본금이 크고 많을수록 육생만족은 할지 모르나, 짊어진 사랑의 무게도 그에 비례하기 때문에 다하지 못할 때마다 정신적 고통도 그 무게만큼 뒤따른다는 사실이다.

그 무게에서 벗어나려 한다면 걸맞은 정신량을 채워야 하고, 기본금이 적을수록 빈곤한 육생량으로 육신 고달프기야 하겠지만 정신량의 빈곤은 크게 느끼지 못한다. 즉 육생의 기본금을 많이 받아온 운용주체일수록 행복은 정신량에 있다는 것이고, 덜 받아온 활동주체일수록 행복은 육생량에도 있다는 것이다. 각기 다른 저마다의 질량을 하나로 아우를 수 있는 것은 바로 정신량이라, 덜 받아온 자들보다 더 받아온 자들의 노력 없이는 하나 되어 살아가기 어렵다. 사랑은 배고파도 얼마든지 할 수 있지만 육신의 배가 고픈 상태인데 행복할 수 있을까. 수행자라면 모르지만 인간은 이기적인 데다가 육생량도 이기의 질량이라는 데 있어 정화시키지 않은 채 눈앞에 두면 자기만의 셈법이 난무하여 결국 파국으로 치닫는다. 싸우고, 충돌하고, 부딪치는 이유가 대체로 내 것이 안 되거나 내 뜻대로 되지 않을 때이고 보면, 원인은 육생량에 있지 정신량에 있지 않다. 물론, 가장 큰 책임은 정신량으로 아울러야 하는 데 있지만 어렵고, 힘들고, 고통스러워진 이유도 다르지 않다는 것이다. 더 많이 받아온 이들일수록 도로써 나아갈 바를 밝히고 덕으로 하나 되어 나가지 못하면 상응한 대가를 치른다는 사실이다. 사주 그본뜻에 응하지 못하여 갈수록 범죄는 흉악무도해지고, 교화조차신에게 의지하려고만 든다면 적폐를 바로잡기 위한 개혁의 바람조만간에 신앙에도 불어 닥칠 것이다.

집착은 인간이 쌓지 원혼이 쌓을까. 분하고 억울함을 풀지 못하면 원귀가 되는 것이고, 또 인간이 해코지 않으면 악귀가 될까. 육생 안위에 국한된 육생 행위뿐이라 내 욕심에 너를 만나 내 욕심을 채운 목적이 기껏 해봐야 나 잘 먹고 잘 살기 위한 것들이다. 욕심이 집착을 낳고, 집착이 고착되어 결국 망하는 수순을 밟는데도 이기의 셈법은 이기의 육생량 앞에서면 모든 것을 망각한다는 사실을 모른다. 이승의 삶이 저승에 반영된다는 사실에 입각해 생전에 바뀌지 않으면 사후에 바뀔 것은 더 없다. 개똥밭에 굴러도 저승보다 이승이 낫다는 말의 깊이를 짚어보면 육생시대의 장묘문화를 바꿔야 한다는 결론에 이른다. 어떻게 바꿀 것인가? 수천 년 이어온 전통인데다가 영산명산 묘지가 넘쳐나는 걸 보아 쉽지 않은 일은 분명하나 업그레이드라는 바꿔야 할 시기의 명분도 분명하다. 게다가 명절은 온가족 모두 모여 대자연에게 감사의 축원을 올리므로 이보다 기쁜 날이 또 어디 있겠느냐만, 풍요 속의 빈곤의 시대라 맞벌이에 가사노동에 덧붙인 정신고통 알아주지 않는다는 서운한 감정 털어내지 못하여, 만나기만 하면 싸우는 가정이 늘어나고 있다. 신나고 즐겁고 기뻐해야 할 때 싸우고 충돌하면 누가 손해인가. 안 만나느니 못한 것이라 굳이 형식에 매달릴 필요가 없지 않은가 이 말이다.

어우러지면 기쁨이 넘쳐날 터인데, 감사의 축원을 올리는 날에 불화가 일어난다면 주고받지 못한 결과물이라 이로울 게 없다. 참아서 될 일이면 참아야 되겠지만 연중행사면 참아서 될 일이 아니다. 그렇다고 맞받아쳐 싸우라는 소리가 아니다. 대부분 충돌은 오해에서 기인하므로 반갑게 만나 기쁘게 헤어질 수 있는 방도를 강구해 보자는 것이다. 특히 기일(제사) 때마다 일어나는 가정불화의 일면은 자손의 책임이고, 이면도 조상의 뜻을 헤아리지 못한 자손의 책임이다. 또 그렇게 조상과 자손 음양이 화합하지 못하면 자손과 자손도 화합하지 못하는 법이다. 조상과 자손 간에 오해가 있어 그런 것일까. 주고받지 못한 자손과 자손 간의 욕심 때문이다. 만남의 의미는 의논이고, 과정은 합의며, 결과는 화합에 있다. 기일에 음식을 차린다고 조상이 먹을까. 물론, 제주(祭主)가 신위(神位)에게 유식(侑食)을 권하므로 음복할 당시만 배부르고, 이내 허전해지는 것은 흠향(歆饗)하기 때문인데, 장만한 음식 그 기운을 조상이 받아먹어서 그렇다고 할 수 있다. 누굴 위하여 장만하느냐에 따라 기운(근기)은 달리 묻어나므로 돈벌이 뷔페음식이나 식당음식이나 별다르지 않다. 오직 찾아오는 인연을 위해 정성껏 마련한 음식이면 근기가 다르다. 기일은 조상을 위해 준비한 음식인지라 흠향하여 30% 기운이 빠진 70% 육생량뿐이고, 찾아오는 인연을 위해 정성스럽게 차린 상이면 모르지만 돈을 위해 차린 상 또한 30% 기운이 빠진 70% 육생량뿐이라, 먹고 나면 이내 허기진다. 외지 밥 먹는 이들이 튼실하지 못한 이유라고 할까.

☾ 방하착(放下着)과 착득거(着得去)

춥고 배고팠던 시절, 고추장에 꽁보리밥이더라도 어머니의 따스한 온정이 깃들어 있어 하루 종일 뛰어 놀아도 별 탈 없었던 걸 보아 사랑의 기운이 산해진미와 다를 바 없다. 오직 자식을 위해 지은 것이라 부모자식간의 애틋함이야말로 어이 말로 다 표현하겠으며 효(孝)는 덤이요, 충(忠)은 기본 덕목이 아닐 수 없다. 조상의 넋은 기려야 하는 것이고, 만남의 본질은 하나 되고자 하는 것이기에 격식에 얽매여 불화가 인다면 제법(祭法)에 문제가 있음이라, 머물지 말고 바꾸어 나가야 한다. 이나저나 제(祭)의 집착을 심어놓은 것은 자손이라 섣불리 바꾸려다 자칫하다 화(禍)를 자초하기 십상이다. 그 대상은 조상일 수도 있고, 자손일 수도 있으며, 인간일 수도 있어 피하고자 한다면 가족 간에 의논과 합의를 이루어야 하고, 반대 의사가 나오면 결렬된 것이므로 욕심대로 시행하다간 불똥이 튈지 모른다. 또 반대표를 던진 이를 설득시킬 때까지 제법을 따라야 하는 것은 내 앞의 인연은 나 하기 나름이듯, 조상도 자손하기 나름이라는 데 있다. 민족의 대이동이라 일컫는 명절도 화합을 위한 것에 있으므로 차례(茶禮)도 시대상에 맞아야 하고, 기제(忌祭)도 분열되면 안 하니 못하므로 유무상통의 본질을 안다면 넋을 기리는 의미도 알 수 있지 않을까.

풍요 속의 빈곤 업그레이드 시대를 맞이하여 맞벌이는 기본이 된 듯싶고, 명절과 기일도 화합을 위해 자리한 날인데도 만날 때마다 불화가 조장된다면 사랑의 의미를 모른다고 할 것이다. 아쉬울 때 만나 이로울 듯싶을 때 솟는 감정이 바로 사랑 아닌가. 이로움의 자원이 없으면 하지도 받지도 못하는 것도 사랑이라는 사실을 알아야 한다. 완행열차로 서울 가던 시대는 동정과 연민과 희생을 바라기도 했다. KTX로도 부족한 시대에 들어서는 이롭지 않다 싶을 때 부딪치고, 손해 본다 싶을 때 충돌하니 주고도 받지 못하는 일이 예사이다. 옛 시절 그리는 이유가 못 다한 미련일 수도 있고, 감성일 수도 있으며, 빈곤 속에 주고받았던 정 때문일 수도 있다. 육생량의 달콤함이라고 할까, 육생의 포만감이라고 할까. 삶의 질을 육생량에서 찾는 동안 농촌은 어느새 동남아 신부들이 차지하였고, 농공단지는 이주 노동자들로 북적인다. 기운(조상)도 따라서 희석되고 있다는 소린데, 핵심 운용주체가 누구냐에 따라 뿌리의 본질은 바뀌지 않는다. 하지만 그들은 분명 아쉬워 결혼했고, 아쉬워 찾아왔고, 아쉬워 취직한 것이라 받아들인 이 땅에서 아쉬움을 채워주지 못하면 마찰의 표적이 끊이지 않는다. 채움의 일면은 육생량이요, 이면은 정신량일 터 만약 이들 앞에 온가족이 만날 때마다 다투어 분위기가 삭막해지면 어떻게 될까.

무가(巫歌)에서는 일만팔천(一萬八千) 신들이 있다 하여 깍듯이 예우를 갖추지만, 저승은 삼천대천세계라 어찌 이뿐이겠는가. 삼라만상 이승에서 그것도 내 앞의 인연을 가리켜 당신이라 부르는 데에 잘 나타나 있다. 특히 뿌리는 인류의 시원이라 뿌리민족만이 '당신'이라는 말을 쓰는 것을 볼 때 당신도 다름 아닌 신이라는 사실을 일깨우기 위한 것에 있지 않은가 싶다. 내 앞의 인연과의 약속은 신과의 언약과 다르지 않아 신용(信用)은 곧 신의(神意)다. 늘 그러했듯이 행불행은 내 앞의 인연에서 비롯되었고, 다툼은 내 오만함에서 기인했던 바라 기(氣)는 신(神)과 별반 다르지 않아 어떤 종류의 충돌이건 일면은 기 싸움이요, 이면은 신 싸움이다. 때문에 기가 대단하다는 것은 끗발이 서듯 신발이 섰다는 것으로, 기세가 꺾이면 신이 뜬 것이므로 싸움은 하나마나하다. 가오를 잡는다고 할까. 기죽지 않기 위해 온갖 수단방법 가리지 않는데, 유지하거나 살리는 방법은 당신과 하나 되는 것에 있는데도 이러한 사실을 몰라 싸움을 벌인다. 신앙공화국이어서 그런가. 보상과 징벌의 차원으로 천당지옥 운운하더니만 최후의 심판을 통해 구원받지 못한 영혼은 함께 할 수 없다는 말까지 서슴없이 한다.

인기는 본래 무엇과도 비교할 수 없는 티 없이 맑은 존자(尊者)들이였기 때문에 기독교에서는 영원히 없어지지 않는 영생불멸이라 한다. 불교에서는 생사의 차원을 넘은 불생불멸이라 일컬으며, 추하고 깨끗함도 없는 불구부정과 늘지도 줄지도 않는 부증불감이라고도 한다. 그리하여 세상만사 모든 것은 마음먹기에 달렸다는 일체유심조(一切唯心造)가 화엄경(華嚴經)의 중심사상이 된 모양이다. 분명 나 하기 나름이라는 인생방정식과 흡사한 듯싶지만 내 생각차원의 지식과 너를 위한 마음차원의 지혜를 분별치 못한 가르침이라 성향은 판이하다. 또 삶과 죽음 일장춘몽이라 하여 영원한 깨달음을 얻어 피안으로 가자는 반야심경까지 한몫 거들고 있다. 이를 실현하고자 '내려놓아야 한다'는 방하착(放下着)과 적대보완적으로 '지니고 가라'는 착득거(着得去)가 화두(話頭)로 자리한 모양이다. 분명한 것은 인간으로 살아가는 동안 필요한 게 물질이라는 것이다. 더군다나 육생을 넘어 인생을 살아가야 하기 때문에 삼라만상까지도 함께하는 것인데도, 받아온 육생의 기본금 아무짝에도 쓸모없는 것처럼 '버리고' '놓아야' 하는 것이라면 주어져야 할 이유가 없지 않은가.

소통과 화합의 질량 사주, 함부로 쓰고 버릴 그 무엇이 아니다. 삶의 고통, 원인은 주고받지 못하는 데 있다. 아쉬워 나를 찾은 너도 당신인 까닭에 상호상생 분별을 일깨우고자 표적을 주고받는다. 지금 이 순간도 버는 일에만 몰두할 뿐이라 쓰는 행위를 몰라 사는 게 전쟁이고 지옥이라는 말을 습관적으로 내뱉는다. 물려받기 위해, 부여받기 위해, 올라서기 위해 기본적인 노력만 했을 따름이라 봉착된 문제는 그 다음 행보를 모른다는 것에 있다. 내려놓고 벗어놓으라는 가르침보다 사람답게 쓰는 법을 가르쳐야 하는 것이 아닐까. 내려놓는 일이 너를 위한 참된 삶이 된다면, 벗어놓는 일이 너와 하나 되는 삶이면 바동대지 않는다.

뼈 깎는 듯한 수행이 고통스러워도 진정 너를 위한 행위였다면 인간의 고통도 그만큼 상쇄되었을 것이다. 어떻게 해야 내려놓고 벗어놓을 수 있는 것인지 일깨워 달라는 것이다.

안 되어 못하는 것인데 안 해서 못하는 것 마냥 일갈한다면 당최 그 가르침은 누구를 위한 것일까. 사계의 변화에 순응할 때 결실을 맺는 것처럼 나밖에 모르는 육생살이 변화무쌍하여 세상만사 천태만상이라 하지 않은가.

그래도 결실은 맺어야 하는 것이므로 동서남북 사방팔방 춘하추동 변화에 따라 남북은 중심잡이 질량으로, 동서는 생장수장 질량으로 자리하고 있다. 오가는 것은 하나 되고자 함이요, 만나는 것은 함께하기 위함이다. 육생살이 물질에 눈멀어 평생 싸우고, 충돌하고, 부딪치다가 안타깝게 다하지 못한 삶을 마감한다. 지금까지 과학은 보이는 물질을 분석하여 이기의 육생량을 찾아내었고, 정신은 보이지 않는 세계를 탐구하여 이타의 정신량(화합질량)을 밝혀왔는데 이쯤에서 짚어보자.

정신문명으로 삶의 질이 바뀔 것인지 아니면 육생문명으로 바뀔 것인지에 대해서 말이다.

육 건사가 우선인 이승에서 집착과 원한이 서리지 않는 삶이 가능할까. 수행과 수도는 화합의 대안을 마련하기 위해 닦아야 하는 것인데도 순전히 자신의 열반과 해탈을 위한 것에 초점을 맞추다 보니 신앙에 머무른 것이 아닌가 싶다. 나를 위해 살아왔다면 너를 위해 살아가야 하는 것인데도 태어나 죽을 때까지 오직 나를 위한 행위뿐이라, 들고남이 음양이라는 사실을 안다 하나 행위가 나에게 국한되어 방도를 강구했더라도 모순이 양산될 수밖에 없다.

운(運)은 부리는 것이요, 명(命)은 그러한 자신을 관조하는 일인데도 육생 안위의 보호막이자 이기의 산실 자존심으로 구렁텅이에 빠지는 경우가 허다하다. 그로 인해 불어 닥친 어려움을 기복으로 모면하고자 하는 이들이 태반이라, 육생살이 그르다는 치우친 사의 세상에서 혹여 반사이익 얻지 않을까 싶어 부추긴 것이 다르다는 착한 선의 행위다. 물론, 알고 내세웠겠느냐만 너를 위한다는 행위가 엇비슷한데다가 복 받는다는 가르침까지 뒤따랐으니 바른 삶의 표본과 매우 유사했으나 본질은 완전히 달라 사이비 세상이 되고 말았다. 무엇보다 바르다는 정의 실체를 알 수 없었던 터라 다르게 전개된 착한 선의 세상이 될 수밖에 없었고 그 이면은 위선자들의 세 치 혀에 놀아나는 데 있었다. 그들이 정치인일 수도 있고, 경제인일 수도 있으며, 신앙에 몸담은 이들일 수도 있고, 내 앞의 인연일 수도 있다. 바르다는 정의 실체를 몰라 벌어진 일이라고 하겠지만 그러다가 멋쩍게 맞는 날이면 바르다 할 것이고, 이도저도 아니라면 그르다 할 것이며, 손해다 싶으면 치우쳤다 할 것이 아닌가. 저 세상도 별의별 신들이 있는데, 이 세상이라고 해서 별의별 이들이 없을까. 우연이든 필연이든 별의별 일들이 벌어지는 것은, 부분을 전체화하기 위한 것에 있다.

　아 다르고 어 다르듯, 입장과 처지에 따라 받아들이는 차원은 분별이기보다 자기셈법이라 75억 명이 육박하는 세계인의 수만큼이나 견해와 해석이 판이하다. 논리는 논리일 뿐 진리가 아니라는 것에서 볼 때, 바르다는 정은 치우친 사와 착한 선에서 비롯된다는 사실을 알 수 있다. 소명은 달라도 하나로 연계될 때 소통의 인식을 같이하므로, 본바탕이 형성될 때까지 날숨 들숨처럼 짓고 헐고 주고받는 행위는 반복된다. 이때 인식의 변화를 일으키지만 기실 기본질량을 취할 때까지 과정은 다를지 모르나 취한 후의 삶은 다르지 않다. 요컨대 성공의 모양새는 각기 달라도 목적은 오직 오르는 것이요, 오른 후의 행태도 다를 듯싶으나 나 하기 나름의 본질은 하나 되어 살아가자는 것에 있으므로, 이후 행보는 무엇도 정해진 것이 없다. 오직 선천의 육생과 후천의 인생의 가교 정신량을 건설해 나가는 것이므로, 오르는 데 있어 좌절은 성공의 기폭제이나 오른 후 실패는 고난의 구렁텅이라 그 원인도 다르지 않다는 것이다. 좌절이야 오르는 데 있어 다양하게 맛보겠지만 성공은 결실을 뜻하므로 오른 후 하나 되지 못한 고통은 배가 된다.

　소임이 다양한 만큼 일자리도 다양한데 자동차는 약 3만 개의 부품으로 조립되어 도로를 질주하고, 비행기는 약 450만 개의 부품이 조립되어 하늘을 난다고 한다. 그런데 사고는 활동주체 승객이 낼까, 운용주체 기장이 낼까. 거의가 운용주체 부주의로 발생하므로, 운용주체 되기 위한 과정도 중요하지만 되고 난 이후의 치적의 결과를 만들어야 하므로 그에 따른 이로운 행위를 배워야 하는데 대체로 사고(실패)는 안일과 방심, 즉 그다지 이롭지 않은 내 생각에 빠져들어 낸다. 대개 오르기까지 육생살이는 부분의 차원이라 혼자의 힘으로 얼마든지 이룰 수 있지만 오른 후의 삶은 인생살이라 전체와 어우러져야 하므로 혼자만의 힘으로 어림없다. 이승의 집착이 저승의 고립이듯, 주된 원인은 채우지 못한 육생량에 있고, 다하지 못한 사랑에도 있다. 그리하여 고혼으로 유주무주 떠돌다 원귀가 되는 것은 한 풀고자 하는 것에 있고, 인간으로의 환생은 업(죄) 소멸(사함)하기 위한 것에 있다.

하는 일이 막히거나, 몰리거나, 난관에 봉착했을 때 지난날을 되돌아 보고나서 태반이 하는 말이 '베풀며 살아가겠다'고 하지만 그게 어디 쉬운 일인가. 일평생 원을 세운 성직자마저도 힘들어 하는 마당에 행의 현장에서 살아가는 이들이야말로 오죽하겠는가 말이다. 그리 살아갈 수 있는 방안을 강구하지 못하여 구원문제가 끝없이 불거져 나온다.

기독교의 구원은 천국과 연관되어 있어 오직 그리스도 믿음만이 거듭 태어날 수 있다고 설하면서 하느님의 자녀로서 모든 죄에서 얼마든지 자유로울 수 있다고 말한다. 즉 보편적 구원은 어려움이나 위험에 처한 이들을 도와야한다는 것에 있지만, 그리스도 부활을 통해 죄와 죽음에서 인류구원 행위를 가르치고 있다. 불교에선 자기성찰로 해탈과 열반에 들어 윤회의 수레바퀴를 끊는다는 것이고, 도교에선 만물과 나는 하나라는 물아일체와 인위적 행위가 없는 있는 그대로의 무위자연을 논했으며, 유교에서는 자신을 수양한 후에 세상을 다스린다는 수기치인을 강조해왔다. 그런데 우리 민족은 '널리 인간세상을 이롭게 하라'는 '홍익인간 이념'을 모토로 인류공영에 이바지해야 한다는 가르침에서 볼 때 구원은 하나 되어 살아가는 데 있지 않나 싶고, 주어진 기본금의 깊이를 파헤친다면 육생량을 토대로 만들어 나가는 정신량의 깊이를 알 수 있지 않을까 싶다. 육생량을 개척하는 가지 신앙은 사랑을 전제로 기도하는 예배당이요, 육생량과 정신량이 교차하는 몸통 신앙은 육체의 고통으로부터 정신세계를 체험하는 법당이라 할 것이며, 정신량을 위해 살아가는 뿌리 신앙은 행복하기 위한 도량으로서 반드시 종교로 승화해야 한다.

☾ 사각정, 육각정, 팔각정

이치나, 순리나, 도리나 모두 음양화합을 추구하는 데 있어 대자연의 섭리는 그저 복잡 난해하기만 한 것일까. 받아온 육생량, 만들어 나가는 정신량, 누리는 인생량이라고 말한 것은 천지인 세 개의 차원으로 나뉘어 운행되는 곳이 세상이라, 육생량으로 사랑하고, 정신량으로 하나 될 때 인생량은 행복을 구가의 차원이라는 것이다. 즉 사랑은 벌어들일 때 하게 되는 것처럼, 행복은 소비할 때 느낀다고 하겠으니 정신량은 반드시 모여들기 전에 마련해야 한다. 천(天)은 음기요, 지(地)는 양기고, 인(人)은 천지음양에서 태어난 자식이라 천지는 인의 어버이시다. 즉 천은 70% 천기로서 음의 기운 어머니요, 지는 30% 지기로서 양의 기운 아버지라 천지는 대우주이자 대자연으로서 만물의 어버이시라는 것이다. 행복의 어머니를 쫓으면 사랑의 아버지를 놓치고, 사랑의 아버지를 쫓으면 행복의 어머니를 놓치는 법이다. 부모자식 떼려야 뗄 수 없듯, 운용주체와 활동주체도 떼려야 뗄 수 없고, 이로운 자와 아쉬운 자도 떼려야 뗄 수 없다. 하늘나라의 천국은 지기 3차원의 하느님 아버지만을 찾아서 될 일이 아니다. 천기 어머니의 차원을 모르면 사랑만 하다가 행복에 다가서지 못한다. 결실은 거룩한 천지음양 화합에 이룰 때 맺는 법이다. 그냥 그대로 있는 중심잡이 7차원, 생장수장 삼라만상 3차원에는 삼천대천 4차원이 공존하므로 천국은 저승에 있지 않다. 이승 너머가 저승이듯, 지옥 너머가 천당이라 음기 7차원의 천(天) 어머니와 양기 3차원의 지(地) 아버지가 하나 될 때 형성되는 음양합의 0차원이 천국이라는 것이다.

한 치 앞을 몰라 긴장 속에 실의, 낙담, 절망, 분노, 원통 등의 분통 터질 일로 속앓이 끊이지 않는 이들에겐 애먼 소리해댄다고 할 것 같다. 지식으로 육생량 개척을 위해 사는 민족이면 모르지만 지혜의 정신량으로 살아가야 할 민족이 육생량을 위해 살아가면 육생량을 위해 살아가는 민족의 힘에 부대껴 살아갈 수밖에 없다. 정신량을 마련하지 못한 만큼 육생의 힘에 눌려 눈치나 보며 살아가야 한다는 것이다. 지금 당장 내 코가 석자인데, 보이지 않고 들리지 않는다 하여 천당지옥도 아니고 그것도 천국이나 논하고 있으니 어디 먹히기야 하겠느냐만 이유와 장소를 불문하고 부딪치면 지옥이요, 하나 되면 천당이고, 행복하면 천국이다.

지금 내 앞에서 벌어지는 일도 마찬가지 아닐까. 욕심 부릴수록 충돌할 것이고, 자존심을 부릴수록 막힌다 할 것이며, 하나 되지 못할수록 어려워질 것이다. 에고의 지식 육생량에서 비롯되는 사랑 그 거룩한 행위는 참나의 지혜 정신량을 불러일으키기 위한 것에 있다. 이를 마련하지 못하면 행복의 천국은 언감생심, 사랑의 천당을 꿈꾸다 부딪치며 살아가는 지옥생활 면하기 어렵다. 저승과 이승을 오가는 이유도 실상을 바로 보기 위함이나 육생 만족에 취해 총칼 앞세워 사랑을 강요하고 행복하라고 되레 윽박지른다.

　기실 이 땅에 불교가 유입되면서 극락과 지옥의 개념이 자리하였다. 낙원천국 음부지옥 제창한 기독교가 들어오면서 색다른 해석이 전개되었다. 반면 유교의 장묘문화는 착한 선행의 가치를 부각시켜 주고도 받지 못하는 반쪽반생을 의례 희생의 미덕으로 삼게 만들어 상호상생 바른 정행의 본질을 호도하였다. 배달(倍達)과 백의(白衣)와 신선(神仙)의 무릉도원이 뜻하는 바를 알면 올바른 저승 관에 다가서는 일은 그리 어렵지 않을 것 같다. 고을마다 자리한 사각정(四角亭)은 깨우침의 산실이었다는 사실과 육각정(六角亭)은 물 번식하는 모든 육의 생명체가 쉬어가는 곳이었다는 사실과 팔각정(八角亭)은 공적을 쌓고자 지나온 삶을 되돌아보기 위한 자리였다는 사실에 대해서 말이다. 물론 무위자연을 위한 것일 수도 있고, 물아일체를 위한 것일 수도 있지만 뿌리민족의 이념은 세상을 널리 이롭게 하라는 홍익인간으로서 이로움의 에너지 지혜 촉발을 위한 것에 있다. 자연이 사회인 동물세계의 질서는 육생본능 그 자체에 의존하지만, 인간사회는 인위적 행의 현장이므로 본능에만 의지하면 육생의 무질서를 일으킨다. 즉 분별을 곧추세우자는 것으로, 이 땅에 세워진 모든 정자(亭子)는 일깨움의 장소이자 성찰의 장소이며 하나 되기 위한 장소였다는 것이다.

　나를 위해 만든 자리가 아니었다는 것이다. 너와 함께하기 위한 자리였다는 것이다. 결국 이 땅 어느 곳이든 나만을 위한 자리는 없다는 것이다. 내 자리는 너를 위할 때 덤으로 주어지는 선순환의 자리였었고, 실천의 장이 바로 행의 현장 사회라는 것이다. 어느 날부터인가 정신차원을 주관하는 운용주체는 오간데 없고, 육생량을 관장하는 운용주체들이 유흥을 즐기기 시작하면서 퇴색하기 시작하였다. 지붕은 사모(紗帽)요, 집은 관대(冠帶)로서 그에 걸맞은 민족의식과 품성을 함양했다면 일제강점기와 동족상잔 6.25는 있을 수도 없다. 천여 번의 외침 있을 수도 없다는 것이다.

각설하고, 현재는 과거의 연장선이고, 미래로 이어지는 원동력이다. '지금 여기에 있어라'고 현자들은 말하지만 무엇을 위해 왜 있어야 하는지 일언반구 없다. 물론 지금 깨어있는 이 순간보다 무엇이 더 중요하겠는가. 배고프면 먹고 피곤하면 잠자라는 식으로 고작 나를 위한 육생행위만 부추긴다면 도린결에서 자유인이나 부르짖고 사는 것과 무엇이 다를까. 만약 전생을 통한 현생이 어떠하고, 현생을 통한 내생이 어떠하다는 가르침이 따랐으면 어떠했을까. 이도 지금 이 순간에 봉착된 문제와는 전혀 도움 되지 않은 답일 수도 있지만 부딪쳐 어려워졌거나, 즐거워 신나는 일의 근본은 하나이기 때문에 하는 소리다. 즉 육생살이 인간이 이기적 육생량에 이기적 셈법으로 다가섰다 맞이한 희비의 문제라는 것이다. 그렇게 거기에 갇혀 분별을 잃었다는 것이다.

원인도, 과정도, 결과도 나 하기 나름이라 당장 풀릴 수도, 서서히 풀릴 수도, 더 막히어 어려움에 처할 수도 있다. 그런데 이혼했다고 혼자 살아가야 하는 것일까. 사업에 실패했다고 해서 마냥 주저앉아 있어야 하겠느냐는 것이다. 나아가다 넘어졌다면 넘어서지 못한 사유가 있을 터, 물론 근본원인을 밝히기도 전에 재혼하고, 재기하고자 발버둥 쳐본들 유사한 일에 부딪쳐 재차 주저앉게 된다는 사실을 알아야 한다. 넘어가면 발전이요 멈추면 퇴보라, 좌절과 실패는 징벌차원의 표적이기보다 뛰어 넘고 일어서게 하기 위한 자연발생적인 표적이다. 기실 어려움에 맞닥뜨리면 조상 탓하는 이들도 적지 않고, 팔자타령 하는 이들도 적지 않다. 나밖에 몰라서, 쓸 줄 몰라서, 소통할 줄 몰라서 봉착한 문제인데도 단지 조상이 밀어주지 않아서거나 팔자가 나빠서라고 매도해서는 안 된다. 실패는 나름 성공했다 자부한 이들이 하는 것이고, 육생의 기본금은 근기만큼 주어지는 것이라 탓하면 탓할수록 기운만 더 탁해질 뿐이다. 이쯤 되면 지옥, 아귀, 축생, 수라, 인간, 천상으로 나뉘어 논하는 육도윤회를 말하지 않을 수 없다. 극락과 지옥을 논해왔던 만큼 저승은 사후세계일뿐 죗값을 치르러 가는 곳이 아니라는 사실에 대해서 말이다. 살아생전 집착귀가 빙의하는 정도면 몰라도, 인기(생각의 질량)가 육신에 안착된 후에 육천육혈 모공을 통하여 우주에너지 마음이 안착되는 것이므로 육도윤회는 집착이 만든 허상의 개념일 뿐이다.

생각의 지식과 마음의 지혜 어느 쪽을 더 많이 쓰느냐에 따라 삶의 질은 판이하고, 특히 주입한 지식과 찾아 쓰는 지혜는 적대보완적으로 자리하는 것은 더 나은 삶을 위한 것에 있다. 본능 넘어 분별로 살아가야 하기에 매 순간 행위가 나를 위한 것인가. 아니면 너를 위한 것에 있는가에 따라 삶의 차원은 갈린다. 보편적으로 알았고, 찾았고, 득했다고 말하는 대부분의 깨우침은 일상적인 육생차원의 깨우침이다. 이면의 깨우침은 인생차원으로, 대체로 일깨울 때 깨우친다.

육생은 전문분야 생각차원으로 외부적 지식에서 비롯되고, 인생은 정신세계 마음차원으로 내부적 지혜에서 기인하나, 결국 내외적인 가르침은 모두 함께 하는 삶을 위한 것에 있다. 하지만 정신량이 배제되었다면 모든 질량은 이기의 산물일 수밖에 없고, 이해득실에 따라 자기 셈법에 갖다 붙이기 일쑤다. 모순이 양산되는 것도 이와 같은 연유이고 보면, 인생살이 깨우침을 저해하는 가장 큰 요인 중에 하나는 주입한 지식에 지혜를 덧붙이려는 데 있다. 눈으로 보는 게 익히는 것이요, 귀로 듣는 게 배우는 것이라는 사실을 모르지 않을 터, 육생의 지식을 많이 쌓아둔 이들일수록 지식에 대입하고, 정신세계를 탐구하는 이들일수록 지혜에 대입하려 든다. 왜일까. 본연을 위한 본능이라 보이는 것만 수긍하는 과학은 저승을 부정하지만, 정신은 이승과 저승 모두를 받아들인다는 데 있다. 삼천대천 저승세계는 육신을 벗으면 보이는 곳이요, 삼라만상은 벗으나 안 벗으나 보이는 이승세계다. 아울러 이승에서 육신을 벗고 돌아가는 저승을 증명하기란 매우 어렵다.

시공간이 존재하는 이승은 틀에 갇힌 유형의 차원이고, 존재하지 않는 저승은 무형의 틀에 갇힌 차원으로 어느 쪽으로도 치우치지 않은 공평의 공간이자, 다음 생을 준비하는 영혼의 공간이며, 삼천대천 켜켜한 차원은 옥(獄)의 공간이기도 하다. 위계는 이승의 공적에 따라 나뉘는 것이고, 승계는 상호상생의 결과에 따라 생사여탈권을 쥐고 있는 저승이 주관하며, 이승은 하나 되어 살아가는 행위를 관장한다. 즉 이승의 공적을 보관해두는 창고라고 할 수도 있는 저승은 다음 생을 위한 관문이자, 위계차원이므로 천도는 가문의 본 줄을 찾기 위한 방편일 뿐이지, 지옥을 피하고 극락을 보내기 위한 것에 있지 않다. 단지 보이고 보이지 않는 시공간이 있고 없을 뿐, 뱉고 마시는 날숨들숨도 둘이자 하나이듯, 조상과 자손도 둘이자 하나이다. 본래 0이라는 하나의 차원에서 분리된 음양의 본질은 끌어당겨 하나 되고자 하는 성질을 가지고 있다. 이처럼 음과 양의 협의는 합의를 위해 하듯, 합의는 화합을 위한 것에 있어 합의는 했다 하나 화합하지 못하면 최초 협의에 문제가 있다. 누가 이로워서 맞이하고 아쉬워서 찾아간 자이냐에 따라 화합의 향방이 달리 묻어난다. 특히 이로운 자가 내가 나인데 하는 아상에 사로잡히면 실패의 그늘이 드리울 것이고, 아쉬운 자가 자존감을 빙자한 자존심이나 부리면 처한 난관 극복하기 힘들다.

　육생물질문명 발전 속도에 맞춰 정신문명도 함께 추구해왔다면 선악의 논리도 새롭게 정립되지 않았을까 싶다. 태생이 흙수저에 가까울수록 부자들은 막연히 행복할 것이라는 믿음이 팽배하여 육생량을 많이 가질수록 근심걱정마저 없는 것으로 인식하고 있으니 말이다. 이는 육생의 궁핍이 빚어낸 생활상으로 언제나 표적은 하나 되지 못할 때마다 상대성으로 주고받는 가르침이다. 물려받았건, 주어졌건, 올라섰거나 하면 운용주체라 그 행위를 다하지 못하면 그에 따른 고통 누구나 예외일수 없고, 타고난 육생량의 무게만큼이나 천양지차다. 직업의 수만큼이나 선악의 논리도 다양하고, 신앙은 이를 빌미로 과보니, 업보니, 업장이니 소리나 해대는 겁박수준도 다양해졌다. 나 하기 나름에 주고받는 상극과 반생과 상생은 자연발생적인 일인데도 혹세무민한 자들이 죄와 벌이라는 논리의 틀에 가둬 버려, 사자(범죄)짓 해대는 이들을 쇠창살 감옥에 가두기만 하면 강력범죄가 크게 줄어들 것으로 굳게 믿는 모양새다. 많이 가진 자들이 저지른다면 얼마정도 가능할지도 모르겠으나 태반이 적게 가진 이들이 저지르므로, 이들만을 교화시킨다고 해서 하나 되는 삶이 가능하지 않다. 상전이 배부르면 종 배고픈 줄 모른다는 말처럼 흙수저 출신의 운용주체가 사랑받는 이유 중에 하나가 동병상련이다. 즉 어려운 처지에 있던 이가 누구보다 어려운 처지에 있는 이들을 잘 알고 있을 것이라는 믿음 때문이다.

⚫ 인생물결 변화의 바람

육생사도 나 하기 나름이요, 인생사도 나 하기 나름이다. 어려움은 항상 앞에 있는 네 처지와 내 입장을 받아들이지 못해 발생하는 일인데 자신은 아무런 잘못도 없이 그저 재수 없어 얽어걸린 것쯤으로 안다. 부자 하나면 세 동네가 망한다는 소리가 있다. 왜일까. 타고난 육생의 기본 자리는 올라서야 하는 것이겠지만, 인생은 오른 후부터 시작이라 아쉬워 찾아온 이들을 아우르지 못해 생겨난 말이다. 그리고 이쯤 되면 분명 찾아오면 도와주겠다는 간판을 내걸었을 터이고, 맞이하는 자의 본분을 다 할 수 있는 방도를 심도 있게 강구해야 했다. 하지만 여전히 육생 안위를 위해 발버둥치는 꼴이라 아쉬워 찾아간 이들의 원성이 들리기 시작하면 실패는 시간문제다. 이승은 저승 하기 나름이듯 저승도 이승도 나 하기 나름인데 육생물질과학이 발전하면 할수록 희한하게 부정적 견해만 짙어진다. 필자 또한 보이지 않는 저승을 자기 논리대로 써내려 간 것이 아니겠냐고 반박하면 할 말이 있겠느냐마는 보이지 않는 차원은 증명하기 힘들어 추론이라 할 수밖에 없다. 영적세계의 체험은 깨우침의 방편이라 근기에 따라 달리 해석하기 마련이고, 자칫 닭알 논쟁처럼 끝없는 말싸움으로 이어질지 모르니 이쯤 하자. 그렇다고 무신론자도 범신론자도 아니다. 수행을 통해 터득한 유신론자로서 전적으로 신에 의지하기보다 가르침에 편승하여 대자연의 섭리를 밝히고자 할 뿐이다.

한편, 한 그루의 나무 보드기를 면하기 위해 치우치지 않고 공평함을 유지해야 하는데 이는 뿌리의 숙원이자 몸통가지의 공통분모다. 어떻게 해야 하는 것일까. 가령 앞에 있는 이가 손을 잘 쓰면 뒤에 있는 이는 발을 잘 써야 할 터, 그 중간에 서 있는 자는 손과 발의 중심이 되어야 한다는 것이다. 이처럼 타고난 육생량 손과 발을 잘 쓰는 것도 중요하겠지만 하나로 아우를 중심잡이 이로움의 질량 없이는 하나 되어 나가지 못한다는 것이다. 내가 부족한 것을 네가 가지고 있고 또 네가 필요한 것은 내가 가지고 있기에 짓는 것이 인연이라 그를 통해 사랑, 관심, 호감 등을 느끼는 때가 허한 그 무엇을 채울 수 있지 않을까 싶을 때 아닌가. 어린 시절 나를 위해 살아가야 하는 만큼 입으로 먹고 육신과 뇌를 성장시키면서 육생량 성취를 위한 육생교육에 매진해왔다. 성인 시절은 너를 위해 살아가야 하는 때라, 눈으로 습득하고 귀로 청취하며 성숙된 뇌와 더불어 본성에 인성을 부가시켜 나가면서 인생살이 정신량 교육에 매진해야 했으나 현실은 동물처럼 육생만족에 취해 살다가 그만 답보상태에 놓이고 말았다. 무슨 소리냐면, 뇌가 커가는 어린이에서 청년기까지 파종기라 생활방식이 유독 자신에게 쏠릴 수밖에 없고, 지식의 뇌가 숙성된 청년에서 중년기까지 생장기라 삶의 방식은 너를 향해 있어야 하며, 지혜의 보고 마음에너지를 써야하는 중년에서 말년까지는 수확기로서 삶의 차원은 확연이 달라야 하는데도 일괄적 삶 마냥 교육은 전후사정을 고려하고 있지 않아 많은 문제가 발생하고 있다는 것이다. 예부터 전해져오는 말은 맞는 말이니 무조건 따라야 한다는 사고방식에서 비롯된 '이것은 좋고 저것은 나쁘고' '하라 하지마라' 식의 억압교육의 폐해가 마침내 에코부머 자식 세대가 할아버지 기계식 세대를 완전 무시하는 경향을 낳기에 이르렀다.

이는 전적으로 그 중간세대 아날로그 부모 책임이다. 어린 시절에서 청년시절까지 나를 위해 살아가는 자식세대에게 IT문화 바람에 편승하여, 청년시절에서 중년시절까지 너를 위해 살아가야 하는 인생물결 바람을 부모세대가 반드시 일으켜야 한다. 등 따시고 배부르면 그만이라는 돌연변이 가치관이 세대불문하고 파생하자 동물처럼 육생살이 머무름의 표적이 고스란히 부모세대에게 돌아가고 있다. 베이비부머 중년에서 말년을 넘어 노년을 맞이한 세대로서 기계식 시대에서 아날로그를 거쳐 디지털 시대에 이르기까지 격동의 세월을 살아온 만큼 상중하 차원을 아우르는 삶을 살아가기 위한 노력을 아끼지 말아야 했었다는 것이다. 일제강점기와 동족상잔 6.25를 거치고 민족재건이라는 미명하에 힘의 아버지는 권위의식의 표상으로, 지혜의 어머니는 청순가련의 표본으로 스스로를 자기모순 테두리에 가둬버렸다. 그래서 그런 것인가. 활동주체 힘의 아버지가 운용주체로, 운용주체 지혜의 어머니가 활동주체로 뒤바꼈다는 사실 자체를 아예 모르고 있다. 가장 큰 원인은 유교사상에 물든 것이겠지만, 생장수장 만물을 무르익게 하는 것은 활동주체 태양의 기운이요, 달은 에너지를 불어넣어주는 중심잡이 운용주체 음의 기운이고, 물은 만물의 근원이자 생명의 원천으로 자리하고 있다는 사실을 안다하더라도 숱한 역경의 세월 육생의 힘에 의해 역할이 바뀌었다. 본연의 삶을 위해서라도 청년시절에는 기본의 육생량에 충실해야 하고, 맞이한 중년시절은 정신량 마련에 매진해야 하는 것이며, 말년시절에 들어서는 육생과 정신을 아우르는 진정한 운용주체의 삶을 살아가야 한다는 것이다.

베이비부머가 오롯이 육생량을 위해 매진했던 장년시절 덕택에 맞벌이가 유행처럼 번지더니 중년기에 들어서자 내 등 따시고 배부르면 그만이라는 육생 안위에 놓고 있었다. 부지불식간에 뿌리는 백척간두 위기에 봉착했고, IMF 간신히 모면하자 말년에 들어 에코부머 자식세대 일자리 문제와 기계식세대 노인문제로 사면초가에 빠지고 말았다. 여전히 나밖에 모르는 육생살이를 추구하고 있어서인데, 지혜의 어머니가 과연 청순가련형에 있었을까. 아니면 당찬 어머니상에 있을까. 운용주체 음의 기운 지혜를 머금었으니 경우에 따라 무궁무진 변화 가능한 팔색조라 하면 어떠할지 모르겠다. 청순가련은 육생량을 위해 살아야했던 고달픈 기계식 시대의 어머니상일 뿐이다.

육생량이 넘쳐나는 업그레이드 시대에선 안쓰러운 연민의 상이고, 당찬 어머니는 기가 너무 세면 양의 기운 고갈시킬 수 있으므로 중화시키지 않으면 이로움의 대상으로 보지 않는다. 내조는 활동주체 아쉬움을 충전시키고자 이로움의 에너지를 운용주체가 생성하는 것에 있다. 아울러 아내는 남편의 활동에너지를 충전시키듯, 사장은 사원의 활동에너지 충전시키고, 대통령은 만백성의 활동에너지를 충전시키면 나라다운 나라가 안 될까. 당최 충전시킨다는 뜻이 무엇일까. 이로움이 뜻하는 바가 무엇이냐는 것이다. 사원의 사기가 충천할 때 생산량은 배가 되고, 그러한 남편은 아내를 지극히 사랑하게 되는 것이라 이쯤이면 만백성은 국가를 신뢰하고 믿고 따르기에 이른다.

하지만 이로움의 질량에 대해 모르다보니 저마다 쫄딱 망하고 한다는 말이 '잘해보려다'가 사단이 났다는 것이다. 무엇을 어떻게 잘해보려 했던 것일까. 정녕 아쉬운 너에게 이로웠다면 나에게도 이로울 것인데, 이로울까 싶어 했던 행위로 인해 되레 어려워졌다면 정녕 잘해보려 했던 행위에 대해 뒤돌아 볼 일이다. 속편코자 한 행위거나, 마지못해 한 행위거나, 보여주기식 행위가 아니었는지에 대해서 말이다. 상극상충은 쌍방 간 이롭지 않을 때 일어나고, 반쪽반생은 나만이 희생될 때 일어나는 일이다. 만약 아내가 연민 가득한 청순가련형이면 남편에게 이롭다는 행위가 매사 상극상충 일으키기 십상이고, 당차다면 반쪽반생의 결과를 초래하기 십상이라 이는 쌍방 간에 이로움이 없었음을 반증하는 바다. 만약 일상이 이 지경이라면 지혜를 한번 써보기나 했을까. 육생량을 위해 살아가면 이해타산 밝히는 지식이 우선할 터이니 지혜는 그만큼 반감되고, 정신량을 위해 살아가면 사리분별 밝히는 지혜를 추구할 터이라 지식으로 생산되는 육생량은 덤이다. 예컨대 육생량을 추구하는 생장수장 활동주체는 지혜보다 지식을 앞세우고, 정신량을 지향하는 중심잡이 운용주체는 지혜가 바탕이므로, 활동주체는 사랑하고 운용주체는 행복을 주제하기 때문에 내조의 본질을 바로 알아야 할 때가 왔다.

밥 잘하고 빨래 잘하는 것이 내조라고 한다면 가정사 무엇이 문제이겠는가. 활동주체는 육생량을 위해 아침이 되면 행의 현장으로 출근하고, 하루 동안 방전된 에너지 충전코자 저녁이면 운용주체가 기다리는 가정으로 퇴근한다. 내일의 성패 여부는 퇴근 후 에너지 충전 질량에 달렸다. 운용주체가 주고받는 차원을 바르게 이해할 때 이로움의 에너지 정신량을 생성할 수 있고, 상호상생 내조의 깊은 뜻까지 바로 알 수 있다. 따라서 10세 안팎의 어린나이 충년(沖年)까지는 육생교육에 국한되어도 무방하나, 학문에 뜻을 둔다는 15세 지학(志學)에 이르러서는 뜻을 세우는 입지의 나이 30세를 염두에 두고 인생량을 위한 정신량 교육에 매진해야 한다. 육

성장과 육생 안위의 질량은 이기의 육생량이요, 정신성장과 인생 안위의 질량은 이타의 정신량으로서 적대보완적 인과관계가 자연스레 발생하고 있으며, 특히 너와 나의 차원이 내 안에 공존하는 가장 큰 이유는 상호발전을 위한 것에 있다는 것이다. 해서 앞에서 벌어지는 일을 바르게 해결하면 하나 될 것이고, 못하면 불화할 것이라 올바른 가치관의 양산은 생각과 마음, 너와 나의 차원을 이해할 때 정립되는데, 하나같이 마음을 나(에고)로 인식하고 있어 걸리는 게 참으로 많다. 육생 너머 인생을 추구하는 게 궁극의 삶이다. 입으로 무엇을 먹느냐도 중요하지만, 눈으로 무엇을 보고 귀로 무엇을 듣느냐도 그만큼 중요하다는 것이다. 가르치는 데로 입력하는 뇌와 이기적인 생각은 이기적인 상태 그대로 받아들인다. 따라서 생각으로 이해하는 차원은 전적으로 나를 위해 편애하고, 마음으로 받아들이는 차원은 너를 이해하고 존중하고 공평하기 위해 분별을 세운다. 만약 아무런 분별없이 이해하려고만 든다면 편애한 것이라 그대로 고착시켜 문제를 일으킨다.

마누라가 얼마나 좋으면 처갓집 말뚝 보고 절을 할까. 우스갯소리인 듯싶으나 양이 음을 갈망하듯, 지식은 지혜를 갈망하고, 육생량은 정신량을 갈망하기 때문이라 아내를 통해 간절히 바라던 그 무엇을 채워 뜻한 바를 이루었다면 말뚝이 문제일까. 내 님은 분신이라 한 목숨 아낌없이 바쳐도 아깝지 않은 내 사랑일 텐데, 이로운 자와 아쉬운 자의 관계에선 얼마든지 일어날 수 있는 일이다. 반면, 첫눈에 반해 죽고 못하는 사이더라도 이롭지 않으면 퇴색되어 뒤돌아서는 것은 예사로운 일이다. 아이러니하게 부부가 맞벌이하지 않으면 안 되는 시기가 육생량이 넘쳐나는 업그레이드 시대 무렵이었다. 유치원에서부터 대학졸업하기까지 최소 16년의 세월 동안 사설학원도 여러 곳 다녔을 것이라, 정녕 무엇을 배워 행의 현장 사회로 진출한 것일까. 학자금까지 대출받아 긴 세월 공부를 하긴 했는데 진정 자신의 삶에 도움 되지 않는다면 졸업 후 먹고살기 위한 육생살이 터전을 찾아 헤매고 있으니 교육도 신앙만큼이나 심각한 모순을 양산하고 있다. 이 세대 30%에 들면 그나마 다행이지 않나 싶고, 벗어나면 학자금대출 갚기도 전에 결혼자금 대출에 내 집 마련 대출까지 내야 하는 실정이라 같이 벌지 않고서는 휴일다운 휴일을 맛보기 어렵다.

이도 나름 안정적인 직장이다 싶은 이들에 한해서다. 그만한 일거리가 받쳐주지 못한 에코 세대에게 있어 공무원은 꿈의 직장이 되어가는 듯싶고, 정년퇴직을 맞이하기 시작한 베이비부머는 자연인을 부르짖으며 도린결로 제 발로 걸어 들어가는 실정이라, 나를 위해 당최 무엇을 배운 것일까. 보아하니 동물처럼 육 건사시키며 육생만족하자는 것에 있는 것 같기도 하고, 양극화가 심화되자 가진 자, 있는 자, 누리는 자들만 타박하는 실상이 되었고, 먹고 살려면 맞벌이는 기본이라 넘쳐나는 실업자로 도시는 아우성이다.

만백성이 피와 살을 뜯어 바치는 가장 큰 이유 중에 하나가 사람답게 살아갈 수 있는 길을 제시해 달라는 데 있다. 정관계 또한 이러한 사실을 모르지는 않을 터, 알고서 안 하는 것일까. 기실 몰라서 못하는 것이라 상호상생 꿈조차 꾸지 못하고 있다. 빚지고 태어나, 빚으로 살다가, 빚지고 돌아가는 처량한 육생살이 어이하면 좋을까나. 물론 문제는 그르게 전개되는 치우친 사의 세상이라는 점도 있다. 그래도 교육만큼은 상극상충 육생의 모순을 밝히는 것에 초점을 맞춰야 하는 게 아닌가 싶은데, 태어나면서 죽을 때까지 빚

갚기 위한 육생교육 일색이라 하는 말이다. 처음부터 빚은 누구한 테 졌고, 누구한테 갚아야 하는 것일까. 누구의 호주머니에서 나온 돈이냐는 것이다. 육생량이 넘쳐나는 데도 삭막한 육생살이 우스꽝스러운 영웅놀이에 영웅 같지도 않은 영웅을 만들어내야 하는 실정이다. 정권이 바뀐다고 해결될 일일까. 정치를 잘하려 해도 모순의 실체를 모르면 하고 싶어도 할 수 없는 것이라, 육생교육부터 바로잡아 나가지 않으면 바뀔 것은 그 무엇도 없다.

진화는 인간의 사고를 최고치로 끌어올리기 위한 것에 있고, 발전은 육생살이에서 인생살이로 승화하기 위한 것에 있으며, 화합은 하나 되어 사람답게 살아가기 위한 것에 있다. 아울러 배움의 개념은 쓰임의 가치를 바로알고 쓰기 위한 것에 있으니 행의 현장 사회로의 진출은 타고난 소질 그 쓰임을 다하기 위한 것에 있다. 누구나 이기의 육생량 앞에서는 욕심이 꿈틀대기 마련이라, 말은 행동보다 쉽듯 약속은 신용보다 쉬워 후회할 것을 알면서도 저지른다. 정신량과 별개차원인 인간정신은 애써 참고 인내하기 위한 것에 있을까. 너를 위한 이로움의 차원을 모르면 인내도 한계를 드러내기 마련이고, 정신력은 타고난 근기와도 일맥상통하는 바라, 육생근기는 육생량에서 비롯되어 인과관계를 자아내듯, 인생근기는 정신량에서 기인하여 인간관계를 형성한다. 영웅호걸은 절대가인 앞에 무너지듯, 이기의 육생량 앞에서 내 욕심의 권력도 무너지기는 마찬가지다. 그래서 그런 것인가, 쓰임을 모르는 재떨이와 쓸 줄 모르는 부자는 모일수록 더럽다고 말한다. 번다는 개념의 일면은 들이 마시는 호흡처럼 육생의 기본금을 수급하는 것이요, 이면은 소통을 위한 것에 있으므로 하나 되고자 한다면 내뱉는 호흡처럼 쓰는 법을 바로 알아야 한다.

나를 위한 육생량은 들이 마시는 아쉬움이라 벌어들이는 데 목적이 있고, 너를 위한 정신량은 내뱉는 이로움이라 쓰는 데 목적이 있다. 육생의 기본금을 소통의 방편으로 쓸 줄 몰라 쌓아두는 것은 기운을 잠그는 일이요, 쓰는 것은 기운을 활용하는 일이며, 버리는 것은 스스로의 기운을 소멸시키는 행위다. 받아온 육생량 아무짝에 쓸모없는 듯 버리고 비우는 무소유 행위가 거룩하다면 기본금으로 주어질 이유가 없고, 육생을 넘어 인생을 살아가야 할 하등의 이유가 없다. 어린 시절은 성인 시절을 위한 것에 있듯이 먼저 주고 후에 받는 선순환의 개념 자체가 바로 무소유다. 나를 위해 벌고, 나를 위해 쓰다가 결국 상극상충 벌어지는 것이므로, 그리하여 표적은 너를 위해 쓰는 법을 알고 있느냐에 대한 물음이기도 한 것이다. 아쉬운 육생량이 많은 자는 이로운 정신량을 필요로 할 것이고, 이기의 육생량이 부족한 자는 이기의 육생량을 위해 매진할 것인데, 이처럼 치우친 사행의 모순이 착한 선행의 모순을 낳았는데도 불구하고 분별이 여의치 않아 되레 사행을 타파하고자 선행을 부추기는 오류를 범하고 있다. 상극상충이나 반쪽반생이나 무엇이 다를까. 착한 것이 바른 것 마냥 종용하여 '착하게 살자'와 '바르게 살자'는 구호와 푯말이 분별없이 쓰이는 것을 보아, 여전히 내 욕심 채우고자 하는 일들이 성행하고 있음을 알 수 있다.

☾ 이로운 자와 아쉬운 자

과연 치우친 사의 세상에서 악의 실체를 바로 알 수 있었을까. 착한 선의 실체조차 알기 쉽지 않을 성싶은데, 원초적 육생살이 육

건사 시대에 죽이고 죽이는, **빼앗고 빼앗는** 실상이 생사의 문제면 선악의 관념은 없다. 도움받기 위해 찾아오든, 아쉬워서 찾아오든, 동향 살피러 찾아오든 본인의 삶과 무관하다면 덕스러워야 할 이유도 없고, 딱히 베풀고 살아가야 할 이유도 없을 것이라 바른 정의 개념이 바로 서 있을 리도 만무다. 그르다는 관념 자체도 없었을 것이니 다르다는 관념은 물론이요, 상극상충 사행이 어떠하고 반쪽반생 선행은 어떠하다는 비교가 가능하지 않았다. 육 건사 육생살이가 전부인 동물의 세계와 다를 바 없어 힘의 논리 적자생존 종족번식이 전부이거나 마찬가지로 일상은 지극히 단순하여 배고프면 먹고 피곤하면 잠자는 수준을 넘지 못한다. 육생을 넘어 인생을 살아가야 하는 인간이기에 너와 나, 생각과 마음, 본능과 분별 등의 적대보완적으로 공존하는 것이고 논리 너머 진리를 구현해야 하는 이로운 입장에선 이들이 악과 선의 세상을 구체화시켜야 했다. 육 건사 육생량 앞에 발동하는 욕심은 순수 욕망이라 때론 자기 방어기제 이기적 행태를 드러내면서까지 싸우고, 충돌하고, 부딪치기를 반복하자 이타적 행위로 중화시키고자 도덕적 가치와 윤리개념을 부르짖기에 이르렀다.

어떻게 살아가든 너와 나의 차원이 내 안에서 공존하는 관계로 적자생존, 힘의 논리, 치우친 세상의 전모가 점차 드러나기 시작했다. 상대적으로 권선징악, 인과응보의 모델을 삼았던 착한 선의 세상은 물려받았든, 주어졌든, 올라섰든 상위 3%를 위한 세상이 아니었을까 싶다. 27%는 3%에 장단 맞춰 춤출 때마다 나름의 떡고물로 살아간다 할 수 있으며, 30% 이상 넘어갈수록 줏대 잃은 육생량의 꼭두각시가 되어야 했으니 말이다. 정신량을 외면하고, 육생량으로 선행을 부르짖게 만드는 이들이 누구일까. 그로 인해 가해지는 반쪽반생의 고통을 상중하 차원으로 분담한다면 모르지만 나 몰라라 할 때마다 민초들이 그 고통 짊어진다. 사랑하면 행복한 것 마냥 부추기고, 의논하면 합의한 것 마냥 조장하고, 공부하면 뜻한 바를 모두 이룰 것 마냥 분위기만 조성했다. 그 결과 뜻한 바를 이루지 못한 이들은 저마다 아픈 사연 가슴에 안고 악행이라 말하는 상극상충 행위를 저지르고 살아간다. 이러한 과정을 토대로 점차 착한 선행의 모순들이 밝혀지기는 했으나 작용반작용의 법칙 상대성 원리를 무시한 인간논리 선악의 개념은 더욱더 견고한 틀을 갖추어 나갔다. "누구에 의해" 바로 정치, 경제, 사회, 문화 등을 이끌겠다고 자처하고 나선 이들에 의해서다. 또 정의로운 것 마냥 정의 법을 집행하는 집행자들이 상위 3% 중에서도 0.3% 운용주체에 의해 끌려 다닌다는 사실이다. 절박해보지 않고 절실해보지 않은 이들이 절박하고 절실한 이들을 이끄는 일이 과연 가능할까. 결국엔 도망갈 구멍을 파놓을 것은 빤한데 말이다. 모두에게 공정하면 정(正)이요, 치우치면 사(邪)라 착한 선(善)을 바로 보지 못하면 바른 정에 대해 모른다. 선악의 행위는 손바닥도 마주쳐야 소리 난다는 고장난명과 다르지 않아 피해자와 가해자의 행위를 이분화 해서는 안 된다. 운용주체가 누구인가부터 밝혀야 하는 게 우선이라는 것이다.

　단지 내 행위의 반쪽이 다르고, 너는 한 쪽이 치우쳐 개념이 다를 뿐이지 이로운 자와 아쉬운 자로 만나지 않았다면 너와 나는 피해자와 가해자로 나뉘지 않는다. 이로운 자가 아쉬워 찾아간 자의 허한 곳을 매만져준다면, 반쪽반생 결과보다 상호상생 결과를 낳아 죄와 벌 선악의 차원은 자리하지 않는다. 허한 곳을 채워주기보다 자기 명(名) 낼 요량이거나, 호주머니만 노릴 심산이면 여지없이 그에 걸맞은 표적이 직간접적으로 발생하여 상극상충 일으키게 되어 있다. 이에 대한 책임량은 이로운 운용주체가 더 크므로 육생차원보다 정신차원에 가해지고, 아쉬운 활동주체에게는 정신량보다 육생량에 가해진다. 선행도 쌍방 간에 이루는 것이요, 악행도 쌍방 간에 이루는 것이라 결과만을 논하는 오류 범하지 않는다면 원인에 따른 과정을 밝혀낼 때 선행차원 바른 결과는 정행차원의 토대로 쓰인다.

그르다는 사행과 다르다는 선행은 불가분의 관계다. 이를 발판 삼아 바르다는 정행차원을 정립하지 못하면 AI 시대에 고가의 삶의 질을 기대하지 말아야 한다. 그러고 보면, 나를 위해 체득한 것만 있을 뿐, 너를 위하고자 한 것은 없다. 머리에서 발끝까지 나를 위해 입고, 쓰고, 치장하는 것을 보면 결국 너를 내 뜻대로 해보려는 욕심밖에 키운 것이 없지 않은가.

실상이 그러하면 너를 내 뜻대로 해보려는 욕심보다 더 큰 욕심 없는 것 같다. 아마도 태어나는 순간부터 본능적 육생살이 육생 교육에 매달린 결과가 아닐까 싶다. 죽을 둥 살 둥 21세 성인이 되기까지 받은 교육이 고작 육 건사를 위한 것이라 육생살이 취업난에 허덕일 수밖에 없고, 인생살이 발판을 위한 것이었다면 이로운 자로 승격이라 운용주체의 덕목을 익히는 일만 남았다. 덕목이란 무엇일까. 고작 육생성공에 매달려 하는 일이라곤 군림이고 갑질 행세라 주고받기는커녕 욕먹기 바쁜데 웬걸 후안무치라 끄덕하지도 않는다. 아쉬운 자에서 매진하든, 이로운 자의 위치에서 매진하든 육생살이 풍상고초 벗어나지 못하는 데에 있어 명문을 지향한 사설학원도 한몫 거들었고, 명문학교도 한몫 거들었으며, 명문을 읊

조린 선생들도 한몫 거들었다. 제일 큰 책임자는 명문을 오도한 부모이고, 그 뜻에 응하지 못한 자식들이 점차 사자로 돌변하자 급기야 명문이 되지 못한 사회를 탓하기에 이르렀다.

그렇게 명문을 외치던 선생들이 넘쳐나는 뿌리사회는 진정 명문이어야 할 텐데 어찌 된 노릇인가. 헬 조선(Hell朝鮮)의 비명소리만 들린다. 가르치는 이들마저도 기업을 탓하고, 사회를 탓하고, 국가를 탓하는 것을 보아하니 육생명문만 있을 뿐이지 인생명문을 지향하는 정신명문에 대해서 모르는 눈치다.

이나저나 명문(名門)이 뜻하는 바가 무엇이고 지향하는 바가 무엇일까. 이름난 집안이나 학교를 가리키는 것이라고 하는데, 그만큼 명성이 자자하다면 인생살이 표방해야 하는 것이 아닌가. 누구를 위해 무엇을 해왔기에, 도대체 무엇을 위한 명문이냐는 것이다. 구석구석 육생살이에 발 묶여 삶의 현장은 아비규환과도 다르지 않아 인생명문 있어야 하는데 없는 것 같은 느낌이다. 지구촌 어느 한 곳이라도 사람답게 살아가는 곳이 있다면 모르지만, 기껏해야 받아온 육생의 기본금 가지고 살아가는 곳만 있을 뿐이다. 하여 죽으면 허망하다 말하는 것이고, 쫓는다고 쫓을 수 있는 것도 아니며, 여망한다고 취할 수 있는 것도 아니다. 주어졌기에 한 것이요, 받았기에 한 것이며, 본연이라 때가 되어 올라 선 것이라 육생의 명문이 감히 인생의 명문 될 수 없는 노릇이다. 물론, 근기가 그만하니 쫓는 것이겠지만 선천적 육생량일 뿐이고, 후천적 정신량과 전혀 무관하다. 치우친 사의 시대에선 나름 각광을 받았겠으나 착한 선을 넘어 바른 정을 지향하는 업그레이드 시대에 들어서면서 구석구석 감추고 숨기어 쉬쉬했던 모순들이 점차 드러나기 시작하였다. 인간세상은 육생량 일면이 채워지면 정신량의 이면을 반드시 부가시켜 나가야 한다. 그러나 치우친 사의 시대에 정신량을 마련한들 육생 안위에 국한되기 십상이라 물론 이를 바탕으로 정신량을 세워야 하는 것이겠지만 지금까지 육생명문에 정신량이 첨가되지 않아 전반적으로 흉악무도해지는 사건사고는 육생살이 과부화가 걸려 발생하는 일이다.

저승에서 받아왔기에 이승에서 명가, 명품, 명문학교를 선호하는 것이고, 배워서 누리고 만끽하는 만큼 삶도 명품이어야 하건만 그 값어치를 다하고 사는 이들을 눈을 씻고 봐도 없다. 있으면 얼마나 될까. 어림없는 민초들은 구석구석 눈물 나고 앞앞이 갑갑한 일들뿐이라 누구한테 무엇을 배워 무엇을 하며 살아야 하는지조차 모르고 산다. 말 그대로 이로운 자의 삶 자체가 인생 명품이면 명품 자체를 선호하는 이들이 따라하지 않을까. 육생의 선진국이 되고자 기를 쓰지만, 뿌리민족은 인생의 선진국을 추구해야 하는 데 있어 1안의 육생의 인프라 구축을 했다고 해서 삶의 질 결코 나아지지 않는다. 물질문명 선진국은 앞서나간 육생살이 선발대와 다르지 않아, 인생살이 후발대가 뒤받쳐주지 않으면 거기에 머물러지는 꼴이 되고 만다. 자칫 육생문명이 앞서 나간다고 해서 인생문명에 도달할 것으로 생각하면 오산이다. 남겨진 기록을 토대로 진화발전하는 것처럼 뿌리는 뿌리의 삶이 있고, 몸통은 몸통의 삶이 있으며, 가지는 가지의 삶이 있다. 1안의 육생의 인프라는 2안의 인생의 인프라 구축을 위한 것으로 정치, 경제, 사회, 문화 등을 총망라하여 나 하기 나름에 달리 나타나는 작용반작용의 법칙상대성 원리를 풀어나갈 인생방정식의 실체도 더불어 알게 된다.

이쯤 되면 상대성 원리를 무시한 육생교육의 폐단을 알 터이고, 본성에 인성을 부가시켜 점차 나보다는 너를 위한 삶을 살게 될 것이라 싸우고, 충돌하고, 부딪치기보다 즐겁고, 신나고, 기쁘게 살아가지 않을까. 생활수준과 더불어 기대수명도 늘어나는 업그레이드 시대부터 노인문제가 이슈화 되었지만 육생복지만으론 해결하기 어렵다. 본질은 아쉬운 활동주체를 위한 이로운 운용주체의 대안을 마련하는 데 있어 노인일거리 창출한다 해도 삶의 질은 결코 나아지지 않는다. 정신량이 아닌 육생량을 위한 것에 있다면 속 빈 강정으로 일부분이면 모르지만 전체적으로 그다지 도움이 되지 않는다는 것이 문제다. 게다가 정신량 없는 육생량이 얼마나 갈까. 베이비부머 채워도 채울 수 없었던 중년시절이나, 할 일 잃은 말년시절이나, 죽음을 기다리는 노년시절이나 별다르지 않은 것은 육생량에 얽매여 살아왔기 때문이다. 나를 위해 살아야만 했던 어린 시절, 너를 위해 살아가야만 하는 성인 시절, 마지막 터럭까지 쏟아 붓고 가야 하는 노인시절은 회향이라 만약 티끌에도 집착하면 죽음까지도 마장이 찾아 든다.

의논은 아쉬움을 채우고자 하는 것이고, 합의는 이로울까 싶어 하는 것이며, 화합은 하나 되고자 하는 것이다. 아울러 사회복지 제도는 상호상생 체제를 구축해 나가야 하는 것에 있는데도 반쪽 반생 일방적이다시피 하니 용두사미 꼴이 적지 않다. 사회 기반시설과 간접자본은 1안의 육생의 인프라 구축을 위한 것에 있듯, 변곡점은 이미 지났으니 지체 없이 2안의 인생의 인프라 구축을 위해 매진할 때다. 육생경제 GDP는 육 건사 안위에 기준점을 둔 것이어서 실상은 모두 함께하는 행복이기보다는 개인 만족의 질량이다. 육생 경제는 최하위권이지만 국민 97%가 지금의 삶이 행복하다고 대답한 왕정국가 부탄(Bhutan)이 행복지수 세계 1위 국가다. 그만한 이념과 가치관도 뒤따라야 하겠지만, 오직 예언자의 믿음이 가져다주는 신앙적 신의로 후생을 위해 현생을 살아가는 데 있어 시대의 흐름과 의식수준을 달리하고 있다. 육생량을 통해 개인 만족을 추구하는 질량과 정신량을 통해 다함께 하는 행복을 추구하는 질량은 엄연히 다르다. 즉 변화무쌍한 후생을 위해 단조롭게 현생을 사는 것과는 삶의 질은 말할 수 없이 차이난다는 것이다. 육생 넘어 인생을 강조해왔던 것도, 개인의 욕망 육생량을 토대로 창출한 화합의 정신량만이 인생량에 다가설 수 있기 때문이다. 특히 네 고픈 곳을 채워줄 때 내 허한 곳도 채워지기 마련이라는 데 있어 주고받는 선순환 법을 정립하지 못하면 행복의 인생량에 한 뜸도 다가설 수 없다는 것이다.

사랑 너머가 행복이라 말한 것도 다르지 않다. 매 순간 끼니 걱정하는 이들이 모두 사랑하며 살아갈 수 있을까. 그들만의 사랑과 행복이야 있겠지만 단순해지는 만큼이나 힘에 의지하여 육생 행위에 몰두할 것이고, 배고픈 만큼 신앙에 의지하지 않을까 싶다. 사후세계는 물론 천당과 지옥과 윤회를 논할 것이고, 행복마저 너와 나 우리가 사는 데에서 찾기보다 신의 뜻에 따른다 할 것이니 개인주체의 삶은 없다고 할 것이다. 종교로 승화되었다면 모르지만 내 욕심 신앙으로부터 후생을 위해 현생을 살아가겠다는 집착에서 벗어나지 못하면 진정한 행복을 모른다. 그르다는 사의 모순(신앙)과 다르다는 선의 모순(실상)을 바로 볼 때 바르다는 정(종교)의 기틀 마련한다. 사랑과 만족을 사와 선의 모순 속에 얼마든지 누리며 살아갈 수도 있지만 화합과 행복은 궁극이라 모두 하나 되지 못하면 영위하지 못한다. 배고픈 이들에게 당장 필요한건 아쉬운 육생량이듯, 육 건사 행위에 취해 살다보면 정신량은 신앙에 의지해야 할 터, 모든 것을 신이 해결해 줄 것이라는 그들만의 행복지수가 누구에게는 이로울 수도 있고, 아쉬울 수도 있다. 나를 위해 살아오는 동안 나를 위한 기도(수행) 법으로, 오직 나를 위해서만 행하고 있었으니, 모두 하나 되기 어려운 사랑과 행복을 말로만 가르치고 있다.

육생문명 최고정점을 달리는 이 순간도 총칼로 사랑을 강요할 뿐이니 행복하라 억박지르는 것과 무엇이 다를까. 오른 자, 받은 자, 취한 자만이 자기만족에 도취된 흡족함을 맛보았을 뿐이다. 이처럼 만족과 행복을 구분하지 못하는 데도 행복하다고 말한다. 누구와 행복했던 것일까. 세계는 하나라는 뜻을 지닌 지구촌이라는 말이 생겨난 것도 1, 2차 세계대전을 치르고 난 후부터다. 이 땅에서는 1897년 대한제국과 1910년 일제강점기와 1950년 동족상잔 6.25를 치른 후부터 쓰지 않았나 싶다. 리에서 면에서 읍으로, 다시 군에서 시에서 도로 이어져오는 대한민국 뿌리국가를 이루었듯이, 지구촌의 구성요소도 다르지 않다. 사회가 불만투성인데 일개의 가정이 행복하다 말하면 행복한 것일까. 자기도취에 불과한 것이 아닐까싶고, 아수라장이 되어버렸는데 일개의 국가가 행복하면 도취성 만족으로 간절하게 원하는 것일 뿐이지, 행복한 것이 아니다. 인체 오장육부 기능 중에 하나만 장애가 있어도 몸져눕는 것처럼 지구촌 오대양육대주 기능이 하나만 불통되어도 정신이 병든 상태라 행복을 논하면 참으로 곤란하다. 고픈 곳을 채우고자 사랑하며 살아온 육생살이 치우친 사의 시대 표상으로서 지금까지도 신앙은 삶의 일부다. 지금부터 인생살이 바른 정의 시대를 만들어 가는 데 있어 신앙은 반드시 종교로 거듭나야 한다. 이를 위해 할 일은 다르다는 착한 선의 실체를 바르게 보는 일이다. 누가 먼저 깨어나야 하는 것일까.

3. 다르다는 착한 선(善)의 차원

　무형의 저승과 유형의 이승이 연계되었듯, 치우친 사의 차원은 착한 선의 차원에 투영되었고, 다르다는 선의 행적은 그르다는 사의 질서체계에 그대로 반영된다. 즉 바른 정을 표방한 착한 선의 차원은 치우친 사의 표상이라, 선과 사는 진화발전의 구도체계 적대보완적인 듯싶으나, 그렇지 않다. 바른 정과는 완전히 다른 선의 차원은 치우친 사의 차원을 위해 투영된 것일 뿐, 외형만 바뀌었을 따름이라 적자생존 힘의 논리에서 벗어나지 못하고 있다. 적지 않게 착한 선의 폐해가 치우친 사행을 은근히 정당화시킨다는 게 가장 큰 이유 중에 하나인데, ≪흥부놀부≫의 인과응보와 권선징악의 판세는 어느새 뒤바뀌어 불로소득 일확천금은 개인의 능력으로 치부되는 세상이 되었다. 나를 위한 어린 시절에 선과 악 가르침의 개념은 내게 주어진 일을 바르게 처리하면 반드시 사필귀정에 따른 상호상생을 위한 것에 있어야 했다. 육 건사 육생시대의 선과 사의 개념은 그르게 전개되는 사의 행위를 통하여 다르게 전개되는 선의 행위를 일깨우고, 착한 선행을 통하여 바른 정행을 파헤쳐 나가는 일련의 과정이라 할 수 있다.따라서 육생량의 쓰임을 바로 할 때 사랑의 실체를 깨우치고 행복의 본질에 다가서는 것이다.

그러니까 지극히 그른 상태에서 단박에 바른 상태로 오를 수 없어 치우친 사와 바른 정의 연결매개체로서 다른 선의 개념이 자리하기에 이르렀다는 것이다. 사의 차원에서 받아온 기본금 육생량은 개인의 욕망일 수밖에 없으나 취하기만 하면 얼마든지 자기만의 행복을 위해 살아갈 수도 있다.

하지만 거기에 머물면 질량은 육생 만족에 불과할 따름이라 도와주면 복 받는다는 착한 선의 개념이 자리하기에 이르렀고, 발맞춰 양심이라는 윤리의식에 의해 도덕적 의식이 싹트면서 일말의 가책을 느끼기 시작했던 모양이다.

더불어 비교의식이 상대적으로 자라나면서 콤플렉스(complex)에 사로잡혔다. 피해의식, 자격지심, 자괴감, 자멸감, 괴리감, 소외감 등은 선천적일 수도 있고, 후천적일 수도 있는 적대보완적 관계로 발생한다. 타고난 본능에 배양한 인성을 부가시키면 이성을 잃지 않아 분별의 문제가 크게 일지 않는다. 하지만 태반이 치우쳐 그르게 전개된 일을 착한 선행으로 몰아간다. 우주에너지 마음은 지혜이자 화합의 에너지다. 너를 위할 때만 쓰이는 이로움의 보고로서 쓰지 않으면 변함없이 그대로 있는 에너지의 소산이다. 무엇보다 지식 너머 지혜가 뜻하는 바는 육생 너머 인생을 사는 일에 있다. 그러니까 지식도 지혜를 위해 있듯, 육생도 인생을 위한 것에 있어, 본능은 지극히 나를 위한 생각으로 움직이는 이기적인 차원이라는 데 있어 육생행위는 육생의 기본금을 취하기 위한 것에 있다는 것이다.

특히 본성은 에고라 결코 너를 위한 것에 있지 않다. 티 없이 맑은 순수함이야 이루 말할 수 없지만 고운 심성은 인성을 부가시켜 사는 이들에게 있지 꺼둘려 살아가는 이들에게 있지 않다는 것이다. 원인은 태어나는 순간부터 이기적 육 건사 육생살이를 살아가는 데 있다. 배움의 어린 시절이면 몰라도 행하는 성인 시절을 맞이하여 만남이 성사될 때가 이로울 성싶을 때이듯, 관계가 소원해지는 때도 이롭지 않을 성싶을 때다. 이처럼 타고난 심성은 나를 위한 내 생각에서 비롯되기에 콤플렉스에 빠진 이들을 착한 선의 개념으로 몰고 가선 안 된다. 감정과 감성은 이성으로 얼마든지 조율가능하고, 이성은 본능에 인성을 부가시킬 때 곧추서는 법이다. 감정과 감성의 선이 무너지면 상실감과 괴리감으로 인해 수세에 몰리는 건 시간문제다. 그나마 왕따 당하지 않으면 다행이지 않나 싶은데, 착한 이로 내모는 것은 상호상생을 분별치 못한 이들을 미화시킬 때 하는 행위가 아닐까 싶다. 진정으로 착한 선의 개념과는 천양지차라, 티 없이 너를 위해 살아가는 이들과 내 욕심에 꺼둘려 살아가는 이들과 삶의 질이 같다면 양심의 가책을 논해야 할 이유가 없다. 치우친 사의 차원에서 투영된 착한 선의 개념이 일으킨 행위가 양심의 가책에 반영됨에 따라 수치심과 미안함을 통해 죄의식을 일으켰다.

반면, 착한 선의 차원은 치우친 사의 차원에서 느낄 수 없는 또 다른 개념이다. 보다 나은 삶을 살아가야 하겠지만 근본엔 주종관계 수직의 틀을 공고히 지키려는 듯싶은 힘의 논리가 배어 있다. 양극화도 바른 정을 표방한 착한 선의 차원에서 비롯되었듯, 누구나 본연의 자리는 노력 여하에 따라 어떠한 경로를 통해서든지 때가 되면 오르거나 취하게 되어 있다. 치우친 사행으로 오르든, 착한 선행으로 오르든 실제 상황에선 바르다는 정행을 모르는 터라 사행과 선행의 기준은 거의가 득이냐 실이냐, 해롭냐 해롭지 않느냐 차원에서 판별한다. 분개하는 이들이 많으면 그만큼 해로운 것이고, 칭송하면 할수록 이로운 것이며, 별무신통이면 신통치 않은 것이다. 그러나 분명 누구에게는 이로웠던 만큼 해로운 이도 있을 것이고, 신통치 않은 만큼 관심 밖의 삶을 사는 이도 있을 것이다. 육 건사를 위한 육생 행위로 살아왔으니 나에게 맞으면 너에게도 맞을 것이라 생각할 수도 있고, 내게 해로우면 네게도 해로운 것이라 생각할 수도 있으며, 이도 저도 신통치 않으면 무난한 것이 아니냐는 생각을 할 수도 있다. 이처럼 감정은 본능이자 다듬어지지 않은 천연석에 비유할 수 있는데 이성을 잃는 날이면 공분 사는 일을 서슴지 않는다.

대부분 이성은 내 뜻대로 안 될 때 잃곤 한다. 사행에서 연계된 게 선행이다. 게다가 정행을 선행이 대신하는 형국이라 내 앞에, 옆에, 뒤에 이들의 질타로 무조건 동조하는 행위는 위험천만하다. 특히 이기적 육생살이 본능에 충실한 삶은 의외로 군중심리에 동조되기 쉬워 권리까지도 떠맡기려 드는 경향이 있다. 혹자는 감성이 풍부해도 대중에 의지하는 경향이 두드러진다고 말하지만, 선천적 본능은 자신을 우선하고 보호하는 질량이므로, 대중심리 자기만의 입장 법을 이미 세워 놓았을 수도 있다. 무슨 소리냐면 그르게 전개된 사행이나, 다르게 전개되는 선행 모두 이기적 본능에 충실한 것으로 자기 성향(셈법)과 다르면 얼마든지 배척한다는 것이다. 한편으로 이기적 성향은 자기보호 본능으로 지극히 자연발생적이라, 정치권의 보수진보, 이기이타, 여야대립은 진화발전의 구도체제로서 적대보완적으로 자리해왔다. 그러므로 치우친 사행과 착한 선행이 과연 진화발전적 상호체제인가를 되새겨 보자는 것이다. 사행과 선행이 적대보완적 관계였다면 육생물질문명의 발전 속도에 맞춰 정신문명도 함께 향상되어야 했는데 정신마저도 육생 안위에 묶여 적지 않게 크고 작은 문제로 사회혼란을 야기하는 것은 사행과 선행은 한통속이라는 사실을 단적으로 드러내는 예라고 할 수 있다.

이렇게 사행과 선행은 육 건사 육생시대의 아이콘으로 숱한 모순을 양산한 것도 정행을 구현하기 위한 것에 있다. 그 시기가 사행과 선행의 충돌로 빚어낸 모순들이 백일하에 드러날 때이고, 정법 창출은 사와 선의 모순이 드러날 때서나 가능한 사안이다. 시대적으로는 1안의 육생의 인프라가 구축된 전후로서 지금까지 사행과 선행이 빚어내는 모순의 원인을 밝혀내지 못하면 갈수록 정법의 실체는 오리무중에 빠지기 쉽다. 여전히 선행이 정행을 대신하는 이유 중에 하나가 분별하지 못한다는 것에 있고, 이면은 정행의 뜻한 바를 알고 정신량을 마련할 때까지 벌어진다는 것이다. 따라서 정행을 안다 하나 지향하는 바를 모르면 바른 정행이라 할 수 없다. 어제를 통해 오늘을 살고 오늘은 내일의 발전을 도모해 나가는 것이므로, 육생살이 모순의 실체가 완전히 드러나지 않은 상태에서 마련한 정신량은 미완이다. 헤아릴 수 없는 육생의 이념들이 도태를 거듭한 끝에 민주와 공산 이념은 이 땅 뿌리에서 적대보완적 상태를 유지하고 있다. 둘 다 다르게 전개되는 육생살이 선의 차원에서 파생된 개념이라 누구에겐 옳을 수도 있고, 그를 수도 있다. 또 부딪치건 안 부딪치건 마주하는 상태만으로도 하나 될 수 없는 무수한 모순을 양산한다. 이를 통해 하나 되어 나가는 정도의 이념을 추출해야 한다. 물론, 착한 선의 차원에서 양심의 가책으로 잘못 살아온 지난날을 되돌아봐야 하겠지만, 기실 이것만으로는 부딪쳐 고통스러웠던 원인을 밝혀내기에는 역부족이다.

또 밝히는 과정에서의 안건은 결과를 도출하기 위한 것이므로 바른 것과는 다르게 전개된 사항이라 무엇 하나 옳은 것도 없고, 그른 것도 없으니 옳고 그름을 논해서는 안 된다. 바른 것을 알고 있다면 무엇이 문제이겠느냐만 기분 내키는 대로 생각하거나, 나 대거나, 휘둘리면 그에 상응의 대가를 반드시 치른다. 합의한 듯싶으나 결렬되고, 꾸준히 이어질 듯싶으나 파기되는 것도 주고받는 데에서 모순이 발생했기 때문이다. 이때 누군가 한발 양보하면 될 것 아니냐고 쉽게 말할 수도 있지만, 상호상생을 위한 양보는 방편이고, 그 다음 방안이 뚜렷치 않다면 이내 무산된다는 게 문제다. 협상이건, 관계이건, 사건이건 원인에 따른 결과를 밝히는 과정은 진화와 발전의 변곡점이자 정신의 시발점이며 인생의 기점이다. 물론, 과정은 하나 되기 위한 것에 있지만 부딪침의 질량과 고통의 질량과 기쁨의 질량은 하나로 연계하므로, 누가 어떻게 밝히어 일깨우느냐에 따라 삶의 질은 판이하다. 잘나가다 삼천포로 빠진다는 말이 있다. 어려워진 원인을 상대 탓으로 돌리기라도 하는 날에는 진화발전의 과정은 모순의 텃밭이 되므로 거기에 멈추어 서기 십상이다. 그러다 너로 인해 내가 고통 받는 것이라고 말꼬리 붙들기라도 하는 날이면 문제는 더 심각해진다.

치우친 사의 차원에서 비롯된 착한 선의 차원에서야 얼마든지 자기만의 행복을 강구할 수도 있다. 내 인생은 나의 것이라는 노랫말처럼 기본질량 육생 너머 인생은 내가 만들어 나가는 차원이고, 또 바른 정의 개념이 착한 선에 있다 보니 얼마든지 힘으로 몰아붙여 일방적 권리행사로 만끽할 수도 있다. 기분에 따라, 속편코자 내키는 대로 해 재낄 때를 보면 스트레스가 주된 원인이고, 그러다가 예기치 않게 뜻한 바를 이루었다면 횡재수라 하여 행복하다는 표현을 남발한다. 때론 어려움을 한방에 날려볼 요량으로 모험을 찾아 떠나는 이들도 적지 않은데 외적방편 힐링만 갈구하다 근원에 다가서지 못해 더 큰 낭패를 자초하는 이들도 허다하다. 내 뜻대로 됐을 때가 행복이라면 뜻대로 되지 않을 때가 불행이라 해야 하지 않을까. 치우친 사의 세상에서 가진 자, 있는 자, 누리는 자들 뜻대로 해볼 요량으로 서슬 시퍼런 욕심의 칼을 드리운 것과 크게 다르지 않다. 몇 해 전까지만 하더라도 육생량 앞에 활동주체는 운용주체의 심부름꾼이다시피 했으니 갑을관계 주종의 틀에서 벗어나기 힘들었다. 컴퓨터가 보편화되자 노조가 활성화되었고, 사회적 병폐가 여기저기서 드러나기 시작하였다.

물론 받아온 육생량을 누리며 사는 자체가 무엇이 잘못이겠느냐만 불통의 책임마저도 이로워 맞이하는 자들이 지기보다 걸어 놓은 간판 보고 아쉬워 찾아간 이들이 져야 한다는 게 문제다.

☾ 순환의 원리

누리고, 행사하고, 향유하려는 자체가 스트레스 해소나 힐링의 차원이라면 그다지 문제될 것은 없으나 소수의 특권마냥 마구 부리려다 사달을 낸다는 것이다. 부자가 망해도 3년 먹을 것이 있다고 하지만 민초와 잡초는 다르지 않아 3년 먹을 것만 있어도 버티어 중층으로 도약은 어렵지 않다. 상층에서 중층으로의 나락은 완전 실패를 뜻하므로 초인류에 가까울수록 재기는 어렵다. 중층이 하층으로 떨어졌다면 재기는 노력 여부에 달린 문제다.

특히 상층에서 부리는 고집과 중층에서 부리는 고집, 그리고 하층에서 부리는 고집은 근기가 달라 '남아일언은 중천금'이라는 말은 이에 빗댄 소리가 아닌가 싶다. 다시 말해 기본의 자리 욕심에서 일으키듯, 거기에 고집스러움이 동반될 때 뜻 한 바 이루기 크게 어렵지 않다. 또 이루거나 이루었을 때 신의는 곧 목숨과도 같아 한마디 말이 천 냥 빚을 갚는다 했던 것도 바로 상호신뢰 믿음의 무게 때문이다. 일은 욕심으로부터 시작하고, 고집으로 결과를 만들어 내기 때문에 뜻한 바를 이루고자 한다면 고집과 일언은 중천금과 같아야 한다. 그만큼 정신량을 위해 살아가는 중상층과 육생량을 위해 살아가는 중하층, 그리고 정신과 육생의 매개체가 되어야 하는 중층의 질이 다르지만 결과를 이루어 내는 고집과 일언의 질량은 다르지 않다. 사랑을 통해 행복에 이르기까지의 과정은 판이하지만 행복을 영위하는 차원은 다르지 않은 것처럼 말이다. 아쉬운 활동주체는 을로서 운용주체 갑의 손을 잡고 나갈 때 영위하게 되듯이, 이로운 운용주체는 활동주체의 고픈 곳을 채워줄 때 허한 곳이 채워지는 바라, 언제 어디에서 누가 이로운 자의 입장에 서있느냐에 따라 행의 차원을 달리해 나가야 한다는 것이다.

육생의 기본금을 더 준 이유라고 할까. 육생의 안위를 보다 더 누리는 만큼 소명은 인생의 안위를 다루어야 하는 데 있으므로, 이로워 맞이하는 자에게 주어진 혜택은 정신량을 다루기 위한 것에 있다. 해서 육생을 누리기만 하고 그 너머의 차원을 지향하지 못하면 자의건 타의건 응분의 대가를 치르는데 이는 다하지 못한 대가성 표적이다. 데미지는 육생량이 많으면 많을수록 더 클 것이요, 적으면 적을수록 작을 것이지만 본연을 잊어버리면 많건 적건 산 넘어 산이라 육생살이 굴곡지지 않을 수 없다. 때론 대립의 칼날을 세울 때가 부딪쳐 머물 때이므로, 거침없는 행보를 위해 표적의 방편을 딛고 가야 할 것이라 혹자는 이때를 가리켜 죄 짓는 것이라며 극구 만류하기도 한다. 치우친 사의 행위가 죄가 된다면 착한 선행은 복이 되어야 하는 것이 아닌가. 바른 정의 실체를 모르는 이들의 셈법이라 성패의 차원과는 무관하다.

부귀빈천 물레바퀴 돌듯 한다 하지만 천하의 방편은 쓰는 자의 것이다. 부자 하나면 세 동네가 망한다는 말도 어느 관점에서 보고 듣느냐에 따라 달리 묻어난다. 물론 큰일 하나 이루려면 많은 이들의 희생이 따라야 했던 시대라는 점도 있다. 반면 상호상생 일으키면 혜택은 배가 되어 돌아가는 법이므로 착한 선행 반쪽반생과 치우친 사행 상극상충 원인을 모를 때 당하는 억울한 피해는 거의 민초들의 몫이었다.

착하게 살아야 복 받는다는 소리가 만연한 시대도 있었다. 지금도 다를 바 없지만 아마도 이면에는 나쁘게 살면 벌 받는다는 의미가 내포되어 있어 막히거나, 지지부진하거나, 연류 되기라도 하면 죄 지어 벌 받는 것은 아닌지 의심하게 만든다. 순환의 원리는 '옳고 옳지 않다' 있으며, 소통의 원리는 '바르고 바르지 않다'에 있고, 상생의 원리는 '이롭고 이롭지 않다'에 있다. 죄와 벌은 육생살이 인간의 논리로서 말 잘 듣는 착한 사회상을 부각시키고자 한 것에 있지 않나 싶다. 찾아가는 자는 아쉬운 자요, 맞이하는 자는 이로운 자라는 상호의존 화합의 법칙은 육생의 기본금을 방편으로, 내 앞의 인연은 나 하기 나름이라는 작용반작용의 법칙 상대성 원리에 의해 저마다의 삶에 적용되고 있다. 하지만 치우친 사의 차원과 연계되어 있는 착한 선의 개념으로 인해 그만 우연으로 치부하거나, 권선징악 죄와 벌의 논리로 풀려했던 것이 문제였다. 나 하기 나름이라는 상대성 행위와는 전혀 다른 의미가 내포되어 있어 순환, 소통, 상생을 바탕으로 옳거나, 바르거나, 이롭지 않을 때 주어지는 표적은 자연발생적이다. 즉 모든 이들이 납득하는 바른 정의 차원을 일깨우고자 하는 것에 있으니 다르게 전개되는 착한 개념을 복 받는 행위로 받아들였다간 차후에 낭패 본다는 사실이다. 내가 좋다고 너도 좋을까. 내가 좋은 것은 내게만 좋은 것이라 너까지 좋을 것이라는 생각을 심어 놓지 말라는 것이다.

내게 이로워 내가 좋은 것이지 내게 이롭지 않은데 어찌 좋아할 수 있겠으며, 또 싫어도 좋은 것 마냥 받아들여야 하는 개념은 누굴 위한 것에 있을까. 물론 반쪽반생이라도 일으키기야 하겠지만 안 돼서 못하는 일을 억지로 시킨다고 되는 일도 아닌데, 죄는 저지른 이의 절박하고 절실함을 밝히기보다 일방적으로 악행의 값을 치르게 하는 게 전부인지라 육생의 모순 끊임없이 양산되고 있다. 암묵적 동조자는 필경 이로워서 맞이하는 자일 터, 인간 논리의 법 테두리에 갇혀 착하게 사는 이들만 되레 희생당해 왔다. 때론 큰손끼리 유착으로 아쉬워 찾아간 이들이 부지기수로 손해도 봤을 터, 이는 누구한테 하소연해야 할까. 국선 변호사도 있기야 하지만 별 이득이 없는데 열과 성을 다할 리 없고, 승패와 상관없이 괜찮은 변호사는 돈으로 선임하는 세상이고 보면 육생량으로 안 될 일이 없을 성싶다. 어느 사인가 처녀 불알까지 만드는 세상이 됐는데 착한 선의 개념이 빚은 모순을 죄라 단정 지어 말하면 곤란하다. 착하게 살아야 복을 받는다고 가르칠 때는 언제이고, 억울함마저도 착하게 사는 이들이 감수해야 한다면 바르다는 정의 차원을 바르게 보기 힘들다. 그러고 보면 억울함마저도 그른 것과 다른 것의 분별을 위해 받은 표적의 일환이라 하겠으니 결론은 당하면 나만 손해라는 것이다.

이처럼 죄를 지면 벌을 받는다는 선악논리는 억울할 정도로 처벌이 단순하고 일방적이다. 하지만 육생의 기본질량에서 기인한 인생방정식은 나 하기 나름에 따라 상응한 대가는 일면과 이면으로 나뉘어 쌍방 간에 치른다. 대자연의 섭리는 이롭고 바른 길을 뜻하는 바라, 치우친 사의 차원을 통하여 바른 정행을 밝혀내야 하는 데 있어, 먼저 대립각을 세운 착한 선행의 모순을 일깨운다면 나름 시대의 흐름에 부응했다고 할 수 있다. 당면 과제는 사와 선을 통해 바른 정을 세울 수 있느냐는 것인데, 가까스로 일면의 육생물질문명을 일으켰으니 착한 선의 시대는 지식의 시대였다 해도 과언은 아니다. 또 이면의 정신문명은 육생물질문명을 토대로 창출해 나가야 할 부분이라 바른 정의 시대는 지혜의 시대라 해도 무방하지 않을까 싶다. 아울러 치우친 사행과 착한 선행은 바른 정행과 적대보완적 관계였으므로 1안의 육생의 인프라 구축할 때까지 행복을 위한 사랑의 깊이를 헤아리는 시대이기도 했다.

그야말로 행복은 허한 곳을 채워주고, 고픈 곳을 채워나갈 때 영위하는 차원이다. 말하자면 1안의 육생경제는 아쉬움과 아쉬움이 만나 서로 사랑하고 의지하며 살아가기 위한 방편이라 한다면, 2안의 인생경제는 이기적 육생량에 이타적 정신량을 부가시켜 행복을 영위해 나가는 차원이 아니겠느냐는 것이다.

사랑을 통해 행복을 영위해 나갈 질량이 정신량이라는 사실은 익히 설명한 바와 같다. 그리고 지식은 과학을 앞세워 치우친 사와 착한 선을 주도해왔다. 지금 이 순간도 과학은 물질세계의 근원을 밝혀 낼 때마다 정신량을 부가치 못한 신앙은 더욱더 궁지에 몰릴 것이며 감추고, 숨기고, 덮으려 했던 모든 일들은 점차 만천하에 드러날 것이라 사행과 선행으로 치장해온 육생시대는 앞으로 티 없이 맑은 차원으로 접어들 것이다. 맑은 물일수록 고기가 살지 않는다는 말이 있다. 거의 최상류일수록 1급수이며, 하류에 고인 물일수록 오염이 심하여 5급수이고, 공업용수는 3급수로 사용된다. 대체로 어종도 3급수에 다양하게 분포되어 있어 보호종에 가까울수록 상급수에, 해충에 가까울수록 고인 물 하급수에서 서식한다. 정화는 티 없이 맑은 상류에서 중류를 걸쳐 하류로 끊임없이 흘려 보내야 하는 것처럼, 인간과 동물과 어류와 식물이 하나로 어우러지는 선순환의 분포도와 다르지 않다. 막히어 머무르면 따로따로 살아가는 법이므로, 경계가 서고 도가 넘으면 그만한 고통이 수반된다. 상층에서 정화시키지 못한 대가는 너 따로 나 따로 놀다가 매순간 부딪쳐 힘들어 하는 것이고, 즐겁지도 기쁘지도 아니한 삶의 원인은 신이 나지 않은 데 있다. 급수에 따라 살아가야 하는 것도 자연의 이치라 하겠지만 끊임없는 순환은 상급의 본연이다. 하지만 이기의 육생량 앞에서는 정화보다 부패가 쉬운 법이므로 고급어종부터 멸종하는 이유가 있다.

고유질량을 잃지 않으면 어딘들 자유로이 왕래하지 못할까. 즐겁고, 기쁘고, 신나지 않을 수 없는 일이라 윗물이 맑을 때 아랫물도 맑은 법이다. 그런데 윗물이 즐겁다고 아랫물도 즐거울까. 육생량의 문제가 불거진다면 윗물이 기쁘다고 아랫물까지 기쁘지 않다는 것이다.

육생살이 착한 선의 시대에서 윗물이 맑지 못하더라도 일정기간까지는 위에서 밑으로 흐르는 법이므로 자의건 타의건 어느 정도 정화되었다. 일정 부분 쌓이면 넘치고 또 넘치면 이때는 들끓는 법이라 컴퓨터 시대가 육생의 종말을 고하듯이, 선행을 빙자로 특권을 누리는 치우친 기득권층도 점차 사라질 것이므로, 순환의 질서를 위해 진정으로 노력하는 소수의 기득권층만이 살아남는다. 하늘은 스스로 돕는 자를 돕는 시대가 업그레이드 시대이자 정화시켜 하나 되어 살아가는 시대다. 쌓아두고 꺼내 쓰는 지식은 육생량만을 낳을 따름이라 선순환에는 크게 도움 되지 못한다. 지금까지 지식으로 보이는 물질(육생량)세계를 밝혀왔으니 앞으로는 찾아 쓰는 지혜로 보이지 않는 정신(정신량)세계를 밝히어 나가야 할 때다. 육생의 힘으로 순환시켰던 만큼이나 모순의 꽃 지식이 산재하고, 인생의 꽃 지혜는 선순환이 적용되는 순수 자연생태와도 같아 바른 정도의 꽃을 피워나가야 할 시대가 도래하였다.

굳이 쓰이지 않는 지식을 머리에 넣고 다닐 필요가 있을까. 육생량은 지식이요, 정신량은 지혜다. 치우친 사행으로 착한 선행이 부각되던 시대에서는 1안의 육생의 인프라를 구축해야 했던 때라 많은 정보가 필요했으니 그야말로 생각차원 지식은 부이자 명예이며 성공의 초석이었다. 날로 다양해지는 이론과 패러다임은 육생 편의를 위한 육생량을 고급화시켰고, 물질과학은 안락과 욕망을 최고치로 끌어올리기에 충분하였다. 누구나 할 것 없이 지식의 창고 스마트폰을 휴대하기에까지 이르렀으니 이는 정신세계에 담금질을 가하는 시그널이다. 육생의 일면을 추구하는 과학계에서는 정신세계를 정신질환과 심리학에 묶어두고 있지만 엄연히 이면의 인생을 추구하는 바라, 필자는 자연과 지혜와 선순환원리 등을 총망라하여 정신량이라고 표기해 왔다. 아울러 일면은 보이는 육생량 개척을 위한 물질과학이요, 이면은 보이지 않는 정신량 창출을 위한 정신과학이다. 크게 심호흡하면 잠시 생각은 멈춘다는 사실을 염두에 두고, 보이건 보이지 않건 불통은 나를 우선하려다가 야기시킨 문제를 뒤돌아보게 하는 표적이라는 사실이다.

너를 위한 지혜의 차원을 안다면 나보다는 네 입장에서 문제를 해결하려 들지 않을까. 이처럼 정신과학은 인간관계의 모순을 해결하기 위한 것으로, 특히 정신병적 차원은 인기(영혼)와 인간과의 선후천적으로 연계된 질환이기도 하므로, 사와 선과 정의 놀음이라고 할 수도 있다.

☾ 정의 본질과 신의 본질

앞선 장에서 이승과 저승, 천당과 지옥, 혼·백·넋 등에 관하여 기술하였으니 참고바라며, 정신병을 간단요약하면 뇌의 손상이거나 충격으로 제 기능을 잃어버렸을 때의 질환을 가리킨다. 본디 정신의 영역은 생각과 마음이 공존하는 인간고유 질량이다. 아울러 곱게 정제시킨 정(精)의 본질은 바른 정(正)의 기운 참나를 말하며, 신(神)의 본질은 혼(魂)을 뜻한다. 즉 에고이자 참나이며 주체이고, 생각과 마음을 하나로 아우르는 통제기관이라고 할까. 생각을 통해 지식을 양산하고, 마음을 통해 지식을 배출하는데 간혹 태어나면서 참나(에고)가 안착되지 않는 경우가 있고, 살아가는 동안 불의 사고로 혼이 빠져나가는 경우도 있으며, 빙의되어 살아가는 경우도 있다. 절대분별의 차원 마음은 우주에너지로서 자궁에서 육신이 세상 밖으로 나오는 순간 참나가 육신에 정착한 후에 육천육혈 모공을 통해 마음이 안착하므로, 나의 주체 참나(기운)가 육신에 정착하지 않으면 우주에너지 마음도 안착하지 않는다. 별의별 이들이 살아가는 세상이라 참나 혹은 마음이 정착하지 않을 수도 있어 이쯤 되면 순수 동물과 다르지 않으나 인간의 형상이라 단지 인간이라 부를 따름이다. 70% 동물육신에 30% 참나(에고)가 안착할 때 인간이고, 절대분별 차원의 우주에너지 마음이 안착할 때 비로소 개체이자 주체의 삶을 살아가는 하나의 인격체로 자리한다. 살아가면서 왕왕 정신없다 말할 때를 보면 정의 기운 참나가 혼란스러워 분별이 여의치 못할 때이고, 정신 나갔다고 말할 때는 참나가 유체를 이탈하였거나 잠시 넋이 나간 상태이기도 한다. 그리고 미쳤다는 것은 빙의되어 미처 생각을 다하지 못할 때이거나, 진짜 미친 기운에 홀려 미친 짓을 하고 있을 때다.

게다가 인간관계는 육생량에 미치지 못해 불통하는 경우와 인성이 미치지 못해 불통하는 경우, 그리고 정신량이 미치지 못해 불통하는 경우 세 가지 예를 들 수 있다. 자신의 의지와는 상관없이 불통하는 경우는 태반이 선천적 결함이요, 알고도 불통하는 경우는 후천적 인성적 결함이며, 알 것도 같고 모를 것도 같을 때 불통하는 경우는 선후천 질량의 결함이다. 특히 바른 정의 기운은 대자연의 섭리를 뜻하듯, 하나의 0차원이었던 태역의 암흑우주가 천기 70%와 지기 30% 나뉘었을 때 인기(참나)도 음기 70% 운용주체와 양기 30% 활동주체로 나뉘었다. 하나의 인기가 둘로 나뉘었다는 소리는 무척 황당할 수도 있는 대목이라 이는 『뿌리민족의 혼』시리즈 제7편 「천부경」에 자세히 수록하였으니 이쯤에서 접어두자. 사주와 근기는 선천적인 것으로서 나 하기 나름에 달린 의식의 산물이다. 이를 감정과 지성의 복합체라 부르기도 하는 모양인데, 대부분의 선천질량은 나를 위해 쓰이는 육생량이라는 데 있어 숱한 모순을 자아내는 것도, 나밖에 모르는 생각의 오류가 끝없는 갈등을 빚고 있기 때문이다. 분명 고뇌, 번민, 망상 등이 뜻하는 바가 있을 텐데 이에 따른 해결책을 마련하지 못하면 우울증과 공황장애를 앓다가 스스로 목숨을 끊기도 한다. 즐거워야 할 때 우울하고, 기뻐야 할 때 슬퍼지고, 신나야 할 때 짜증스러워지는 이유가 어디에 있을까. 불안장애 요인이 어디에서 오느냐는 것이다.

일면으로 보이는 뇌 질환이요, 이면으로 보이지 않는 정신질환으로서 원인은 선후천적 소통불량에 있다. 다소 애매한 답이라 하겠지만 자의에 의한 것일 수도 있고, 타의에 의한 것일 수도 있어서다. 대체로 자기 생각차원의 범주를 넘어서지 못하는 이들에게 발병하는데, 이는 이를 가장 아끼고 사랑하는 이에게 주는 공부다. 이쯤이면 운동선수에게는 슬럼프요, 사업가는 부도 일보 직전이고, 명상가에게는 주화입마라 살펴보면 모두 한 가지 일에 묶여 집착한다는 데 있다. 반드시 이루어야 한다는 중압감, 기대에 저버리지 않겠다는 부담감, 책임져야 한다는 데에서 오는 강박감 등이 정신에 압박을 가하는 데에서 오는 질환이다.

눈과 귀로 소통의 에너지(정신량)를 취하지 못하면 누구도 장담할 수 없는 일이다. 혹여 내뱉고 들이마시는 호흡이 무엇이 문제이냐고 하겠지만 욕심이 과하면 불통하듯, 무리하면 부작용이라 육신이든 정신이든 무리하면 무리가 간다. 상호상생은 주고받는 데 있듯 뱉고 마시는 호흡도 선순환 행위다. 이치는 도리에 맞아야 하듯이, '억지로'는 어거지 욕심이라 순리에 맞지 않는다. 그리고 반드시 불통할 때면 그것이 아니라는 혹은 그렇게 하면 안 된다는 가르침의 표적이 육신에 어린다. 육생의 기본 자리에 올랐다고 해서 내 것 마냥 내키는 대로 마구 쓰다 사단 나는 것처럼, 마시는 호흡이나 내뱉는 호흡이나 다르지 않다. 탈은 무리해서 나듯이, 인간관계도 억지로 해볼 요량이거나, 안쓰럽다고 무작정 퍼주기만 해도 불통을 자초하는 행위라 무탈하지 못한다.

베푸는 행위는 나보다 받는 네가 이로워야 하는 것에 있으므로, 아쉬운 네 뜻을 얼마나 알고 반영했느냐에 따른 문제가 야기된다. 거두어들이기만 하는 것은 나 살고 너 죽자는 행위로 상극상충 일으키고, 무턱대고 퍼주기만 하는 것은 너 살고 나 죽는 행위로 반쪽반생 일으키며, 네 입장과 내 입장을 고려하여 주고받는 것은 나 살고 너도 사는 행위로서 상호상생 일으킨다. 늘 그렇듯이 문제는 나밖에 모르는 데에서 비롯됨이라, 버는 육생의 법도 중요하겠지만 쓰는 인생의 법은 더더욱 중요하다. 특히 생각은 나를 우선하는 내 욕심의 소산이므로 지혜의 발로 마음을 쓸 줄 아느냐가 중요사안인데, 나를 위할 때와 너를 위할 때 그러니까 초년, 중년, 말년 중 어느 시기에 공황장애를 일으키고 우울증을 호소하는지 살펴보라는 것이다. 베푸는 것과 이로운 것에 대한 이해를 바르게 하지 못하고 행하면 아쉬움으로 되돌아오는 질량이 바로 후회다. 하나같이 기본금만 취하고자 득달같이 달려드니 쓰는 법을 알리가 있나. 사랑을 한다 하나 행복하지 못하여 결국 후회하며 살아가고 있지 않은가. 별의별 이들과 살아가는 세상이라 별의별 일들이 일어나는 것이라고 하지만 유유상종 끼리끼리 살아가는 법이므로 내 앞의 인연은 내 모습이라 해왔던 것이다. 그만큼 내게 벌어지는 일련의 상황을 보더라도 저마다 타고난 근기에 준하지 그 이상도 이하도 아니다.

　지나침은 모자람만도 못해 '너 자신을 아느냐'를 물어보는 소리가 과유불급으로 나부터 분수를 알고 살아가야 한다는 것이다. 절박할 때와 절실할 때 일수록 초발심을 유지하지만 다량의 육생량을 목전에 두면 잊어버린다. 기실 인간의 본성은 순수 다듬어지지 않은 맑고 깨끗함이 어린 시절에 잘 나타난다. 소통의 질은 무엇을 먹고 육신을 성장시켰느냐보다 무엇을 보고 들었느냐에 따라 달리해 나간다. 누누이 강조한 바와 같이, 이기의 육생량을 토대로 이타의 인생량에 다가서게 되는 것이므로, 정신량 창출을 위해서라도 티 없이 순수한 본능과 분별이 하나로 어우러질 수 있도록 인성을 배양하여 본성에 부가시켜 나가야 하는 게 육생살이 당면한 문제다. 가르치는 대로 여과 없이 받아들이는 시기가 어린 육생시절이요, 자신을 관조하는 시기가 성인 인생시절이라 생각차원 지식이 영그는 만큼 우주에너지 마음의 지혜도 무르익는다.
　이처럼 본능과 분별, 생각과 마음은 성인 시절에 들어서야 적대보완적 관계를 유지하므로 그래서 성인으로 성장한 인간은 만물의 영장이다. 마음의 분별도 성인 시절에나 쓰이는 것이요, 생각의 본능도 성인 시절에나 쓰이는 것처럼 에고에 무엇을 주입시키느냐에 따라 가치관이 달리 형성되므로 티 없이 맑고 순수한 어린 시절의 바른 가르침이 무엇보다 중요하다.
　그러고 보면 안팎의 차원을 관조하여 의식의 각성을 일으키는 시기도 본능의 지식과 분별의 지혜가 적대보완적 체제를 유지하는 성인 시절부터라는 것을 알 수 있다. 이 무렵부터 내외면을 치유하고자 기 운동을 시작으로 웰빙과 힐링에 관심을 갖고 버리고, 비우고, 놓는 명상에 호기심을 보이기 시작한다. 이때 자칫 신비하고 묘하고 묘한 진공묘유(眞空妙有) 차원에 빠지기라도 하는 날에는 허구와 허상에 놀아나 소중한 삶을 허비할지도 모른다. 불교에서는 주의환기를 위해 마음먹기에 달렸다는 일체유심조(一切唯心造)를 내세워 생겨나지도, 자리하지도, 멸하지도 않는 유상무상(有相無相)과 개시허망(皆是虛妄)을 논해왔다. 저승의 위계질서가 이승에 투영되고, 이승의 행보가 저승에 반영되는 터라 이승 삼라만상만큼이나 저승에도 삼천대천세계가 자리한다. 시공간이 없는 저승 차원은 집착의 공간이자 허상의 공간으로, 켜켜이 묘하고도 묘한 세상이 끝없이 펼쳐진다. 명상 중에 영적세계에 한번 빠지기라도 하는 날에는 이승의 조건을 저승에서 찾으려고 드는데 그러다가 수행자들이 인기가 육을 쓰고 인간으로 살아간다는 사실 자체를 아예 망각하기도 한다. 명상 화두는 이를 방지하기 위함이자, 원인에 따른 결과 도출을 위해 끊임없이 생각을 일으켜 한 곳에 머무는 의식을 깨우고자 함에 있다. 어쩌다 한두 번 신묘한 경험을 할지는 몰라도 빠져들어 가는 일은 없다. 오만 생각 잠시 잠깐 멈추면 자는 듯 자지 않는 듯 비몽사몽간에 깊은 삼매에 자의든 타의든, 꿈이든 아니든, 의식하든 못하든 드는 경우가 적지 않다.

신과의 조우를 발설하고, 심오한 차원을 논하며 유혹하는 이도 꽤 있는 모양인데, 과연 누구나 가능한 일일까. 시간에 맞춰 재차 그곳을 찾아들어갈 요량으로 발버둥 치다 들어가지 못하면 심한 상실감에 빠진다. 간혹 자기 자신에 대해 찾기도 하고, 사명을 부여받기도 하며, 도술(초자연적인 힘)을 구하기도 한다. 삼년 고행 끝에 깨달음을 얻었다는 둥, 백일 면벽으로 득도했다는 둥, 삼칠일 기도로 크나큰 영성을 구했다는 둥의 말하는 이들의 대부분은 이러한 경로를 밟는다. 그런데 그렇게 부여받은 도술이 깨달음일까. 기실 그 차원을 넘어설 때 도법에 다다르는 것으로, 신(神)의 도술은 인(人)의 도법과 하나 되었을 때 쓰임을 다하는 법이다.

다시 말해 도술의 차원은 신이 들어온 것이요, 그 너머 도법은 도술을 토대로 인이 마련해 나가는 정신량이다. 그리하여 도술로 인연을 불러들이고, 도법으로 일깨울 때 안팎으로 들고나는 음양 행위를 다하게 되는 것이다. 그러나 주어진 도술에 하나같이 꺼둘려 주저앉고 마는데 진정 구도자에게 있어 도술은 하층이요, 도법은 상층이라 술과 법의 가교 중층의 정신량을 마련하면 누구나가 뛰어 넘어설 수 있다. 유형과 무형의 차원 둘이나 하나이듯, 낮과 밤의 차원도 둘이자 하나이고, 육생량과 정신량의 차원도 둘이자 하나이다. 결국 하나 되어 살아가야 하는 인간들을 위한 것이라는 소린데 삼라만상 이승과 삼천대천 저승의 차원도 둘이자 하나지만 본래는 무엇도 없는 0차원이었다는 것이다. 아울러 육생도술은 만남의 방편인지라 만나서 사랑하는 데까지고, 인생도법은 궁극의 행복이라 사랑에 정신량을 부가하며 살아가는 일만 남았다.

예나 지금이나 사랑의 본질에 대해선 별무관심인 듯 거죽때기 사랑만 부르짖었다. 켜켜이 쌓은 욕심과 집착을 보지 못하여 본연의 삶을 한 뜸도 살아가지 못해 벌이는 일이다. 각성은 잘못 살아온 지난날을 돌이키며 자신에 대해 깨우칠 때 마무리 짓는다. 그리고 알았다는 것은 아는 만큼 깨우친 것이고, 깨우친 만큼 사명을 부여받은 것이라 만약 깨우쳐 본연을 찾았다면 삶의 질은 그만큼 다양해지고 높아졌다. 수행자가 어찌어찌해서 도술을 구했다고 하여 무조건 병을 낫게 해주고, 당면한 어려움을 풀어줘야 하는 것일까. 고통에는 그만한 이유가 있을 것이라 치유는 이를 깨닫는 대가로 하게 되는 것이고, 재기는 실패의 원인을 깨우치는 대가로 하게 되는 것이며, 삶의 질은 궁지에 몰린 이유와 원인을 깨우치는 대가로 높이는 것이다. 그토록 아쉬운 네가 나를 찾아왔을 땐 나에게도 그만한 이유가 있다. 찾아왔다고 해서 이유 불문하고 무작정 도와줘야 하는 것일까. 도와주고 안 도와주고는 순전히 이로워 맞이한 자의 몫인 만큼 자기 하기 나름이라는 사실이다.

도움주려 한다면 궁지에 몰려 고통을 호소하는 최소한의 이유만이라도 일깨워야 하지 않을까. 고통 받는 자에게 이로웠다면 이로운 만큼 육생량은 덤으로 주어지는 것이고, 그를 위한 행위가 고작 도술 차원 전부이면 시간이 문제지 상응한 대가를 치른다.

이리되면 결국 주는 자나 받는 자나 모두 신이 외면했다는 소리와 다르지 않은데, 왜 그런 것일까. 빌거나 치성으로 해결될 일이면 굳이 깨달았다는 자와 인연지어야 할 이유가 없지 않은가. 어렵고, 힘들고, 고통스러워진 이유를 밝혀내는 일이야말로 선지자들이 해야 할 일인 것이다.

선방의 화두, 출가자(수행자)들이 잡는다면 일상의 화두, 속인들이 잡는다고 해야 할까. 무엇이 다를까. 현실과 비현실 아니면 말은 있으되 현실 불가능한 것, 모든 현상은 내 앞에 인연에게 비롯됨에 따라 내 앞에서 벌어지는 일을 화두(공부)로 잡으면 재차 불거질 일은 없다. 밥을 먹든, 똥을 싸든, 걸어가든, 일을 하든지 간에 의식이 깨어 있어야 묘한(갈등) 세계로 빠져들지 않는다. 분하고,

억울하고, 원통한 이유와 원인을 알게 되면 같은 문제로 궁지에 몰릴 일이 없다는 것이다. 내 앞에 인연의 달콤한 언행에 홀리면 넋이 나가 싸우고, 충돌하여 일상은 어렵고, 힘들어지는 것이나 참선 중 기기묘묘한 세계로 빠져들어 꿈과 현실을 분별치 못해 헤매는 것이나 별다르지 않다. 그만큼 정적인 명상에서나 동적인 일상에서나 잡는 화두는 모두 의식의 각성을 위한 것에 있다. 또 머리는 차갑게 가슴은 따듯하게 유지하기에는 그다지 어렵지 않아 화려한 삼라만상에도, 켜켜이 쌓인 삼천대천세계에도 쉽사리 빠져들지도 않는다. 일상에서 마주하는 인연들이 일으킨 바람, 그 바람의 화두만 잡아도 최소한의 이성은 잃지 않는다. 대체로 선방의 화두는 수행자의 의식을 깨우기 위한 것에 있듯, 일상의 화두도 인간관계 의식을 깨우기 위한 것에 있다. 정신의 탐구든, 일상의 탐구든 모두 하나로 통하기 위한 것이므로 '나만의 세계'를 찾는다든가 '나밖에 모르는 삶'을 추구하기 위한 것에 있다면 종례에는 둘 다 막히어 주저앉는다. 화두 명상 조사(祖師)에게 받는 것이라고 한다면, 일상 화두는 내 앞에 인연에게 받는 것이다. 단지 문제는 어떻게 잡아야 하는지 모른다는 데 있다. 이로운 자와 이로운 자 사이에도 아쉬운 면이 있기 마련이고, 아쉬운 자와 아쉬운 자 사이에도 이로운 면이 있기 마련 아닌가. 만남은 너와 나의 발전을 위해 주고받다 발생하는 사건사고의 연속이라 일상의 화두(공부)는 먼저 주고 후에 받는 조건을 의심하는 데부터 시작된다.

간혹 너와 내가 어떠한 사인데 좋은 게 좋은 것이 아니겠냐고 얼렁뚱땅 얼버무리다간 주고도 받지 못하는 반쪽반생 착한 짓거리 해대기 십상이라 반드시 먼저 채워주고 후에 채울 수 있는가를 고심해야 한다. 믿음을 너무 과신하면 치고받는 상극상충은 자연발생적이라 아쉬워 찾아가는 입장이더라도 자신만의 고유에너지(이로운 것)를 보유하고 있지 않으면 도움받기 어렵다.

모두 방전된 상태면 비렁뱅이와 다르지 않아 자칫 종속되어 반쪽반생 육생살이 면치 못할 수도 있다. 사랑은 아쉬움을 채우고자 하는 것이요, 이로움은 사랑받기 위해 다가오는 아쉬운 이의 고픈 곳을 채워주기 위한 것에 있다. 주고받지 못하면 상극상충 응분의 대가를 치르는데 그것이 바로 '이리하면 이리된다'는 교과서 표적이다. 명상 호흡법과 화두법과 관조법은 방편이 다를 뿐, 일상에서 오고가며 일으키는 바람과 별반 다르지 않아 선방의 화두나 일상의 화두나 모두 나 하기 나름에 달린 공부로 주어졌다. 합의했지만 화합을 일으키지 못하는 것이나, 사랑하지만 행복을 영위하지 못하는 것이나 둘 다 하나 되지 못한 결과물이다. 나만의 만족을 위해 사는 삶이라면 나를 위한 육생을 살아가도 무방하나, 함께하는 행복을 구가하는 삶이라면 다함께 인생을 살아가야 하는 것이므로 보았고, 찾았고, 알았다면 손잡고 나가는 방안을 강구하는 일만 남았다. 부딪침에서 주어지는 공부, 의심에서 비롯되는 화두, 꼬리에 꼬리를 물면 마시고 뱉는 호흡처럼 이로움을 주고받아야 한다는 결론에 이르러 방점을 찍는다. 너를 사랑함이 나를 사랑함이라고 해왔던 것도, 이기적인 나로 인해 이기적인 네가 그런 것이라, 다함께 출세가도 달리고자 한다면 이타의 운용주체로서 사는 법을 배워야 한다. 활동의 이기는 채우고 익히는 것에 있고, 운용의 이타는 활용하고 함께해야 하는 것에 있는 것인데도 일방적인 자비, 박애, 자애, 사랑 등을 가르쳐 왔을 뿐이라 주고받는 음양화합 차원을 바르게 이해하지 못해 양극화를 방관하는 형국이 되었다.

☕ 비워야 할 것은 마음이 아니라 나밖에 모르는 생각이다

들숨날숨 호흡으로 육의 생명체가 역동하는 것처럼, 주고받는 이기와 이타의 역동적 행위로 너와 내가 만나는 것이라 인류에게 아쉬움과 이로움에 대한 문제가 주어졌다. 그나저나 무엇이 아쉬움이고 이로움인지 바로 아는 이가 있을까. 육생 안위에 따른 기초수급은 육생량에서 비롯된다는 데 있어, 왜 육생의 기본금을 나에게 많이 주고, 너에게 적게 준 것인가에서부터 시작되는 의심. 이후에 어떻게 살았느냐에 따라 나에게는 적게 있고, 너에게 많이 있기도 하므로 어디에서 어떻게 의심의 꼬리를 물고 나가야 할까. 내게 주어졌다고 해서 과연 내 것이냐는 문제에까지 다다르면, 내가 벌어들였다고 해서 흥청망청 써도 괜찮은 것인가에 대한 문제에까지 숙고한다. 어떻게 해야 할까. 육생살이 이기적 인간에게 아쉬운 육생량이 동등하게 주어졌다면 더 빨리 소비하는 쪽이 빼앗으려 들 것이고, 주고받을 수 없는 지경에까지 몰렸다면 목숨 건 싸움도 마다하지 않을 것이라, 상호상생 선순환 행위보다 힘으로 빼앗아 가지려는 상극상충 피 튀기는 행위가 난무하지 않을까 싶다. 피 흘리는 전쟁의 역사가 증명하듯이, 기본금 더 받아왔으면 이로운 운용주체요, 덜 받아 왔으면 아쉬운 활동주체다. 필경 때가 되면 부족한 이가 찾아갈 것이고, 더 가진 자는 맞이하는 입장이 될 터이니 주고받기 위한 정신량을 누가 마련해야 하는 것일까. 선천적 자원이 많다는 것은 사랑하는 자이기보다 사랑받는 자로서, 후천적 상호상생 에너지 자원을 끊임없이 생성해야 한다. 받아온 기본 자리는 때가 되면 찾거나, 구하거나, 오르거나 할 터이고, 선순환 에너지는 자본금이라 끊임없이 생성 공급되어야 할 것이다.

소통보다 불통이 쉬운 이유라고 할까. 만족은 순간이고, 고통이 길게 느껴지는 이유도 한몫하지만 인간은 정신량이 부재하면 채워도 채워도 삶은 아쉬운 법이다. 가뜩이나 아쉬운 육생량도 이기적인데 여기에 내 욕심까지 가미되면 화합은 무산되기 십상 아닌가. 기본금으로 기본의 행위조차 하지 못하고 살아가면 어떻게 될까. 시간이 문제지 고갈은 따 놓은 당상이요, 이쯤 되면 이리하면 이리된다는 만인의 교훈이자 실패자의 표본으로 살아간다.

선천적 장애자라고 해서 이로움의 질량이 없을까. 부모가 누구이고, 함께하는 이들이 누구냐에 따라 달리 나타나겠지만 본보기는 만인의 교과서다. 부모의 공부이자 함께하는 이들의 공부라는 것인데 이로운 자의 소임을 잊지 말라고 가한 표적이라는 것이다. "누가" "대자연이" 해서 내 앞에서 벌어지거나, 보여주거나, 일어나는 일에는 그만한 이유가 있고 원인이 있다. 이로운 자는 정신량을 위해, 아쉬운 자는 육생량을 위해 사는 것은 본연이라 하겠으니 순리에 어긋나면 도태되거나 사라진다. 인간의 본질은 사랑을 통해 행복을 영위하고자 하는 것에 있어, 아쉬움을 채우고자 하는 이기의 사랑은 의심에서 비롯되고, 아쉬움이 채워진 이타의 행복도 의심에서 기인한다. 본디 의심은 의식의 각성을 위한 본능이자, 분별을 일으키는 성각(醒覺)의 차원으로서 화두는 작용반작용의 법칙 상대성 원리에 대한 물음이라 할 수도 있다. 일상에서 치우친 사고로 다르게 전개되는 착한 선행의 모순을 바로 보지 못할 때 범하는 오류처럼, 명상에서 주화입마로 주저앉는 경우도 허다하다. 하나 되고자 하는 인의 본성을 무시하고, 나를 위한 행위에 초점을 맞추다 받게 된 표적인 데다가, 마음을 나(에고)로 알고 버리고, 비우고, 지워버리려는 욕심에 빠져 의식의 각성을 일으키지 못하는 데에서 오는 현상이다. 생각과 마음은 본능과 분별로서 적대보완적이므로 나밖에 모르는 이기의 생각은 비울 수 있어도, 너를 위한 이타의 마음은 비울 수 없다. 막히어 머무를 때마다 뛰어 넘으라고 종용할 뿐이니 거의가 뛰어넘지 못한 이들뿐이라 어떻게 해야 뛰어 넘을 수 있는지 대안까지도 마련해 달라는 것이다. 내 생각 내 욕심에서 벌인 일인데 마음이 한 것 마냥 몰아붙인다. 진정 너를 위한 마음을 한번이나 써보기라도 한 것일까. 비워야 할 것은 마음이 아니라 나밖에 모르는 생각이라는 것이다.

한편, 부처는 깨달은 현자(覺者)로서 불타(佛陀) 혹은 붓다(싯다르타)라고 말한다. 부처 불(佛)은 티 없이 맑은 인의 본성 그 자체의 성정(性情)이고, 비탈진 타(陀)는 고행(苦行) 끝에 인의 본질을 밝혀냈다는 것을 뜻하지 않나 싶다. 태양보다 맑고 수정구슬보다 투명한 부처가 될 수 있는 성품은 생각과 마음이 공존하는 인간에게만 주어진 특혜다. 지금까지 육생살이 인간은 탁해진 만큼 이기적인 삶을 살아갈 수밖에 없었다고 누누이 강조해왔는데 왜 여기에서는 본성을 티 없이 맑은 것이라고 하는 것일까. 앞선 장에서도 살짝 언질 했지만 인기가 인육을 쓰고 인간으로 살아가기 전까지는 티 없이 맑은 0차원 태역의 암흑우주를 운행시킨 핵심원소였다는 데 있다. 억겁의 세월 동안 앞에, 옆에, 뒤에 있는 인기끼리 부딪쳐 탁해지자 0차원의 암흑우주는 운행이 멈추었고, 탁해진 인의 기운 맑히기 위해 육을 쓰고 인간의 삶을 살아가게 되었다. 매우 유치한 듯싶은 논리라 하겠지만 창세기 천지창조와 크게 다르지 않다. 특히 이승과 저승을 오가며 입고 벗는 인육은 선천적 물질로 빚은 육생량이라, 이를 입고 살아갈 때 탁해진 기운을 맑히기 위해 후천적 정신량을 첨가해 씻어내야 한다. 그리하여 상처 입은 인육의 치료제는 육생량이고, 탁한 인기의 정화제는 정신량인 것이다. 이처럼 탁한 기운에 탁한 인육을 입고 살아가기에 탁한 인간이라한 것이었고, 본능에 의지한 본성의 일면은 이기적일 수밖에 없으나 이면은 티 없이 맑은 인의 존자로서 이타적이다. 인간의 이성은 핵심존자 인의 고유성질 본연의 성정과 흡사하여 본질을 잃지 않으면 분별을 곤추세워 얼마든지 개인주체 삶을 영위할 수 있다. 만유의 본성을 지녔다고 말하는 이성은 극과 극의 음양을 화합시키는 고유성질을 지니고 있다. 때문에 활동주체 인간과 운용주체 신과의 사랑은 정신량 구현을 위한 것이므로 인간끼리 사랑은 육생량에서 기인하지만 행복을 영위하는 차원은 하나 되는 정신량이 부가될 때 가능하다.

이처럼 인간의 보편적 사랑은 허하고 고픈 곳을 채워주고 채우고자 하는 데서 비롯된다. 하지만 성인(聖人)의 사랑은 자비에 가까워 어여삐 보듬어 바르게 이끌어 가고자 하는 데 있다. 사랑하는 데 있어 어여삐 품어 안는 자비보다 거룩한 행위가 어디에 있겠느냐만 가엽도록 슬퍼진 이유와 원인을 무시하고, 무조건 안아주려고만 하는 데에서 오는 고통은 선순환 법을 위배하여 받는 표적과도 같아 쌍방이 얼마나 이로울지 의문이다. 뚜렷한 목적을 두어 주도해 나간다면 모르지만 대체로 주고도 받지 못하는 반쪽반생 행위는 '나만을 위한 다든가' 극히 드물게 '너밖에 모를 때' 발생함으로 결코 자애로운 일만은 아니라는 것이다. 선각자의 자비는 사통팔달 인류화합 일구어 내야 하는 것에 있기 때문에 주고받는 선순환 행위를 주도해 나가지 못하면 공허한 몸짓에 불과할 따름이다. 인간 행동의 태반은 성취하고자 하는 욕심에서 비롯되어 자신을 위해 순항하고, 자신이 정한 목적지에 도착하려 애쓴다. 제아무리 너를 위한다고 하지만 순항의 목적은 나를 위한 것에 있으므로 너를 위한 사랑이라고는 하나 결국 나를 위한 사랑이 될 수밖에 없다. 선지자의 사랑도 스스로의 향로를 개척해 나갈 자유의지를 발산케 하는 일로서, 사랑받는 자들이 개인주체 삶을 살아갈수록 거룩한 순환의 행위에 임하는 것이다. 일면으로 이타와 이기의 사랑이 종용이나 종속이 따르지 않는 본연을 위한 것에 있다면, 이기와 이기의 사랑도 하나 되어 살아가기 위한 것이다. 결국 둘 다 이면의 행복을 영위하고자 하는 것에 있어 주고받지 못하면 이룰 수 있는 것은 무엇도 없다.

아쉬움과 아쉬움이 만나 득 될 성싶을 때 솟구치는 감정이 사랑이고, 그 감정이 추구하는 것은 행복이며, 감정기관을 제어하는 이성은 컨트롤 타워로서 제 기능을 잃어버리는 순간 본연을 잊고 살아간다. 본디 이성은 머리는 차갑게 하여 바른 정을 지향하고, 따스한 가슴은 본성의 정을 품어 안고 있다. 즉 차가운 냉(冷)은 따스한 온(溫)과, 바른 정(正)은 본 정(情)과 하나로 어우러질 때 아쉬움과 아쉬움의 만남은 이로움으로, 이기와 이기의 만남은 이타로 승화된다. 대개 만남은 극과 극의 아쉬움에서 비롯되는지라 누구나 만나서 사랑할 수는 있으나 화합을 일으켜 행복을 영위하기는 쉽지 않다. 득 될 성싶을 때 가져보는 만남이야 어렵지 않으나, 합의는 채워야 하는 조건이 달라 녹록치 않다. 득보자고 내 욕심과 네 욕심이 만나는 데 있어 해야 할 일이 무엇일까. 먼저 주고 후에 받을 수 있느냐를 살펴보는 일이다. 사랑은 고픈 곳을 채우기 위해 부르짖고, 행복은 허한 곳이 메워질 때 영위하는 질량이다. 그만큼 사랑은 줄 때와 받을 때와 할 때가 있듯, 합의를 한다하나 화합하지 못하면 합의 과정을 되돌아봐야 하고, 사랑을 한다하나 행복하지 못하면 사랑행위 그 자체를 돌이켜봐야 하는 것이다. 말 그대로 선천의 기본질량을 넘어설 때 후천의 자본금이 되듯, 합의 너머 화합이고, 사랑 너머 행복이다. 이처럼 인연은 조건에 따라, 방편에 따라 짓는 것으로 선천적 사랑은 누구나 할 수 있지만, 후천적 행복은 누구나 향유할 수는 없다. 선순환 행위가 가능한 자에게 주어지는 특혜라고 해야 할까. 이기를 이타로, 아쉬움을 이로움으로 승화시키지 못하면 합의와 사랑 모두 허구일 따름이다.

사랑의 본질을 이해한다면 주고받기 위한 조건은 너와 나의 아쉬움이고, 합의도출은 너와 나의 이로움이라는 사실을 안다. 해서 기본으로 주어진 육생량의 조건에 부합되는 정신량은 내가 만들어 나가는 조건이다. 물론, 이기와 이기가 합의할 때 운용주체가 누구이냐에 따라 이로움의 질은 달리 묻어나지만 분명 이로움을 주는 자는 자신의 아쉬움을 채우기 위한 것에 있다. 따라서 받는 자는 그만한 이로움의 대가를 지불해야 하므로 일방적인 합의는 파기되듯, 한 쪽으로 치우친 사랑은 깨지기 마련이다. 경우에 따라 동정도 있고, 구호도 있겠지만 한두 번이지 딛고 일어서지 못하면 베푸는 자나 받는 자나 곤경에 처하기는 마찬가지다. 내 목적지로 운행하는 동안 네 의사에 따라 얼마든지 편승 가능하나 사랑도 이기요, 자유의지도 이기라 선순환의 날갯짓을 할 수 없다면 제각기 살아갈 방도를 구해야 한다. 기본의 자리에 오르다 겪는 좌절이나 오른 후에 겪는 실패나 하나 되지 못해 받는 표적이다. 또 그 사랑 행위만으로 행복을 영위할 수 없는 노릇이라 육생량을 통해 정신량을 마련해야 하듯, 너의 삶을 통해 내 삶을 살아가야 한다. 무슨 소리냐면, 나 혼자 이룰 수 있는 것은 오직 육생의 기본질량뿐이라 잘 해봐야 사랑의 기본행위가 전부라는 것이다. 어떻게 해서 겨우겨우 상극상충 차원을 넘는다 해도 반쪽반생 차원을 넘지 못해 결국 발목 잡힌다는 것이다. 너의 가치를 인정할 때 나의 가치도 인정받는다고 말하지만 아쉬워 찾아온 너의 실상을 바로 보지 못하면 어렵다. 화합을 위한 합의도 권유나 종용에 따르면 파기되듯이 행복을 위한 사랑도 권유나 종용에 따르면 깨지기 마련 아닌가.

이기와 이기의 보편적 사랑이나, 이기와 이타의 특수한 사랑이나 목적은 행복을 공유하자는 것에 있다. 그러다보니 내 것이 맞는 것이니 무조건 따라야 한다는 식으로 종용한다거나, 이것은 맞고 저것은 틀리니 이리해보라고 권유한다거나, 내 편을 만들려고 회유나 해댄다면 공유하지 못한다. 합의만 이루면 마치 화합한 것 마냥 설쳐대다가 수포로 돌아가게 만드는 것처럼 사랑한다고 해서 결혼하기만 하면 행복할 것으로 철석같이 믿고 하는 모양인데 절대 그렇지 않다. 가까운 사이일수록 미로처럼 얽히고설킨 인과율이 철저히 적용되어 소홀하다 싶을 때부터 이로움은 아쉬움으로 점차 변하여 다툼으로 이어진다. 운용주체와 활동주체의 상호작용 관계를 이해하면, 또 내 앞에 인연은 나 하기 나름이라는 사실을 깨우치면 이로움은 유효한 것이라 상대성으로 주고받는 표적의 심오한 뜻을 깨닫지 않을까. 원인에 의해 결과가 만들어진다는 인과율의 법칙이야말로 사람으로 거듭나야 하는 인간에게 주어진 가장 큰 화두가 아닐까 싶고, 이로운 자는 맞이하는 자요 아쉬운 자는 찾아가는 자라는 사실을 안다면 풀어나가는 일도 그리 어렵지 않다. 아쉬운 양의 기운 만물이 자리하는 곳마다 이로운 음의 기운 물이

스며들어 결실을 맺는 것처럼, 운용주체 여인이 활동주체 남성 집에 생기를 붓고 대를 잇는 것은 지고지순한 자연의 섭리다. 아쉬운 자의 입장에서 잡는 화두와 이로운 자의 입장에서 잡는 화두가 다를 법 하지만 삶의 근본은 하나, 즉 사랑을 통해 행복을 영위하는 것이므로 입장과 처지가 다를 뿐이지 크게 다르지 않다.

물론, 이로운 자와 아쉬운 자의 육생살이 차원이 달라 책임량이 다른 만큼 표적의 질도 전적으로 다르다. 육생량을 더 가진 만큼의 대가는 육생 안위를 풍족히 누린다는 것에 있고, 그 대신 운용주체의 의식 구조가 육생 안위 범주를 벗어나지 못하면 극과 극으로 극명하게 나뉜 삶의 고통을 맛본다. 절박해졌다는 것은 있다가 없을 때 느끼는 간절함이요, 절실해졌다는 것은 필요한 게 없을 때 느끼는 시급함이라 둘 다 싸우고, 충돌하고, 부딪친 결과물로서 이후부터 점차 어렵고, 힘들고, 고통스러워진다. 이 시기에 잡는 화두는 어떠할까. 아마 자아성찰을 이루지 않을까 싶고, 이루었다면 이로운 입장으로 살아가야 하는데 과연 살아갈 수 있느냐에 대한 문제가 대두된다. 살아간다 하나 살아가지 못하면 나를 위한 삶과 별반 다르지 않아 성찰이기보다 합리화시켰다고 해야 할 것 같다. 잘나갈 때 조심하라는 것도, 실패하고 성찰해봤자 개살구가 될지도 모를 일이라 내 앞에서 벌어지는 일상의 화두 놓쳐서 좋을 게 없다는 뜻으로 간주된다. 옥에도 티가 있고, 좋은 일에는 마가 끼기 마련이라는 미중부족 호사다마(美中不足 好事多魔)라는 고사성어가 있다. 무엇이 문제일까. 지금까지 나를 위해 살아왔으니 지금부터 너를 위해 살아가야 하지 않겠느냐는 가르침으로서 절박하고 절실할 때보다 기본의 자리에 오를 때 화두를 든다면 미래의 행로는 거칠게 없다는 뜻이 아닐까 싶다. 근원적 문제이기는 하지만 대체로 이

시기에 얼마나 오랫동안 운용주체 자리를 고수해 나갈 것인가가 결정된다 해도 과언이 아니다. 표적 받고 후회하고 눈물로 되돌아보기보다 내 앞에 인연에게 비롯되는 화두만 놓치지 않아도 사랑하면서 사랑의 본질을 얼마든지 깨칠 수 있다.

그리하여 사랑은 나를 위해 벌어들일 때 하게 되는 것이고, 행복은 너를 위해 소비할 때 영위하게 되는 것이므로 쌓이고, 모이고, 오를 때 화합의 질량 마련을 위한 노력을 아끼지 말아야 한다. 주어진 육생량, 만들어 나가는 정신량을 염두에 두고 인연을 맞이한다면 만남은 조율이고, 과정은 합의이며, 결과는 화합을 위한 것에 있음을 안다. 대부분 육생량 토대 위에 다져진 정신량이라고 해봐야 내 주머니부터 채울 셈법이고, 조율이라 해봐야 나를 위한 것에 있을 수밖에 없으니 합의도 나를 위한 것에 있고, 화합도 나를 위한 것에 있어 옥에는 티가 끼고, 좋은 일에 마가 낄 수밖에 없다. 본디 번다는 개념은 하나 되기 위한 것에 있어 기본금을 부여받고자 한다면, 뜻을 이루고자 한다면, 본연의 자리에 올라서고자 한다면 쓰는 법을 알아야 한다. 지금 여기 이 순간에 진화발전을 위한 일이 벌어지고 있는데 과연 미루어도 괜찮은 일이 있을까. 잠시 잠깐이라도 머물면 멈추는 바라, 지금 여기에서 벌어지는 일을 공부(화두)로 잡아나가지 않으면 보다 나은 내일을 위해 할 일은 없다. 내가 득이 될 때 너도 득이 되어야 하는 것이라 세상사 모든 화두 이로워야 하는 것에 있다. 때론 귀하고, 특별하고, 소중한 것만 추려하는 것도 방책이겠지만 일은 소소한 것에 막혀 터지는 법이라 미루어봤자 좋을 것이 없다. 육생살이 지식의 시대는 치우친 사행으로 상극상충을 일으킬 때마다 착한 선행을 강조해 왔다. 상식이 통하는 시대를 만들고자 선행이 정행인 것 마냥 바람을 일으켰지만 결과는 반쪽반생이라 가치관의 혼돈을 빚어야 했다. 이처럼 지식의 시대가 추구해온 상식의 시대마저도 갑을관계 중심잡이 질량을 놓치는 바람에 '덕 되게 하니 득이 되더라'는 지혜의 시대를 마침내 갈망하기에 이르렀다.

결국 육생살이 시대에서 잡았던 화두는 지식으로 착한 선을 갈구했으나 치우쳐 상극상충을 일으켰고, 이어서 상식만이라도 통해야 하지 않겠느냐고 인문학을 부르짖었으나 개인의 희망사항을 강요하는 꼴이라 반쪽반생 선행이 전부였다. 문제는 바른 정행을 위한 상호상생의 화두를 잡을 수 있느냐는 것인데, 인생살이는 하나되어 살아가는 행복의 질량이라 선순환 차원의 화두만 잡을 수 있다면 가능하다. 이쯤 되면 인의 본향으로 회귀하는 궁극의 화두까지도 잡지 않겠나 싶지만 이는 인생을 살아갈 때의 문제이고, 육생을 살아가는 데 있어 우선 해결해야 할 문제는 고착된 지식과 상식을 깨부수는 일이다. 보이고, 만져지고, 느껴지는 육의 질량이면 과학적 방식에 따르겠지만, 보이지 않는 비과학적 인간관계의 질량은 정신적 차원이라 내 욕심의 의식구조를 변화시키지 않으면 어림도 없다. 요컨대 지식과 상식은 욕심의 창고 생각차원에서 일으키는 이기의 질량이라는 것이고, 지혜는 마음차원에서 찾아 쓰는 이타의 질량이자 용해의 질량으로 고정관념 선입견 등을 녹여 내리기도 한다는 것이다. 아울러 아쉬움은 육생량에 묻어남에 따라 지식처럼 벌어들이는 데 쓰이고, 이로움은 정신량에 배어 있어 지혜마냥 소비하는 데 쓰이므로, 육생량을 더 가진 자는 때가 되면 정신량을 필요로 할 것이고, 육생량이 부족한 자는 육생량을 채우기 위한 삶을 살아간다. 육생의 근기와 육생량은 인과관계 문제를 야기하고, 인생의 근기와 정신량은 인간관계 형성을 위해 쓰인다. 곤궁할 때 의기투합하다가 누리는 시점부터 균열이 가는 것도, 취하는 법만 배웠을 뿐이지 취한 후 증가되는 욕심제어법을 배우지 못해 벌어지는 일이다.

☾ 주어진 기본금으로 기본행위조차 못하면

육생 지식의 시대가 일으킨 치우친 사의 행위는 나밖에 몰라 나 살고 너 죽자는 상극상충 행위가 다반사였고, 갈구하는 상식의 시대는 착한 선의 행위로 나 죽고 너 사는 반쪽반생 행위가 비일비재 했으니 추구해 나가는 인생 지혜의 시대는 바른 정의 행위로 나 살고 너 사는 우리 모두에게 상호상생이 수반되는 시대여야 한다. 갖춘 만큼 쓸 수 있는 것이 육생량이요, 정작 아는 만큼밖에 쓸 수 없는 것 또한 육생량이라 보다 나은 삶을 살아가고자 한다면 정신량 신장을 위해 노력해야 한다. 상생은 나를 위해 너를 이롭게 하는 행위고, 조화는 아쉬워 내민 너의 손을 잡고 나가는 일이며, 경쟁은 담합이 아니라 상부상조하자는 것에 있어야 한다. 순환은 옳고 옳지 않음에 따라 움직이고, 소통은 바르고 바르지 않음에 따라 움직이며, 상생은 이롭고 이롭지 않음에 따라 움직인다. 이와 같이 육생살이 셈법은 순전히 자기 목적을 달성코자 하는 것에 있으므로, 내게 이로울 듯싶으면 옳은 것이요 이롭지 않으면 옳지 않은 것이라, 자신에게 득이 되는 정도에 따라 옳고 그름을 달리해 나간다. 불통은 바르게 쓰지 못할 때 일어나고, 불화는 이롭지 못할 때 조성되며, 고통은 없어서보다 쓰임이 다채롭지 못해 겪는다. 배반은 사랑받지 못해 당하는 것이 아니라 사랑할 줄 몰라 당하는 것처럼 말이다. 착한 선의 차원에서 상식이 통하는 사회를 만들고자 한다면 육생살이 본질에 대해 알아야 한다. 해야 할 일은, 진화(進化)는 인간의 사고치를 최고조로 끌어올리기 위한 것에 있다는 사실과 발전(發展)은 인간에서 사람으로 승화되어 사람답게 살아가기 위한 것에 있다는 사실을 깨치는 일이다.

엉킬 듯 엉키지 않는 대자연의 질서, 이타의 자율과 이기의 질서가 맞물려 돌아가기에 가능하다. 물론 종(種)이 다르면 먹고 먹히는 힘의 논리 약육강식체제로 돌아가겠지만 같은 종끼리의 질서는 살고자 하는 본능 그 자체라 부딪쳐 멸하는 일은 없다. 하지만 인간은 육생량을 앞에 두면 욕심이 발동하는지라 이성을 바로 세우기도 전에 먼저 차지하려는 이기와 채우지 못한 아쉬움이 질서를 깨트리기 쉬워 종종 너 죽고 나 죽는 결과를 초래한다. 육생본능에 의지하는 동물은 종의 번식이 전부라 수십만 마리가 무리지어 이동해도 싸우고, 충돌하고, 부딪치는 일이 없다. 그 너머 분별로 살아가는 인간은 단 둘이더라도 육생량을 앞에 두면 은근한 욕심이 서려 암투를 벌인다. 자연에 인위적 힘이 가미되면 남아나는 게 없듯이 육생량으로 이성을 잃을 때마다 적을 만들고 원수를 만드는 이유라고 할까. 또 취하여 쓰임이 이채로우면 무슨 문제가 있겠느냐마는 사달은 결국 자기 자신만을 위해 쓰다가 나는 것을 보더라도 하나같이 선순환 행위를 무시하고 살아가다 겪는 일이다. 사회는 행의 현장이다. 하나 되기 위해 내 욕심과 네 이기가 만나는 곳이라 모순이 만발하여 매 순간 어지럽고 복잡 미묘한 일들이 발생하기 마련이라 저마다 득보기 위한 질서체계는 자연발생적이다. 단체든 개인이든 궤도를 이탈하면 손해라는 인식이 자리한 것도, 강제윤리 넘어 도덕을 강조하는 것도 본래의 자율은 인의 덕목으로 자리하고 있었기 때문이다. 기실 아쉬움이든 이로움이든, 이기든 이타든 주고받는 행위가 이롭지 않으면 서로 표적질 해대기는 마찬가지 아닌가. 말하자면 윤리의식 강제조항보다 작용반작용의 법칙 나 하기 나름이라는 자율의식 선순환 법 신뢰구축이 한층 더 유용하다는 것이다.

이렇게 상호상생은 이념과 가치와 사고가 하나로 어우러질 때 자연스레 일어나게 되어 있다. 신뢰와 신의와 신용은 이기적 자유의지에 있지 않다. 쌓는다는 것은 사랑하기 위한 것이요, 쓴다는 것은 행복을 위한 것이라 신뢰는 하나 되기 위해 쌓아 나가듯, 구축하기만 하면 하나 되어 사는 일은 크게 어렵지 않다. 다양한 쓰임을 위해서라도 사랑의 거죽때기에 행복의 알곡의 싹을 틔워야 하는데 육생량만으로 싹을 틔우려 하다 보니 상극상충 현상이 끊이지 않고 또 사랑만 하면 행복한 줄 알고 사랑에 목숨을 걸곤 한다. 만물의 근원이 하나이듯, 섭리도 하나이고 이치도 하나이니, 근본도 하나이고 진리도 하나이다. 그런데 업그레이드 시대 넘어 4차 AI 시대를 앞두고 섭리를 안다 하나 육생 안위일 따름이고, 이치를 안다 하나 힘이 가미되어 있으며, 순리를 안다 하나 저마다 자기논리라 정작 바른 도리를 다하기에는 무리가 따를 수밖에 없다. 내 아쉬움을 채우고자 하는 사랑행위가 다르듯, 불행한 이들의 사랑행위도 다르나 분명한 것은 행복해 하는 이들의 사랑행위는 엇비슷하다는 것이다. 무슨 소리냐면, 욕심의 크기는 타고난 질량이자 미리 계산한 셈법의 크기와도 같아 부여받든, 물려받든, 올라섰든 기본의 자리에 오르는 과정은 지구상의 인구 수 만큼이나 다양하다는 것이다. 좌절과 실패의 과정도 크게 다르지 않아 불행하게 사는 모습도 다양한데 그렇게 사는 요인 중에 하나는 생각 따로, 말 따로, 행동 따로 하는 데 있다. 반면 행복해 하는 이들은 선순환 행위를 나름 하기에 자기만족을 위해 반쪽반생 일으키는 이들과의 삶의 질은 천양지차다. 이롭지 않을 때 싫증내는 것처럼 뜻대로 되지 않을 때 짜증내고 화를 낸다. 타고난 성질이 고약한 면도 있기야 하겠지만 모두 인간관계 실패의 단초를 제공하는 요소다. 인성부족으로 과다하게 내비치는 물욕은 실패의 함정과 공식이 성립된다.

사랑의 기본질량 배려는 에티켓이요, 행복의 기본질량 인격은 품이자 포용력으로 성공을 넘어 출세가도를 달리려 한다면 필히 갖춰야 할 덕목이다. 왜 성공의 문턱을 넘어서지 못하고 주저앉고 마는 것인가. 기본의 자리(성공)에 오르는 순간 많은 이들로부터 축하와 격려의 메시지를 받는데, 지위고하를 막론하고 '승승장구' 화두가 주어진다. 거의가 형식적인 인사치례로 받아들이거나 아는 것 마냥 가볍게 받아 넘겨 공부를 놓치고 만다. 크건 작건 문제의 발단은 내 앞의 인연에게 비롯되므로 귀 기울여 듣는 자만이 대안 마련에 크게 어려움을 겪지 않는다. 또 그들이 가져다주는 즐거움을 기쁨으로 승화시키는 것도 나 하기 나름이고, 예상치 못한 어려움도 나 하기 나름이라, 그만한 해결책도 내 앞의 인연이 가져다준다는 것이다. 아예 없을 때 느끼는 게 궁색함이듯, 있다가 없을 때 느끼는 게 어려움이고, 심해지면 생활고라는 말이 있다. 불안함은 못미더워 들이대는 잣대가 만들고, 타박은 그때마다의 셈법이 빗나가면 해대기 마련이다. 그러다가 득 보면 기뻐할 것이고, 어긋나면 손해라 심기 불편해 할 것인데 당최 채울 듯 채우지 못해 앞서가는 셈법은 어디에서 기인하는 것일까. 듣고, 보고, 배운 것에 있겠지만 모두 내 앞의 인연에게 기인함이라 이성을 잃지 않고 몰고

온 소식을 바로 듣는다면 무엇이 되고 안 될 것인지를 안다. 바르게 듣지 못하는 이유는 그 정도쯤이야 나도 안다는 식으로 자만하는 데 있지 않나 싶고, 내가 나라는 교만함으로 주어지는 화두를 잡지 못하는 데 있다.

내 논리는 나에게 맞춰진 내 셈법이라 시시각각 변화변동의 바람을 일으킨다. 해결하면 한발 나아갈 것이고, 머물면 뒤로 물러날 것이라 모두 내 앞의 인연이 일으킨 바람이라 그에 따른 해결책도 내 앞에 인연에게 있다는 것이다.

간혹 선지식이나 멘토를 찾아 조언을 구할 때도 있어야겠지만 내게 주어진 공부인 만큼 푸는 것도 나의 몫이라 문제의 바람을 일으킨 인연의 행동을 면밀히 되짚으면 풀어나가는 데 한층 수월하다. 이때 자칫 자기 잣대에 너무 골몰한 나머지 얽매이면 헤어나지 못할 수도 있으니 이건 이렇고, 이런 것이니 이러해야 한다는 일방적인 잣대를 들이대면 곤란하다. 의심은 의심에서 되묻고, 질문은 질문에서 되물을 때 사물(문제)의 가치를 포괄적으로 알게 되므로, 이쯤 되면 화두의 핵심에 다가선 것이 된다. 이것은 이래서 맞는 것이라 고집피우고, 저것은 저러하니 아니 될 것이라 단정 지으면 결과에 따라 줏대 잃고 타박이나 해대지 않을까 싶은데, 결코 누구에게도 도움 되지 않는 행위다. 방안은 골몰할 때보다 멍 때릴 때 스치므로, 내가 아는 것은 내가 아는 것일 뿐, 미련 없이 던져버릴 때 미처 생각지 못한 것들이 떠오르는 법이다. 조사를 만나면 조사를 죽이고, 부처를 만나면 부처를 죽여야 한다고 말하는 이유가 여기에 있다. 손바닥으로 하늘 가리는 것이나, 우물 안에서 하늘 쳐다보는 것이나, 경(經)에서 세상을 들여다보는 것이나 다르지 않아 대자연(하나님)을 바르게 알고자 한다면 예수를 죽여야 한다고 말한다. 모든 일은 내 욕심에서 계획하고 추진하듯, 하고 싶은 일에는 방법이 보이는 듯싶고, 하고 싶지 않은 일은 변명으로 일관하듯이 천지인 세 개의 차원으로 나뉘어 운행되는 세상사 하찮은 일도, 소중한 일도 집착하면 올바른 방책을 구하지 못한다. 들음에서 나는 믿음은 반복적으로 들으면 세뇌되어 집착을 일으키고, 묶이어 벗어나지 못하면 고착되어 발병시키는 데 육신의 병은 보이는 물질을 소화시키지 못해 일으키고, 정신의 병은 보고 듣는 일들을 소통시키지 못해 일으킨다.

받아온 기본금으로 기본행위조차 못하면 거기에 묶인 것이라 인간 구실이나 제대로 할지 모르겠다. 내게 있다고 해서 내 것이 아니라는 것이다. 너를 이롭게 할 때에서나 쓸 자격이 주어지므로 하루아침에 거지꼴 되는 것도 내 것 마냥 마구 써대다 받은 표적이라는 것이다. 태반이 목적지를 잊어버려 헤매다 벌이는 일로서, 기실 앞에서 벌어지는 일들을 관찰만 했더라도 잊거나 잃어버리는 일은 없다. 설사 잊었더라도 선지식을 찾아가 물으면 되겠지만 문제는 아예 목적지조차 모르고 살아가는 데 있다. 안다면 그르게 전개되는 치우친 사의 행위일지언정 상극상충을 최소화하려 들 것이고, 또 그것이 맞는 것이라고 설쳐대다가 다른 행로에 빠져 반쪽반생 남 좋은 일 시키지 않을 것이다. 아예 몰라서 못하는 이도 있겠지만 알면서 안 하는 이도 있을 것이라 이러한 이들을 일깨워야 하는 이들이 누구여야 하는가.

좋은 인연은 만들어지는 것이 아니라 만들어 나가는 것이라고 하지 않는가. 그렇다면 나를 바르게 이끌어 줄 스승이나 멘토마저도 만들어 나가야 하는 것일까. 주객전도요 본말전도라, 할 수만 있다면 얼마나 좋을까만 진정 그리되면 스승이지 제자일까. 이로운자이지 아쉬운 자일까라는 것이다. 필경 있어야 하는 게 없다는 것은 그만큼 불행하고, 불안한 시대에 살아가고 있음을 방증하고 있다. 기회야 언젠가는 찾아오기야 하겠지만 자리하지 않는 진인 (眞人), 쇠붙이를 화로에 달구어 담금질 하듯 스스로를 채찍하며 만들어 나가야 하는 거룩한 행위라 그리 녹록치 않은 일이다. 하늘을 날면 지상이 내려다보이고, 지상에 내려 않으면 하늘을 올려다 보게 되는 것처럼, 입장과 처지는 진화발전의 적대보완적 관계로서 경우에 따라 관찰자가 되고, 관찰의 대상이 되기도 하므로 누구에게나 공평한 삶이 가능한 것이다.

☾ 선방의 화두

이쯤에서 선방에 전해지는 몇 개의 화두를 추려보자. 삼베 세 근이면 옷 한 벌을 짓는다는 '삼세근'이다. 의심에 의심의 꼬리를 물고 들어가면 혜안이 열린다고 말한다. 그다음 '이 뭐꼬'는 경상도 사투리로서 일반적으로 가장 많이 드는 화두다. 또 그 물음의 꼬리에 꼬리를 물면 뱉고 마시는 호흡처럼 주고받는 이유와 원인에 다가서게 된다고 한다. 특히 호남에서는 '거시기'하면 거의 통하듯이 영남에서는 '이 뭐꼬(이 뭔데)'하면 대체로 알아듣는다. '뜰 앞의 잣나무'는 "조사가 서쪽에서 온 뜻이 무엇입니까"라는 질문으로부터 시작한다. 달마가 동쪽으로 간 까닭은 무엇일까. 서쪽에서 온 이유가 무엇이냐는 질문을 하다 보면 동에서 서로 시간이 흐르듯이 동에서 서쪽에 가까울수록 외면 물질세계를 연구 분석하고, 서에서 동쪽에 가까울수록 내면 정신세계 음양근본을 위해 노력한다. '마른 똥 막대기'는 부처를 마른 똥 막대기와 비유하는 데서부터 의심에 들면 형(形)과 상(狀)과 경(經)을 뛰어넘을 것이라고 한다. '개에게는 불성이 없다'는 화두는 곧바로 질문과 의심으로부터 시작한다. 탁해진 인기가 탁한 인육을 쓰고 사는 순간부터 탁한 삶을 살아간다. 그르다는 치우친 사와, 다르다는 착한 선에서 바르다는 정의 질량을 추출하여 이타의 사람으로 승화해야 하는 인기의 본성은 육성(肉性)에 가깝기는 하나 동물의 본능과는 성향이 판이하다. 때문에 인간은 운용주체요, 동물은 활동주체라 과연 하나 되어 살아갈 수 있을까. 절대본능에 의지하는 동물들이야 종족번식을 위한 육 건사 육생살이가 전부라 양심의 가책과 피고 지고 들고 나는 근묘화실 생장수장에는 아무 관심이 없다. 절대분별로 인생을 살아가야 하는 인간이기에 사랑의 본질과 조건에 대해 근원적 질문을 던진다. '왜 하는 것일까'로 촉발된 의심은 화합의 본질에까지 이르게 되는데, '나는 누구인가'를 찾을 때 끝나는 깨달음의 실체는 하나 되기 위한 대안마련을 위한 것에 있으니 그 이외의 목적은 불필요한 의심이자 행위일 따름이다.

이처럼 인류화합은 나아갈 바를 찾은 자들이 깨달은 바를 토대로 대안마련을 하는 데 있다. 때문에 깨닫기 위해 노력하는 자와 깨달은 자를 동경하는 이들일수록 반드시 해야 할 일 있는데 그것은 바로 그들에게 끊임없이 질문을 던지는 일이다. 근기에 따라 깨달음의 과정은 다르겠지만 일정한 경지에 올라선 이는(진인) 의외로 단순하여 천진난만 어린애와도 같아 물어보지 않으면 아무것도 모르는 상태로 머무른다. 약수를 퍼내야 육각수가 나오는 법이듯 네 할 일을 내가 대신할 수 없지 않은가. 근본에 접근하여 원리를 깨친 상태라 답하면 답할수록 심오함의 깊이는 더해가고, 물어보면 볼수록 물음의 깊이는 깊어지니 참으로 쌍방 간에 거룩한 행위가 아닐 수 없다. 만약 질문에 막히면 어떻게 될까. 근본이기보다 자기논리에 가깝다 할 것이니 원리에 다가설 때까지 재차 노력을 아끼지 말아야 한다. 남북은 중심잡이 질량이고 동서는 생장수장 질량이듯, 마음은 중심잡이요 생각은 생장수장이라 선방의 화두는 근원을 밝히는 데 있어야 할 것이고, 일상의 화두는 하나 되어 나가고자 하는 데 있어야 할 것이다. 어렵고 힘겨울 때 찾는 곳이 대개 사찰, 교회, 굿당, 역술원 등의 간판을 걸어 놓은 곳이 아닐까. 근본원리와 일상이 부합되면 생활의 경계가 없어지므로 싸우고, 충돌하고, 부딪쳐 어렵고, 힘들고, 고통스럽기보다 즐겁고, 신나고, 기뻐야 한다. 결국 네게 이롭지 않아 내게도 이롭지 않은 것이니 세상 모든 화두는 이로운 삶을 위한 것에 있다. 참선 중 신묘한 세계에 빠져드는 이들도 있기 마련이고, 삼매에 빠져드는 이들도 있을 것이라 하지만 인기가 인육을 쓰고 인간으로 살아가는 데 있어 일부러 켜켜이 쌓인 저승세계를 찾아들어갈 필요가 있을까. 어차피 인육을 벗으면 가야할 곳이고, 특히 인간의 본연은 사람답게 살아가는 일에 있으므로 한 뜸이라도 승화를 위한 노력을 아끼지 말아야 하는데 말이다.

일상생활에서 잘못을 저지르면 윗사람이 "네, 이놈" 하고 버럭하듯이 선승들 사이에서 어리석은 수행자를 꾸짖을 때 "할(喝)"로 일갈한다. 무엇이 다를까. 진정 너를 위한 꾸짖음이라면 폐부 깊숙이 파고들 것이고, 화풀이 성이면 앙금이 쌓이기 마련이다. 삼고초려 사제지간이면 모르겠지만 물질만능 작금의 현실은 사제지간도 홍정의 대상이라 자칫 갑질 구설수에 오르기 쉽다. 그 옛날 주인과 하인 사이면 '네 이놈'이라 꾸짖고 호통친들 누구 뭐라 하겠는가. 정녕 깨우침을 위한 것에 있다면 꾸짖음은 각성을 위한 성토여야 하건만 짓밟는 수단이어서는 안 된다. 게다가 '할'이라 한마디로 일갈했다면 전후사정의 깊이까지 재고해야 할 것이며, 이후 깊이 있는 대화가 얼마나 오고갔는지가 중요하다. 당연히 수행자를 책려하기 위해 발(發)해야 하는 것도 있겠지만 상황에 따라, 경우에 따라, 입장에 따라 받아들이는 농도가 달리 묻어나므로 일깨우는 법문과 함께할 때 '할'의 깊이는 이루 말할 수 없다. 숨소리만으로, 눈빛만으로, 행동만으로 충분히 통하는 사이라 할지라도 깊은 뜻은 말하지 않으면 모른다. 선방의 화두나, 일상의 화두나 잡으면 간절함으로 다해야 하겠지만, 막히어 몸서리칠 때까지 바둥거리다가 숨이 막혀 터져버릴 듯싶을 때 조언을 구하면 봇물 터지듯 단박에 뚫린다. 제아무리 가까운 사이더라도 깊이를 모르면 오해 사기 쉽고, 눈치 보냈는데 알아채지 못하면 의심 사기 쉬우며, 몸짓 발짓까지 했는데 다르게 받아들이면 멀어지게 된다.

지식 너머 지혜는 육생량 바탕 위에 정신량을 세우기 위함이고, 육생 너머 인생은 인간에서 사람으로 승화하기 위함이며, 생각 너머 마음은 사통팔달 하나 되는 방안을 강구하기 위한 것에 있다. 사랑을 부르짖는 것도 너와 나의 차원 생각과 마음이 적대보완적으로 자리하고 있어서다. 스스로 묻고 대답하는 자문자답일지라도 내 안에 있는 이기적인 나에게도 물어보고, 이타적인 너에게도 물어봐야 한다. 왜 그런 것이냐면, 내 앞의 인연은 나 하기 나름에 따라 행위를 달리해 나가듯이, 내 안의 너도 나 하기 나름에 따라 생각의 차원을 달리해 나가기 때문이다. 내면의 차원을 모르면 외면의 행위를 다하지 못하므로 내면의 질서가 외면의 질서를 가늠해 왔다. 화두도 외면의 질서를 위해 내면의 평화를 유지해 나가기 위한 것으로, 내 앞에서 벌어지는 일들이 나를 위한 것에 있는지 아니면 너를 위한 것에 있는지 먼저 살펴볼 일이다. 저승의 주인은 영혼이요 이승의 주인은 인간이라, 육생살이 인간으로 태어난 것은 인생살이 사람으로 승화하기 위한 것이고, 목적은 사람들과 사람답게 살아가기 위한 것에 있다. 예컨대 자궁의 태아는 출발선상이요, 태어난 것은 출발한 것이고, 삶의 목적지는 죽음이 아니라 사람답게 살아가는 것이다. 아울러 본연을 다할 때 다음 소명을 위해 육을 벗고 돌아가는 것이므로, 인간의 본성은 회귀이고, 희망의 모태는 행복이다. 따라서 만상에 대한 의심과 질문은 너와 나의 깊이를 아는 일이자, 내 가치와 네 가치에 대해 아는 일이다. 기실 너를 위해 한다 하나 너를 위해 하는 것은 없다. 실상은 나를 위한 것에 있으므로 싸우고, 충돌하고, 부딪치며 살아가고 있다.

험난한 육생살이 산전수전 공중전에 이어 지하전까지 치른다는 우스갯소리를 들었다. 너를 위할 때인데도 불구하고 나를 위할 때마다 받아야했던 표적은 불공정한 삶의 일환이다. 그런데 내 삶의 주인공은 '나'여서 기본행위를 다하지 못할 때마다 받아야 하는 게 깨우침의 표적이라, 네가 내 삶의 주인공이면 너로 인해 고통이 주어져야 할 이유가 없지 않은가.

인연은 너와 나의 발전을 도모하기 위해 짓는 것이므로, 나밖에 모르면 지속될 수 없는 것도 인연이고, 이로울 성싶을 때 득보자고 다가오는 것도 인연이다. 사랑받는 자가 되고자 한다면 이로움이 물신 풍겨나야 하듯, 주어지는 화두 그 이로움을 깨우치면 만인의 칭송받는 운용주체로 우뚝 선다. 가르침은 배움이고, 채움이자, 숙성이며 독립을 뜻한다. 그렇다고 혼자 살아가라는 소리일까. 이제막 하나로 어우러져 살아가기 위한 출발선상에서 엔진 가열하는 중이므로, 개인주체 성인으로서 나 하기 나름에 달리 나타나는 시절을 맞이했다는 것이다. 즉 부모의 보호 아래 성장하는 어린 시절부터 독립단행 성인 시절에 이르기까지 그르고, 다르고, 바른 것의 분별을 얼마나 깨우쳤느냐에 따라 운용주체로서 존경받는 삶을 살아가느냐, 나 먹고살기 위한 활동주체에서 주저앉느냐에 대한 문제(화두)를 맞이하는 때다. 물론, 육생의 기본금에 따라 문제의 질은 판이하겠지만, 그르다는 치우친 사행에 빠지면 기본금으로 기본행위조차 못하는 풍상고락 운용주체를 면치 못한다. 다르다는 착한 선행차원을 넘어 바르다는 정행을 위해 노력하면 존경받는 운용주체로 살아간다. 비록 기본 질량이 소상공인에조차 못 미치더라도 작으면 작은 대로 하나로 어우러져 살아가면 그는 이미 존경받는 이로운 운용주체다. 어렵고, 힘들고, 고통스럽기보다 매사즐겁고, 기쁘고, 신나는 삶을 살아간다.

존중과 존경은 비례하지만 기본질량에 준하지 않듯, 멸시와 천대도 기본질량에 준하지 않는다. 주어진 만큼만 행하더라도 삶은 더욱더 풍요로워질 것인데 바른 정을 모르는 현실은 그르다는 사의 차원을 넘어서봤자 다르다는 선의 차원에 발목 잡힌다. 반쪽반생 사랑과 육생성공에 놀아나면 상호상생 행복과 출세가도 선상에조차 오르지 못한다. 기본만이라도 행하며 살아가는 이들이 있을까. 육생을 인생으로 받아들이는 순간 모든 게 머물러 갇힌 것이므로 없다 해도 무방할 것 같다. 그러고 보면 일상의 화두는 받아온 기본만이라도 다하려 하는 데 있어야 할 것이고, 선방의 화두는 그 너머 차원의 삶을 살아가기 위한 것에 있어야 할 것인데, 만약 다음 생을 위한 것에 있다거나 영원한 안식을 구하고자 하는 것에 있다면 반쪽반생 뜬구름 잡는 형국이라 착한 선의 차원에서 벗어나기 힘들다. 다음 생이야 그렇다고 치자. 영원한 안식(해탈)을 구하는 행위는 누구를 위한 것일까. 결국 내가 나를 위해 영원한 안식을 구하는 것밖에 안 되는데 정녕 너를 위한 행위가 되는지 의심해 볼 일이다. 한 술 더 떠 이러한 행위로 오른 경지니 누구나 자기처럼 이리하면 오를 것이라 종용까지 하면 정말 곤란하다. 그 경지마저도 받아온 질량에 준한 것으로 그만한 근기가 되는 자에게나 한 것이지 못 미치는 이에게는 가당치도 않아 사차원에서 받아온 사주 본질의 실상을 알아야 한다. 육생 너머 인생은 나를 위한 것에 있지 않다. 그렇다고 너만을 위한 것에도 있지 않다. 모두 함께 살아가자는 것에 있으므로 사랑을 배우고, 나눔을 배우고, 질서를 배운다. 그리 썩 아쉽지 않은데 관심을 가질까. 육생의 배가 부르면 행복을 빙자한 만족한 삶을 살아가려 들 것이라 언제나 채워도 아쉬울 수밖에 없는 게 육생살이 인간이다.

그리하여 만남은 아쉬움을 채우고자 하는 데에서 비롯되어 불리하다 싶으면 어깃장 놓고, 손해다 싶으면 등 돌리다가 득이 된다 싶으면 득달같이 달려드는 염치없는 인간들이 많은 이유다.

교활하고, 음흉하고, 줏대 없다는 소리를 들어가면서까지 야비한 행동도 마다하지 않는 것도 나 살고자 하는 것에 있다. 이로움이 얼마나 오래 갈까. 겨우 보이는 일면의 수지타산에만 혈안이라 그다음 이면의 돌파구를 찾지 못해 더 큰 난관에 봉착한다는 사실을 모른다. 신의는 신용이자 신뢰이고 믿음이라 이롭지 않으면 이미 죽은 것이다. 개같이 벌어서 정승같이 쓴다는 말이 있다. 가능할까. 바른 정 차원의 쓰임이어야 하는데 착한 선의 세상이라 먼저 주고 후에 받는 선순환 행위를 믿지는 것으로만 안다. 난전(亂塵)에서 개같이 벌어들이는 이가 정승의 자리에 올라 이롭게 쓰는 법을 안다면 모르겠지만 말 그대로 너 죽고 나 살자는 식으로 개처럼 벌었다면 죽을 무렵에서나 어찌할 줄 몰라 특정 재단이나 단체에 기부하는 행위가 전부다. 당연히 불우한 이웃도 도와야 하고, 어려운 환경에서 공부하는 학생도 도와야겠지만 사유해보자. 왜 불우한 이웃이 되었고, 그의 자식은 어려운 환경에서 공부해야 하는지에 대해서 말이다. 행의 현장 사회는 이로운 자만들만이 사는 곳도 아니고, 그렇다고 어려운 자를 도우며 살아가야 하는 곳도 아니다. 요컨대 금수저를 위해 흙수저가 희생해야 하는 것도 아니고, 흙수저를 위해 금수저가 무조건 도우며 살아가야 하는 것도 아니라는 것이다. 받아온 육생의 기본질량은 달라 주고받는 삶이 가능한 것이므로, 적대보완적 관계는 공평한 삶을 위해 주어진 질서체계로서 아쉬운 활동주체를 위한 이로운 운용주체 대안을 마련하기만 하면 된다. 이쯤 되면 활동주체의 방안은 절로 마련되지 않을까 싶은데, 의논을 통한 합의 또한 어렵지 않다.

그런데 바르다는 정은 공평하게 주고받기 위한 것으로 언제나 금수저의 행위는 흙수저에게 이로워야 하는 데 있다. 경우에 따라 주어지는 공부(화두)는 누구에게는 이롭고, 누구에게는 아쉽고, 누구에게는 괴롭기도 할 것이다. 어떻게 할 것인가. 너를 이롭게 하기 위한 절대분별은 내 꿈을 실현하기 위한 내 몫이라 내가 선택해야 한다. 설사 그 행위가 자기 자신을 위한 것에 국한되었더라도 누구도 탓을 해서는 안 된다. 존중은 존경으로 되돌아오듯이 이로웠다면 이로움으로 보상받을 것이요, 해로웠다면 해로움에 대한 대가를 반드시 치를 것이다. 나 하기 나름이라는 대자연의 거룩한 가르침으로 너와 나는 일일신(日日新) 우일신(又日新) 날마다 거듭나야 할 것이니 말이다. 거듭나지 못하면 날 때까지 흡사한 난관에 봉착할 것이고 이에 머물면 실패의 나락으로 빠질 것이라, 운용주체건 활동주체건 근기에 따라 유사 상황이 전개되지만 책임량은 활동주체보다 운용주체에게 배로 전가된다. 그런데 왜 하필이면 그러한 일들이 내 앞에서 벌어져야만 하는 것일까를 의심해보자. 진화발전의 발판일 수도 있고, 표적일 수도 있지만 이미 그러한 징조는 내 앞의 인연으로부터 나타나고 있었다. 또 이러한 상황을 공부로 잡아나갈 수 있느냐에 대한 문제가 대두되는데 만약 공부로 잡는다면 피해는 최소화하고, 유사 상황은 전개되지 않는다는 것이다. 최소화한 만큼 발전한 것이고, 피해가 커진 만큼 머문 것으로 답을 찾지 못했다면 앞으로 더 어려운 난관에 봉착할지 모른다. 불우한 이웃도 그만한 이유가 있고, 어려운 환경에서 공부하는 학생도 그만한 이유가 있다. 그저 불쌍하다고, 안쓰럽다고, 안타깝다고 감성에 젖은 기분만 앞세워서는 상호상생 이루지 못한다. 결국 개처럼 벌어 정승처럼 쓴다는 것도 자기 욕심에 지나지 않아, 태반이 죽음을 눈앞에 두고 어떻게 써야 할지 몰라서 하는 기부라면 누구한테 이로울지 깊이 사유해 볼 일이다.

☾ 비교하지 말고, 남 탓하지 말라

마지막 가는 길마저도 착한 선행이 전부이고, 공평하지도 않은데 공평한 것처럼 왜곡하자 선행이 정행으로 점차 둔갑하기에 이르렀다. 애당초 상극상충을 일으키는 치우친 사의 차원은 고장 난 엔진과도 같아 만나면 불합리하여 시끄럽다는 것을 누구나 안다. 그러나 다르다는 반쪽반생은 바르다는 상호상생 만큼이나 부드러운 것 같은 엔진 느낌이라 겪어보고 일깨워주지 않으면 분별이 용의치 않다. 그래서 다를 착한 선의 차원에 머물다 실패를 면치 못하는 것인데 이를 분별하고자 한다면 일상에서 주어지는 화두를 잡아나가야 한다. 착한 선행으로 반쪽반생 결과를 초래했다면 누구의 책임일까. 필경 선택한 자의 몫이 아닐까 싶고, 신중을 기하더라도 분별이 어리석으면 마가 끼기 마련이다. 임도 보고 뽕도 따고, 도랑 치고 가재 잡고, 마당 쓸고 동전 줍고 상승리듬을 탔을 때 실수마저 살이 되고 피가 되기도 한다. 한번 기세가 꺾이기(마가 끼기) 시작하면, 밀가루 장사하면 바람 불고, 소금 장사하면 비 오듯, 눈 뜨고 코 베이기 십상이다. 다 된 밥에 코 빠뜨리는 것만큼이나 운수 사나운 일이 또 있을까만 이는 치우친 사행의 결과이기보다 드러날 듯 드러나지 않는 착한 선행의 결과이다. 매사 결과가 확실하게 드러나면 분별이 어디 어렵겠느냐만 물에 물 탄 듯 술에 술 탄 듯한 행위가 착한 선행과도 같아 명예와 재물은 삼베 바지에 방귀 세듯 세어 나간다. 분별이 어려운 상태에서 막무가내 정의를 외친 대가라고도 할 수 있는데, 알 듯 모를 듯 전개되는 선행의 실상이라 정의는 현실세계에서 불가능한 것처럼 말하고 있다. 만인은 법 앞에 평등하다고 말하지만 누구에게나 평등할 수 없는 것처럼 말이다.

공분은 부정을 느낄 때마다 산다. 무엇 때문에 그런 것일까. 육생살이 착한 선행의 차원에 머물렀기에 운용주체의 갑질은 육생량 앞에서면 하늘을 찌르고, 활동주체는 아쉬운 을로서 육생량 앞에 마냥 주눅 들어 살아야 한다면, 억울한 일을 당해도 호소할 때가 없는 거와 다르지 않다. 물론 운용주체의 갑질을 어느 관점에서 보느냐에 따라 해석을 달리 할 수도 있다. 그렇다고 해서 활동주체을의 주눅을 달리 해석할 수는 없지 않은가. 착한 선의 차원에서 공분을 산다는 것은 정의롭지 못하기보다 이로움이 공평치 못했다는 것이 아닌가 싶고, 치우친 사의 차원에서 드러난 착한 선행은 반쪽반생일지언정 감사의 대상이었다. 육생살이 인간에게 이권 다툼은 적대보완적 진화발전의 필수 요소인데도 불구하고, 합의를 이끌어내지 못하거나, 불이익을 당할 때마다 혹자는 인간은 같이 모여 살아갈 수 없는 악랄한 존재라 말하기도 한다. 게다가 동전의 양면을 거론하고, 양날의 칼을 운운하는 자들일수록 이로우면 하나 되어 살아갈 수 있다하고, 이롭지 않으면 육생살이 인간은 본래 이기적이라 하나 될 수 없다고 말하기도 한다. 이렇듯 공분은 이롭지 못한 자들에 의해 사는 것이므로, 운용주체 행위가 공정하지 못하면 활동주체 행위도 공평치 못할 수밖에 없어 주고받는 행위를 그와 오래 지속하기 힘들다. 정의구현이 과연 육생량을 추구하는 활동주체만으로 가능할까. 정신량을 지향하는 운용주체가 받쳐주지 않으면 공허한 메아리가 될 것이고, 아쉬움을 채우지 못한 활동주체는 와해될 것이라, 그 피해를 운용주체가 고스란히 감수해야 하는 시대를 맞이했다.

아쉬워 찾아온 이들에게 이롭지 않으면 이로운 곳을 찾아 나서는 게 인지상정이다. 언제나 이로운 이가 할 일은 아쉬운 이와의 결속이라 주고받는 행위가 공정하게 이루어지지 않으면 어렵다. 나 하기 나름에 따른 세상의 변화는 그리 복잡하지 않은 것인데,

튀려는 속셈으로 우선하려 들기에 생각이 복잡해지는 것이고, 선순환 법을 무시하고 취하려다보니 셈법은 난해해지는 것이며, 나밖에 모르다보니 이롭지 않을 것 같은 네가 귀찮아 지는 것이다. 아쉬운 네 뜻을 알 때가 내게 이로울 때이므로, 무조건 도와 달라 찾아오는 이나, 찾아오면 무조건 도와주겠다는 이나 자기욕심의 돌출이라 만나면 심각한 오류를 발산한다. 신의는 자신을 필요로 하는 이들을 위한 것에 있듯, 신뢰는 오랜 정성을 깃들여야 쌓아지는 법이다. 감동은 눈물에 배어나듯 웃음에 기쁨이 묻어나므로, 기실 기쁨의 눈물은 있어도 슬픔의 웃음은 있을 수 없어 N과 S극처럼 이로운 운용주체가 권리를 이행할 때 아쉬운 활동주체도 그때서나 뜻에 응한다. 어려서는 부모에게 의지하고, 성인이 되어서는 배우자에게 의지하며, 늙어서는 자식에게 의지해야 하는 이치이나 효(孝)를 하게 가르치지 못하면 바랄 수 없는 게 또한 효라 어린 시절의 가르침이 실로 중요하다. 아쉬운 육생량은 받아오는 것이요, 이로운 정신량은 만들어 나가는 것이고, 함께하는 인생량은 누리는 것에 데 있다. 아울러 사랑은 선천적 육생량에서 비롯되어 후천적 정신량으로 하나 될 때 만끽하게 되는 인생량은 행복이라 영위하기만 하면 된다. 이에 필요한 것은 성인이 되기까지 기본의 육생량이요, 이를 통해 만나 가정을 꾸렸다면 운용주체 정신량이 받쳐줄 때 활동주체 뜻한 바를 이룰 수 있는 것이고, 이쯤 되면 노년 시절의 인생량이 무슨 말이 필요하겠는가.

혹자는 삶의 청사진이 아니냐고 물으면서 실현 가능하지 않을 것 같다고 말한다. 그러면서 삶 자체가 롤러코스터와도 같아 요절하는 자, 사고로 희망을 포기하는 자, 좌절의 문턱을 넘어서지 못하는 자, 음주가무 노름으로 탕진하는 자, 이혼으로 모든 것을 잃는 자, 성공 너머 가도를 달리지 못하는 자 등의 실제 상황을 어떻게 답할 것이냐고 반문한다. 나 하기 나름이라 하지 않았던가. 삶과 죽음(생사여탈)은 하늘의 뜻이요, 성패는 나 하기에 달린 문제이고, 뜻밖의 사고는 본연의 삶을 살았느냐에 따른 문제다. 게다가 육생의 기본질량은 근기에 따라 달리 주어지는 것이고, 후천의 정신량은 선천적 육생량을 바탕으로 만들어 나가는 것이며, 육생량에 정신량을 부가시켜 영위하는 인생차원은 나 하기 나름에 달려 있다. 그러고 보면 성패도 너를 통해 나타나고, 본연도 너와 함께하기 위함이라 운용주체의 행위 여부에 따라 활동주체 행위 여하가 나타나니 이로움의 절대분별을 위해서라도 이성을 잃지 말아야 한다. 다시 말해 상호상생을 이루지 못하면 반쪽반생에 멈출 것이라 내 셈법이 과하면 상극상충 일으키며 살아가다 실패를 면치 못한다는 것이다.

저마다의 성장은 내 앞의 인연을 통해 하게 되는 것이므로 내 앞의 인연과 내 모습은 결코 다르지 않아 주변에 아쉽고, 어렵고, 힘든 이들만 있다면 나의 삶도 힘든 것이라 반드시 되돌아봐야 한다. 즐겁고, 기쁘고, 신나게 살아가는 이들이 넘쳐난다면 덕 되게 하니 득이 된 상황이 벌어진 것이므로 이쯤이면 행복의 미소 절로 머금지 않을까. 요컨대 아쉬워 찾아온 이가 바로 서지 못하는 것은 이로워 맞이하는 이의 책임이 아닐 수 없으니 더 나은 내일을 위하고자 한다면 현실을 직시해야 한다.

사실이 그러하다면 어떻게 해야 할까. 내 앞의 인연이 내 모습이듯, 나도 그리될 수 있다는 점을 간과하지 말고 그러한 너를 통해 성찰해야 한다. 비교하지 말고, 남 탓하지 말라 했던 것도 너를 통해 내가 변하듯 나를 통해 너도 변하기 때문이다. 그런데 문제는 바른 정행보다 착한 선행의 실체를 모르고 있다는 데 있다. 지식의 창고 스마트폰을 가지고 다니는 시대에서는 착하게 살면 손해 볼 것이니 착하게 살아가지 말 것을 권하고 있다. 하지만 어떻게 살아 가야 바르게 살아가는 것인지에 대해선 일언반구 없다. 진짜 몰라서 답하지 못하는 것일까. 아니면 알면서도 안 하는 것일까. 헷갈릴 정도로 정의만 부르짖는 실정이라 하나 되기 위한 것이 정의라는 사실을 모른다. 그렇다면 왜, 정의가 하나 되고자 하는 것에 있는지에 의구심을 가져봐야 하지 않을까. 이기주의와는 전혀 색체가 다른 개인주의 성향이 두드러지면서 삶의 추이는 바뀌기 시작했다. 지나치면 모자람만도 못하다고 하였듯이 개인주의도 지나치면 이기주의보다 더하면 더했지 못하지 않는다. 또 바른 정(正)의 실체를 바로 알 때만이 옳은 의(義)의 도리를 다할 수 있기 때문에 지식을 담아둔 스마트폰에 의지하는 만큼 착한 선행에 의지할 수밖에 없는 일이다. 치우친 사행이 만연한 아날로그 시대에서 착한 선행을 동경했다가 그 행위가 전혀 다르게 전개된다는 사실을 알고 디지털 시대에 이르러 정의를 한층 더 부르짖었다. 기실 그르게 전개되는 사행의 모순을 모르면 착한 선행에 대해 논하기 어렵다. 정행도 선행에 대해 바로 알지 못하면 정의할 수 없듯이 말이다. 이를테면 정행은 사행과 선행을 통하여 평등, 공정, 공평 등의 척도를 가늠해 볼 수 있기 때문이다. 육생시대의 표상이라 할 수 있는 힘의 논리 사행이 낳은 선행의 모순을 바로 알지 못하면 정의를 부르짖을 수는 있으나 평등, 공정, 공평치 못하여 정의로운 행위를 다 할 수 없다는 것이다.

물론 바르다는 정(正) 자체는 이로워야 하는 것이요, 옳다는 의

(義)는 그르거나 다르지 않고 공의로워야 하는 것으로, 티끌에라도 치우치면 정의라기보다 선의라고 해야 하지 않을까.

인간의 욕망은 육 건사 생리적 욕구에서 기인하여 꿈을 실현화하기까지는 치우친 사행과 착한 선행은 정의 구현을 위한 양념과도 같다. 이기적 육생살이에서 너와 내가 만나 우리라는 전체주의를 형성하여 수많은 모순을 양산하고 있는 것도 힘으로 저마다의 개성과 다양성을 무시해온 대가다.

쉬운 육생살이 꿈을 펼치고자 한우리 속에서 개인주의를 양산한 것도 본연이고 보면, 이기와 이타가 적대보완적 관계를 유지하는 것도 개인의 다양성을 유지하기 위한 것에 있지 않을까 싶다.

민족주의, 전체주의, 군부독재 등을 거친 기계식 세대에게 따가운 눈총 받으며 자기만의 가치와 존엄성을 지키고자 몸부림쳤던 결과, 개인주의 시대가 자리하였다. 그것도 육생량과 정신량을 부합시켜 나가야 하는 업그레이드 시대에 들어서서다. 이때 화합의 질량이 양과 양, 육생량과 육생량이면 대혼란의 시대를 맞이할 것이고, 음과 음, 정신량과 정신량이라면 안으로 썩어 분열을 일으킬 것이다. 기본질량은 각기 달라 다양한 의견을 수렴해야 하는 것은 물론이고, 사고가 달라 입장을 달리해 나가는 것도 너의 가치를 인정할 때 나의 가치를 존중받는다는 점을 간과하지 말라는 데 있다. 이성은 감정의 컨트롤러(controller)다. 그러한 너의 입장을 이해하지 못하면 충돌은 불 보듯 빤한 노릇이라 선천의 본성에 후천의 인성을 부합시키는 노력을 게을리 하지 말아야 한다. 운용주체라 하더라도 육생량에 구속되면 반쪽반생 선의 차원을 넘지 못하므로 자신의 행위가 항상 옳다고 생각하면 정말 곤란하다.

☾ 육생물질문명 오대양을 거쳐, 정신문명은 육대주를 통해

너를 통해 내가 바뀌듯, 앞에 벌어지는 일들을 통해 내 생각을 바꾸어 나가야 하는 것은, 집착을 깨트리고 편향된 가치관을 바로 잡기 위한 것에 있다. 조심해야 할 것은 오기에 자존심까지 덧붙인 상태에서 자신의 행위가 옳다고 끝까지 밀어붙이는 일이다. 내가 너를 인정하지 않는데 너는 나를 인정할까. 이로움이 묻어나는 만큼 갈등을 해소하여 합의를 일으키는 것인데도 그다지 이롭지 않은 자기생각을 가지고 모두에게 이로울 것 마냥 굽히지 않다가 고통을 자초한다. 눈에는 눈, 이에는 이라는 응보주의가 개인마다 허락된 사항이라면 자연발생적 상대성 원리가 적용되지 않는다. 인위적 응징을 가하는 자신도 종내는 상응하는 표적을 받는다는 사실을 알아도 이성을 잃고 분을 참지 못하면 나대기 마련 아닌가. 물론, 죄를 지으면 응분의 대가는 치러야 하겠지만 죄와 벌의 개념은 순수 인간논리인지라 나 하기 나름이라는 대자연의 가르침에 정면으로 위배되는 사항이다. 이로워서 맞이하는 자와 아쉬워서 찾아간 자가 주고받지 못하는 상황에까지 몰린다면 적대관계 벌일 터이고, 차츰 어려워지는 쪽에서 상극상충 유발시키는데 과연 누구의 잘못인가. 유발자는 아쉬워서 찾아간 자요, 당하는 자는 이로워서 맞이하는 자다. 겉으로 드러나는 일면은 아쉬워서 찾아가는 자가 악의 축으로 보이겠지만 이면은 찾아오면 도와주겠다는 간판을 보고 찾아갔다는 데 있다.

채워주면 하나 될 것이고, 채워주지 못하면 채우려 안간힘 쓸 것이니 채우지 못해 궁지에 몰리면 이때는 또 어떻게 될까. 꿈을 이루려 날개 짓하려는 활동주체를 불러들였다면 훨훨 날 수 있도록 이끌어야 하는 지도자가 운용주체라 지금 당장 쓰임이 없다 하여 소모품마냥 교체나 하고, 도움 되지 않는다고 권고사직이나 부추기면 쌓인 앙금 시간이 문제지 반드시 부메랑이 되어간다.

한 살이라도 젊을 때면 나름의 꿈을 이루기 위해 바둥거려 보겠지만 명퇴자는 치맥집에서 만나는 가슴 아픈 현실에서 막다른 길목에 내몰려 저지른 범죄자보다 내몬 자의 책임이 더 큰데 변함없이 원론적 죄와 벌만 거론하고 있다. 착하게 살아야 복 받는다는 소리나 해대고, 범죄는 죄악이라 가르치기만 하면 어찌할까. 생계수단이나 마련해주고, 하늘은 스스로 돕는 자를 돕는다는 희망의 메시지 곁들이면 모르지만 참고 견디어 내면 이룰 것이라고 무조건 부추기기만 해서는 정말 곤란하다. 물론, 지금 당장 춥고 배고픔을 면하는 일만큼 중요한 일도 없다. 허나 내몰리다 보면 때론 극단을 선택해야 할 때도 있지 않은가. 삼자이건, 당사자이건 하나되지 못하면 피해자와 가해자가 있기 마련이라 작용반작용의 법칙 누구도 예외일 수가 없고, 선순환 행위를 저버리면 시간이 문제지 쌍방에 상응하는 표적 피해가기 힘들다. 좌절은 도약의 발판이자 더 나은 길로 이끄는 가르침의 징표로서 비관하기보다 궁지로 몰린 원인을 화두로 잡으면 제2의 삶을 기약한다. 결국 명퇴도 표적이요, 좌절도 표적이고, 실패도 표적이라 되돌아보면 분명한 이유 찾을 수 있다. 4차 산업혁명 시대는 다양성과 자기개발 시대라고 말한다. 자기만의 개성으로 자기만의 삶을 살아가겠다는 개인주의 다양성은 나밖에 모르는 이기주의와 획일적 전체주의와는 대조적이라 말한다. 과연 그럴까. 대부분의 중장년층이 전체주의 삶을 살았던 관계로 학연, 지연, 혈연의 연고주의에 빠져 산다 해도 과언이 아니다.

필히 베이비부머에게는 개인주의가 시사하는 바가 있을 텐데 수용할 수 있을까. 남성일수록 군부독재 상명하복 연대책임에 익숙해진 터라 부러움의 대상이 아닐까 싶고, 장발단속과 규정된 교복을 착용해야 하는 시절도 있었으니 미니스커트는 양갈보, 나팔바지는 날라리의 대명사였다. 이처럼 자기만의 개성을 발휘하고 싶어도 튀는 게 적지 않게 손가락질 받는 시대를 살아왔으니 못마땅하거나 생경할 수도 있다. 세대차이라고 하겠지만 유리알처럼 투명해지는 업그레이드 시대 발전의 추이는 일촌광음(一寸光陰)이라, 일제강점기 기계식 세대와 동족상잔 6.25 아날로그 세대(베이비부머)와의 괴리감은 그다지 크지 않다. 특히 기계식 세대의 뼈골로 성장한 아날로그 세대가 업그레이드 시대 전후로 천기 강(江)의 기적을 일구었다. 마침내 이기의 육생량, 지식의 육생량이 넘쳐나는 시대 즈음에 디지털 세대(에코부머)가 태어났다. 육생시절을 거쳐 인생시절을 맞이했으나 어찌된 노릇인가.

현실은 풍요 속의 빈곤이다. 88만 원을 시작으로 5포, 흙수저, 혼밥에 이르기까지 다양한 수식어가 따라붙자 한 번 뿐인 인생 현재를 즐기며 살아가겠다는 욜로(YOLO)족의 대세몰이가 시작된 듯 싶다. 개인주의와 무엇이 다를까. 삶의 의미 알기도 전에 내일 당장 죽을 것처럼 오늘만 살다갈 기세라 정신량 부재가 여실히 드러나는 대목이다. 이는 아날로그 부모 대 디지털 자식 간의 괴리감이라고 할까. 아니면 이질감이라 할까. 부모는 교육비로 허리가 휘청이는데 자식들의 현실은 좀처럼 나아질 기미가 보이지 않는다. 무엇이 문제일까. 한 끼의 든든한 점심보다 바리스타 커피 한 잔을 더 소중히 생각하는 모양새라 다양성을 외치나 육생량에 국한되어 삶의 풍속을 달리하고 있다.

동족상잔 6.25 이후 기계식 1세대의 사명은 육생량 개척에 있었다. 그리고 아날로그 2세대의 소명은 정신량 창출이었다. 다시 말해 베이비부머 기성세대 무렵이 바로 컴퓨터가 보편화될 즈음으로, 기계식 세대가 이룬 육생량의 토대 위에 정신량을 부가시켜 나가는 업그레이드 시대였다는 것이다. 말 그대로 에코부머 디지털 3세대는 메아리 세대로서 육생량을 개척한다거나 정신량을 창출하는 세대가 아니다. 도전과 응전보다 안정적인 삶을 추구하는 세대답게 물려받은 그대로(있는 그대로) 살아가는 세대다. 아울러 육생량에 정신량이 부가시키지 않으면 육생량에 육생량, 양과 양의 질량이거나 정신량에 정신량, 음과 음의 질량이더라도 개의치 않는다. 자칫 어디로 튈지 모르는 돌연변이 가치관이 양성될 수 있어 음양질서는 물론 화합의 질서가 어떠한 판도로 바뀔지 모른다. 해지는 곳 서양은 가지해양으로서 개척한 육생물질문명을 오대양을 통해 일본두둑열도를 거쳐 해 돋는 땅 동쪽 끝 뿌리반도로까지 들어왔다. 이에 뿌리에서 창출한 정신량을 육생량에 부가시켜 중쪽은 해가 중천에 뜬 대륙몸통이자 중국으로서 육대주를 통해 가지서양으로 실어 나라야 하는데, 실어 나를 세대가 바로 디지털 에코부머다. 뿌리(한류)의 열풍에 몸통·가지가 열광하는 것을 보더라도, 선순환의 뜻한 바를 알 수 있지 않을까. 문제는 뿌리의 정신량이 마련되지 않아 어떠한 역풍이 불어 닥칠지 모른다는 데 있다.

　선천적으로 타고난 육생 행위가 전부이면 결국 정상에 올라 그만한 대가를 치러야 할 것이고, 승승장구 뿌리반도의 기세는 정신량 부재로 해양세력과 대륙세력의 견제로 주저앉을지도 모를 일이다. 서쪽 가지는 육생량을 위해 살아가는 곳이요, 중쪽 몸통은 육생량과 정신량이 교차하는 곳이며, 동쪽 뿌리는 정신량을 위해 사는 곳이라 지금까지는 서에서 동으로 해상 로드맵이 형성되었고, 지금부터는 동에서 서로 대륙 로드맵이 형성되는 시기다. 대륙횡단철도는 1차적으로 뿌리반도를 기점으로 하여 몸통대륙(핵심몸통중국과 변외몸통소련) 경유하여 독일, 프랑스를 거쳐 본가지 영국과 곁가지 미국에까지 다다를 것이고, 2차적으로는 이란, 이라크, 시리아, 터키를 경유하여 독일, 프랑스, 영국을 거쳐 미국에 다다를 것이다. 지판의 뿌리 반도에서 남북은 중심잡이 질량으로, 동서는 생장수장 질량으로 자리하고 있는 이유라고 할까.

1안으로 보이는 육생량의 의식주 교류를 위한 것이겠지만 2안으로 육생량에 부가시킨 정신량의 의식주 순환을 위한 것에 있다. 뿌리에서 뿌리의 삶을 살아가야 하는 한(韓)민족은 운용주체 뿌리민족이다. 해야 할 일은 중심잡이 마음의 지혜로 정신량 창출(영양분 생성)을 위한 삶을 사는 데 있지, 생장수장 생각의 지식으로 육생량 개척(물질생산)을 위한 삶을 사는 데 있지 않다.

육생량을 위해 살아가는 활동주체 민족이야 겉으로 드러나는 덩치만큼이나 힘이 세고 생각의 유연함으로 양의 기운 지식의 질량을 한껏 끌어올릴 수 있다. 하지만 운용주체 민족은 내면의 정신량을 추출해야 하므로 덩치는 크지도 작지도 않고, 힘은 딱 그에 걸맞고, 기운 하나 만큼은 어느 민족도 따라오지 못한다. 생각의 지식은 마음의 지혜를 지향하듯, 물질은 정신을 추구함에 따라 모든 일은 지식의 힘으로 해결하기보다 지혜의 덕으로 해결할 때 순조롭게 풀린다. 선천질량이 이러한데 인생의 지혜 운용주체 민족이 육생의 힘 활동주체 민족을 힘으로 대적하면 어떻게 될까? 결과는 불 보듯 빤하지 않을까. 활동주체는 육생량을 위해 살아갈 때 그

삶에 충실한 법이고, 운용주체는 정신량을 위해 살아갈 때 충만한 법이다. 만약 활동주체가 정신량을 위해, 운용주체는 육생량을 위해 살아간다면 상극상충 끊이지 않을 것이므로 싸우고, 충돌하고, 부딪치며 살아갈 수밖에 없다. 그건 그렇고 육생의 결과물에 영양분 정신량이 첨가되지 않으면 이는 또 어찌 될까. 싸움의 역사, 전쟁의 역사, 피의 역사만 되풀이될 따름이다. 그리고 마침내 양의 지식 그 위대함으로 컴퓨터를 발명하였고, 지구촌 구석구석 산재한 모순이 인터넷에 차곡차곡 쌓이면서 지식의 창고 스마트폰을 들고 다니기에 이르렀다. 지식의 질량이 더 필요해서일까, 아니면 소통에 필요한 정보를 구하기 위한 것에 있을까. 둘 다 필요로 하겠지만 개인의 욕망은 육생량이요 화합은 정신량이라 다함께 하고자 한다면 바르다는 정의 차원 정신량을 밝혀 나가야 하는데 이에 필요한 질량은 거룩한 우주에너지 마음의 지혜에 담겨 있다.

교역의 창구 몸통에서 멀어질수록 육생량 가지에 가까워 규율과 질서를 지키고자 강제규범과 다를 바 없는 윤리강령을 마련하였고, 정신량의 보고 뿌리에 가까울수록 덕스러운 행위를 자연스럽게 권장해왔다. 어느새 물질 가지의 지식은 지구 밖의 우주탐사를 하기에 이르렀고, 정신 뿌리의 지혜는 예부터 인간의 내면을 탐구해 왔다. 이와 같이 뿌리와 가지는 내외 차원의 질량이자 정(靜)과 동(動)의 질량으로서 추구하는 바가 다르다. 아울러 몸통은 내외 정동(靜動)의 행동방식을 모두 지향하는 중(中)의 위치로서 뛰어난 상술을 보유함에 따라 육생량과 정신량 모두 자리하고 있다. 그리고 가지는 육생량으로 사랑을 일구는 곳이라 얼마든지 행복의 요소를 달리할 수도 있고, 화합의 질량을 달리할 수도 있어, 뿌리에서 물질문명 선진화를 이루었다고 육생살이가 만백성에게 맞는 것

마냥 종용하지 말아야 한다. 가지의 열매는 뿌리의 영양분에 따라 맛과 질을 달리하므로, 정신요소를 배재한 물질량의 가치는 행복을 배재한 사랑의 행위만 있다. 또 육생을 사랑하는 데에서 오는 흥분을 행복과 결부시키면 돌출된 돌연변이 사고로 후에 큰 혼란을 빚게 된다. 위 사항은 뿌리의 밑거름 지혜로 영양분을 추출하여 공급하면 되는데 이는 사실 육생량에 파묻혀 살아가는 뿌리 정신이 깨어날 때 가능하다.

운용주체와 활동주체, 육생량과 정신량, 이로운 자와 아쉬운 자는 인류의 순환 공식이다. 이에 따라 세상은 육해공, 뿌리몸통가지, 산야강(山野江) 등의 세 개의 차원으로 나뉘어 운행됨에 따라 뿌리에 가까운 몸통은 뿌리의 방식을 찾으려 들고, 가지에 가까운 몸통은 가지의 방식을 찾으려 든다. 5천 년 단일민족에 사로잡혀 가당치 않은 말 같지만, 1897년 대한제국을 수의를 입고 1910년 일제강점기 장사를 치렀다. 뿌리재생을 위해 1950년 동족상잔 6.25 발발하였고, 민주·공산 이념의 장벽에 가로막힌 지 불과 30여 년 만에 3.8이남은 육생경제 장족의 발전을 이루었으니 기적도 이러한 기적이 또 어디에 있을까마는 그 원동력을 육생의 일면보다 인생의 이면으로 사유해보면 어떠할까. 가지의 문물은 해양세력 두둑을 통해 들어오고, 뿌리의 정신은 3.8이남에서 시작하여 3.8이북을 거쳐 대륙세력 몸통을 통해 올라가는 유무상통동서화합 순환의 법칙을 우연이라 치부하더라도 이런 우연이 또 없지 않은가.

☪ 침식과 분리

육생량이 넘쳐나는 데도 불구하고 심화된 양극화와 불평등 해소

방안을 육생량에서 찾으려 들고, 대책까지도 육생량을 통하여 마련하려 들고 있다. 육생의 안위를 구가하는 육생량의 질은 70%요, 인생의 안위 정신량의 질은 30%라 누구라도 육생량에 빠져들기 쉬워, 인생 행복과는 판이한 육생만족에 한번 빠져들면 분별이 어려워 헤어나기 어렵다. 다시 말해 70% 양의 물질이 30% 음의 정신을 덮기라도 하는 날이면 육생이 인생을 덮듯, 생각이 마음을 덮고, 이기가 이타를 눌러버려 분별은 본능에 놀아나는 형국이라 너와 나는 갑질논란 주종관계를 벗어나지 못한다는 것이다.

그러한 너와 나의 경계는 어디까지일까. 인생이 육생을 덮지 못하듯, 마음이 생각을 덮지 못하고, 이타가 이기를 덮지 못하여 분별이 본능을 덮지 못하는 상황에서는 70% 물질이 30% 정신을 언제든지 덮어버릴 수 있다. 70%는 나를 위한 선천질량이요, 30%는 너를 위한 후천질량이라 얼마든지 육생량에 매혹당해 타락할 수도 있다는 것이다. 그런데 타락이 뜻하는 바가 무엇일까. 본연의 질량으로, 본인만을 위해 살아가다 육생의 쾌락에 본연을 저버리고 궤도이탈 하는 것을 말하는 게 아닐까. 때론 자기 뜻에 동조하는 이들과 함께하기도 하겠지만, 민심은 천심이라 만인의 지탄을 받으면 상호작용은 어려운 것이라 부패하여 탈선을 뜻하는 말이기도 하다. 그렇다면 개인주의와 욜로의 차이는 어디에 있을까. 모든 시계추를 자신에게 맞추어 살아가는 것만큼 바람직한 일도 없지만, 남이야 어찌되든 나만을 위해 살아간다면 나밖에 모르는 처세라 자연적으로 가해지는 표적을 피할 수는 없다. 이겨낼 수 있다면 무엇이 문제이겠느냐만 하나 되어 살아갈 때만이 가능한 일이라 사회구성원이 되지 못하면 어디에서 무엇을 하며 어떻게 살아가던 어렵고, 힘들고, 고통스러움을 면하지 못한다.

234

즉 내 안에서 너를 묻어버리면 마음이 묻히고 지혜가 묻혀 이타의 분별까지 묻어버리는 형국이라 결국 동물처럼 이기의 본능에 의지해야 한다. 육생살이 인간차원의 만족만 알 뿐, 사람으로 승화되어 사람처럼 살아가는 인생살이 행복차원에 대해서는 모른다.

약육강식 힘의 논리 각자도생 동물들의 본능과는 달리 인간은 화합을 위한 분별로 개인주체 삶을 살기 위해 공동체의 일원이 된다. 하나 되어 나가는 것은 개성과 프라이버시(privacy)를 보장받을 때 가능하고, 사회구성원이 되고자 한다면 보장해줘야 한다. 합의는 한뜻이 되고자 하는 것에 있어 다함께 할 수 있는 공감대 형성을 위해서라도 그 무엇도 미리 결론을 내려서는 곤란하다. 내 안에 생각과 마음 너와 나의 차원이 적대보완적으로 자리하는 이유라고 할까. 전적으로 생각과 본능에 의지해야 한다면 먹고 먹히는 상하관계를 벗어나지 못할 터, 하나 되어 살아갈 이유가 없다. 육생이 전부인 동물의 세계는 종족번식을 위한 육 건사가 전부인지라 분별이 크게 필요하지 않다. 내 안에 너와 내의 차원이 공존하는 인간에게 있어 나 홀로 생활은 방목형 독방생활과 다르지 않아 삶의 의미를 찾지 못해 주저앉기 십상이다. 함께하지 못하는 외로움도 내 몫이요 찾아드는 고독도 내 몫이라, 각자도생 동물의 세계는 외로움과 고독에 대해 모른다. 무엇이 다를까. 기실 나를 위한 차원의 본능과 너를 위한 차원의 분별로 살아가는 차이라고 할 수 있는데 이는 실로 어마어마한 차이다. 다양성을 빙자한 개인주의도 방법만 다를 뿐이지 결국 받아온 육생량에서 놀아나는 꼴과 별반 다르지 않다. 그렇다면 저마다의 개성을 부각시키는 데까지가 선천적 육생 행위요, 부각시킨 후까지도 한층 더 자신만을 위한 개성을 빛내고자 바동대면 육생 행위를 넘지 못한 것이라 여지없이 구렁텅이에 빠져 헤맨다. 내가 만들어 나가는 후천의 정신량은 하나 되어 살아가고자 하는 것에 있다. 이기의 육생량으로 이로운 삶을 구축했다면 맞이하는 운용주체라 아쉬워서 찾아오는 활동주체를 위한 삶을 살아가야 한다. 돌연변이 가치관이 형성한 율로야 그렇다고 치고, 개인주의도 결국 하나 되어 살아가지 못하면 질타의 대상 면치 못한다. 기본의 자리에 올라 어쩌다 한 번씩 찾아드는 유연한 생각으로 받아온 육생량을 들었다 났다 한다면 개인주의 폐해를 고스란히 드러내는 것이라 쏟아지는 지탄 피할 길이 없다. 쫄딱 망한다는 것이다.

이는 부당한 현실을 물려받은 세대에게 나타나는 독특한 현상으로 혹여 민족통일마저 탐탁지 않게 받아들이지 않을까 심히 염려스럽다. 가치관이 그러하더라도 누가 뭐라 할 수 있을까만 어느 세대의 잘못인가 짚어보자. 육생량을 발판으로 정신량을 마련해야 하는 아날로그 2세대가 아닐까 싶고, 특히 뼈아픈 일제강점기와 동족상잔의 비애를 몸소 겪은 기계식 1세대에게 환난의 실상을 직접 듣고 자란 세대의 책임이 아닐 수 없다. 배움의 질 만큼이나 육생의 질도 다채로웠는데 정신적 질에 있어서는 어떠할까.

과연 뿌리민족 베이비부머 그들은 누구인가. 고조선 붕괴 이후 열국시대는 사국시대와 삼국시대를 거쳐 이국시대(남북국시대)를 열어 갔었다. 이윽고 하나 된 민족국가 고려(918~1392)를 918년에 건국하였으며, 1392년에 왕(王)씨 왕가(王家)는 멸하고, 이(李)씨 일가가 조선(1392~1910)의 왕가로 등극하였다. 하나 된 민족국가 1천 년의 세월 동안 두둑열도 해양세력과 몸통중국 대륙세력 사이에서 크고 작은 외침에 굳건히 버텨왔으나 뿌리 본연을 잊은 대가로 1897년 대한제국의 수의를 갈아입고, 1910년 두둑에게 강제 침식(강제병합)당하고 말았다. 474년 동안 왕씨 고려를 주도해온 불교문화와 518년 동안 이씨 조선을 이끌어온 유교문화에 당최 무슨 일이 일어났던 것일까. 고조선 붕괴 이후 하나 된 민조국가를 건국하기까지 1천 년의 세월 동안 하나 되기 위해 동족끼리 피 흘리며 싸웠는데, 요번엔 하나 된 고려·조선의 1천 년 역사 동안 외세에 피 흘리며 맞서야 했으니 고조선의 역사는 그렇다고 치자. 2천 년 한(恨) 맺힌 한(韓)민족의 역사 어떻게 규명해야 할까. 고려시대에 원인을 밝혔더라면, 조선시대에 들어 뿌리·몸통·두둑으로 이어지는 동북아 삼국 순환의 대안을 마련했을 것이고, 적어도 뿌리가 두둑에게 침식당하는 일은 없었을 것이다. 뿌리는 몸통의 롤 모델로서 몸통은 뿌리하기 나름이라 예나 지금이나 뿌리와 몸통의 행보는 다르지 않다. 아울러 대륙세력 몸통과 해양세력 두둑에게 이로운 영양분을 추출하여 공급했다면 뿌리는 예의지국으로서의 위세는 실로 대단했을 것이다.

반면 36년간 두둑의 침식은 몸통·가지를 위한 1차 뿌리 집도 기간이었으며, 민족이념 분리는 새로운 국가탄생을 알리기 위한 것으로써 남으로는 해양세력 가지의 민주주의가 북으로는 대륙세력 몸통의 공산주의 사상이 이내 싹트기 시작하였다. 두둑이 대동아전쟁(1941~1945) 패배로 본국열도로 돌아가자 1945년 8월 15일 뿌리의 해방이 찾아왔다고 말한다. 정녕 그들이 돌아갔다 해서 진정한 뿌리의 해방이 찾아온 것인가. 침식과 분단은 잃어버린 뿌리의 본질을 되찾기 위함에 있었으니, 그 본성을 찾았다면 분단된 조국 하나 되는 것은 자연발생적이라 광복이라 할 수 있고 해방이라 할 수 있어 크게 문제 될 일이 없다. 그러나 곧 이어 남쪽은 해양세력 가지의 민주사상을 품고 1948년 8월 15일 대한민국 정부를 수립하자, 북쪽도 대륙세력 몸통의 공산사상을 등에 업고 1948년 9월 9일 조선민주주의 인민공화국을 수립하였다. 그리고 2차 대단위 수술이 치러야 했는데 그것은 바로 1950년 동족상잔 6.25로서 뿌리의 나머지 잔재를 털어내기 위한 것에 있었다.

3년 만에 휴전으로 삼천리금수강산 작은 반도에 해양민주와 몸통공산이 남북 38선을 경계로 적대보완적으로 자리하면서 태어난 세대가 바로 베이비부머다. 일면으로나 이면으로나 그만한 이유가 있지 않을까. 걸맞게 민주주의 모순과 공산주의 모순을 익히고 배우며 자랐고, 군부독제와 맞서가며 육생물질문명을 일으켰으나 불공정, 불균형, 불평등의 대명사 양극화 현상을 대처하지 못해 풍요 속에 빈곤의 시대를 살아가고 있다. 다시 말해 1·2차에 걸쳐 잔재를 털어내고 새나라 새 시대를 열어가기 위해 태어난 세대에게는 두려울 게 없었다는 것이다. 특히 기성세대 즈음에 맞이할 업그레이드 시대의 대안은 이들 세대 하기 나름에 있다.

1988년 전후가 컴퓨터가 보편화될 무렵으로서 해양가지에서 밀려오는 물질문명에 뿌리의 정신문명을 실어 대륙몸통으로 올려 보내는 업그레이드 시대를 맞이했다. 허나 육생 안위에 빠져 물질문명 육생량에 육생량만을 부가시켰으니 상극상충 뿌리의 불공정은 몸통의 불균형이자 가지의 불평등으로 이어졌다.

해양과 대륙 사이에 민주와 공산 두 개의 사상으로 분리된 뿌리는 뿌리의 이념을 잃고, 북쪽은 대륙몸통의 육생량으로 남쪽은 해양가지의 육생량을 지원받아 기계식 시대를 통해 아날로그 시대에 재기하여 디지털 업그레이드 시대를 맞이했다. 때를 같이해 40여

년간 지속된 지구촌 미소냉전시대는 1991년 가외몸통 소련이 붕괴되면서 탈냉전시대가 찾아왔다. 가지해양 민주세력 남쪽뿌리는 운용주체로서, 몸통대륙 공산세력 뿌리북쪽은 활동주체로 자리하였으니 민족통일 방안에 따른 해양과 대륙 화합의 대안까지도 남쪽뿌리 베이비부머가 마련해야 한다. 하나 된 민족국가 1천여 년 동안 가지·몸통·두둑을 아우를 영양분을 추출했다면 뿌리는 해양민주와 대륙공산 둘로 나뉘지는 않았다. 반면 하나에서 둘로 나뉘었다는 것은 대륙몸통이념과 해양가지이념 화합의 질량을 생성하기 위한 것으로, 이처럼 뿌리반도의 남북통일은 화합의 정신량에 달린 문제이지 육생량에 달린 문제가 아니다. 작금의 상황에 잘 나타나듯이 남(南)은 이로운 자의 위치에 서 있고, 북(北)은 아쉬운 자의 위치에 서 있다. 광복 이후 분단은 해양과 대륙세력 어느 쪽에도 이롭지 않아 발생한 것으로, 육생살이에서 원인을 찾고 육생량으로 해결하려드는 한, 해양과 대륙세력의 손아귀에 벗어나지 못한다. 무엇보다 동서(영호남)가 화합을 이룰 때 남북화합이 가능하다는 것이다. 이유는 1990년 동서 독일 통일에서 짐작할 수 있지만 그보다 동서는 생장수장 질량이고 남북은 중심잡이 질량이라는 데 있다. 베이비부머가 이를 위해 태어난 세대라는 사실을 믿기나 할까. 이를 어떻게 받아들이느냐보다 기계식 1세대의 뼈골로 육생경제 초석을 다졌다는 것과, 에코부머 3세대는 타고난 재능을 전 세계에 뽐내고 있다는 사실에 있어 새 시대를 열어갈 정신량의 주체 아날로그 2세대가 해야 할 일이 무엇인지 이쯤 되면 인식하지 않았을까 싶다.

이를테면 3세대의 타고난 재능은 2세대가 마련한 화합의 에너지 정신량을 몸통·가지로 실어 나르기 위한 것에 있다하겠으니, 2세대의 중심잡이 질량이 그 어느 때보다 절실하다는 것이다. 대화합의 시대에 맞이한 4차 혁명 시대는 3대 계승의 정점으로, 합의를 통해 화합을 이루느냐 못 이루느냐는 2세대의 손에 달려있다. 앞서 언급했지만 에코 3세대는 육생량 개척이나 정신량 창출을 위해 태어난 세대가 아니라 물려받은 그대로 살아가는 세대라는 점에서 무사안일 안정적인 삶을 무한 추구함이라 공무원을 선호하는 것도 이에 따른 것에 있다.

이렇게 1, 2, 3세대 소명이 밝혀진 시점에서 인구절벽과 청년 실업률 어떻게 풀어나가야 할까. 베이비부머의 고달픈 노년은 분명 에코부머에게 물려준 부당한 현실과도 맞물려 피해갈 수 없는 육생살이 표적이라 정신량이 뒤받침되지 않으면 해결책은 없다 할 것이다. 이에 발맞춰 저출산으로 접어드는 속도가 빨라 소통과 상생의 모순이 사회 전반적으로 심각하게 드러나고 있다. 출산장려 대책이라고 해봐야 양육과 교육에 소요되는 경제적 부담을 줄이기 위한 육생의 안이어서 별무신통일 것 같다. 멀고도 가까운 두둑에서 고독사가 이슈화되자, 뿌리도 노인문제 해결을 위해 고민하는 모양인데, 요양시설과 노인복지 시설 늘리겠다는 정책이 고작인 것 같아 선순환에 크게 기여할 것 같지는 않다. 돌이켜보면 뿌리 침식의 징조는 대한제국시대 전후로 해서 일어났고, 뿌리는 몸통·가지를 위한 삶이라 보호막 두둑에서 징후가 보이면 지체 없이 대책 강구에 몰두해야 한다. 눈앞에서 일어난다거나 보여준다는 건 그에 따른 방안을 마련하라는 것이요, 흡수하는 건 그에 따른 에너지로서 고민하면 대책마련은 그다지 어렵지 않다는 것이다. 이에 방안을 구하고자 한다면 컴퓨터에 지구촌 구석구석 모순들이 차곡차곡 저장되는 이유와 지식의 창고이자 소통의 수단 스마트폰을 들고 다니는 이유에 접근해보면 어떠할까 싶다. 먹어야 산다는 일면은 육생량 수급을 위한 것에 있지만, 남녀노소 누구에게나 지식의 창고가 필요한 시대가 도래했다면 이면의 삶을 꿈꾸고 있다는 것이다. 사실 전체주의에서 개인주의로 전환한다고 해서 삶이 분업화된 것 같지만, 먼저 주고 후에 받는 선순환을 이루지 못하면 삶의 무게는 더하면 더했지 덜하지 않는다. 멋지게 살다 죽겠다는 율로도 선순환 이루어질 때 가능한 것이라 화합의 대안은 주고받는 데에서 찾아야 한다.

작금의 저출산과 고령화에 발목 잡힌 것도 육생살이에 벗어나지 못한 결과이고, 특히 우리나라 할아버지 1세대, 아버지 2세대, 자식 3세대와는 세대차가 있다고 말하지만 사대와 이기와 개인주의 괴리감으로 가치관의 혼선을 빚는 것이다. 모순은 발전의 토대요 불통은 소통의 원동력이 되기도 하지만 모든 행위가 육생 안위에 맞추었다면 운용주체 뿌리의 고유성질을 가지와 몸통에 의해 갈가리 찢길지도 모른다. 거미줄처럼 초고속 인터넷 통신망이 처진 것 못지않게 사방팔방 하나로 연계된 도로가 뜻하는 바는 활동주체를 위한 운용주체의 법도가 필요한 때라는 것을 알리고자 하는데 있다. 문제는 위에서 아래로 흐르는 물처럼 자율적 순환 행위가 가능하냐는 것인데, 가치관의 차이로 빚어지는 갈등은 불통을 조장할 뿐만 아니라 따로따로 살다가 부모형제마저 외면할지 모른다는 것이다. 사랑이 고픈 이가 그 아쉬움을 채우고자 찾았다가 채우지 못하면 원망만 쌓이듯, 아쉬운 자나 이로운 자나 고독사를 남의 일로만 치부하면 곤란하다. 모두 풍요 속의 빈곤이 그려낸 자화상이 아닐까 싶은데 1, 2, 3세대의 어울림을 외면하고 늙어 쓸모없다고 요양원으로 내몰수록 대안까지도 함께 내모는 꼴이다. 3세대가 원하는 바는 1세대의 따뜻한 품과 2세대의 정신량이지 결코 육 건사 육생살이에만 있지 않아 육생정책은 잘해 봐야 포퓰리즘일 따름이라 쏠림만 가중시킨다. 세대마다 괴리감은 이질감으로 심각한 사회모순을 양산하는데 이로움을 주고받는다면 있을 수 있을까. 볼썽사납다고 훈계나 하려드니 꼰대라 비하하고, 1세대의 뜻과 같지 않다고 눈살 찌푸리고, 여기에 하라 하지마라 주입식 교육까지 거들어대니 개성을 추구하는 세대에게 득이 되지 않으면 책잡히기 일쑤라, 손주들에게 천대받는 세상이 되고 말았다. 자식 3세대를 탓해야 할까. 아니면 할아버지 1세대를 탓해야 할까. 아버지 2세대가 주고받는 선순환 행위를 바르게 해왔다면 아마 요양원은 가르침의 장이 되었을 것이고, 가정은 에너지 충전소로 본연을 다할 것이라 적어도 민족통일을 손해 보는 일로 생각하지 않는다. 코가 석 자인 세대에게 육생복지 정책도 필요하겠지만 풍요 속에 빈곤의 시대라는 점을 감안하면 육생량만으로 삶의 질을 극대화시키기에는 뭔가 크게 부족하지 아니한가.

천지인 세계의 차원으로 나뉘어 운행되어 불리는 이름이 세상이라 했던 것처럼, 삼원화체제가 일원화체제로 운영되는 것도 천지인은 육해공을, 육해공은 산야강을 운용해 나가고 있어서다. 무슨 소리냐면, 천지(天地)는 인(人)의 운용주체이고, 해공(海空)은 육(陸)의 운용주체이며, 강산(江山)은 야(野)의 운용주체라는 것이다. 인기는 활동주체 중에서도 만물의 영장이다. 아울러 산야강에서 함께 살고자 한다면 자연 속에 인간이 어우러져야 하는 것이지, 자연을 인간에 맞게 인위적으로 꾸미려든다면 푸른 산야강과 어우러지지 못한다. 너와 나 모두 함께 산야강에 어우러지려거든 나의 이로움이 너의 아쉬움에 묻어날 때 가능하다. 분명 산야강은 운용주체이지만 인간 하기 나름이라는 것은 감히 분수도 모르고 자연까지 인간 뜻대로 해보겠다는 것에 있다. 얼마나 이로울까. 태풍과 쓰나미 한방에 훅 가는데 말이다. 자연한테 이로울 수 없으면 생활에도 이로울 수 없듯, 아쉬운 자라 하더라도 나름의 이로움을 생성하지 못하면 이로운 자와 어울릴 수 없어 남녀노소 할 것 없이 사랑받고자 한다면 꾸준한 자기개발이 필요하다. 유아기 때 재롱과 아동기 때 꿈꾸며 커가는 자녀의 모습은 부모에게는 희망인지라 뼈골까지도 지원받을 수 있지만, 믿음이 떨어지고 미움이 싹틀수록 투자는 소원해진다. 열 손가락 깨물어 안 아픈 손가락 없다 하나 믿음은 신뢰이자 상생의 열쇠이므로 기실 자폐증 자식에게도 그만한 열과 성을 다할까. 없지는 않겠지만, 순환은 흐르는 물과도 같아 꽃피우지 못할 생명체는 자연도태 되는 것처럼 먼저 주고 후에 받을 수 있는 곳에 꿈을 불사르는 것이 인지상정이다. 21세 이후 성인의 행보는 파종이라 하겠으니 중장년에 보드기 면치 못하면 누구의 책임일까. 개성을 잃고 사는 자식에게 있을까. 대리만족하고자 다그친 부모에게 있을까. 시대의 흐름을 반영하지 못한 육생 교육도 책임이 크지 않을까 싶고, 침울한 청년의 미래는 곧 암울한 국가의 미래라 눈 가리고 아웅 하는 육생량 포퓰리즘 정책은 결국 나 죽고 너 죽는 결과를 초래한다는 점을 상기해야 한다. 일면은 이면을 위한 것에 있듯, 외부의 움직임은 내부의 내실을 다지기 위한 것으로 운용주체가 독립단행 뜻을 펼치지 못하면 따르는 활동주체 그 무엇을 해도 이룰 수 없다.

☾ 인공지능 AI가 보편화되기 전에

　비록 작으나마 자신의 명의로 된 간판을 걸어놓을 때가 신나고 즐거운 법이라 이로운 자로서 아쉬워 찾아온 이들을 기쁘게 맞이해야 하는 때이다. 육생의 기본금에 따라 운용주체 질량이 달리 나타나겠지만 아쉬운 자는 이로운 자가 되기 위함이듯, 육생살이 활동주체의 이데아(Idea)라고 할까, 인생살이 운용주체를 꿈꾼다. 육생과 인생의 가교 정신량은 이로워서 맞이하는 운용주체 몫으로, 활동주체가 육생량을 위해 힘쓰는 만치 정신량 마련을 위해 심혈을 기울여야 한다. 업그레이드 시대 전후로 군부독재는 마침내 문민정부 앞에 무릎 꿇고, 글로벌 코리아를 외치자 갑을관계 모순이 구석구석 불거져 나오기 시작했다. 업그레이드라는 유리알처럼 투명해지는 시대를 맞이하여 숨기려 할수록, 감추려 할수록, 떠넘기려 할수록 티끌의 때는 내 앞에 있는 너를 통해 더더욱 드러나게 되어 있다. 오늘에 있기까지 뿌리 근대 역사를 냉철하게 짚어보면 일제강점기는 이념과 사상의 절명기요, 동족상잔 6.25는 절멸기로서 이후 맞이한 민족재건 기계식 시대는 그르게 전개되는 치우친 사의 세상이었다. 도약의 발판 아날로그 시대는 다르게 전개되는 착한 선의 세상이었고, 1안의 육생의 인프라를 구축한 디지털 시대는 바르다고 말하는 정의 시대여야 했다. 그러나 아쉬운 활동주체 을(乙)을 위한 이로운 운용주체 갑(甲)의 대안이 요원하자 반쪽반생 착한 선의 굴레에서 대책 없이 개인의 양심에 준하는 정의만 부르짖는 실정이라 도덕과 윤리적 가치만 더럽히고 있다. 이는 치우친 사와 착한 선과 바른 정의 가치를 힘의 논리로 언제든지 뒤틀 수 있다는 특권층의 셈법이 녹아있어서라고 할까. 인공지능 AI가 보편화되기 전에 먼저 주고 후에 받을 수 있는 선순환 법을 정립시켜야 한다. 육생량 변화의 추이가 기계식 시대에는 10년이었고, 아날로그 시대에는 3년이었으며, 디지털 시대에 접어들어 불과 3개월인데 AI 시대에선 3주에서 3일에 이를 터, 배부르고 등 따신 만족에 잠시 잠깐 한눈팔기라도 하는 날에는 여지없이 찾아드는 혼란으로 고통의 나날을 보내야 한다.

　나를 위한 기본의 자리에 올랐으면 너를 위해 살아가야 하는 때라, 또 그 시대가 업그레이드 시대로서 나를 위해 살아가다 겪는 고충해소 법은 너를 위해 살아가는 데에서 찾아야 한다. 대학입시에 골병들고, 취업에 목숨 걸어야 하는 판국에 미래가 암울한 에코세대에게 결혼자금과 출산장려금이나 준다고 해서 아날로그 2세대를 위한 기계식 1세대의 사랑에 비할까. 그만한 사랑을 받은 아날로그마저도 디지털 3세대에게 베푼 사랑은 턱 없이 부족하여 막다른 골목과 절벽을 의미하는 단어들이 인터넷상을 도배하고 있다. 그런 디지털 세대의 자식사랑은 얼마나 클까. 맞벌이 부부의 육아문제도 대책을 마련하지 못하는 형국에 싱글 맘을 넘어 싱글대디까지 가세하여 먹고만 살게 해달라는 서민의 아우성은 숙질줄 모른다. 자녀 70% 육생의 질은 보모에게 달려있고, 30% 정신의 질은 부모에게 달려있다 해도 과언이 아닌 시대를 맞이하여, 아날로그 세대마저도 본성에 인성을 부가시키지 못해 이성을 잃곤 하니 헬 조선의 불명예 쓰는 마당에 가당할까. 실상이 이러한데 어찌 육생의 질을 부모에게 기대할 수 있겠으며, 선생이나 교수에게 정신의 질을 기대할 수 있겠는가. 교육자 스스로 스승의 날 폐지를 청원하는 안타까운 현시대의 교권을 누가 내동댕이친 것인가. 주고받았다면 존중은 존경으로 빛이 날 것이라 되레 학창시절 그날의 악몽을 잊지 못하는 제자들만 들끓으니 부패된 교육만큼 교권도 부패되었다. 아날로그 어린 시절 교육에서부터 선순환으로 주고받지 못한 교육의 결과물이 디지털 세대에게 고스란히 투영되었다. 이쯤에 한번 생각해보자. 부모는 항상 자식에게 말 안 듣는다고 핀잔주는데 그러한 부모는 얼마큼 잘 듣고 있는지에 대해서 말이다. 뜻에 부합되면 들을 것이고, 부합되지 않아 안 듣는 것인데도 마치 큰 반항이라도 하는 것처럼 내몰고 있으니 부정이 부정을 낳고 모순이 모순을 낳을 수밖에 없다. 부모가 약속을 어기고 규칙을 어길 때가 언제인가.

자식이니까 키워주는 부모님 말씀을 무조건 믿고 따라야 한다는 것과, 학생이니까 가르치는 선생님의 말씀을 무조건 믿고 따라야 한다는 것과, 백성이니까 국가에서 이끄는 대로 무조건 믿고 따라야 한다는 것과의 차이는 무엇일까. 정녕 믿고 따라야 한다고 가르치는 이들 먼저 말을 잘 들어야 할 텐데, 잘 듣는지 모르겠다. 이득이 나면 따를 것이요, 나지 않으면 눈치나 보며 마지못해 할 것이니 개성과 취향에 따라 하고 싶은 일을 하게끔 뒤에서 밀어주는 게 진정한 교육이 아닐까 싶다. 말도 하고 싶은 일을 할 때 잘 듣는 것처럼 시키는 이들도 하기 싫은 일을 권하면 거부하거나 회피하지 않는가. 독창성이 결여된 것들을 마구 주입시키려다보니 최고 학부까지 마쳐도 그다지 필요로 하는 곳이 없다. 불필요한 곳에 온 힘을 쏟아 정녕 필요한 곳에 쓸 역량이 부족하여 좌절의 문턱 넘지 못해 주저앉는 이들이 태반이다. 분명 유아의 보육시설도 필요하고, 운영해 나갈 보육자의 질도 높여나가야 하고, 또 시설에 투자한 만큼 인적자원도 걸맞아야 한다. 그러한 인적투자는 창의, 창조,

혁신, 진취성 등의 개발을 위한 것에 있어 정신량에 초점을 맞추면 육생량은 덤이라, 보모의 역할을 다할 수 있는 처우개선을 뒤받침 하면 된다. 믿을 만한 곳에 위탁한 부모일수록 행의 현장 사회에서 본연의 행위를 다하게 되고, 자식은 활기 넘치는 부모의 모습만으로도 가치관은 충분히 바르게 정립된다. 유아교육은 초등교육의 질을 좌우하고, 초등교육은 중고등학교 교육의 질을 좌우하므로 자연스럽게 최고학부의 교육향방도 개인의 다양성으로 바뀌지 않을까. 이쯤 되면 교육자는 존경의 대상으로 누구나 선망하는 직업군이 되지 않을까 싶은데 적어도 선생을 무시하고, 교수를 비하하며, 스승을 폄하하지 않는다.

성추행이나 하고 두남두니 제자가 선생을 두들겨 패고, 하늘같은 교권이 땅에 떨어질 수밖에 없다. 스승의 그림자도 밟지 마라 했거늘 미래를 책임질 교육계의 현실이 이러하다보니 사회는 가당치도 않은 영웅놀이를 해야 하는 실정이라 입으로만 부르짖는 정의는 수챗구멍에 처박히고 말았다. 교권의 실태가 이 지경인데 아쉬운 이들을 위한 이로운 행위가 바로 설 수 있을까. 늙은 부모는 고사하고 내 자식 가르치기도 버거운 사회구조라 형제지간에 싸움질만 하지 않아도 다행이다. 비록 대안학교일지언정 분명 정의롭게 주고받는 이로움의 질량을 가르치는 곳이 있길 바라며 또 그곳에서 육생량에 부가시킬 정신량까지 마련한다면 금상첨화 아닐까 싶다. 뿌리(근본)가 썩어 가는데 썩은 가지(결과물)를 쳐낸다고 살아나지 않는다. 몸통(과정)은 그야말로 고사 직전이라, 말라죽기 직전에서 만든 결과물 과연 어떠할까. 이미 유아교육의 질량은 바닥권으로 줏대 잃은 중등교육의 방황은 하염없고, 최고학부 나와본들 고작 먹고살기 위한 자리싸움으로 예민해진 상태라 이로움의 결실을 맺는 곳은 눈을 씻고 찾아봐도 보이지 않는다. 교육계가 성찰한다면 결과는 달리 나타겠지만 그럴 기미가 보이지 않으니 맞벌이한들 삶의 질이 나아질 것 같지 않다. 나를 위해 살아갈 수밖에 없는 어린 시절과 너를 위해 살아가야 하는 성인 시절은 극과 극으로 뱉고 마시는 호흡처럼 들고나는 윤리와 도덕을 강조하기보다 선순환 법에 의해 삶의 질이 좌우된다는 사실부터 일깨워야 한다. 유아교육에서 중등교육까지는 육생시절로서 나를 위한 육생교육이어야 하겠지만 다양성 개발에 박차를 가하는 최고학부는 너를 위한 인생시절이라 정신량 인성교육까지 병행해야 한다. 그렇게 해서 육생의 기본질량 찾았다면 내 것으로 취하고, 취하였다면 아쉬워 찾아온 이들을 위해 써야 하는 것이므로, 반드시 이롭게 쓰는 법을 배워야 한다는 것이다.

앞서 밝혔듯 선천행위는 사랑을 위해 육생량을 취하는 것에 있고, 후천행위는 행복을 위해 육생량을 소비하는 것에 있다. 아울러 유아기는 보모에게, 너를 알아가는 아동기부터는 교육자에게 맡기어 인성함양에 힘써야 한다. "배우는 학생들부터" 아니 "가르치는 선생들부터" 이리되면 부모는 힘껏 활동에 전념할 수 있고, 인성도 덩달아 배양된다. 1세대만큼은 아니더라도 2세대만큼이라도 아끼고 저축하는 3세대라면 모르겠지만 내 집 마련보다 자가용과 힐링(healing)과 테이크아웃(takeout)을 선호하는 세대인지라 이롭게 쓰는 법을 가르치지 않으면 순환의 질서는 그대로 무너진다. 베이비부머가 완전 고령화(66세)로 접어들기 전에 상호상생 선순환 법의 기틀을 마련해야 하는데 그 무엇 하나 안정적인 게 없으니 인식 전환의 개기를 마련하지 않으면 가지와 몸통의 등살에 뿌리가 어떻게 배겨날지 모르겠다. 특히 다르다는 착한 선의 세상에서 인공지능(AI)은 선행차원 지식의 육생량을 담당하다 곧바로 바른 정의 차원 지혜의 정신량에 관여하지 않을까 싶다. 우주에너지 마음은 인간 고유의 영역으로서 만약 AI(인공지능)에까지 침범당한다면 지혜를 가장한 육생의 지식일 뿐이라, 분별(영혼)을 잃고 본능(육신)에 의지하는 좀비와 다르지 않다. 마음은 인간관계 커뮤니케이션을 위한 에너지로서 제아무리 진화발전 하는 인공지능이더라도 '마음'과 '영혼' 없이는 근본에 도달하지 못한다. 생각 너머 마음, 육생 너머 인생은 하늘과 땅 차이라 지식과 지혜 그러니까 추론과 연산만으론 어림없다는 것이다. 혹자는 정(情)에 비유하기도 하지만 식물과의 교감에서도 느끼고, 동물과의 소통에서도 느끼는지라 마음과는 별개의 차원이다. 인간이 죽어서 인기로 되돌아갈 때 자연소멸되는 것이 '육신'의 양기와 우주에너지 '마음'의 음기이므로 이와 같이 음양차원 절대분별력을 잃어버린 '영혼(인기)'은 지극히 단순한 원초적 상태에 머문다는 사실이다. 더 큰 문제는 나밖에 모르는 집착상태에 머문다는 것이고, 특히 단순한 만큼 가르치면 가르치는 대로 받아들이고, 시키면 시키는 대로 한다는 데 있다. 믿기지 않겠지만 한시적으로 동물처럼 길들일 수도 있다는 것인데 생각과 마음, 본능과 분별, 지식과 지혜, 너와 나의 차원이 적대보완적 관계로 유지하기에 절대분별로 살아갈 수 있는 것이므로 인공지능도 우주에너지를 어찌하지 못한다는 것이다.

그야말로 AI 시대는 유리알처럼 투명한 시대를 위한 것이므로, 무엇을 어떻게 프로그래밍할 것인가에 대해 심히 고민해야 한다. 언젠가는 지혜를 발휘할지도 모른다. 혹자는 해본들 육생량에 가까운 기분(氣分) 조절 릴렉스(relax) 차원이라고 하겠지만 넘쳐나면 어떻게 될까. 쉬고, 늦추고, 이완시키기는 차원을 넘어선다면 되레 역으로 조절당할 것은 빤한데 정신량 차원 기운조절기능은 우주에너지 마음에 관한 부분이라는 점을 상기해야 한다. 화두는 너와 나의 차원이 공존하는 인간에게만 주어지는 자문자답형의 공부다. 나에게서 비롯된 생각에서 의심(질문)에 의심의 꼬리를 물고, 너로 향한 마음에 도달할 때까지 한 바퀴 돌다보면 거의 근원에 근접하지 않을까 싶다. 인공지능도 쓰면 쓸수록 깊어지듯 생각을 일으키는 인간의 뇌도 쓰면 쓸수록 깊어진다. 쓰지 않고 방치하면 녹 쓰는 기계처럼 뇌도 쓰지 않고 방치하면 녹 쓴다. 그러나 생성된 우주에너지 마음의 깊이는 헤아릴 수가 없다. 쓴다 한들 얼마나 깊어지고 넓어지는지도 알 수 없으며, 방치한다고 녹 쓰는 그 무엇도 아니다. 과연 일생동안 얼마나 쓸까. 대부분 생각에서 기인하여 생각에서 마무리 짓는다는 사실을 몰라 마음을 자기로 알거나, 자기 멋대로 부릴 수 있는 것쯤으로 알고 있다. 생각은 나를 위한 차원이라 쓰면 쓸수록 불확실성의 복불복의 차원이 될 수도 있다. 하지만 마음은 너를 위할 때 쓰이는 에너지로서 인위적으로 키우거나 높일 수 없는 개체이자 주체의 삶을 살아가는 인간고유 영역이다. 해서 질문은 상호발전을 도모하기 위한 것이어야 하고, 이로움과 아쉬움의 만남은 사랑을 통해 행복을 영위하기 위한 것에 있어야 한다. 인공지능으로 얼마든지 사랑하며 살아갈 수는 있으나 행복을 구가하지는 못한다는 것인데 말인 즉은, 육생량 만족은 충족시키지만 인간과 인간, 마음과 마음이 하나로 어우러질 때 영위하는 차원이 행복이라, 육생에 머무르면 만족할 수는 있어도 행복할 수는 없다는 것이다. 인간으로 태어난 것은 사람으로 승화되어 사람들과 사람답게 살아가기 위한 것에 있다. 육생량을 통해 정신량 창출이 가능한 것도 생각적 지식과 마음적 지혜가 공존하기에 가능한 것처럼 말이다. 분명 인공지능은 사람답게 살아가는 세상의 기폭제가 되어줄 것이지만 치우친 사와 착한 선의 세상에 고착된 관념을 타파하지 않으면 본능과 분별 너와 나의 차원을 혼동하기 마련이라, 되레 인생량에 혼란만 가중한다.

기계식을 넘자 아날로그도 넘어 디지털 시대의 컴퓨터 발명은 스마트폰에 이어 인공지능에까지 이르렀으니, 앞으로 육생물질문명은 초고속으로 발전해 나갈 것이다. 무엇을 추구하기 위해 이리도 숨 가쁘게 나가는 것일까. 삶의 질을 높이고자 가지권 서양은 밖(外)의 우주로 치닫는다. 뿌리권 동양은 안(內)의 우주로 매진해야 하는데 덩달아 밖의 우주로 눈길 주고 있으니 착한 선의 차원 너머 바른 정의 차원을 보지 못하는 '인류는 표류중'이라 그 무엇을 위해 어디로 가야 할지 모른다. 미시적 탐구나 거시적 탐험이나 욕심에서 비롯된 욕망의 산물이라 행복을 위한 것이어야 하는데 안타깝게 사랑이 전부마냥 살아가고 있다. 그리고 미시나 거시나 빠지면 물질의 틀에 갇힌 것으로, 정신세계와는 성향이 판이하다. 육생살이 인간정신은 허하고, 삼시 세끼 고픈 육신은 채워야 하기에 이기적일 수밖에 없다. 해서 육 건사를 위해 쌓고, 채우고, 메우고자 하는 행위는 절대 본능이다. 항시 문제가 되었던 것은 무엇을 채워야 하는지 모르는 데 있다. 뿌리는 안으로, 가지는 밖으로 탐구를 시작한 것은 외부로만 향해도 채울 수 없고, 내부로만 향해도 채울 수 없기 때문이다. 또 채움의 목적은 내 안에 있어, 생각의 영역으로 육생량을 구하고자 저 멀리 대우주 외부로 향할 때 마음의 영역으로 정신량을 마련하고자 한 없이 깊고 깊은 소우주 내부로 향해야 한다. 외부의 걸작품 인공지능은 지식의 소산물로서 내부의 질량을 지혜로 가득 채워지길 간절히 바라고 있다. 하지만 정신량은커녕 육생량을 앞에 두고 반대급부만 타박하는 것을 보아 진화발전의 구도가 상대성으로 자리하고 있다는 사실을 전혀 모르는 눈치다. 마음은 쓰지 않아도 늘 그대로의 질량이지만 인간의 뇌는 멈추면 고착되므로 적대보완적 체제를 유지하기 바란다. 참으로 희한한 노릇은 인간생활 편리를 위한 인공지능 제품이 주를 이루는데 생활은 오히려 더 복잡해지고 더 바빠지는 데다 날로 흉악무도해지고 있다. 왜 그런 것일까.

4. 바르다는 정(正)의 차원

육 건사 육생살이가 우선이었던 치우친 사의 시대에서 상극상충이 일어나자 착한 선의 차원을 소원하였었다. 착한 선의 세상에서 반쪽반생이 일자 요번엔 화합의 정신량을 추구하는 바라, 본래 치우친 사(邪)와 착한 선(善)과 바른 정(正) 모두 인생살이를 추구해 왔었다. 그 어느 곳에도 상호상생 롤 모델이 없다보니 사의 모순과 선의 모순이 지향하는 이데아(Idea)가 바로 정의 세계 인생량이었던 것이다. 지금 이 순간도 사람답게 살고자 하는 모든 이들이 정의(正義)에 목말라 숱한 의구심을 품고 있으나 바르다는 정(正)의 실체와 옳다고 말하는 의(義)의 실체가 드러나 있지 않아 신앙마다, 사회마다, 지도자마다 의견이 분분하다.

모순은 아쉬워 찾아온 이와 주고받지 못할 때 빚어지는데 깊어지면 불통이요, 쌓이면 충돌하고, 잦으면 폭발하여 이내 삶을 고통의 도가니로 몰아넣는다. 아쉬움에서 비롯되는 만남, 쌍방 간 득보기 위한 조건을 거래하는 데 있어 불만은 나의 허한 곳을 메우지 못하거나 네 고픈 곳을 채우지 못할 때 낳는다. 필시 손해 보는 자는 분통 터트릴 것이고, 이익 본 자는 기뻐할 것이므로 이처럼 형평성 논란은 쌍방이 내거는 조건에서 기인한다. 선택의 기로라는 말이 있다. 욕망의 산물로 양자택일과도 비슷하고, 분별력을 잃으면 복불복의 형태로 자리하며, 내 생각에 몰두하면 욕심이라 이쯤 되면 시야는 좁아져 나무만 보고 숲을 보지 못하는 결과를 초래하기 쉽다. 생각을 넘어 마음에까지 도달하면 개성 넘치는 각기 다른 나무가 하나 된 숲을 이루고 있다는 사실을 안다. 육생살이 본능적 선택과 인생살이 분별적 결정은 삶의 가치를 달리 하므로, 자아의 가치는 보수든 진보든 앞에 서는 것을 결코 두려워하지 않는다. 나 잘 먹고 잘살겠다고 벌이는 복불복 행위였다면, 설령 그로 인해 뜻한바 이루었더라도 행보에 정신량이 배재되면 투기에 가깝다 할 것이다. 그래도 만약 장밋빛 미래가 펼쳐진다면 대자연의 선순환 법이 잘못되어도 단단히 잘못되었다.

누굴 위한 것에 있느냐에 따라 개성 잃은 일개의 나무만을 쳐다보느냐 나 살기 위한 숲을 바라보느냐에 따른 결과물을 낳는다. 선택은 나를 위한 것에 있지만 의미마저도 나를 위한 것에 둔다면 결과는 불 보듯 빤하다. 가리키는 손가락을 보지 말고 달을 봐야 한다는 견월망지(見月忘指), 가뜩이나 손가락에 끼고 있는 금가락지에 현혹됐다면 볼 장 다 봤다. 이처럼 나아가느냐, 머무느냐, 후퇴하느냐의 시험지는 언제 어느 때 누구를 통해 주어질지 모른다. 상극상충은 급변이요, 반쪽반생은 멈춤이고, 상호상생은 불변이라 기본의 자리에 오르기까지 나를 위해 살아가야 하는 것이고, 오른 후엔 너를 위해 살아가야 하는 것이다. 어린 시절에 주고받고 들고

나는 가치관을 바르게 형성시키면 성인 시절의 선택은 기회이자 도약의 발판이 된다. 이에 필요한 사항은 이로워 맞이하는 운용주체가 누구이고, 또 아쉬워 찾아가는 활동주체가 누구인가를 아는 것에 있다. 그리하여 정의란 수직수평 상하좌우 간극을 좁혀나가며 아쉬움과 이로움을 공평하게 주고받는 행위를 말하는데, 행복은 사랑으로 비롯된다는 제러미 벤담(Jeremy Bentham, 1748~1832)의 공리주의(功利主義)와 흡사한 점이 많다. 그러나 필자가 주장하는 선순환(先循環) 법은 정도주의(正道主義)라고 해야 할까. 육생을 살아가야 하는 인간은 지극히 이기적이라는 데에서부터 출발한다. 작게는 나에게서부터 시작하여 가정에서 사회로 국가로 이어지는데, 크게는 만백성은 활동주체요 국가는 운용주체라는 점이다. 이는 찾아오는 아쉬움을 위한 맞이하는 이로움에 대한 방안을 강구하는 일을 말한다.

그리하여 표적은 나 하기 나름에 달리 나타나는 작용반작용의 법칙 상대성 원리로 주고받음에 따라 내 안에 적대보완적으로 자리한 너와 나, 생각과 마음, 지식과 지혜의 차원을 성찰하면 얼마든지 진로를 바꾸어 나갈 수 있다. 합의는 화합을 위해 하듯, 사랑은 행복하기 위해 하는 것이므로 사랑은 하나 행복하지 못하면 뒤돌아봐야 한다고 말해왔다. 무엇보다 미래인재육성 교육은 백년지대계로서 만백성의 살림을 도맡은 정부가 바른 정(正)의 이데아를 알고 있어야 한다. 문제는 졸속 권의지계(權宜之計) 교육정책뿐이라 십 수 년 공부해도 그다지 쓸데가 없다는 것이다. 부정을 바로잡아 정사를 행해야 하는 곳이 정부다. 구석구석 바르게 돌아가는 곳을 눈을 씻고 찾아봐도 볼 수 없으니, 다르게 전개되는 착한 선을 강조해 온 탓에 쫄딱 망한 이들밖에 없어 그런 것이 아닐까. 아무리 그래도 그렇지 반쪽반생 행위를 보고 상호상생을 일으키지 못할망정 상극상충이나 일으키지 말아야 할 것이 아닌가. 삐뚤어지지 않도록 곧게 하겠다는 바르다의 정(政)은 바른 정(正)을 지향함으로써, 상호상생 선순환 법을 정립하지 못하면 아쉬움이 이로움을 찾아가는 원인에 대해서도 밝히지 못한다. 어제도 그러했고 오늘도 그러하다면 타성에 젖어 내일도 그러할 것인데 아쉬움과 이로움이 하나로 어우러지지 못하면 공정함은 언감생심 꿈이나 꿀 수 있을까.

어느 곳보다 정의로워야 할 곳이 정부 각개 부처다. 아울러 관료는 어느 누구보다 바른 정에 대한 이해가 필요한 위치다. 특히 정치인(政治人)은 삐뚤어지지 않는다는 바르다의 정(政)과 바르게 평정하여 다스리겠다는 치(治)를 앞세우는 인(人)으로서 만백성을 위한 자리인 만치 바른 정(正)은 물론 옳다는 의(義)의 실체까지도 꿰뚫고 있어야 한다. 꿰뚫고 있을까. 못하고 있다면 그들의 행위는 누구한테는 이롭고, 누구한테는 이롭지 않을 수도 있어 주권이 만백성에게 있기보다 정치인 손아귀에 있다고 할 수 있다. 국가의 주인이 만백성이라 추켜세우는 민주주의 정치인은 분명 아쉬운 활동주체를 위한 이로운 운용주체여야 하는데도 여의치 못해서 그런 것인가. 하나같이 못미더워 흉이나 보고 있으니 표적은 나 하기 나름에 따른 질량이라는 점을 잊어선 안 된다. 지위고하 막론하고 이로운 운용주체 자리에 올라섰다면 경(經)과 궁(宮)과 품(品)의 특혜가 주어지는데 이는 나를 위한 것이자 만백성을 위한 것에 있다. 어떻게 써야 하는 것일까. 바른 정 이데아의 실체를 모르면 쓰임은 육생 안위에 국한되어 권위주의 특권의식에 사로잡힌 반쪽반생 행위만 해대기 마련이다. 이면의 쓰임 바른 정행을 안다면 존경 받는 인물로 거듭나 만인의 칭송이 자자할 것이나 현실은 일면의 착한 선행에마저도 미치지 못해 궁(宮)이어야 할 국회의사당은 농성장으로 변한지 오래라 어디에도 존엄함은 찾아볼 수가 없다. 더구나 인간 논리의 경(經)은 선순환 법 정신량의 토대여야 하는데 상호상생 법은 어느 곳에도 실재하지 않으니 반쪽반생 행위에 목매는 실정 아닌가. 현실이 이러하다보니 거룩한 만인의 품(品)이어야 할 행실을 한낱 직위(품계)에만 적용시켜 눈살이나 찌푸리게 하고, 정의가 바로 설 리가 없다. 육생의 기본 자리는 오를 때까지 나를 위한 자리요, 오르고 나면 너를 위한 자리다. 운용주체 중에서 정치인은 매우 특별해야 하는데 교묘하다 못해 치졸한 이들이 태반인 것 같아 귀중한 한 표 행사를 잘해야 한다. 혹자는 투표 말고 방법이 없는데다가 인물까지 없다고 말한다.

운용주체 여인들이 지닌 경(經)과 궁(宮)과 품(品)에 비할 바는 못 되지만, 사랑의 근원으로서 받을 때와 줄 때와 할 때를 알면 만인의 존경받는 지도자로 우뚝 선다. 남성은 양의 기운이자 육신도 양의 기운인지라 몸 안으로 침투하는 모든 것을 힘으로 내려치는 활동주체다. 여성은 음의 기운이자 육신도 음의 기운이라 몸 안으로 들어오는 것을 품어 지혜로 키워나가는 운용주체다. 남녀불문하고 아쉬워서 만나 이로울 듯싶을 때 싹트는 감정이 사랑이라, 받을 때 외면하면 이롭지 않았다는 뜻이요, 줄 때 돌아서면 그것만으로 고픈 곳을 채울 수 없다는 뜻이고, 할 때 떠나버리면 허한 곳을 채워주지 못한 결과다. 신과 인간과의 사랑은 어떠할까. 아낌없이 주는 나무라고 믿고 싶은 모양인데, 물론 그 씨앗이 육생의 기본금 사주다. 근기에 따라 주어졌고, 받아왔고, 타고났으니 누구나 노력하면 얻고, 구하고, 취할 수 있다. 문제는 이후 질량은 내가 만들어 나가는 차원이라 내 앞에서 벌어지는 문제들을 해결하지 못하면 실패의 늪에서 헤어나지 못한다는 것이다.

한편, 활동주체 인간들을 위한 운용주체 신의 사랑을 아가페 (agape)라 부른다. 선천적으론 보호차원이자 유형적 개척의 질량이고, 후천적으론 도전차원이자 무형적 창출질량으로, 음양화합은 먼저 주고 후에 받는 선순환 관계와 맞물려 있다. 아울러 전후사정이 어찌되던 신에게 빌어서 구하던 시대가 있었는데 그 시대는 육생살이 물질개척시대였다. 구할 수 없는 시대가 1안의 육생의 인프라가 구축된 인생살이 정신창출시대로서 내가 만들어 나가는 시대라 빈다고 주고 빌지 않는다고 주지 않는 법은 없다. 육생량에 정신량을 부가시켜 나가는 업그레이드 시대는 아쉬움에 이로움을 가미시켜 나가는 시대로서 유리알처럼 투명해지는 시대이니 나 하기 나름에 삶의 질을 달리해 나가는 시대다. 오랜 시간동안 인간들이 그려낸 신의 형상은 잘못하든 안 하든, 선하든 악하든 어렵고 힘들 때마다 언제 어디서든지 간절히 원하면 해결해 주는 전지전능의 대상으로 여겨 왔다. 지상의 모든 대역대신을 관장하는 유일신은 무형무색무취로서 있는 그대로의 대자연이라 실력에 부가시킬 원력은 작용반작용의 법칙 상대성 원리에 고스란히 심어 놓았다. 좌절, 실패, 미움, 원망, 용서 등의 행위마저도 내가 만든 것이지 신이 나를 미워하여 내린 벌이 아니라는 사실이다. 부모자식 간의 사랑은 어떠할까. 운용주체와 활동주체의 관계로서 유아기, 아동기, 청소년기를 거쳐 21세 성년기를 맞이할 때까지 나를 위한 육생시절이라 부모의 보호 아래 살아간다. 이후 어떻게 가르치고 키웠느냐에 따라 부모자식 간에 주고받는 차원이 달리 나타나는데 계속 자식이 부모에게 의지하려 든다면 주고도 받지 못하는 형국이라 그 책임은 부모에게 있지 자식에게 있지 않다.

　봄에 파종하고, 여름에 생장시켜, 가을에 수확하여 겨울에 보관하여 다음 봄을 기약하는 것이 생장수장 선순환의 원리다. 파종만 하고 결실을 거두지 못하면 운용주체의 소임을 배임한 결과로 활동주체를 탓해선 곤란하다. 아울러 인간은 신 하기 나름이듯, 자식은 부모하기 나름이고, 아쉬워 찾아간 자는 이로워서 맞이한 자 하기 나름이다. 부모자식 간에 주고받지 못한 결과가 불효를 넘어 폐륜이라, 뿌리에서 5백 년간 지속된 유교사상은 독창성과 다양성을 묵살하고 생장의 행위를 집요하게 강압적으로 강요해 왔기에, 자율적 선순환 행위가 마비되어 수장의 결과를 낳지 못하여 식민지를 거쳐 맞이한 분단 오늘날까지 이어지고 있다. 정의 차원을 모르면, 선의 차원이 사의 차원과 진배없는데 경제혁신 일으켜봤자 벗어나지 못한 육생살이에 그저 먹고만 살게 해달라는 만백성의 원성 달래기에는 무리가 있다. 부역자가 판치는데 충효만 강조할 일인가. 탕아가 되어버렸다면 누구를 깨치기 위해 벌어지는 일인가를 생각해보자. 식을 줄 모르는 원성도 다르지 않다. 1997년 IMF 이후 생장수장의 선봉장이 되어야 할 재벌들과 유착된 관료들이 정치경제를 들었다 났다 했었고, 그때마다 청년실업 문제로 골머리 썩었는데 앞으로도 해결될 기미가 좀처럼 보이지 않는다는 것이다. 육생량에 정신량을 첨가시키는 시대를 맞이하여 창조혁신을 운위하지만 육생량에서 찾으려 드는데 찾을 수 있을까. 분명 잡힐 것 같지만 잡히지 않는, 이를테면 똑똑한 내 자식이 과외만 하면 서울에 있는 대학에 반드시 들어갈 것이라 믿고 있는 부모 심정과 다르지 않다. 이는 무조건 나를 믿고 따르면 된다고 막무가내로 손목만 잡고가다 몸의 실체를 잊어버린 것과 무엇이 다를까. 선순환법의 대안은 정신량이요 다하지 못한 표적은 불통이라, 육생량은 풍부하나 생활이 편치 못하면, 직위는 안정적이나 행위가 이롭지 못하면 불안 초조할 것이니 이로운 자와 아쉬운 자간에 화합의 질량이 무엇인지 바로 알아야 한다.

저승의 질서체제가 이승에 투영된 것처럼, 음기 운용주체 질서체계가 바로 서지 않으면 양기 활동주체 체계는 무너지게 되어 있다. 필자의 논지가 플라톤(Platon, B.C. 427~B.C. 347)의 이데아의 동굴 논리와 흡사하다 하겠지만 후천질량은 선천질량을 토대로 만들어 나간다는 차원에서부터 다르다. 뭐라 할까. 음기 달빛으로 양기 햇빛을 맞이하는 것으로, 인생살이 에너지는 신들에 의해 좌우된다기보다, 대자연(유일신)이 부여해준 육생량을 토대로 인생량을 쌓는데 필요한 정신량을 창출하는 데 있다는 것이다. 선천적 음기 달빛에 머무르면 성장도 육생에 머물러 창조와 혁신을 부르짖어본들 되풀이되는 음음상극 현상으로 유사상황에 봉착되어 예상치 못한 어려움에 발목 잡힌다. 좋건 나쁘건 내게 주어진 조건은 성장의 발판이다. 달빛과 햇빛이 순환하듯, 육생을 넘어 인생을 살아가야 하는 인간에게 있어 혁신과 창조는 정신량에 있지 육생량에 있지 않다. 지금까지 사의 이데아는 선의 이데아를 그려왔다. 그리고 선의 이데아는 정의 이데아를 그려나가는데, 기실 정은 사와 선의 차원을 볼 수 있어야 그려나갈 수 있는 그림이다. 다시 말해 상극상충의 폐해를 알았기에 반쪽반생의 모순을 알 수 있었던 것이고, 상호상생에 관심을 보일 수 있었던 것은 치우친 사의 시대를 거쳐 착한 선의 시대를 살아왔기 때문이다. 이데아의 동굴은 육생시대와도 같아 인생시대의 탈출구를 찾고자 한다면 아쉬운 자들에게 이롭지 못한 이로운 자들의 모순행위를 들여다봐야 한다. 예나 지금이나 툭 하면 만백성의 피와 살을 쥐어짜는 일들이 비일비재한데 운용주체 행위가 나아졌다면 되레 이상한 일이 아닌가. 국정운영도 만백성을 위한 것이어야 하듯, 정사도 만백성을 보살피는 일이므로 군림하려 들어서는 안 된다.

쾌락을 위해 상류층의 본질을 호도할수록 이데아의 동굴에서 헤어날 수 없고, 하면 할수록 만백성은 육생량에 짓밟히는 꼴이라 압이 차면 사람답게 살고 싶어 하는 활동주체 양의 반란은 시작된다. 선천적 육생량은 이로운 운용주체를 위한 것이라고 해왔던 것도 후천적 정신량은 아쉬운 활동주체를 위한 것에 있어야 한다는 전제하에서다. 끝없이 붉어진 이로운 자의 모순과 아쉬운 자의 못 미침을 통해 사회는 발전해 왔다. 즉 모순과 못 미침에서 오는 실수는 인간에서 사람으로 승화되어 사람들과 사람답게 살아가고자 하는 데에서 발생한다. 결국 그르다는 사와 다르다는 선도 바르다는 정의 이데아를 추구하기 위한 것이므로, 사랑하여 행복을 구가하기 위한 티끌만한 인간관계의 모순까지도 드러나게 되어 있다. 어떻게 흡수하고 소화하느냐에 대한 사항은 정신적 지도자를 자처하는 이들의 몫이고, 이로운 자가 아쉬운 자를 위해 살아가야 하는 것은 영구불변의 법칙이다. 타고나는 근기만큼 삶의 모양새는 다양하고, 나에게 맞는다고 하여 너에게까지 맞을 것이라는 생각으로 강요해선 안 된다. 욕심의 발로 육생량은 사사로운 욕망을 부추기는 관계로 갖추어 쓰는 자가 주인이라 누구나 본성에 인성을 부합시켜 이성을 잃지 않으면 가능하다. 또 그에 걸맞은 사랑 다하지 못하면 기쁘고, 즐겁고, 신날 수 없는 법이라, 교육 중에 품성을 키우는 인성교육이 우선이어야 한다. 사회, 과학, 기술, 예능, 스포츠 등의 분야에서 이름 날리는 이들도 타고났기에 가능한 것이지 타고나지 않으면 어디 꿈이나 꿀 수 있겠는가. 간혹 본연을 찾는 과정에서 한번쯤 경험이야 해볼 수도 있겠지만 기본의 자리는 때가 되면 스스로 찾아들어 가게 되어 있어 그 너머 삶을 살아가려거든 배양한 인성, 본성에 부가시켜 나가기만 하면 된다. 육생량은 이기의 질량이라 누구나 앞에 서면 자기욕심에 농락당하기 쉬워 인류가 풀어나가야 할 가장 큰 난제 중에 하나다. 내 뜻대로 안 될 때 본능에 휘둘리는 일이 어찌 보면 지극히 당연하다 하겠지만 이로 비롯된 싸움의 역사는 인간의 역사를 피로 물들여 왔다. 나를 위한 육생량 들이마시는 들숨이면, 너를 위한 정신량 내뱉는 날숨이라 예나 지금이나 본능에 부가시킬 인성을 배양하지 못해 합의는 한다하나 화합하지 못하여 종국엔 총칼을 들이밀었다.

도로써 길을 밝히고 덕으로 그 행위를 다하는 선순환 시스템은 지극히 자연스러운 행위요, 윤리규범은 질서를 지키고자 규정한 반강제성 요구사항이나 모두 도리를 하고자 하는 것에 있다. 여하튼 인간사회는 욕심제어를 위한 반강제성 규율과 제도가 필요했었고, 상극상충 숱하게 일으키면서 오늘에 이르기까지 장족의 발전을 이루었다. 과도기마다 자기셈법 난무한 이념들이 쏟아져 나왔고, 어느 순간인가 육생물질문명은 이념, 사상, 가치, 철학, 개념 등의 대립 속에 정신문명으로 탈바꿈하고 있다. 육생량 업그레이드보다 꾸준히 창출해 나갈 사안이 정신량이라 앞으로 창조, 혁신, 융합을 위해서라도 강제규범 질서보다 주고받는 표적 질에 의한 선순환의 질서여야 할 터, 무엇이 도리인가 알기 위한 노력을 게을리 하지 말아야 한다. 순리를 알 즈음이면 도리의 이데아는 정의구현을 하려들 터이고, 정의는 상호상생을 뜻하는 바라, 바른 정의를 수호하겠다는 대변자들은 운용과 활동에 대한 이로움과 아쉬움의 질량을 누구보다 잘 알고 있어야 한다. 때에 따라 바른 정의 질량 비율은 50:50일 수도 있으며, 40:60이거나 30:70일 수도 있고, 20:80이거나 10:90 혹은 0:100의 경우일 수도 있다. 이와 같은 정의 산법은 어느 쪽으로도 치우치지 않아야 가능하다. 정을 안다 하나 사행을 모르는 이가 나서면 자기 득 볼 요량으로 상극상충을 유발해 둘 다 크게 손해 볼지도 모른다.

반면 착한 선행에 빠져 사는 이가 나서면 반쪽반생 결과를 몰고 올 수도 있다. 정의 행위를 다하려거든 치우치지 말아야 하겠지만 시단(始端) 밝히는 일을 게을리 하면 안 된다. 과정에 따른 결과의 질량이 흐트러지므로, 그른 사와 다른 선을 통해 바른 정에 대한 분별력이 바로 서 있는 자여야 한다. 선천적 육생물질문명은 정신량을 필요로 하는 순수 이기의 문명으로, 나만 잘하면 된다는 내 욕심 육생의 법칙을 근간으로 이루었다. 이를 발판으로 만들어 나가는 후천의 구도 정신문명은 나만 잘해가지고서는 안 된다. 이로운 자가 아쉬워 찾아온 자의 손잡고 나갈 때 가능하므로, 합의를 통해 화합을 이루는 인생의 법도를 찾는 데 있어 보이는 육생량에 의거하면 보이지 않는 정신량 마련은 크게 어렵지 않다.

☾ 4차 산업시대

18세기 농업·임업·수산업 등은 1차 산업으로 19세기 광업·공업·건설업 등의 2차 산업으로 발전했고, 20세기 말 3차 서비스 산업의 근간이 되었다. 아울러 업그레이드 시대를 맞이하기 전까지 삶의 질은 육생량만으로 척도가 가능하리라 생각했었다. 그만큼 육생살이 사행 시대는 착한 선행이 바른 정행을 대신해왔기 때문에 중산층은 크게 자리하지 않았고, 그런데 어찌된 노릇인가 중·상층일수록 하층의 억울함이 클수록 부가 축적되었다. 이 땅에 컴퓨터가 보편화되는 시대를 전후로 형성된 중산층들에 의해 삶의 질이 거론되자 갑을관계 수직수평 문제가 불거져 나왔다. 착한 선행이 선망이었던 치우친 사의 시대에 정신량이 첨가되지 않은 육생량만으로 3차 서비스 산업을 논해봤자 중·상층에 더해지는 혜택일 수밖에 없고, 날로 심화되는 쏠림현상은 한여름의 폭염이나 한겨울의 혹한과 다르지 않는 데 무대책으로 바라만 보고 있었던 같다. 물론, 육생경제가 활성화되면서 크게 육생량에 구애받지 않는 시대라는 점도 있지만 바른 정행을 표방한 착한 선행의 시대라 쏠림의 표적은 가혹하리만치 서민에게 가해졌다. 누가 깨어나야 하는 것일까. 풍요 속의 빈곤 하부구조 수탈은 정신량의 부재를 뜻한다. 해서 돈벌이 수단 서비스 산업의 일면보다 하나 되어 살아가는 이면의 서비스 산업 활성화를 위해 가해지는 표적이었으나 이러한 사실을 알 리가 있나. 이 땅에 동족상잔 이후로 해서 3차 서비스 산업에 이르기까지 1, 2차 육생산업은 가지와 두둑을 위한 기초산업이었다면 3차 서비스 산업은 뿌리와 몸통을 위한 것에 있다. 선진국 반열에 올라서고자 한다면 가지해양과 몸통대륙 간에 수평유지 대안 마련을 위한 노력을 아끼지 말아야 한다.

개발도상국을 넘어 중진국 반열에 들어선지 어언 30여 년이 지났는데도 불구하고 3만 불($) 문턱에 연신 주저앉는 원인을 육생 안에서만 찾고 있다. 어렵사리 달성한다 한들 몸통이 휘청거려 자

첫 고사할 수도 있는 데 이에 맞춰 글로벌 코리아를 부르짖으며 통일한국을 준비하고 있다. 하나 될 이념 민족화합의 질량을 마련하지 못한 것 같은데 가능할까. 지금 당장 육생량이 모든 것을 해결해 줄 것 같지만 정신량이 없다면 하나 되 본들 재차 분열은 따 놓은 당상이 될 성 싶다. 뿌리는 몸통·가지와는 화합의 질량이 천양지차라 3차 서비스 산업 토대를 확고히 다져놓지 않은 상태에서 인공지능 4차 산업시대를 열어 간다면 다져지지 않은 그만큼의 틈새로 몸통·가지에게 시달림 당한다.

3차 서비스 산업이 뜻한 바를 뿌리가 알지 못하면 교역의 땅 몸통은 따라쟁이라 육생량에 동화되기 십상이고, 육생물질문명의 본거지 가지는 드러나는 물질과학에 모든 뜻을 심었으니 자연스럽게 영양공급원 뿌리를 닦달할 것이다. 뿌리(천)·몸통(지)·가지(인) 3개의 차원으로 나누어 운행되는 세계는 선순환 질서체제가 확립될 때까지 구석구석 혼란에 빠질 것이고, 알게 모르게 그에 대한 책임을 뿌리에게 물으려 들 것이다. 아로새겨 봐야 할 것은, 전후 가지의 육생량이 두둑을 거쳐 뿌리로 들어와 몸통으로 올라갔다는 것에 있다. 분명 1, 2차 산업을 통해 맞이한 3차 서비스 산업시대가 지향하는 바가 있을 텐데 그것은 바로 가지해양민주와 몸통대륙공산의 적대보완적 속에서 인류화합의 질량을 마련하는 일에 있지 않나 싶다. 필자만의 의미부여라 치더라도 작은 반도에 해양민주와 대륙공산으로 나뉜 것을 어떻게 받아들여야 할까. 일면으론 힘없는 분단국가일 뿐이겠지만 이면으론 남북은 중심잡이로 동서는 생장수장 질량으로 자리하고 있다는 사실이다. 억지 이유 붙여 가며 억지 의미 부여하는 게 아니겠냐고 따져 물으면 할 말이 없다. 그러나 하루하루 숨 가쁘게 돌아가는 작금의 동북아 상황이 육생량만으로 해결 가능하다면 동서는 지역감정으로 남북은 이념분쟁으로 삼분오열 되지 않았다. 생떼라 하겠지만 불가능하기 때문에 서비스 3차 산업을 바르게 인식하자는 것이다. 이조차 깨치지 못했는데 4차 산업 AI가 활성화되면 어떻게 될까. 하나 되는 정신량 토대 위에 나날이 새로워지는 지식에 지혜를 접목시켜 나가야 하는 시대를 맞이하여 싸우고, 충돌하고, 부딪치는 원인을 냉철히 분석하여 밝혀내야 한다. 물질문명이 앞선 만큼 인공지능도 육생 안위를 위한 것일 뿐이라고 하겠지만 점차 신지식을 배가시켜 나가면 어떻게 될까. 갈수록 뿌리·몸통·가지 사통팔달 하나 되어 나가기 어려워진다. AI에 입력할 정신량도 함께 마련해 나간다면 육생 안위에 필요한 지식은 인공지능으로부터, 인간관계에 필요한 지혜는 자기 스스로 발휘해야 하는 것이므로 공평, 공정, 균등, 형평성 등의 논란은 크게 야기되지 않는다.

이리되면 4차 산업시대는 업그레이드 인생시대가 아닐 수 없다. 물질개척이나 정신창출보다 실제 내 앞의 인연과 얼마나 사람답게 살아가느냐가 회자되는 시대가 아닌가. 그만큼 1안의 인프라 육생량을 인공지능이 담당함에 따라, 2안의 인프라 정신량 창출을 위한 노력을 아끼지 말아야 한다는 것이다. 인간의 지식으로 육생물질문명을 이루었다 하여 사람으로까지 승화되어 인생문명을 이룬 것이 아니기 때문이다. 이제야 겨우 육 건사 육생살이 질량을 높였을 따름이다. 진화발전은 언제나 내 앞에 인연에게로부터 비롯되기에 내 앞에서 벌어지는 일을 바르게 처리하지 못하면 육생에 머문 것이라 사랑해본들 기 싸움이나 해댈 텐데, 어디 행복은 고사하고 즐겁기나 하겠는가. 육생량에서 얻는 즐거움은 육생만족이요, 정신량에서 얻는 기쁨은 인생행복이라 4차 산업이 지향하는 바는 흡족이나 만족에서 기인하는 행복까지 함께 영위하자는 것이다. 이를 위해 3차 산업시대는 미래지향적 정신량 인재양성에 초점을 맞추어야 했고, 4차 산업시대는 살아가는 그 자체가 행복이어야 하므로, 하나로 어우러져 살아가는 미래 지도자 양성에 심혈을 기울여야 한다. 웬만한 육생량은 나날이 지식을 더해가는 인공지능이 처리할 것이 아닌가. 이에 인재육성을 위한 인성교육까지 덧붙이면 지혜의 차원도 더불어 상승할 터이고, 인공지능 시대야말로 사람답게 살아가는 시대가 아닌가 싶다. 특히 육생 안위를 누리는 만큼 정신량까지 받쳐주면 생각은 더더욱 유연해져 기본능력을 십분 발휘한다. 예를 들어, 업그레이드 시대까지는 나를 위한 생각으로 육생량 개척에 매진해 왔으니 이후부턴 너를 위한 마음을 발휘하여 정신량 창출에 박차를 가해야 한다는 것이다. 인간으로 태어난 이유는 업(카르마) 사함에 있고, 존재의 이유는 고픈 곳을 채우기 위함이며, 삶의 이유는 그로 인해 찾아드는 행복을 영위하고자 하는 데 있다.

남은 과제는 육생량에 정신량을 부가시켜 나가는 일이다. 앞으론 인간과 육생량 혹은 육생량과 육생량으로 얽히고설킨 문제는 인공지능만으로 얼마든지 해결 가능하지만 육생량을 앞에 두고 이로운 자와 아쉬운 자 간에 벌이는 이권 문제는 화합의 차원이라 해결이 수월하지 않다. 섭리와 이치와 순리는 먼저 주고 후에 받는 선순환의 근저로 나의 고픈 곳은 너의 허한 곳부터 채워줄 때 채워진다는 사실이다. 네 허한 가슴 드러내 보인다고 무작정 퍼 담아주다가 받는 상처 이롭지 않아 받은 표적이다. 하지만 그 이면은 하나 되어 살아가자는 것에 있다하겠으니 이롭거나 신나거나 즐거워

할 때 기운을 상승시키는 신경전달물질 도파민(Dopamine)은 감정과 관련된 육생의 호르몬으로 설레어 이끌리게 만든다. 너의 허한 곳을 채워줄 듯싶은 매력발산 호르몬이라고 할까. 우울증 치료제 세로토닌(serotonin)은 희열을 느끼게 하는 호르몬이다. 옥시토신(oxytocin)은 남녀가 사랑할 때 생성되는 데 황홀의 매개체라고하면 어떠할지 모르겠다. 아드레날린(adrenalin)은 흥분과 긴장 상태에서 분비되는 기력충전 호르몬이요, 엔도르핀(Endorphin)은 기분을 상승시키는 호르몬이다. 신나고 기쁠 때 생성되는 호르몬은 성장, 생식, 항상성 등의 여러 생리적 활성을 조절하지만 모두 육생 안위를 벗어나지 못한다. 그리고 스트레스(stress)는 거의가 내 뜻대로 안 될 때 받는다. 과연 살아가는 동안 내 뜻대로 된 적이 얼마나 있을까. 손꼽을 정도라 때론 재수에 비유하기도 하는데, 떨쳐버리지 못하는 이유를 어디에서 찾아봐야 할까. 주어지건, 벌어지건, 만들어지건 아등바등 해봤자 본질을 해소하지 못하면 썩 좋은 결과를 낳지 못한다. 개중에 갑질도 한몫 거들겠지만, 지위고하 막론하고 스트레스 받지 않으면 갑질도 덜 할 것이라 어설프게 함양한 인성, 화가 쌓이면 폭발시킨다. 그러고 보면 인성은 배려의 차원을 넘어선 상호상생을 위한 것이라, 먼저 주고 후에 받는 행위를 하고자 한다면 반드시 배양해야 한다.

예절은 인의 덕목이고, 에티켓은 살아가면서 지켜야 할 기본행위인데도 불구하고 이조차 지키지 못하면 사람대접은커녕 인간대접이나 제대로 받을지 모르겠다. 정의의 기개 의로움은 덕으로 행하는 차원으로 인성을 배양하지 못하면 충돌로 좌초한다. 어진 행위 덕(德)은 바른 행위 정(正)과 비례하여 이로움의 결과물 득(得)

을 낳는 것처럼, 이로움의 결과를 낳지 못한 화의 때 스트레스가 대표적인 예다. 지식은 교양과 품위를 지키고자 하고, 지혜는 인성과 품격을 자체발광시킨다. 치우친 사행이든, 착한 선행이든 지식의 일면은 육생량에 국한되어 내 삶의 주인인 내가 나를 돌보이고자 나를 우선 하는 삶을 살아가다 대다수가 결국엔 우스꽝스러운 꼴을 면치 못한다. 지혜의 이면은 내 삶의 주인인 내가 정신량을 발산하여 너와 하나 되기 위한 삶을 추구한다는 것이다. 분명 갑질도 스트레스 영향이다. 나 하기 나름에 따라 달리 나타나는 작용반작용의 법칙 상대성 원리를 깨치면 엔도르핀이 상승할 것인데, 안타깝게 나밖에 모르는 스트레스에 지배당하고 있다. 만족과 사랑은 일면의 육생량에서 얼마든지 구할 수 있다. 하지만 화합과 행복은 이면의 정신량차원 인데도 육생량에서 구하려 든다.

개인욕망 흡족에 따른 만족과 희열도 얼마든지 육생량에서 구할 수 있다. 이도 물론 내 뜻대로 될 때 느끼는 병리학적 쾌락으로, 이성을 잃으면 어림없다. 육생의 사랑과 인생의 행복은 인간관계를 통해 영위해 나가는 것으로, 제아무리 의로움을 부르짖어본들 쌍방 간에 이로움이 묻어나지 않으면 사랑은 가능할지 모르나 행복은 가당치도 않다. 결국 육생만족이나 인생행복이나 둘 다 내 뜻대로 될 때 가능하다는 것을 알 수 있다. 그러나 전자는 나를 위할 때요, 후자는 너를 위할 때라 얼마나 오래가느냐는 묻어나는 이로움의 질량에 따른다. 나밖에 모를 때의 결과물은 상극상충이고, 너를 위할 때의 결과물은 상호상생이며, 무조건 도와야 한다는 어여쁜 생각은 반쪽반생이다. 자칫 극도의 이기적 행위가 아닌가 싶지만 철저하게 선순환 법에 의거한 이타적 행위다.

과연 주고받는 차원이 육생량에만 있을까. 불우한 이웃들에게 당장 필요한 것은 춥고 배고픔을 면하는 일이다. 그러나 언제까지 나는 너를 거저 먹여 살려야 하는 것이고, 언제까지 너는 대가도 없이 나에게 얻어먹고 살아가야 하는 것일까. 오랜 시간 변하지 않았다면, 아쉬워서 찾아온 자의 잘못보다 이로워서 맞이한 자의 잘못이 크므로 유야무야 그에 상응하는 표적을 반드시 받는다. 옷 한 벌과 밥 한 술, 행하는 자의 몸가짐에 따라 이로움의 질량이 달리 묻어나겠지만 경우에 따라 아쉬워 받는 자의 감사함도 달리 비쳐지는 법이다. 아쉬운 이나 이로운 이나 생색내기 빤한 행위를 누구보다 잘 알고 있을 터, 만약 육생량에 정신량이 묻어 있다면 무슨 말이 필요하겠는가. 내 앞의 인연이 내 모습이듯, 불우한 이웃도 내게 주어진 공부라 그들을 보고도 깨치지 못하면 자신도 그들처럼 얼마든지 될 수 있다. 아쉬워 찾아온 자의 손을 잡고 안 잡고는 순수 이로워서 맞이하는 자의 몫이라, 거절의 차원도 바르게 알고 있어야 한다. 나를 위해서라도 너를 위해 살아가야 하는 것처럼, 이로운 내가 있어 아쉬운 네가 찾아 왔다. 주어진 방편 어떻게 쓸 것인가. 그리고 찾아온 인연 어떻게 맞이할 것인가. 육생을 넘어 인생을 살아가고자 한다면 거절도 이로움의 방편이라는 사실을 분명하게 인지해야 한다. 활동주체의 야망은 운용주체가 되기 위한 것에 있다. 그러면 운용주체의 야망은 어디에 두어야 하는 것일까. 죽어서라도 이로운 자로 있어야 하는 데 있지 않을까. 문제는 방법을 모른다는 것이다. 아쉬운 자에서 이로운 자로의 승화는 타고난 질량이므로 아무렇게나 노력하더라도 때가 되면 가능하다. 그러나 이로운 자의 위치는 막무가내식 마구잡이 행위로 지킬 수 있는 무엇이 아니라는 것이다.

ⓒ 본성(本性), 본질(本質), 본연(本然)

육생을 통해 인생을 사는 것이므로 꿈에 그리던 운용주체가 되었다면 본성에 가미할 인성을 배양해야 한다. 타고난 위계만큼이나 품성이 받쳐주지 못하면 지키고 싶어도 지킬 수 없는 자리가 바로 이로운 운용주체다. '체 보고 옷 짓고, 꼴 보고 이름 짓는다'는 말이 있다. 모든 것은 제각기 격에 맞아야 한다는 소리가 아닐까 싶은데, 내면의 의식을 고양하지 못하고 외면의 인식만으론 고수하기 힘들다. '학이 곡곡 하고 우니 황새도 곡곡 하고 운다'는 말이 연이어 생각난다. 본분을 망각하고 남이 하는 대로 따라서 하는 것을 빗댄 말로서, 의식(衣食)의 옷은 육생의 본질이고 인성(人性)의 옷은 인생의 의식(意識)이 깨어있을 때나 입을 수 있다. 이처럼 선천행위를 통해 후천을 살아가는 관계로 보이는 것에 대한 믿음, 보이지 않는 것에 대한 철학, 보이고 보이지 않는 것에 대한 명상은 필경 추구하고자 하는 것이 있을 텐데, 무엇일까. 보이지 않는 저승세계가 보이는 이승세계를 이끌어가듯, 아쉬운 자의 위치에서 이로운 자의 위치로 올라선 것은 활동주체에서 운용주체로 직위가 오른 것이고, 이는 개인주체 삶을 살아가는 인간들에게나 가능한 것이다. 무엇보다 운용주체일 때 이데아의 실천이 가능한 것이어서 화합의 정신량을 아우르는 인성배양은 필수다. 생각은 선천이요 마음은 후천이라 마구잡이든 막무가내든 수장의 자리를 지킬 수만 있다면 얼마나 좋을까만 이성을 잃으면 본연을 잃어 주저앉는 것이 문제다. 본성은 하나 되고자 하는 것이요, 본질은 이로워야 하는 것이고, 본연은 행복을 영위하는 일이다. 이는 정신량이 부합할 때 가능한 사안으로 이데아 실현은 정신량을 창출하는 데에서부터 시작된다. 공리주의라고 다를까. 화합의 질량 없이 일으킬 수 없는 게 육생의 기본금 사주라, 인식의 변화를 일으키지 못하면 육생의 사슬에서 벗어나지 못하는 것처럼 말이다.

지상의 모든 신앙을 비롯하여 사상, 이념, 철학, 인문 등은 사람처럼 살고 싶어 하는 인간들의 간절함으로 옳고 그름을 논해 왔다. 그리하여 그르다는 사의 세상을 깨우치고, 다르다는 선의 세상은 바르다는 정의 세상을 구현하려 들기에까지 이르렀다. 이는 누구도 경험해보지 못한 샹그릴라와도 같아 그저 막연히 이상향이라 말할 뿐, 깊은 삼매에서 보거나 꿈속에서 보았다고 하는 이들도 있는데, 둘 다 방편적 가르침일 뿐이라 무엇이건 빠져서는 곤란하다.

신앙에 빠지면 신을 흠모하며 살아가야 할 터이고, 알 수 없는 유토피아에 빠지면 신을 종용하며 살아가야 할 터이니 결코 아비규환 육생살이에서 벗어나지 못한다는 것이다. 지금 이 순간도 종교로 승화하지 못한 신앙에 의해 태반이 이상향을 꿈꾸는데, 이데아라 믿으면 정말 곤란하다. 왜 사의 세상에서 선의 세상을 맛보고, 선의 세상에서 정의 세상을 구현하려 드는지 깊이 있게 사유해 보자. 나밖에 모르는 상극상충 세상에서 반쪽반생 이루었고, 너를 위한다고는 하나 나를 위한 반쪽반생 세상에서 너와 내가 이루어 나가는 상호상생 세상을 동경하는 데에서 답을 찾아볼 수 있지 않을까. 물론, 나를 위해 살아왔던 만큼 너를 위해 살아가야 하는 데에서 이유를 알 수 있고, 세 개의 차원으로 나뉘어 운행되는 세상은 나 하기 나름에 달려있다는 데에서도 찾아볼 수 있다. 그래서 그런 것인가. 인간은 만물의 명재(明才)라고 누군가 부르짖은 모양인데, 일면의 육생을 위한 육생량의 방정식이건, 이면의 인생량을 위한 정신량의 방정식이건, 모두 소통과 화합을 추구하기 위한 것으로 모두 사람답게 살아가는 이데아 실현을 위한 것에 있다. 육건사를 위해 찾고, 얻고, 구하기 시작한 때가 치우친 사의 세상이었으며, 하나 되기 위해 모순과 모순 속에 치우쳐 산다는 사실을 안 것은 착한 선의 세상이었고, 그르고 다른 것을 논하며 바른 것을 외쳐댄 때도 도와주면 복 받는다는 착한 선의 세상이었다. 본래 정의는 치우친 사의 세상에서부터 외쳐댔지만 결국 바르다는 정의 실체를 몰라 원인과 결과에 따른 인과율에만 적용시키는 바람에 과정을 통해 근본에까지 이르지 못했다.

치우친 사의 세상에서 근본을 밝히기에는 다소 무리가 따르겠지만 논리를 통해 진리를 표명하듯, 거듭된 실패와 쉼 없이 빚어지는 모순은 정의 근원이자 토대다. 지금까지 알고 있던 모든 것은 바른 정을 지향하고 있으며, 몰라서 못해왔던 것마저도 정행을 위해 사행이 낳은 선행의 결과물이다. 즉 아는 게 한 홉이면 모르는 게 태산이라는 것인데 인생방정식은 모르고 막히어 야기된 문제 해소를 위한 것에 있다. 앞으로 육생량의 안건은 AI가 해결할 것이므로, 정신량의 사안은 나 하기 나름에 따른 인생방정식에 대입하여 각자가 직접 해결해 나가야 할 것이다. 다시 말해 인공지능은 생각의 지식 육생 안만을 담을 따름이라, 인간관계 형성을 위한 에너지 차원 마음의 지혜에까지는 이르지 못할 것이라는 데 있다. 결국 육생 물질과 인생정신에 대한 각각의 방정식을 멀리서 들여다보면 하나의 차원이라 인생시대 정의 구현은 이를 통해 다져 나가지 않을까 싶다. 종교로 승화하지 못한 신앙, 과연 고차원적인 침묵으로 일관하며 깨우침을 주고 있는 것일까. 진정 알고도 방관한다면 방치자라 할 것이요, 천기누설이라 말하면 신앙팔이에 불과할 것이고, 경에 의지하는 형국이면 놀고먹는 자와 다를 바 없다. 도탄에 빠진 세상, 무릎 꿇고 기도로 모면할 수 있다는 생각을 벗어 던지지 못하면 어찌될까. 다음 생을 위해 죽을 때까지 기도하는 이들과 별반 다르지 않다. 윤회의 사슬을 끊고자 고행하는 자와 더 나은 생을 위해 굶주려 가며 적선하는 자들과 무엇이 다를까. 나를 위해 살아왔다면 너를 위해 살아가야 한다는 사실만이라도 깨우친다면 적어도 나밖에 모르는 수행을 하다 죽어가지는 않을 것 같다. 언제나 문제는 아쉬워서 찾아오는 인연으로 발생한다. 피할 수 있을까. 깊은 산속 홀로 수행하는 이도 마찬가지다. 때가 되면 찾아드는 것이 인연이라 이때 발생한 문제를 해결하지 못하면 나 홀로 그렇게 살다죽을 것이고, 해결한다면 나름 사랑받으며 살아갈 것이다. 이롭지 못할수록 이상만 키우고, 그 이상은 독선을 키워 독단을 자행한다. 육신은 덧없는 찰나의 외피라 되뇌며 고행도 마다하지 않는데, 기실 이로움의 질량과는 하등의 관계가 없다. 만약 신을 흠모하는 육생신앙이 화합의 대안을 마련했다면 만인을 일깨우는 인생종교로 우뚝 섰을 것이고, 그곳에 몸담은 이들은 정신적인 지도자로 추앙받을 것이다.

그런데 가르치는 곳마다 행위는 오간데 없고 주둥아리만 나불대는 구라쟁이 양성소와 다르지 않아 역사도, 철학도, 인문도, 문학도 비합리적이고 비인간적인 폐쇄적 자본주의 그늘에 묻히어 사라지는 실정이다. 권위에 주눅 들은 세월 만만치 않은 것도 있겠지만 어렵사리 피땀 어린 혁명으로 일구어낸 민주사회에서 먹고사는 데 허덕인다면 독창성과 다양성을 육생살이 행보에 묻어버린 결과가 아닌가 싶다. 말인 즉은, 이기적 육생량에 주눅 들면 눈치나 보면서 말발이나 세우려 들 것이고, 이타적 정신량에 눈 뜰수록 말과 행동일치하려 들 것이다. 유치원부터 그저 동물처럼 먹고살고자 육생살이 교육에 전념하다보니 업그레이드 시대 인문학이라고 해봐야 창출도 육생량이요, 창조도 육생량이라 고작 돈 벌이 수단으로 전락하고 만 것 같다. 육생량에 정신량을 부가시켜 나가는 업그레이드 인공지능 시대는 세계평화 인류화합 에너지 창출시대로서, 대내외적 활동의 근간이 되는 철학과 인문학이 기초학문으로 우뚝 서야 하는데 기실 책에만 의지한다면 컴퓨터보다 우수한 철학 박사와 인문학 박사는 없을 것 같다. 학생들이야 배우는 과정이라 언행이 불일치하더라도 크게 흉잡히기야 하겠느냐만 인문학의 롤 모델은 가르치는 지도자일 수도 있으니 그만한 품성도 함께 뒤받쳐야 한다. 나름의 논리를 정립한 이들마다 인문정신은 곧 자유이자 진실의 갈구이고 성찰이라 말하고 있다. 그런데 육생 형식의 틀에서 한 뜸도 벗어나지 못하고 있으니, 예나 지금이나 구속된 자유해방을 거론하며 인기몰이 위해 콩이야 팥이야 입방아 찧는 이들만 늘어간다. 무엇이 잘못되어 자유 그 거룩한 행위 앞에 희망의 나래를 접어야만 했는가를 성찰한다면, 말만 있고 행위가 따르지 않는 인기몰이 발언은 삼가지 않을까. 안 해서 못하는 것이 아니라 안 되어 못하는 것인데, 하면 안 될 게 없는 것 마냥 바람잡이 노릇만 해댄 결과가 청년실업난과 백세시대의 노인 문제다. 앞으로 중년층의 실업문제도 대두될 것이라 이는 뿌리반도에 대한 문제이자 대륙몸통의 문제이고 두둑열도의 문제로 표면화될 것이다. 가지서양의 재생과 부활의 의미를 둔 르네상스(Renaissance) 시대는 인간성 해방을 위한 문화혁신운동기였다고 하지만 겉으로 드러나는 육생물질문명을 추구한 시대이고 보면 내면보다 외면에 국한된 리모델링(remodeling) 수준이 아니었나 싶다.

이후 대한제국과 식민지를 거치면서 불교와 유교를 견제하기 위해 이 땅에 기독교가 자리하였으며, 동족상잔 6.25를 치르고 가지의 철학과 이념을 받아들이기에 이르렀다. 그리고 마침내 업그레이드 인공지능 시대에 이르기까지 1, 2, 3차 산업혁명을 기적처럼 이루었다. 어디로 가기 위한 것이었을까. 강점기 기계식 1세대는 몸통의 유교적 사관이, 아날로그 2세대에게는 뿌리사관 및 가지사관이, 디지털 3세대에게는 뿌리의 고유사관은 오간데 없고 온통 가지의 사관만 주입된 것 같다. 서서히 인문분야 세대교체도 기계식 세대의 가치관에서 아날로그 세대 가치관으로 넘어가는 시점에 드러나는 문제는 가지의 이념이 뿌리의 판도를 바꾸고 있다는 것이다. 밀레니엄 전후로 아날로그 세대가 일으킨 인문학 붐은 뿌리의 정신문화를 일깨우기 위한 것에 있어야 하나 육생물질문명에 발목 잡혀 거의가 몸통·가지 사관의 범주를 벗어나지 못했다. 오직 육생량이 디지털 세대 삶의 질을 좌지우지하는 판국이라 뿌리의 사관이 그 누구에게도 이롭지 않을 것만 같은 고루한 이념으로 취급받는 실정이다. 게다가 뿌리이념이 무엇이냐고 물으면 딱히 '이것이다'라고 예를 들어 말할 것이 없다는 이들도 적지 않다. 이는 "널리 세상을 이롭게 하라"는 '홍익인간 이념'을 등한시해 온 결과가 아닐까 싶다. 죽자 사자 가지의 육생 이념과 몸통의 제자백가 사상에 매달리는 것을 보면 육 건사 육생살이에 그야말로 안성맞춤이라는 사실을 알 수 있다. 물론 몸통·가지 실체를 바로 알아야 뿌리의 본질을 바로 아는 것도 있겠지만 이로 인해 황폐해진 정신량을 인간성에만 빗대어 왔으니 육생물질문명의 질만큼이나 삶의 질을 향상시키지 못한 결과를 초래했다. 작금의 모든 현안 이 때문이 아닌가 싶고, 이로 인해 가지의 육생 사관에 뿌리의 인생 사관을 혼화시키지 못한 결과들이 나타나고 있는 것이 아닐까 싶다. 뿌리본성은 몸통근성과도 판이한데 가지근성과 어찌 같을까. 해 돋는 땅은 파종이고, 중천에 뜬 땅은 생장이며, 해지는 땅은 수확인데도 불구하고 아무런 검증 없이 가지의 육생량이 뿌리에도 맞는 것 마냥 종용하고 있다. 육생량이 일으킨 돌연변이 가치관의 파장, 그 책임은 누가 질 것인가.

설마 설마 하겠지만 일어나고 있는 작금의 상황을 주시해 보자. 해양과 대륙 사이에 위치해 있다는 것도 그렇고, 분단국이라는 이유만으로 가지민주와 몸통공산 강대국의 사이에서 놀아나는 것도 그렇지 않은가. 게다가 운용주체 민족이 육생의 강대국이 된다 하더라도 힘만으로 민주·공산 둘 다 견제하기는 역부족이라 몸통·가지 이념을 혼화시킬 수 있는 정신량을 마련하지 못하면 분단국으로 여전히 눈치나 봐야 한다. 천손민족, 백의민족, 배달민족, 신선의 후에 등등 각종 수식어가 따라붙을 땐 그만한 이유가 있을 터 왜 아쉬운 민족의 처지에서 한 뜸도 벗어나지 못하는 것일까. 몸통 가지를 아울러야 하는 뿌리, 생명의 원천은 정신량에 있지 육생량에 있지 않기 때문이다. 컨트롤 타워로서 이로워서 맞이하는 입장이어야 하지, 아쉬워서 찾아가는 입장이 되어서는 안 된다는 것이다. 생각과 지식과 육생의 힘을 우선하는 민족에게 힘으로 대적해 봤자 아픈 상처만 자리할 뿐, 그 무엇도 이로울 게 없어서다. 힘으로 흥한 자 힘으로 망하지만, 덕으로 흥한 자 덕으로 망할까. 이로워야 하는 자가 이롭지 못하면 아쉬운 자에게 상응한 표적을 받는 것처럼, 행위가 이로워 덕이 된다면 득이 되어 돌아올 것이라 작용 반작용 법칙에 의거해 덕으로 살아가야 할 민족이 힘으로 살아가서는 안 되는 가장 큰 이유다. 덕의 에너지는 너를 위한 지혜이자 이로움의 소산물로서, 뿌리에서 얼마나 값어치 있게 쓰느냐에 있어 몸통은 본받을 것이고, 은혜를 입은 가지는 육생량으로 갚으려 들것인데, 진정한 창작과 창조와 창출이 뜻하는 바가 무엇인지 바로 알아야 한다. 해 돋는 땅의 파종, 즉 뿌리민족이 추구해야 할 바를 알지 못하면 다양성이라고 해봤자 육생 안위를 위한 육생량에 국한될 수밖에 없다. 이리되면 결국 육생살이 민족의 그늘에서 벗어나지 못해 강대국에 둘러싸인 약소국 타령만하다가 비굴하게 살다 비겁하게 죽어갈 수밖에 없다.

☪ 한 번 뿐인 육생은 한 번 뿐인 인생을 위한 것

몸통에도 맞고 가지에도 맞는 질량이 뿌리 이외에 또 있을까. AI 시대에 반도의 사명은 해양과 대륙의 중심을 잡아 나가는 일에 있다. 이에 따라 뿌리·몸통·가지 세 개의 차원으로 나뉘어 운행되는 세상의 판도는 뿌리·몸통·두둑으로 어우러진 동북아 삼국에 의해 좌우된다. 그중에 으뜸이 뿌리라 동서가 하나 될 때 남북이 하나 되는 것이므로 뿌리의 화합은 몸통대륙을 거쳐 서양의 본가지 영국을 통해 겹가지 미국에 지대한 영향을 미친다. 가지의 육생량은 뿌리의 정신량을 실어 나르는 수단으로 쉼 없이 밀려들어오고, 추출한 정신량을 육생량에 실어 나르면 세계 어느 곳이든 뿌리 기운이 산재할 것이라 굳이 개성과 다양성을 논할 필요가 없다. 그런데 육생량에만 혈안이라 이로움의 질량이라고 해봐야 육 건사 육생량일 뿐이고, 정신량을 채우지 못한 활동주체 민족의 표적질에 그대로 당할 수밖에 없는 뿌리민족의 비애를 어찌해야 할까.

특히 디지털 세대에게 드러나는 독창성과 다양성은 나 먹고살기 위한 것에 있지 않다는 것이다. 뿌리의 사관을 몸통·가지에 알리기 위한 방편의 일환으로 정신량이 뒤받침되어 준다면 거침없이 달려 인생살이 탄탄대로로 만든다. 여느 세대보다 내면의 정신량을 필요로 하는 세대이므로, 뿌리의 질량이 무엇인지 절실히 일깨워야 하는 때다. 뿌리의 본연을 바로 알 때, 뿌리의 질량을 바로 알고, 뿌리의 고유 삶에 눈 뜨기 때문이다. 지금까지 운용주체 우두머리들이 민중을 이끌어 왔지만, 업그레이드 AI 시대에서는 만백성이 우두머리를 이끌어 갈 것이므로, 우두머리들이 해야 할 일은 만백성이 가장 힘들어 하는 문제를 스스로 해결할 수 있도록 이끄는 일에 있다. 수장을 이끌 만백성의 힘은 저마다 손에 쥐고 있는 스마트폰이 아닐까 싶고, 부흥하지 못하는 우두머리는 자연소멸 되지 않을까 싶다. 상중하 차원, 옳고 그름의 기준은 실질적이고 보편적이므로 그 답은 내 앞의 인연을 통해 드러나게 되어 있다.

그래서 그런가. 인생방정식 상대성 원리에 의해 민심은 천심이라는 하늘의 가르침이 백일하에 드러나고 있으니 말이다.

작금까지도 육생량에 휘둘리는 인류의 역사와 춥고 배고픔을 면해야 했던 육생시대는 육생량을 우선해야 했던 만큼 권력 이양을 위한 거짓 민심을 총칼로 그리 어렵지 않게 만들어 왔었다. 업그레이드 시대에 과연 있을 수 있는 일일까. 엄지의 제왕 스마트폰이 일으키는 유리알처럼 투명한 시대에 성난 민중의 목소리에 귀 기울이지 않으면 권세든 경제든 오래가지 못한다. 그럼에도 불구하고 갈수록 생활은 팍팍해지고 있으니 만백성을 위한다는 정책은 어디에 문제가 있는 것일까. 아날로그 시대의 소명을 잃자마자 찾아든 디지털 시대의 애환, 아버지 2세대가 자식 3세대를 위로한답시고 절망하지 말고 희망을 가지라는 말만 건넬 뿐, 잃지 않는 방법과 가질 수 없는 방법에 대해선 일체 말이 없다. 기실, 아날로그 시대의 희망은 육생물질문명 개척에 있었으니 도전하면 얼마든지 성취 가능했었고, 업그레이드 시대라는 과도기에서도 젊어서 고생은 당연한 것쯤으로 여겼다.

바꿔 말하면, 얼마간의 고생이 되더라도 자기 스스로 노력하면 꿈을 이룰 수 있는 세대가 아날로그라는 것인데 기성세대가 될 즈음에 1안의 인프라 육생경제의 꽃을 피웠다는 데에서 이유를 찾을 수 있다. 물론 기계식 1세대의 뼈골이 녹아들어 가능했지만, 아날로그 2세대의 사명은 정신량 창출에 있었기 때문에 한두 번의 좌절은 그리 큰 문제가 되지 않았다. 하지만 디지털 세대는 차원이 다르다. 3세대의 사명은 육생량 개척도, 정신량 창출도 아닌 뿌리 질량을 있는 그대로 몸통·가지로 실어 나르는 데 있으니 물려주는 그대로 살아가는 세대라고 할 수 있다.

아울러 이 세대에게 좌절은 실패의 농도보다 진하여 도전보다는 대체로 변화변동 추이가 크지 않는 안정적인 삶을 지향한다. 이에 따라 창작과 창조와 창출은 아날로그 세대를 위한 것이라 할 수 있고, 디지털 세대는 메신저로서 정신량에 의해 좌우되지 육생량에 의해 좌우되지 않는다.

업그레이드 시대의 총체적 난국은 풍요 속에 빈곤을 가리키는 말인데 과연 탈출구가 있을까.

육생살이 매뉴얼에서 벗어나고자 한다면 심히 고민해야 한다. 디지털 세대가 하라는 소리가 아니다. 책임은 아날로그 세대에게 있으니 회피하지 말라는 것이다. 그리고 앞으로의 인문학은 육생량에 정신량을 부가시켜 나가야 할 방안을 강구하는 것에 있어야 하지, 수용적 지식 육생량에 국한되어서는 탈출구는 물론 풍요 속에 빈곤 면하기 어렵다. 물론, 복잡 난해한 수학, 연산, 물리, 과학 등등이 육생물질문명을 일으켰다. 함께 진화해온 디지털 세대는 여느 세대보다 지식차원이 뛰어나 육생량에 육생량을 부가시켜 나가는 행위에 있어서만큼은 남다르다. 반면, 육생량에 빠져 살아가기 쉬워, 표적으로 받은 난관을 극복하지 못하여 상식을 초월한 사회적 파장을 크게 불러일으킬 것이다. 이는 지혜의 차원이 월등한 아날로그 세대에게 주어진 과제다. 결국 작금도 순리보다 역행의 변이가 초래한 난국이고, 고착되면 난세라 싸우고 충돌하며 살아갈 수밖에 없다. 순수 나 하기 나름의 원리를 무시한 인간논리는 반쪽반생 윤리지향적 국가의 병폐가 아닐 수 없는데, 도덕지향국가는 상호상생 선순환 법에 의거하므로 설사 변이가 생겨난다 하더라도 오래가지 않는다. 그러나 짜 맞춤 법의 윤리는 쉼 없이 논리를 덧붙여 나가야 한다. 순리는 있는 그대로의 화합을 지향하므로 이치에 맞지 않는 짜 맞춤 법은 결국에 무리수를 낳기 마련이다. 식물과 동물과 자연의 공감대는 있는 그대로의 순행이고, 식물과 인간이든, 동물과 인간이든, 자연과 인간이든 형성된 공감대는 모두 인위적인 육생 안위를 위한 매개체다. 자연도 인간 하기 나름에 따라 용도가 달리 나타나므로 순행의 이치를 거슬러 질서가 파괴되었더라도 인간이 간섭하지 않으면 자연은 자연스럽게 회복한다. 그러나 인간과 인간의 초인위적 관계에서 발생한 역리현상은 제아무리 노력해도 완전회복이 불가능하다.

　해서 인위적 행위는 믿음을 바탕으로 하나 되어 나가자는 것에 있어야 한다. 상호 신뢰를 쌓기까지 오랜 시간이 필요하지만, 무너지는 것은 한순간이다. 보이고 만져지는 것이야 다시 쌓으면 그만이지만, 보이지 않고 만져지지 않는 신뢰구축은 인간관계 핵심질량으로 다시 쌓기까지는 상당한 시간이 걸리고, 쌓았더라도 완전회복이 힘들다는 것이다. 그러고 보면 믿음, 신뢰, 신용의 진정성은한 번 뿐인 것에 있지 않나 싶고, 인위적으로 형성된 관계에 있어제아무리 틀을 견고히 한들 육생량 앞에 이성을 잃으면 주저앉는다는 것이다. 나를 위한 어린 시절 두 번 다시 돌아오지 않듯이, 설사 돌아오더라도 그 시절 그 시간일까. 한 번 뿐인 육생은 한 번뿐인 인생을 위한 것이라 돌아올 리 없다. 가슴깊이 자리한 추억,꿈을 이루기 위한 것이라 지난날을 회상만 하고 바뀐 것이 없다면회상에 젖은 것뿐이라, 삶의 무게 더하면 더했지 덜하지 않는다.인간도 동물처럼 육생이 전부라면 육십갑자 한순간이라 할 수도있지만, 그 넘어 인생을 살아간다면 결코 짧지 않은 시간이다. 버는 법밖에 모르는 이들이 버는데 정신 팔려 벌어 놓은 돈 쓰려고할 때가 바로 죽음을 눈앞에 둔 시점이다. 나밖에 모르고 사는 짓이나, 쓸 줄 모르고 벌기만 하는 짓이나 육생살이 한순간이라는 사실에 대해 무엇이 다를까. 언제부터인가 '빨리 빨리'가 뿌리민족의수식어가 되어버렸다. 근(根)의 본(本)을 찾아 들어가면 그에 따른원인을 설명할 수 있지만, 현실에서 단기간 내 성과를 내려 하고있는 이유를 억지라 한다면 쉽게 받아들이지 못한다. 해가 중천에뜬 땅 몸통은 만만디요, 해 지는 땅 가지는 통계 과학을 앞세운다.그런데 신기하게도 해 돋는 땅 뿌리는 감(感)이 으뜸이고, 불법만자행하지 않으면 빨리 빨리가 통한다. 해 뜨고, 머물고, 지는 땅의질량이 다르기 때문이며, 감정과 감성, 생각과 마음, 사유의 관점과통찰력과 잠재의식까지도 차이나는 것은 뿌리는 천기를, 몸통은지기를, 가지는 인기에서 기운을 흡수하기 때문이다.

만약, 기계식 1세대가 아날로그 2세대를 받쳐주지 못했다면 1안의 인프라 육생경제가 뿌리에 섰을까. 디지털 3세대도 다르지 않다. 단지 차이는 육생량이 아니라 정신량이라는 점에서 다르지만 받쳐주지 못해 풍요 속에 빈곤이라 일자리 걱정이나 하고 산다. 아날로그 시대의 추세는 낭만이었고, 디지털 시대의 추이는 어찌된 노릇인가. 되레 먹고사는 문제에 골머리 싸고 있으니 내 것이 아닌 내 것을 찾아 해매다 맞이한 난항이다. 육체노동자에 이어 지식노동자들 마저도 저녁 있는 삶은 고사하고 아침이 있는 삶조차 누리지 못하자 여기저기 볼멘소리가 여간 아니다. 이는 점차 사회는 행의 현장으로서 기능을 잃어가고 있는 징조가 아닌가 싶고, 다양성과 더불어 독창성이 결여되면 자연생태계도 유지하기 힘든데 인간사회는 어련하겠는가. 여러 가지 조건과 조건이 어우러져 의존하고 순환할 때 생동감이 넘쳐나듯, 육생의 지식에 국한된 육생량에 육생량만을 업그레이드시켜 순환의 정체성을 띤 것이므로 이대로는 인생살이 창조와 창출은 가당치도 않다. 육생문제 해결은 인공지능이 능하고, 인간관계 소통문제는 인간이 풀어나가야 한다고 말하지만 육 건사 육생살이 차원을 넘어서지 못하면 모두 인공지능에 의지해야 할 판이다. 바둑계의 AI 알파고가 스스로 학습하는 단계에까지 이르자 경우의 수를 뛰어 넘어 인간들을 매우 놀라게 했는데, 시사하는 바가 크다. 이처럼 AI가 모든 차원에서 자율성을 학습하는 단계에까지 오르면 어떻게 될까. 물론, 우주에너지 마음을 생성하지 못하는 관계로 인간관계 형성을 위한 절대분별만큼은 어찌하지 못하겠지만, 수학적 연산법으로 들이밀면 육생살이에 동화되게 되어 있다. 그러나 우주에너지 마음에 저장되어 있는 지혜와는 달리 에고(자아)의 생각차원 지식은 뇌의 소관이라, 분명 너와 나의 차원이 내 안에서 공존하고 있기 때문에 사행과 선행에 의거하여 정행의 분별이 가능한 것이다. 즉 적대보완적으로 생각과 마음이 자리하여 선천적 감정에 후천적 감성을 부가시켜 상황에 따라 상호상생 정행차원을 달리해 나갈 수 있다는 것이다.

언젠가는 데이터를 기반으로 인식의 확장은 인공지능의 몫이 되겠지만, 마음차원의 지혜와 어린 시절에 파종된 감성은 인간관계를 위한 것이므로 내가 만들어 나가는 행복은 어찌하지 못한다. 지상에서 물 번식하는 육을 가진 모든 생명체를 비롯하여 인간의 수명까지도 대자연이 총괄 책임지듯, 과학이라는 미명하에 발명한 인공지능의 수명도 인간이 일괄 책임져야 한다. 물론 에고(참나)는 영혼이자 불멸의 차원이라 꺼지지 않은 불꽃으로 자리한다는 점에 있어 인간은 운용주체이고, 인공은 활동주체다. 그리고 언제나 그러했듯이 이로운 행위를 다하지 못하는 운용주체는 사람답게 살고 싶어 하는 아쉬운 활동주체의 표적을 피해갈 수 없는데, 이로운 행위는 인간을 위한 것이어야 하지 인공지능을 위한 것이어서는 안 된다. 설사 스스로 자율학습하는 단계에까지 올랐더라도 데이터에 무엇을 인식했느냐에 따라 이로움의 질량이 달리 묻어나는 법이다. 따라서 인공지능도 인간사회와 자연처럼 데이터에 다양성이 결여되었다면 폭거가 될 지도 모른다. 인간과 동식물과 인공지능, 그리고 사회와 자연과 데이터가 뜻하는 바는 결코 다르지 않다. 상호보완적으로 하나 되어 나가자는 것에 있고, 그 시작은 만물의 영장 인간에 의해 비롯된다는 것이다.

긴긴 장(藏)의 시간 겨울을 보내고, 만물이 소생하는 생(生)의 시간 봄맞이하면 대자연의 훈풍으로 만물을 깨운다. 차가운 계절에서 따스한 계절로의 변화는 잉태를 뜻하므로 따스해질수록 생(生)

에서 장(長)으로 자람에 따라 생기왕성해진다. 어느 곳이든 다양한 사고를 가진 이들과 다양한 삶을 살아간다는 것은 치열한 생존경쟁이거나 이로움으로 어우러지거나 둘 중 하나겠지만, 사회와 자연만큼이나 입력된 데이터가 다양하면 다채로운 지식이 꿈틀대기 마련이다. 그런데 사계와 생장수장의 변화의 기운까지도 불어넣을 수 있을까. 운용주체가 활동주체의 손을 잡고 나갈 때 가능한 게 화합이라 만약 육생차원 넘어 인생차원까지 의지하려 들다가는 인공지능의 역습이라고 해야 할까. 아니면 억압과 구속이라고 할까. 여하튼 인간 고유의 영역까지 넘어서지 못하게 해야 한다. 너를 위한 자유의지마저 빼앗긴 것과 다르지 않아 만족과 행복을 분별이나 할 수 있을지 모르겠다.

☾ 착한 척, 이로운 척, 대범한 척

가슴이 뛴다는 것만큼 좋은 일은 없다. 살아있다는 증거이고, 사랑한다는 증거이며, 설렌다는 증거로서 이러한 상황은 이로운 에너지를 충전했을 때거나, 충전할 성싶을 때 일어나는 현상이다. 육생 안위를 위한 획일적인 삶을 살아간다면 동물과 다를 바 없어 꿈도 희망도 점차 줄어들면서 실패를 극히 두려워한다. 너와 나의 차원이 공존하기에 질풍노도의 시기에 꿈을 먹고, 성인 시절에 두려움을 잊고, 꿈을 펼칠 입지의 나이에 들어서면 가슴이 벅차오른다. 뜻을 이루었을 때 뛰는 가슴은 행복의 나래를 펼치고자 할 것이고, 운용주체가 되었을 때 뛰는 가슴을 어찌 말로 다할 수 있을까. 중년기부터 점차 가슴 뛰는 횟수가 줄기 시작하여 노년기에 들어 확연히 차이가 난다. 다시 말해, 나이 먹어갈수록 무사안일 획일적인 사고에 다양성이 희석되면서 꿈과 희망도 함께 수장시킨다는 것이다. 이는 분명 익숙한 것에 집착하는 낡은 사고로 인해 가슴 뛸 일이 별로 안 생긴다는 뜻인 것 같은데 산전수전 공중전에 지하전까지 치룬 세대에게 일어나는 공통현상이 아닐까 싶고, 문제는 마지막을 정리하는 나이라는 데 있다. 만약 질풍노도의 시기를 막 지나 맞이한 성인 시절에 들어 가슴 뛸 일이 일어나지 않는다면 그는, 아니 그 사회는 참으로 많은 문제가 있다. 독창성과 다양성을 갑질에 엿 바꿔먹어야 할 처지에 놓인 3세대에게 일어나는 공통적인 현상으로, 공무원 로망인 시대에 가슴 뛸 일이라고 해봤자 공시 합격에 있지 않을까. 결혼은 미래가 두려워 못하고, 출산은 교육비 걱정으로 미뤄야 하는 형편이라 그야말로 가슴 뛸 일이 없는 세대가 에코부머다. 응당 책임은 베이비부머에게 있지만 육생량은 넘쳐나는데 해결방안을 찾지 못하고 있다. 갑자기 늙어버린 사회라서 그런 것일까. 나이는 청춘인데 생각은 나밖에 모르는 무사안일 늙은이라, 파종할 시기에 파종하지 못한 뿌리의 미래가 암울하기 그지없다.

육생의 기본금 사주, 인구 수 만큼이나 다양하게 주어지건만 개인마다의 독창성은 오간데 없고 자기 셈법만 난무한다. 태어날 때부터 금수저야 당연히 본연은 운용주체이겠지만, 보편적으로 아쉬운 활동주체에서 이로운 운용주체가 되는 것이므로, 육생살이에 고착된 생각 바꿀 수만 있다면 뼛골로 긁어모은 육생량을 대책 없는 사회에 환원하는 것보다 더 큰 이로움이 묻어난다. 화려한 노인, 비참한 청년 '화노비청'이란 속어가 나도는 것을 보면, 육생교육의 병폐로 정신량을 잃고 살아가는 부모세대는 미래를 잃어버린 자식세대의 고통을 그저 대책 없이 바라볼 수밖에 없다. 돈이라도 있는 부모야 사업자금이라도 쾌척하겠지만 태어나면서 흙수저요, 살아가면서도 흙수저고, 죽어서도 흙수저를 면치 못하는 이들에게 있어 사회는 행의 현장으로 과연 바람직했던 것일까. 그만한 육생의 예산 어디에다 무엇을 위해 쓰는지 정말 궁금하다. 우는 아기도 달래는 곶감, 당장 먹기에 달콤하지만 주식이 될 수는 없다. 육생교육이든, 도제 교육이든 도구사용법만이라도 제대로 배웠더라면 나름의 다양성과 독창성을 위해 스스로 노력할 것인데, 십 수 년 넘도록 이런저런 교육을 받고도 고작 먹고살기 위해 삼천포로 빠지니 정신량을 잃어버린 육생교육의 폐단이 무엇인지 알고 있어야 한다. 넘쳐나는 육생량으로 가난을 해소할 수 있다면 얼마나 좋을까. 또 그리된다면 너와 나의 차원이 내 안에 존재해야 할 이유도 없고, 어린 시절의 교육과 성인 시절의 교육, 그리고 노인시절의 교육을 논하지 않아도 된다. 사계와 사방이 왜 필요한 것인가. 생장수장을 위해서가 아닌가. 육생살이 동물에게는 종족번식을 위해 필요한 것이고, 인생을 살아가야 하는 인간에게는 사람으로 승화되어 사람답게 살아가기 위해 필요한 것이다. 그런데 만물의 영장이라 자처하는 인간들이 생장의 결과물을 동물처럼 육생량에 두고 있으니, 수장의 결과물도 육생량에 불과할 터, 육생살이 인간의 역사 뫼비우스의 띠에서 벗어나지 못할 수밖에 없다.

어느덧 뿌리에 기계식 1세대의 운용주체 기운은 저물고, 아날로그 2세대의 운용주체 기운이 중천에 떠오르자 군웅활거 시대가 도래했다고 말한다. 이는 군웅을 하나로 통합할 강력한 운용주체 리더십이 필요한 때라는 것으로, 수장이 되는 것도 중요하겠지만 아쉬운 활동주체를 위한 이로운 운용주체의 도리를 다하고자 노력하는 참된 수장들이 필요하다는 뜻이다. 그런데 태반은 자신이 잘해온 것에 집착하는 바람에 새로운 물결에 편승하지 못한 결과를 초래했다. 활동주체야 육생량을 위해 대를 이어 가업을 물려받아도 별 탈 없으나 운용주체는 활동주체의 독창성과 다양성을 위한 구심점이어야 하므로 거기(도제)에 머물러선 좋을 게 없다. 혁신의 속도 언제부터인가 우리의 예상을 뛰어넘는 데도 내 것이 네게도 맞을 것이라는 생각을 놓지 못하는 이유가 당최 뭘까.

예전에 통했던 방식이 오늘에도 통할 것이라는 생각에서 벗어나지 못해 그런 모양이다. 물론, 그로 인해 오늘이 있는 것이겠지만, 문명과 사회가 진화발전해온 만큼 수장의 사고를 업그레이드 시키지 못하면 하나같이 개성 없는 보수 세력에 불과할 따름이다. 하나 되는 시대의 강력한 지도자상은 육생의 힘으로 민중을 규합하는 데 있지 않다. 본성에 인성을 부가시켜 이성을 곧추세우고, 민중을 덕으로 아울러 소명의식을 일깨우는 일에 데 있다.

도로써 나아갈 바를 밝히고 덕으로 다스려나갈 세기의 인물은 뿌리민족 베이비부머에서 나오지 않을까. 개개인의 힘은 가정에서 사회로, 또 국가로까지 이어진다. 해서 내 앞에 있는 너에게 이로워야 그 뒤에 있는 너에게도 이로운 법이고, 이쯤 되면 옆에 뒤에 있는 이들에게도 이로움은 자연발생한다. 동조세력의 세 치 혀에 놀아나지만 않는다면 그다지 어렵지 않은 일이고, 선택받은 인물과도 다름없어 만백성은 그의 덕행에 녹아들지 않을까 싶다. 세상은 지식으로 똘똘 뭉친 이들에 의해 바뀌는 것이 아니다. 지금까지 그러했다고, 앞으로도 그러할 것이라고 생각하면 곤란하다. 지금부턴 지혜를 쓸 줄 아는 이들에 의해 판도가 바뀔 것이고, 나를 위해 살아온 만큼 너를 위해 살아가는 이들이 운영해 나갈 것이다.

특히 약자가 소외받는 이유 중에 하나는 별 도움이 될 것 같지 않는다는 데 있다.

아쉬운 이들을 위한 이로운 세상이 될 것이라는 소리다. 하나가 둘이 되고 둘이 넷이 되듯, 배가 되어 나가는 업그레이드 세상이 아닌가. 순환의 질서가 바로서지 않으면 각자도생 나 먹고살기 위한 방도나 꾀할 것이라, 이로움이 배가 되는 세상을 위해 파괴된 인간성만이라도 회복시켜야 한다. 누굴 위한 노력이 필요할 때인가. 아쉬운 활동주체를 위한 이로운 운용주체의 계몽으로, 일지 않는다면 1안의 육생의 인프라마저 허사가 된다.

독재와 독선이 난무했던 관선시대에서 그른 것도 바른 것으로 받아들여 살아갈 수밖에 없었던 기계식 세대의 몸부림 미세하나마 작금에까지 느껴진다. 아날로그 세대는 바른 정의 세상을 꿈꾸며 다르게 전개되는 착한 선의 세상에서 낭만시대를 풍미해 왔다. 바른 정행은 개성 만발의 민선시대를 위한 것에 있으니 정의 본질에서 한 뜸이라도 빗나가면 디지털 세대는 먹고살기 위해 저마다 자기 생각대로 살아갈 것이라 이때 자칫 포퓰리즘이 성행하면 너 따로 나 따로 사는 결과를 초래한다. 그러다가 착한 척, 이로운 척, 대범한 척이나 해대며 나 죽고 너 죽자는 식으로 득달같이 달려들 텐데 문제의 심각성을 모르면 폐륜마저 정당화시킬지 모른다.

분단 이후 가지해양은 육생량을 가지고 두둑을 거쳐 뿌리로 들어왔다. 뿌리는 정화시키지 않은 육생량을 몸통으로 그대로 올렸고, 숱한 부작용을 낳으며 2008년 북경올림픽 이후 몸통은 부조리의 산물 육생량만을 가지고 서쪽대륙으로 뻗어나가려 하고 있다. 정화되지 않은 육생량과 내 욕심의 육생량뿐이라 설령 선순환 시킨다 해도 상호상생이 가능할까. 몸통과 가지는 통한다고 말하지만 육생량과 육생량은 양과 양의 교류라 상극상충 피해갈 수 없다. 누구의 잘못일까. 몸통의 롤 모델이 뿌리 아닌가. 정신량을 받쳐주지 못한 잘못이 매우 크다 할 것인데, 본질을 잃고 눈치로 일관하다가 육생살이 인기영합정책에 매달린 결과물이다. 또 다른 문제는 상극상충의 씨앗이 뿌리로 되돌아온다는 데 있다. 무슨 소리냐면 뿌리사회가 몸살 앓으면 몸통사회가 병들고 가지사회는 시든다는 것이다. 몸통·가지의 패권전쟁에서 피해 가고자 한다면 중심잡이 역할을 바로 해야 하고, 대내외적으로 뿌리의 동서 질량이 다르지 않다는 것이다.

다시 말해 남북 중심잡이 역할을 다할 때 동서 생장수장이 자연스러워 뿌리·몸통·가지 세 개의 차원으로 나뉘어 운행되는 지판의 순환 질서는 어렵지 않다는 것이다. 이쯤 되면 뿌리 내부의 동서갈등은 해소됐을 것이고, 민주와 공산 남북이념은 하나 된 정도 이념을 찾았을 것이며, 뿌리는 운용주체 종주국으로서 세계평화 구심점이 될 것이다. 문제는 골수에 박힌 영호남 지역갈등 해소할 방안을 마련했느냐에 있다. 동서(영호남) 생장수장 질량이 하나 되면 남북 중심잡이 질량도 하나 되는 일이 크게 어렵지 않아 거룩한 뿌리기운 몸통대륙을 거쳐 가지해양에까지 거침없이 이른다. 예컨대 서쪽 호남지방에서 1안의 육생량을 위해 노력할 때 동쪽 영남지방은 2안의 정신량 창출을 위한 노력을 아끼지 말아야 했었다는 것이다.

이리된다면 영·호남 육생량과 정신량의 부합으로 남쪽은 인생량을 낳을 것이고, 매신저로 대기중인 북쪽과 하나 되어 동쪽 뿌리에서 중쪽 몸통을 거쳐 서쪽 가지로 인류 화합의 질량을 실어 나르는 일은 시간문제라는 것이다. 정신량 마련이 늦어질수록 디지털 3세대와 다르지 않은 에코 지역이자 메신저 3지역으로 대기중인 북쪽의 삶은 가면 갈수록 고난을 면치 못할 것이고, 남쪽의 삶은 풍요 속의 빈곤이라 양극화 현상의 탈출구를 찾지 못해 심한 몸부림을 칠 것이다. 누군가는 3류 판타지 소설을 쓴다고 하겠지만, 작금의 상황 해양가지와 대륙몸통은 과연 뿌리의 화합을 바라고 있을까. 동서가 화합하지 못한 채로 남북이 하나 되면 내부의 분열로 재차 삼분오열될 것이고, 해양과 대륙 사이에 위치한 반도는 강대국의 등살에 배겨나지 못할 것은 빤하다. 모든 원인은 몸통·가지 중심을 잡아나가는 질량이 뿌리에 함축되어 있어 벌어지는 일이다. 혹여 한쪽으로 치우치거나, 모두에게 이롭지 못하면 원하던 원하지 않던 상응한 표적을 받는다. 그 어느 쪽으로 치우치지 않으려거든 끊임없이 이로움의 질량을 생성해야 한다. 정신량은 뿌리 동서화합의 질량으로서 민주·공산 모순을 녹아낼 결정체이자 몸통·가지 판도를 좌지우지할 인류통합의 백신이다. 그리하여 3.8이북은 메신저 3세대 에코부머라 할 수 있고, 3.8이남은 정신량 창출 2세대 베이비부머와 다르지 않아 활동주체로서 이북은 운용주체 이남 하기에 달려있다.

그러고 보면 뿌리화합의 책임량은 2안의 정신량을 담당한 동쪽지역 영남에 70% 있으며, 그 다음 1안의 육생량을 책임진 서쪽지역 호남에 30% 있다고 할 수 있다. 에코 세대나 3.8이북 에코 지역이나 정신량이 부재한 만큼 대립과 혼란과 갈등으로 무뎌진 분별로는 무질서 차원을 바로 보지 못한다. 특히, 메신저는 삶의 질량이 개척이나 창출에 있지 않아 물려주는 대로 살아감에 따라 변이된 사고로 뿌리의 가치를 상실하기 쉽다. 특히 에코 세대나 에코 지역이나 당장 필요한 게 육생량이지 정신량이지 않다. 베이비부머나 베이비부머 지역이나 필요한 게 정신량이므로, 운용주체로서 활동주체를 위한 이로운 행위를 다하지 못하면 정신적 압박감에서 헤어나지 못한다. 예를 들어 운용주체 부모가 도리를 다하지 못할 때 활동주체인 자식은 사자 짓거리를 해대기 마련인데, 원인은 부모의 소명의식을 일깨우기 위한 것에 있다는 것이다. 잘도 끼워 맞춘다고 하겠지만, 초록은 동색이라 끼리끼리 만나 살아가는 것이 삶이라 하지 않았는가. 내 앞의 인연이 내 모습이듯, 내 앞의 인연은 나 하기 나름이라 작용반작용의 법칙 상대성 원리가 인간생활 깊숙이 배여 있음을 알아야 한다. 언제 어느 곳에서나 운용주체 행위 여부에 따라 주고받는 표적은 각양각색인데도 우연으로 치부하는 경향도 적지 않다. 생각해보자. 어느 날 갑자기 아무런 이유 없이 어려움이 내게 불어 닥쳤느냐에 대해서 말이다. 내 앞의 인연과 바르게 소통하지 못한 때가 쌓여 폭발한 것으로, 불행은 아무런 예고 없이 닥치지 않는다. 인연은 때가 되어 지어진 것이고, 만남은 주고받기 위해 이루어지는 것이다. 선천적 육생량을 토대로 육생을 넘어 인생을 살아가야 하기 때문에 더 가진 자는 이로워 맞이하는 운용주체요, 덜 가진 자는 아쉬워 찾아가는 활동주체로 살아간다. 언제나 그렇듯이 찾아가는 자는, 맞이하는 자 하기 나름이라 어떻게 할 것인가의 문제도, 어떻게 살아갈 것인가의 문제인 것처럼 이로워 맞이하는 운용주체의 몫이라는 것이다.

☾ 사고 유발자

나를 위해 살아갈 때 너를 위해 살아가는 방도를 구했다면 성공을 넘어 출세가도를 달리게 될 것이라 이후 행보에도 거침없다. 1

안의 육생의 인프라를 구축하는 동안 2안의 인생의 인프라 구축을 병행했어야 했다는 소린데, 선천적 육생량은 때가 되면 구하게 되어 있기 때문이라고 할까. 구하지 못할 육생량이면 후천질량 꿈도 꿀 수 없다. 육 건사를 위해 입으로 물질을 먹은 만큼이나 귀로는 정신을 먹어야 한다. 입으로만 먹고 귀로 먹지 못하면 야만인이라 할 것이요, 입으로 먹지 못하고 귀로만 듣고 귀신처럼 살 수 없는 법이라, 육생량은 선천적으로 운용주체를 위해 주어진 기본금이다. 그만한 육생의 혜택을 더 준 것은 정신량 마련을 위한 것에 있어 운용주체가 이로움의 질량을 마련하지 못했다면 아쉬워 찾아간 활동주체에 의해 사달 난다. 인성을 부가하지 못해 이성을 잃으면 어떻게 될까. 어리석은 분별로 반쪽반생 착한 선행이 전부이거나, 심하면 조현병자처럼 굴지 않을까 싶다. 입과 귀로 상호 질량을 맞춰나갈 때 이로운 자의 행위를 다하게 되므로, 2안의 정신량 창출을 위해 사는 세대와 지역은 분단 이후 제일 먼저 가지의 육생물질 문명을 접하고 누렸다. 특혜나 특권도 소임을 위해 주어지는 것으로, 육생량의 달콤함에 빠지는 날이면 따르는 활동주체의 고통은 이루 말할 수 없다. 중년이 되어갈수록 기쁨은 고사하고 즐거움조차 모르고 살아가면 죽지 못해 사는 것과 무엇이 다를까. 자비는 정신적 지도자가 베푸는 것이고, 관용은 육생량 운용주체가 베푸는 것이며, 사랑은 고픈 곳을 채우기 위해 아쉬운 이들이 만나 하는 것이므로, 사랑받는 자가 되려 하거든 허한 곳을 채워주는 자가 되어야 한다. 활동주체 인간을 위한 운용주체 아가페(agape) 신의 사랑은 이로움에 있기 때문에 운용주체 세대나 지역이나 국가나 모두 정신량 마련에 심혈을 기울여야 한다.

그르게 전개된 치우친 사의 시대는 육생의 힘을 앞세워야 했던 시대라서 그런지 외려 관용을 영악무도한 침략자들이 베풀었다. 그저 짓밟힌 이들은 침략자들이 베푼 은혜에 보답하고자 충성까지 맹세했으니 상극상충 시대의 제국주의는 더욱더 강성해질 수밖에 없다. 물론, 쳐들어가야만 했었던 이유와 원인을 배제해서는 안 되겠지만, 대제국을 건설하고자 힘을 앞세워 침략했다면, 잘못 따위를 너그럽게 용서한다는 뜻을 가진 관용(寬容), 어떻게 해석하고 받아들여야 할까. 베푼다는 뜻과 같이 해보자는 의미도 있고, 관대하고 도량 넓은 지도자를 뜻하는 단어인데 참으로 아이러니하다. 그만한 아량과 포용력을 지녔기 때문에 원대한 도전에 나선 것이겠지만, 아무리 그래도 그렇지 침략자에게 관용이 덕목이라는 소리를 남발해서는 안 될 것 같다. 아쉬워 도와 달라 찾아간 자가, 이로워 맞이한 자의 뜻에 부응하지 못할 때 자애롭게 써야하는 말이 아닐까 싶다. 용서와 화해를 다르게 펼쳐나간 착한 선의 시대에서 미덕으로 삼았던 모양이다. 그런데 죄나 잘못 등을 너그러이 보아준다는 용서(容恕)의 개념은 대체로 도움 받기 위해 찾아간 이들을 위해 베푸는 것인데 진정으로 아쉬움을 채워줬다면 정신적 물리적 피해를 입지 않는다. 덕이 될 때 득이 되는 법이 듯, 해가 되면 독이 되어 돌아오는 법이라 찾아오면 도와주겠다는 간판을 내걸었다면 그에 걸맞은 행위를 다하기 위해 노력해야 한다. 신앙의 간판이나, 회사의 간판이나, 상가의 간판이나 무엇이 다를까. 스마트폰이나 명함이나 다르지 않듯이 말이다. 그리고 대부분 범죄를 저지른 이들은 절실하고 절박할 때 찾아오면 도와주겠다는 간판이나 명함을 보고 찾아 간다. 이때 맞이하는 자의 행위가 아쉬운 자의 허하고 고픈 곳을 어루만졌더라면 그 뜻에 부응하려 들 것이고, 면박이나 주고 외면이나 한다면 가는 방망이 오는 홍두깨라, 자의든 타의든 상응하는 대가를 치른다.

　사고 유발자와 저지른 자, 누구의 잘못이 클까. 분명 저지른 자의 잘못이 크겠지만 대부분 사고는 찾아오면 도와주겠다는 간판을 보고 찾아가서 벌인다. 그러고 보면 고급 주택도 간판이요, 고급 자가용도 간판이고, 명문 대학도 간판이라 이처럼 자신이 누리고 영위하는 모든 것들이 내걸은 간판과 다르지 않다. 육생의 풍요를 누리는 만큼 아쉬워서 찾아가는 이들의 바람을 위해서라도 본성에 인성을 부가시켜야 하는데, 얼마나 많은 이들이 얼마나 부가시켜 살아가는지 모르겠다. 이성을 잃으면 지위고하 막론하고 상대성으로 주고받게 되는 표적을 피할 수 없다. 나 하기 나름이라는 데 있어 무슨 말이 필요하겠느냐만 수장의 행위가 이로우면 수하는 존경해 마지않을 것이고, 이롭지 않으면 구설을 피할 길 없고, 지나치면 그들에 의해 큰 피해를 입는다. 품위와 격식을 따지며 에티켓을 지키고자 바둥대는 귀족주의 정신량이나 제대로 머금었는지 모르겠다. 명품으로 치장한 것, 잘난 자신의 일면을 드러내 보이고자 함에 있지 않은가. 과연 얼마나 보여지는 게 있을까. 있다면 무엇일까. 품위는 이로움에 비례해야 하는 것이므로, 외면만큼이나 내면까지도 명품이라면 만인의 존경 받는 자일 터, 사고 유발자일 리는 없다. 자신의 뜻과 같지 않다고, 자신의 뜻을 받아주지 않는다고, 행색이 초라하다고 업신여기지나 않으면 다행이다. 명품의 가치는 이로워야 하는 데 있어 보여지는 가치에 있지 않다. 인성이 부합되지 않은 명품은 사치품일 따름이라 그 무게에 못 이겨, 지킬박사와 하이드 두 얼굴을 가지고 태반이 산다. 육생의 기본 자리에 오른 것이나, 의복을 입은 것이나, 명품으로 치장한 것이나 만인의 주목을 끌기 위한 것이라 거만이나 떨면 어떻게 될까. 도를 넘어 오만방자하면 꼴불견이니 기본의 기세 오래 갈 리 없다. 그것이 운용주체 표상이라는 사실을 안다면, 지금까지 나를 위해 살아왔으니 지금부터 너를 위해 살아가야 한다는 사실도 알 터, 하지만 지금도 나를 위한 짓거리만 해대다가 사고 유발자에서 벗어나지 못하고 있다. 사주는 사차원에서 받아온 육생살이 기본금이다. 삼차원의 인생살이 자본금이라는 사실을 인지하지 못하면 그 누구도 피해 갈 수 없는 것이 사고 유발자다.

그리고 관용은 죄를 지은 이들에게 베푸는 게 타당하지 않을까. 아마 이로운 자의 도리를 깨우쳤다면 아쉬운 자들이 저지르는 범죄는 현저히 줄어들지 않을까 싶다. 그보다 탈세, 사기, 비리, 노동력 갈취 등등 더 가진 자들이 범하는 사행이 늘고 있으니 이는 또 어찌해야만 하는가. 만백성의 피와 살 세금, 운용주체 정부가 활동주체 만백성을 위해 올바르게 쓴다면 없지는 않겠지만 그다지 심하지 않다. 문제는 사기, 비리, 노동력 착취인데, 사건사고는 배고픈 자들로 인해 끊임없이 발생하므로 관용을 베풀어서는 안 될 일이다. "누구에게" "피와 살로 살아가는 운용주체에게" 아쉬운 이들에게 베풀어야 하는 것이 관용인데도 불구하고 오히려 관대하게 용서 받아야 할 처지에 있는 이들이 용서하고 있으니, 치우친 사의 시대상 앞에서 자성의 목소리는 착한 선행의 모순을 일깨운다는 사실이다. 사의 세상에서 온갖 고초 겪은 이들이 벌이는 일이라 해도 그렇지 시대마다 바른 세상을 지향해온 도덕과 윤리가 자리하고 있었지 않은가. 역사적으로 오늘에 이르기까지 엇박자 일으킨 운용주체의 관행을 바로잡아 나가지 않으면 바뀔 것은 무엇도 없다. 관용과 용서의 차원만 보더라도 그렇지 않은가. 육생의 일면에만 의지해 온 결과 인생의 이면은 도덕적 차원으로 내몰아 온갖 고초는 활동주체가 겪고, 갖은 혜택은 운용주체가 되레 보고 있지 않은가 말이다.

과연 배운 만큼 배운 엘리트층에서 이러한 사실을 몰랐을까. 불편하고, 불리해지고, 손해 본다는 사실을 뻔히 아는지라 거의가 알면서도 회피해왔다. 그리하여 정의는 민초들이 부르짖은 것이었고, 그 편한 자리에서 누가 사서 고생하려 들까. 이로움이 물씬 묻어나면 누가 외면하겠느냐만 정의도 쌍방이 이로워야 실현 가능한 법이므로, 쌍방이 이롭지 않은 정의는 정의라 말할 수 없다. 문제는 만인의 다양한 욕구를 채울 수 있는 방법을 찾아 제시해야 하는 층에서 자신들의 욕구 채우기에 급급하다는 것이다.

용서의 개념이 이러할 진데 가해자와 피해자의 개념은 어떠할까. 육생과 인생, 생각과 마음, 너와 나의 차원에 근접하지 못하면 사고 유발자는 언제나 용서하는 입장이요, 저지른 자는 용서 받아야 하는 처지임에는 변함없다. 자아실현 내 욕심에서 기인하듯, 혁신은 뼈아픈 성찰을 통해 이루어지는 것이므로, 정의를 구현하고자 한다면 치우친 사와 착한 선의 육생정신 개념을 바로 알아야 한다. 또 그에 상응한 죗값을 치러야 한다는 개념은 어떠할까. 겉으로 드러난 부패로 망신은 주고받은 것이고, 보이는 일면의 법처리는 인간에 의해 집행되는 것이며, 보이지 않는 이면의 법처리는 시간이 문제지 역순환 법에 의해 그만한 대가를 치른다. 이로움의 따른 보상도 다르지 않다. 소원하는 바 아무 탈 없이 이루었다면 보상받은 것이고, 애로가 겹친다면 이롭지 못한 것에 대한 대가를 치르는 중이다. 너와 나 사이에 크고 작은 모순이 발생할 때마다 크고 작은 사고가 발생하게 되어 있다. 그런데 저지른 자의 태반은 사회적 혜택을 받지 못한 약자이거나 피해자다. 물론, 저지른 자의 DNA 유전일 수도 있다. 그렇다 하더라도 본래 그의 부모나 할아버지가 범죄 유형의 인물이었을까. 게다가 아쉬워 찾아온 이들과 이로운 자들의 관계를 사회와 방송 매스컴에서 호도한 책임을 어떻게 물어야 할까. 가해자 처벌에만 초미의 관심이라 사고 유발자 판결에 대해선 잘 알지 못한다. 분단 이후 이 땅에 1안의 육생경제 기초를 다지기까지 그르고 다르게 펼쳐진 사와 선의 시대로서 이기의 육생량을 개척중이라 이로운 정신량에 힘쓸 겨를이 없었다. 민주화를 위해 군부독재에까지 맞서야 했으니 화를 못 이겨 때리는 자는 몹쓸 놈이 되었고, 맞는 자는 가여운 자가 되어 보호받았다. 폭력이 정당화될 수는 없지만 대개 사고 유발자는 맞이하는 운용주체다. 사회적 약자 찾아가는 활동주체를 위한 폭넓은 안전장치가 필요한데도 운용주체 입장에서만 바라보고 있다. 군부독재는 컴퓨터가 보편화되기 전이고, 인터넷과 업그레이드란 단어 자체도 생소한 때라 만백성을 어르고 달래어도 걸릴 게 없었다. 육생파워 권력자들의 부당행위를 알고도 어찌할 수가 없었으니, 민주주의는 분명하나 활동주체를 위한 민주주의가 아니었다.

이에 파생된 갑질이라고 할까. 육생량에 표출된 운용주체의 욕구, 목구멍이 포도청이라 당할 수밖에 없는 아쉬운 활동주체. 그나마 용기 있는 자는 자리를 박차고 나오기라도 하지, 용기 없는 자들은 뱁새눈으로 살아가야 했다. 자신의 삶을 위해서일까. 자식새끼만은 자신의 전철을 밟지 않게 하기 위해서이고, 허리띠 졸라매고 가르친 결과, 그의 자식들은 어느덧 운용주체가 되었다. 그런데 갈수록 가관이라 부모님의 모진 삶 앙갚음 하듯, 더 심한 갑질을 해대는 꼴에 헬 조선의 불명예를 쓰고 말았다. 범죄형의 DNA나 갑질형 운용주체의 DNA나 다를 바 있을까. 물론, 처음부터 갑질을 했겠느냐만 행의 현장이자 제2의 배움의 터전으로서 사회는 꿈을 펼치고자 하는 이들이 모여 사는 곳이라 벌어지고, 일어나고, 나타나는 현상에 의해 개념과 사고와 가치가 바뀐다는 것이다. 세대차이도 있겠지만, 무엇보다 육생교육을 통해 육생량에 길들여진 상태여서 태반이 내 편하고 간섭받지 않기 위해 자기보호막을 치고 산다. 육생살이에 뚜렷이 나타나는 개인주의 성향은 총칼을 들이밀던, 날벼락이 치던 자신에게 득이 되지 않으면 관심조차 갖지 않는다는 것이다.

이기주의와는 판이하다곤 하지만 변이 성향이 뚜렷한 또 다른 차원의 배타적 이기주의 성향을 벗어나지 못한다. 물론 가지의 육생영향권에서 벗어나지 못한 이유도 있고, 편리함을 추구하는 육신은 갈수록 귀찮아하는 것도 있으며, 휘말리면 손해라는 생각으로 자기밖에 모르는 생활을 하다 보니 자신을 알아주는 이도 있을 리 없다. 사회관계망 서비스(SNS)로 소통한다고는 하나 넓고 얇은 인간관계에 회의를 느끼고, 정서교감 방법마저 잊어버림에 따라 나 홀로 생활에 길들여진다. 그래도 사회에는 영웅도 있고, 정의도 있어야 한다면서 누군가는 타의 모범이 되어야 하지 않겠느냐고 부추긴다. 실상이 이러하니 영화는 물론이요 드라마도 갈수록 잔인무도해지고 폭력성이 짙어진다. 매스컴이나 인터넷이나 하나같이 힘을 앞세워 때리고, 부수고, 조지는 장면만 연출하니 수위가 낮은 것 같은 부부싸움이나 가정폭력은 거들떠보려 하지도 않는 것 같다. 사람 하나 죽이는 것은 예사라 무뎌진 생명존중, 끔찍한 토막살인 사건이 아니면 웬만해선 관심조차 두지 않는다. 그런데 먹을 것만 주면 내 뜻대로 부릴 수 있는 애완동물에게 쏟는 사랑은 갈수록 짙어진다. 외롭고, 힘들고, 어려울 때 곁에 있어 주어 반려동물이고, 온갖 재롱으로 잠시 나름 시름을 잊게 한다는 것이 가장 큰 이유인 것 같은데 부모자식보다 더 끔찍이 생각한다.

ℂ 육생제국과 인생제국

인생을 살아가야 하는 인간은 먹을 것, 즉 육생량만으론 길들일 수가 없다. 춥고 배고플 때야 모면하기 위해서라도 잘 따르겠지만 육생차원 넘어서면 인생살이 꿈꾸는지라 정신량을 첨가시키지 못하면 하나 되기 힘들다. 인간들이 길들여지지 않는 이유라고 할까. 그래서 누군가는 먹고 살만 하니까 배신한다고 성토한다. 동물처럼 육생이 전부라면 등 돌리지 않는다. 배신 자체가 아예 없다는 것이다. 서열 싸움이거나 배고파 떠나는 게 전부이고, 육 건사를 위한 본능적 삶을 살아감에 따라 먹을 것만 있으면 떠나지 않는다. 그 너머 인생은 운용주체의 독자적인 행보라 그에 따른 이로움의 질량이 묻어나지 않으면 아쉬운 활동주체는 이로움을 찾아 떠나기 마련이다. 물론 개체이자 주체의 삶을 살아가야 하는 것도 있고, 생각과 마음, 본능과 분별, 너와 나의 차원이 존재하는 이유도 있다. 만약 여기에 운용주체 품위까지 갖췄다면 활동주체 고픈 곳을 어루만져 뜻한 바를 이룰 수 있도록 이끌 터, 그러한 그의 곁을 누가 떠나려 할까. 육생량만으론 고픈 곳을 채울 수 없기 때문에 떠나는 것이고, 정신량이 부가되어 개인주체 삶을 살아간다면 등 떠밀어도 떠나지 않는다. 다시 말해 득이 되지 않아 떠나는 것이고, 이롭지 않아 떠나는 것인데 다들 떠나는 이들만 나무란다. 만약 사기 치려 작심하고 달려든다면 유혹의 분별이 여의치 않을 땐 당한다. 또 그렇게 작심한 이들은 돈 냄새 잘 맡는 이들이고, 그들에게 당하는 이들은 돈 냄새 풍기는 이들이라 어쩌면 똥과 똥파리 관계였는지도 모른다. 세상사 모든 일에는 그만한 이유가 있는 것이거늘 당했다, 실패했다, 주저앉았다는 것은 '그리하면 그리된다'는 본보기 교과서의 일환이다. 절친에게 사기당하는 이들도 다르지 않다. 사기 치려해서 사기 당한 것인가. 없지는 않겠지만 사유해보자. 그의 일이 뜻대로 풀리지 않아 겪은 일을 가지고 사기라 말하는 것도 적지 않다. 대체적으로 이해관계에 따른 투자가 아니면 의리 때문이 아닌가 싶고, 그게 아니면 대체로 그놈의 정 때문에 거절하지 못해 일어난다. 실제 이러하니 참으로 한심하기 그지없어 누구도 탓할 일이 못된다. 육생량으로 길들여지지 않는 인간과 길들여지는 동물과의 삶은 천양지차로 행복은 인간관계로 영위하고, 만족은 동물과의 교감만으로도 충분히 느낀다.

본능과 본성 모두 이기적 삶에서 비롯되고, 만남은 이로울까 싶은 기대감에서 이루어지며, 사랑은 이로움이 묻어날 때 느끼는 감정이라, 득 보자고 만나는 인간관계의 본질을 바로 알아야 한다. 행복은 그렇다 치고, 육생량은 관계형성으로 구해지는 것이므로 전혀 안 만나고 살아갈 수도 없고, 그렇다고 인간을 애완동물처럼 내 뜻대로 부릴 수도 없는 노릇이라, 그래서 군상은 끼리끼리, 될 수 있으면 뜻 받아주는 이들끼리 모여서 살아간다. 분명 나 하기 나름에 따른 문제도 있겠지만 삶의 질은 어느 정도 사회정책에 따라 달리 나타난다. 너 나 할 것 없이 먹고살 수 있게만 해달라고 아우성인걸 보면 육생살이 정책마저도 부실하다는 것을 알 수 있다. 지금 당장 육생량이 절실한 이들에게 상극상충은 이러한 것이고, 반쪽반생은 이러한 것이며, 상호상생 이러한 것이라고 떠들어 봤자 소용없다. 공무원이 로망인 세대에게는 귀신 씨나락 까먹는 소리밖에 안 될 것이고, 노인 빈곤층은 죽는 날에 신경 쓸 것이며, 맞벌이 부부에게는 불확실한 자녀미래 교육문제에 혈안이라 어느 누구에게 외쳐야 할까. 모르는 게 없는 것처럼 살아가는 중상위층일까. 아니면 뭐든 다 알고 있을 것처럼 구는 엘리트층인가.

나아진 것이라곤 IT 산업뿐이라 모든 관계가 단절된 채 혼자 죽음을 맞이하고, 잊히는 망자들만 즐비하다. 변화를 일으키지 못하는 기업은 도산하듯이, 변화에 대처하지 못하는 사회는 공멸하지 않을까 싶다. 외부발전의 역량이 내부에 있듯, 가정의 안녕을 위한 사회제도가 수반되지 않으면 국가의 기반은 절로 흔들린다. 착한 선의 차원을 넘어 바른 정을 지향하는 업그레이드 시대에 들어 집단자살이 늘어나고 황혼이혼이 증가하자 고독사가 사회적 문제로 대두되고 있다.

낭만이 있었던 '착한' 아날로그 시대의 아날로그 세대는 죽음을 극히 두려워했었는데, 낭만을 잃어버린 '바른' 디지털 시대에서의 아날로그 세대는 전혀 죽음을 두려워하지 않는다. 덩달아 디지털 세대도 죽음을 두려워하지 않는다. 자살률 때문인가. 하루하루의 생활이 퍽퍽한 디지털 세대가 과연 노인 빈곤과 고독사에까지 신경 쓸 겨를이나 있을까.

이상을 꿈꾸는 아날로그 세대의 자업자득이 아닐까 싶고, 낭만을 누렸던 만큼이나 누구나가 누리는 낭만의 대안을 마련할 때까지 악순환의 연결고리 벗어나지 못할 것 같다.

1안의 육생의 인프라 구축을 전후로 해서 착한 선의 세상에서 벗어났어야 하는데, 3만 불 선진시대를 육생량으로만 달성하려 들다보니 선진국 초입에서 스텝이 꼬이고 말았다. 가지세력은 양의 기운이라 육생량만으로 얼마든지 달성 가능하지만 뿌리는 음의 기운이라 선진반열은 정신량이 부가될 때 가능하고, 이후에서나 따라쟁이 몸통도 진입이 가능하다. 설사 달성했더라도 그에 따른 많은 문제가 수반될 것인데 선진국 반열에 들어섰다고 할 수 있을까. 외부 균열은 내부의 균열에서 기인하듯, 정신량 부재로 인해 많은 육생기업 뜻하지 않게 줄도산할지 모른다.

뿌리는 몸통가지 활동주체를 위한 운용주체이므로 이후부터 육생량을 주도하는 정신량 제국으로 우뚝 서야 한다. 유사 이래 몸통가지 통틀어 힘으로 우위를 점해온 양의 기운 육생의 제국만 자리했었을 뿐, 도로서 나아갈 길을 밝히고 덕으로 하나 되는 음의 기운 인생의 제국은 없었다. 해양제국과 대륙제국 사이에 위치한 작은 반도국이라 깔볼지도 모르겠지만 보이지 않는 뿌리의 기운 몸통·가지 덮고도 남음이 있어, 본연의 질량만 찾으면 아무런 문제없다. 이미 업그레이드 시대 전후부터 불어 닥친 한류열풍과 다문화 가정을 비롯하여 많은 외국인 노동자들이 더럽고, 위험하며, 어려운 3D 현장에 종사하고 있다. 개인의 독창성을 존중하는 사회로 발돋움하려 한다면 다문화 가정의 다양성도 존중해야 한다. 물론, 글로벌 코리아를 외친 덕택이라 하겠지만 다문화 가정의 자녀들이 국방의 의무에 임하는 시대를 맞이했다는 것은 뿌리 전쟁은 이미 종식되었음을 뜻하는 바다. 그러나 몸통·가지의 경계지역 중동국 간의 무력충돌 앞으로도 심심치 않게 벌어질 것이다. 외부적인 일면으로 종교로 승화하지 못한 신앙이 야기한 문제 때문이고, 내부적 이면으로 화합의 대안을 마련하지 못한 뿌리에 충격을 가하기 위한 것에 있다.

한편, 서양의 열강세력이 동쪽으로 밀려온다는 1차 서세동점은 16세기 명말청초 때이자 르네상스 대항해 시대였다. 2차 서세동점은 19세기 말 산업혁명과 대한제국 시대였으며, 3차 서세동점은 컴퓨터가 보편화되기 시작한 20세기 후반 업그레이드 시대였다. 특히 19세기 말 2차 서세동점 무렵 뿌리는 부국강병을 위한 수단으로 도와 덕 유지한 채 가지서양의 육생기술문명을 받아들이자는 동도서기론에 의거하여, 옛것을 근본으로 새로운 것을 참작하자는 구본신참을 논하기도 했었다. 반면, 동학은 서학에 맞서는 신앙이다. 1894년에 발발한 동학농민혁명은 봉건 정부의 수탈과 일본 침략에 맞선 반봉건 반외세를 목적으로 시작되었다. 이후 척양척왜를 내걸고, 정학(유교이념)을 지키고, 이단인 사학을 배척하는 위정척사 운동을 전개하기도 했다. 뿌리의 영향을 받은 몸통대륙도 양무운동으로 중체서용론을 내세웠으며, 두둑열도 또한 개화론자들이 화혼양재론을 재기했었다. 이와 같이 뿌리·몸통·두둑으로 이어지는 동북아 삼국의 사고관은 2차 서세동점에 즈음하여 쇄국하는 일에 있어서는 같은 맥락이었다. 두둑 강점기와 동족상잔 6.25를 치르고 30여 년 만인 20세기 3차 서세동점이 찾아든 경로는 태평양을 거쳐 두둑열도를 통해 들어왔고, 이후 뿌리에서 몸통대륙으로 뻗어나가는 데 있다. 이를 계기로 뿌리는 인생 제국의 항로에 첫 발을 내딛었고, 몸통은 육생 제국으로 도약의 기지개를 폈으며, 두둑은 제3차 서세동점 이후 해양제국으로서 숨 고르는 중이다. 1988년 서울 올림픽 전후로 뿌리·몸통·두둑으로 이어지는 동북아 삼국시대의 막이 열리자 가외몸통 소련의 붕괴로 탈냉전 시대를 맞이하면서 뿌리의 3.8이남은 가지해양세력 민주주의가, 3.8 이북은 몸통대륙세력 공산주의가 적대보완적 자세를 취하였다.

재차 강조하지만 육생량에 정신량을 부가시켜 나가는 업그레이드 시대는 몸통은 뿌리를, 가지는 몸통과 하나 되어 나가는 시대이자, 세계중심으로 동북아가 뿌리를 통해 발돋움하는 시점이다. 인류문명의 미래라고 할까. 정녕 인생 제국으로서 거룩하고, 위대하고, 찬란한 인류역사의 한 획을 긋고자 한다면, 민주해양과 공산대륙 그 어느 쪽으로도 치우치지 않고, 화합의 정신을 어루만질 이념이 필요하다. 몸통의 롤 모델이 뿌리라는 사실을 인지한다면, 가지의 육생물질문명은 해양 실크로드 통해 두둑을 거쳐 뿌리로 들어와 몸통으로 올라갔다는 사실을 어떻게 생각할까.

이후 정신량을 부가시킨 육생량을 육상 실크로드, 즉 3.8이남에서 출발하여 이북을 거쳐 핵심몸통 중국과 가외몸통 소련을 경유하여 본가지의 중심 영국과 곁가지의 핵심 미국에까지 이를 것이다. 그리하여 서에서 동으로의 해상 로드맵은 육생 안위를 위한 육생량을, 동에서 서로의 육상 로드맵은 인생 안위를 위한 정신량이 오고감에 따라 일면의 육생과 이면의 인생통로서 동서 로드맵은 생장수장 질량이 아닐 수 없고, 남북 로드맵은 중심잡이 질량이 아닐 수 없다.

동북아 그것도 뿌리반도의 37도 선에 가까워질수록 사계가 뚜렷하다. 그만큼 사주 질량도 뚜렷이 나타나는 민족이라 천손, 하늘, 배달, 신선 등의 수식어가 붙는 이유가 있었고, 37°에서 멀어지면 멀어질수록 사계의 순환분포도 모호해짐에 따라 사상과 이념마저도 단순살이 육생량에 국한된 경향이 짙다. 기실, 착한 선이나 바른 정이나 모두 치우친 사의 모순을 드러내는 데 있어, 정행의 분별이 여의치 않자, 착한 선행을 동경해 마지않았다. 가지서양의 르네상스 시대라고 다를까. 16세기 해양시대를 주름잡았던 스페인과 포르투갈처럼 영국과 프랑스도 사정은 다르지 않았다. 피바람으로 일으켜 세운 육생 제국이라는 점과, 또 그 피바람을 막고자 육생의 힘으로 제국을 다스려야 한다는 데 있어서 말이다. 18세기 영국은 본가지의 중심지답게 기계화 산업을 통해 육생물질문명의 선두주자가 되었고, 한때 정치철학의 실험장이 되어 주었던 프랑스 계몽주의는 자유, 평등, 박애의 슬로건으로 오늘에까지 이르렀다. 혹자는 박애정신이 인류의 오랜 숙원사업이 아닌가 묻기도 하는데 가지권 육생물질문명의 발판이 된 것은 분명하지만 뿌리의 정신량을 첨가시킬 때서나 거룩한 뜻에 다가설 수 있다는 사실이다. 치우친 행위를 모르는 사의 세상에서 박애정신은 착한 선행이 모토가 되었고, 결국 주고도 받지 못하는 반쪽반생 행위나 부추겼다.

그건 그렇고 가지권의 육생제국들은 처음부터 강국이었을까. 기회는 하찮게 생각하고 보잘 것 없는 것에서 찾아든다는 말이 있다. 예전에 그러했다면 지금도 그러할 것이라 앞으로도 큰 변화는 예상치 못했던 곳에서 얼마든지 일어날 수 있다는 것이다. 하지만 종교부활은 전혀 기미가 보이지 않고, 신앙에서라도 혁신이 일어나야 하는데 여전히 신(神) 놀음에 빠져있으니 아직도 갈 길이 먼 것 같다. 힘의 육생이냐 도덕의 인생이냐는 이끄는 수장의 사상에 의해 향방이 갈릴 듯싶지만 결국에는 민족적 역사관에 의해 향배가 갈린다. 어찌 보면 철학자들이 신앙을 가지는 것이나, 종교로 승화하지 못한 신앙 종사자들이 정치에 관여하는 것이나 이보다 우스꽝스러운 행위는 없을 것 같다. 철학이든 신앙이든 어느 종파이던지 간에 인간에서 사람으로 승화시킬 정신량을 알고 있다면 육생을 넘어 인생을 꿈꾸기나 할 텐데, 무엇이 문제일까. 몸통·가지 강대국 눈치나 보는 현실인데도 방안을 육생량에서만 모색하고 있다. 뿌리에서 육생과 인생의 가교 정신량을 위해 살아간다면 인생 제국으로 발돋움은 그리 어렵지 않다. 게다가 업그레이드 시대에서 제국은 하나 되는 인생살이를 표방함에 따라 원동력은 육생의 힘에 있지 않다. 다양한 민족과 어울려 살아가야 하므로 아우르는 힘은 분명 정치체제 안에 존재하지만, 그 힘을 하나로 포괄할 방안을 마련하는 민족이 진정한 인생 제국 운용주체의 국가로 우뚝 선다. 정신적 지도자가 치우쳤다면 정신적인 지도자라고 할 수 있을까. 섭리, 이치, 순리, 도리 등의 근본 원리를 탐구하는 이들일수록 어느 쪽으로도 치우치지 말아야 한다. 운용주체는 모든 정황을 열어놓고 흡수하는 이어야 하고, 따르는 자들의 입장을 있는 그대로 받아들여야 하는 위치이므로, 한 치도 감정을 이입해서는 안 된다. 적대보완적인 관계라면 모르지만 너는 이래서 좋고, 너는 이래서 나쁘다는 이분법적 비교는 먹고 먹히는 힘의 논리 육생관계라 좋을 것이 없다. 그리하여 뿌리의 수장은 만백성의 뜻을 받들어 행복을 영위하도록 그 뒤를 받쳐주는 자리이고, 바로 이러한 수장을 뽑기 위해 주어진 게 뿌리 민주주의 투표권이다. 대한민국은 민주공화국으로서 주권은 국민에게 있고, 모든 권력은 국민으로부터 나온다고 대한민국 헌법 1조 1항에 뚜렷이 명시되어 있다.

☾ 표적의 치유

무엇보다 운용주체일수록 화합의 질량을 명확히 알고 있어야 한다. 특히 1988년 전후로 발진한 뿌리 대한민국 정신량호는 1997년 IMF 풍랑으로 방향타를 놓쳤다. 필경 변화의 바람에 편승하지 못해 내리친 채찍인데 무엇을 변화시키고 바꿔나가야 하는지 몰라 엉거주춤하는 사이 가지해양세력과 몸통대륙세력 등살에 주눅들은 꼴은 19세기 말 대한제국 시절보다 더하면 더했지 덜하지 않는 것 같다. 지난날의 과오를 두 번 다시 범하지 않겠다고 육생살이 선진반열에 오르려 바동거린 세월, 그러나 여전히 몸통·가지 눈치나 봐야 한다면 시행착오 어디에 있는 것일까. 그리고 지금 어디로 가고 있는지, 여기가 어디쯤인지 알고 있는 자가 있다면 그는 반드시 수장이 되어야 할 것이다. 업그레이드 시대 투표권은 뿌리의 나아갈 바를 알기 위해 노력하는 지도자 선출을 위해 주어졌다. 만약 사람답게 살아갈 권리마저 포기한다면 휘몰아치는 자기 격랑의 모순에 휩싸여 자초한다.

자유는 타인을 해치지 않는 것이라고 말하지만 권리포기는 반드시 앞에 있는 너를 통해 부메랑이 되어 내게 돌아온다는 사실이다. 부디 정신량만이 거룩하고 위대한 뿌리의 질량이라는 것을 아는 이가 있어야 하는데, 모든 일을 육생량으로 해결하려 드는 것을 보아 아직은 없는 것 같다. 기계식 시대까지만 하더라도 나름 빌어서도 해결해왔으니 기복이 치우친 사행이라는 사실에 대해 알지 못했다. 뜻한 바를 성취하지 못했을 경우에는 치성이 부족한 쪽으로 몰아붙였으니 오죽 매달렸을까. 아날로그 시대에서 신앙은 착하게 살면 복 받는다는 권선징악을 모토로 교묘하게 매달리게 만들었으니 어렵고, 힘들고, 고통스러워진 원인을 알기에는 무리가 있었다. 디지털 시대에서 신앙은 정신량을 부가시킨 종교로 승화되었어야 하는데 치우친 사와 착한 선에 대하여 알 리 없어 여전히 빌어서

구할 요량으로 찾는다. 육생살이 사행 시대에는 믿고 의지할 곳 없어 찾아갔다. 그때까지 신앙에 종사하는 이들의 개념이라고 해봐야 염념불망(念念不忘)에 묶여 있어서라고 할까. 오직 하나의 믿음으로 정진하면 구하고, 이루고, 모면할 수 있다는 사고가 전반적이었던 것 같다. 업그레이드 인생 시대에 들어 혹여 감나무에서 감이 떨어지기라도 했을지 모르지만 어렵고, 힘들고, 고통스러워진 이유를 밝혀내지 못하면 본보기로 찾아드는 생활고 더하면 더했지 덜하지 않았다.

육생의 안위를 위해 육생량으로 해결하려 들었던 모순들이 구석구석 산재했다. 물질은 넘쳐나는데 어려움을 호소하는 것을 보면 뿌리역사의 동선이나 뿌리신앙의 궤적이나 다르지 않음을 알 수 있다. 빌어서 구하고, 기도해서 모면할 수 있는 일이들 벌어졌다면 상대성으로 주고받는 표적의 가르침이 필요할까. 아쉬워 찾아온 내 앞의 인연은 나 하기 나름이라 작용반작용의 법칙 누구도 예외 없이 적용되고 있지 않은가. 그야말로 인생 공학 상대성 원리가 적용된다는 사실을 신앙 종사자들이 먼저 깨쳐야 했었는데 신의 술 구하고자 비나리 행위에 발 묶여 인의 법으로 넘어가지 못해 일어나는 현상이다. 고통은 나에게서 비롯된 모순이 가정과 사회로 번져나가 폭발한 것으로, 표적은 부딪침의 모순을 밝혀내고자 하는 것에 있어 일회용 아픔처럼 지금 당장 치유하려 들어선 좋을 게 없다. 사건의 발단은 대부분 이기의 육생량에서 기인하여 치유는 이타의 정신량이 가미될 때 하게 된다. 한결같이 보이는 일면으로 해결하다 보니 양양상충의 도화선을 제거하지 못해 결국 더 큰 화를 자초한다. 발생한 문제는 분명 당사자의 잘못에 있지만, 가정에서 사회와 국가로 번져나가는 책임은 운용주체에게 있다. 그런데 사회적으로나 국가적으로나 어려운 일이 일어날 때마다 무거운 짐은 되레 활동주체 만백성이 짊어진다. 물론, 운용주체 수장도 그만한 아픔 감내하겠지만 문제는 운용주체의 정신량 부재로 활동주체 육생량에서 비롯되는 것이고, 그에 따른 해결방안도 여전히 육생량에서만 찾고 있다. 그러니 이기와 욕심이 얽히고설켜 발생한 문제를 해소할 방안이 요원할 수밖에 없지 않은가. 대안을 마련했다면 먹고 살게만 해달라고 아우성치지 않을 터이고, 이들 가운데 신앙생활 하는 이들도 적지 않다. 정부에서 어루만져 주지 못한 아픔을 이곳에서 어루만지고자 하고 있지 않은가. 허나 정신적 지도자를 자처하는 이들마저도 숭배하는 신과 경에 빠져 획일적인 논리뿐이라 가만히 보면 법치주의 내세우는 정치권 행태와도 크게 다르지 않다. 만백성의 존중받는 지도자는 육생의 힘으로 주도해 나가지 않는다. 사람답게 살아갈 수 있는 화합의 정신량을 마련하여 열과 성을 다해 받쳐주는 일을 한다.

한편, 서양의 계몽사상은 18세기 프랑스를 중심으로 시작되어 19세기 말까지 가지권 정신세계를 지배하였다. 그리고 신에 의존하지 않고 인본을 바탕으로 이성은 권위를 판단하는 기준으로 적법성을 판단할 수 있었을 것이라고 보았다. 이로 인해 탄생한 계몽사상가들도 이성을 통하여 인간 세상의 보편적 원리나 일정한 법칙을 발견할 수 있었다고 입을 모았다. 사랑, 평화, 헌신을 부르짖어 세계인의 찬사를 받기에 충분했지만 아쉬운 이들을 위한 이로운 자들의 법도가 마련되지 않으면 공염불되기 십상이었다. 상호 상생 일으키지 못하면 반쪽반생 착한 선행을 부추겨 치우친 결과를 초래한다는 것인데 결국 그에 걸맞은 정신량을 마련했을 때 가능하다는 것이다. 물론, 밥만 먹고 똥만 싸는 배부른 돼지들에게 비하겠느냐만 이로운 자의 위치에 설수록 얼마든지 정치와 경제는 물론이요 정신적으로까지 교묘히 이용해 먹을 수도 있어 자칫 소외계층의 상처만 더 키울 수도 있다.

기아에 허덕이는 아프리카 난민에게 무슨 말이 필요할까. 자립경제 뒷받침 되지 않으면 도와주는 자 따로 도움 받는 자 따로의 삶을 기약 없이 살아가야 한다. 제각기 살아갈 방도를 구하는데 사랑, 평화, 헌신 과연 있기나 한 것일까. 있다면 누굴 위한 것일까. 1안의 육생 인프라 구축할 때까지 육생의 박애정신 어느 정도 가능했지만, 구축한 후엔 하나 되어 살아가야 하는 때라 운용주체와 활동주체의 상호협력 관계는 진화발전에 지대한 영향을 미친다. 이로울 때 하나 되는 것이고, 이롭지 않으면 멀어지게 되는 것이므로, 거저 주는 자와 거저 받는 자 간의 상호발전은 있을 수 없다.

위에서 아래로 흐르는 물이 만물을 소생시킨다. 고인 물은 잠시 머문 상태이거나, 썩어 가는 중이거나 둘 중에 하나로 순환하지 못하면 해가 될 뿐, 누구에게도 이롭지 못하다. 육생량이 절실한 민족에게는 육생살이 자급자족 기반시설이 필요하다. 누가 해야 하는 일일까. 좀 더 가지고 있는 자들이 아닐까 싶고, 상호상생의 결과물은 스스로 자급자족하는 데 나타난다. 이후의 삶은 정신량을 위해 얼마나 지속적으로 육생량을 발전시켜 나가느냐에 달렸는데 이에 질세라 신앙종사들은 배고픈 이들을 찾아다니며 언제나 아쉬운 육생량에 신의 믿음을 묻혀 종용하고 있다. 기실 배고픈 철학을 논하는 이들은 배부를 때가 언제인지 알고 하는 소리지만 동물의 육생에 가까울수록 샤먼과 토템과 묶여 살아간다. 누구라도 할 것 없이 육신의 허기를 달랜 후에 정신의 허기를 달래려 드는 것처럼 육생살이 고달플 때의 신앙은 배고픔을 면하기 위한 것에 있고, 면하고 난 후에 신앙은 삶의 향상을 위한 것에 있어야 한다. 특히 이성의 가치는 어디에서, 누구와, 어떻게 사느냐에 따라 농도가 달리 묻어난다. 내 삶의 기준이자 가치의 기준으로서 이성은 스스로 개념을 산출하기도 하는데 그것이 육생량일 수도 있고, 정신량일 수도 있으며, 인생량일 수도 있다. 이 때문에 이성을 곧추세우는 원동력은 본성에 인성을 부가시키는 일에 있다고 한 것인데, 사랑을 통해 행복을 영위하듯, 합의는 화합을 위해 필요한 것이며, 작게는 모난 성격 바로잡기 위한 것에도 있다. 함께하는 데 있어 나밖에 모른다면 배척할 것이고, 착한 심성 드러내 보이면 이용하려 들 것이라 사랑하고, 합의하고, 상호상생 이루는 데 배양된 인성은 필수요소다. 고유의 가치 지키려는 존중과 배려 기본덕목이자 도와 덕의 발판이라 됨됨이라 할 수도 있고, 미덕이라 할 수도 있다. 혹여 고픈 곳을 채울 수 있지 않을까 싶어 만나, 채울 성싶을 때 솟아나는 감정이 사랑이라 했듯이 서로의 고픈 곳을 채우기 위해 가정을 이루고 사는 인간만이 인성배양에 힘쓴다.

문득 세상은 요지경이라는 노랫말이 생각난다. '여기도 짜가, 저기도 짜가, 짜가가 판친다'는 가사인데 당최 무엇이 짜가라는 소리인지 도무지 모르겠다. 가짜 명품을 말하는 것인지, 원하는 만큼 내 욕심에 차지 않아서 말하는 것인지, 아니면 믿었던 이에게 배신당한 것을 말하는 것인지, 그도 아니면 박사인줄 알고 있었는데 딸깍바리 허정개비라는 사실을 알고 실망해서 그런 것인지에 대해서 말이다. 무엇보다 굳게 믿었던 이의 인간성만큼은 흠잡을 때 없는 명품인줄 알았는데, 알고 보니 그게 아니었을 때의 실망감 이루 말할 수 없다. 누구나 한 번쯤 겪어봤을 만한 일이지만 내 생각과 다르다고 짜가라 말하고, 내 뜻과 다르다고 짜가라 말하면, 진짜인 게 얼마나 될까. 물론, 판을 벌려 속이려고 작정하는 이들이 있어 하는 소리겠지만 이성을 잃지 않으면 그르고, 다르고, 바르게 펼쳐지는 상황분별 그리 어렵지 않다. 이기의 육생량은 욕심의 산물이라 누구나 앞에만 서면 흥분하여 이성을 잃곤 한다. 나는 내 욕심으로 움직이고, 너는 네 욕심으로 움직이는 것이라 언제나 욕심의 소산물 육생량이 우리를 부른다. 그 앞에 다가서는 과정이야 어찌됐건 궁핍하고 곤궁할 땐 수단방법 가리지 않고 취했으면 하는 바람일 것이고, 취하지 못하면 이내 아쉬워할 것이며, 시간이 지난 후엔 회한에 잠길 것이다. 광부가 광물 채취하는 것과, 심마니가 약초 채취하는 것과, 농부가 수확하는 것과, 어부가 고기 잡는 것에 있어 무엇이 다를까. 농부는 뿌린 대로 거두는 것이고, 심마니와 어부는 주는 대로 거두는 것이며, 광부는 이미 주어진 것을 채취하는 것이다. 그 차이는 인간에게 허가받아야 하는 것과, 대자연에게 허락받는 차원이라고 할까. 농부에게 불법은 과다 농약사용에 있다 하겠으며, 심마니와 어부는 경계를 벗어나는 일이고, 광산업자는 계약을 위반하는 일이다. 그리하여 불법은 육생량 앞에 내욕심이 자행하는 것이고, 약육강식 힘의 논리는 자연의 섭리인지라 가축이나 짐승에게는 적용되지 않는다. 너와 나의 욕심 자재를 위해 내세운 규율과 법규는 이기의 육생량 앞에서면 깨지기 쉬워 내 생각은 내 셈법과 내 이득에 따라 달리하곤 한다. 배양한 인성을 본성에 부가시키면 어느 곳에서든 쉽사리 흥분하지 않는다. 육생량으로 인연 짓고, 육생량 앞에 드러내 보이는 게 이기의 본성이라 실망의 농도에 따라 짜가가 되기도 하고, 사기꾼이 되기도 하며, 천하에 몹쓸 놈이 되기도 한다. 이때 내 생각과 일치하여 좋다고 할 때와 일치하지 않아 좋지 않다고 할 때의 기준은 바르고 바르지 않은 것에 있지 않다. 이는 오직 한순간 내 기분 내 셈법에 준한 것이므로 자칫 내게만 좋은 것을 가지고 모두에게 좋은 것으로 오인할 수도 있고, 내게만 좋지 않은 것을 가지고 모두에게 좋지 않은 것으로 오인할 수도 있다.

본래 치우친 사의 세상에서 사이비란 없는 것인데 착한 선의 세상을 선망한 나머지 구분 지은 모양이다. 필경 들려오는 소리에는 덕이 있다고 칭송하지만 실제로 그렇지 못하다는 뜻을 지닌 말이 향원(鄕原)이다. 사실, 진위를 소문만으로 판단했다는 자체가 상당한 모순일 수밖에 없다. 지금 이 순간도 매스컴만 믿고 판단하는 이들이 부지기수라 득 될 성싶은 이들은 받아들이고, 반대급부는 보고도 믿지 않으며, 이성을 잃지 않은 이들은 눈으로 보고 귀로 들을 때까지 판단을 유보한다. 팩트(fact)냐 아니냐의 분별은 순수 자신의 몫이다. 육생량 앞에 분별을 잃고 애먼 이들까지 잡는 것을 보면 짜가 때문에 울고 웃고 산다. 옳은 것 같은데 틀리다. 분명 겉으론 같을 듯싶었는데 실제로 그렇지 않았을 때 하는 말이 사이비로서 옳은 것에 대한 기준과 그럴듯하다는 것에 대한 기준을 그어두고 하는 말이 아닐까. 그렇다면 둘 다 기준을 어디에 맞춘 것일까. 예부터 전해오는 일들에 준한다고 하겠지만 옳은 것은 분명 바른 것이어야 하고, 바른 것은 만인에게 이로워야 하는 것에 있으니 이로움의 농도에 따라 바르게 주고받는 정의 기준에 따라 잡아야 하지 않을까 싶다. 그저 전해졌다고만 해서 옳은 것이라 말하면 곤란하다. 물론, 지켜야 하는 전통도 있겠지만 많은 이들에게 이롭지 않으면 사라지는 것이고, 이로우면 지속되는 것이라 흉내 낸다고 해서 사이비로 몰아붙일 것만은 아니다. 일반적으로 특허권도 있고, 상표권도 있지만 대개가 모방으로 창조하고 창출에까지 이르니 이로움의 질량이 얼마나 묻어나는 지를 지켜보며 색다른 방법을 모색하는 것도 하나의 방법이다. 때론 혹세무민한 자들에 의해 세상의 질서가 어지럽혀지고 사회적 파장을 불러일으키지만 대체로 착한 이들이 나밖에 모르는 이들이 당한다는 점에 있어 냉철해지면 이보다 좋은 공부거리는 없다. 만약 만민에게 이로움을 가져다준다면 근(根)과 원(源)이 없다 하여 무조건 사이비로 몰아붙여서는 곤란하다. 예부터 전해지는 것들이라 해도 이롭지 않으면 사이비라 치부할 터이고, 이로우면 따르고 받들어 흠모하는 자들이 보존을 명목으로 운영해 나갈 터이니 말이다.

☾ 육생의 모순과 자가당착이 일으킨 고통의 시대

가뜩이나 그르고 다른 육생살이 시대에 버려진 폐기물이 바로 사이비 아닌가. 치우쳐서 그르고, 착해서 다르게 흘러간 시대에서야말로 정과 사의 기준이 바로 설 리 없었으니 선의 사이비 세상이었다 해도 과언이 아니다. 옳고 그름에 대한 기준은 바르고, 바르지 않다는 판단에 의해서였고, 치우친 사행이야 본래 치우쳐 육생을 살아왔기 때문에 착한 선행보다 더 잘 나타나 있지만, 빠져 살았기에 의외로 잘 몰랐던 시대이기도 했다. 정작 바른 정행은 치우친 사와 착한 선의 분별이 바로 섰을 때나 가능하고, 치우친 육생시대에서 선망한 착한 시대는 바른 인생시대와도 같았으니, 인생시대로 항해를 위한 정신량은 화합의 에너지로서 질량 마련에 박차를 가해야 했었다. 본래 치우쳤다면 치우침을 알 수 없고, 그 치우침을 가늠하고자, 옳은 것 같은데 아니라는 논제 앞에 사이비를 운위하자 정통의 가르침에 어긋나는 교의나 교파를 적대시 하면서 이단을 거론하였다. 지금까지 신앙의 개념을 보더라도 인간생활에 이로워야 한다는 명제 앞에 참된 것을 지향해온 정통 이념은 사이비를 낳았다. 이도 아니고 다른 것을 추출해 냈더라도 결국 예언자의 색다른 맥을 따라가기 위한 것에 있다.

신앙이나 정치나 만백성에게 이롭지 못하면 반대급부의 냉엄한 질타로 성장하는 것인데도 시대에 따라, 상황에 따라, 경우에 따라 인물만 바뀔 뿐 신앙이나 정치나 본질은 바뀌지 않았다. 물론 이로움의 정통성을 헤아리며 바른 것은 지키고, 다른 것은 바로잡아 나가며, 그른 것은 소멸시켜야 하는 것이겠지만 지지하고, 격려하고, 따르는 이들을 위한다면 나날이 새로워져야 하는데 머무는 바람에 많은 문제가 양산되고 있다. 새로워진다는 것은 이로움의 질을 높여 나가자는 것에 있고, 낮아진다면 지지하고, 격려하고, 따르는 이들을 위해서라도 혁명도 불사해야 한다. 사랑을 통해 행복을 영위해 나가야 하는 인간 생활에서 떼래야 뗄 수 없는 것이 바로 신앙과 정치라서 그런지 이롭건 이롭지 않건 물불의 관계로 함께하고 있다. 지금까지 선천적 육생량 하나로 버텨 온 것을 보면 그저 대단하다고 할 수밖에 없다. 기실, 아주 먼 옛날부터 강한 세력을 보유한 신앙일수록 그 세력 유지해 나가고자 정통성을 부르짖어 왔는데 정치에 비유하면 군사독재라 할 것이요, 경제에 비유하면 독과점이라 할 것이다. 그나마 다행이다 싶은 것은 의석 수에 좌지우지되는 정치는 보수와 진보로 적대보완적 관계를 유지해 나가고 있다는 것이다.

이미 샤먼과 토템은 미신으로 취급받는 마당이라 이단은 물론 사이비라 규정할 수도 없다. 세력이 강해진다 싶으면 거세게 몰아붙이니 실제 상호발전을 위한 적대보완적 관계마저도 추호도 용납하려들지 않고 있다. 신흥국가, 신흥세력, 신흥정당 등의 출범은 흔쾌히 받아들여도 신흥신앙 출현은 좀처럼 신앙계에서 받아들이려 하지 않는데 왜 그런 것일까. 앞에 있는 너를 통해 나는 성장하는 것이고, 그러한 나를 통해 너도 성장하는 것이며, 둘 다 모순된 행위를 바라보는 삼자도 따라서 성장하는 것이다. 말인 즉은 나를 견제하는 네가 있어 나는 성장한다는 것이다. 그 모습에 불타는 경쟁심을 촉발시킨 너도 따라 성장하는 것이므로 개인이든, 단체든, 사회든, 신앙이든지간에 적대보완적 관계를 유지하지 못하면 발전은 불가하다. 지금까지 독재의 결말은 몰락이었고, 독점이 가능했다면 부도와 공황의 대참사는 일어나지 않았다. 물론, 보이지 않는 세계는 신앙이 움직인다. 덜 익은 신흥신앙 교리와 횡포 교주의 부조리를 경계해야 하겠지만 자신들이 지켜온 정통성에 어긋난다 하여 모두 싸잡아 사이비로 몰아붙이면 곤란하다. 그 모순을 통해 얼마든지 자신의 결점을 보완할 수 있고, 논리는 진리가 될 수 없음이라 신성한 가르침에 한 걸음 더 다가서는 계기가 마련되는 것이며, 그로 인한 이로움의 질량 만천하에 퍼져나가면 신도를 지키고자 이단으로 매도하지 않아도 된다. 왕왕 신흥신앙 도술팔이 교주의 입담이 눈뜨고 코 벨 정도로 뛰어나 사회적 물의를 일으킬 때마다 신앙마다 덤터기 씌워 지탄을 가한다. 그리고 보면 정통성을 추구하는 신앙들도 정신량을 부가하지 못해 신을 종용하는 도술팔이 장사치가 된 지 오래다. 이유는 예언자의 경과 술에 놀아나 만인만법 종교로 거듭나지 못한 것에 있다. 육 건사 육생시대 치우친 사의 교리를 가지고, 업그레이드 시대정신을 다스리려 드는 것처럼 모순된 행위는 없다. 근과 원에 못 미친 신흥신앙이야 그 넘어 법에 미치지 못해 사이비 소리 듣다가 소멸하는 것이겠지만, 2천 년 이상 된 육생시대의 육생법도 받들어온 오늘에 이른 육생살이 신앙들이 깨어나지 못한 이유가 어디에 있을까.

신흥신앙에서 도술팔이 하는 짓이나, 정통성을 논하는 신앙에서 도술팔이 하는 행위나 무엇이 달라 이단을 규정하고, 사이비로 내모는지 모르겠다. 신앙개혁을 통해 종교로 거듭난 단체에서 내몬다면 나름 일리가 있겠지만 여전히 치우친 사의 시대에 따른 규율과 계율에 묶여 그대로인데 무엇이 달라 그런 것일까. 물론, 내적인 동기는 예언자의 거룩한 가르침대로 살아가고자 하는 것에 있다. 하지만 그 교리에 따른 수도자 생활 누구나 할 수 있는 것도 아니고, 누구나 갈 수 있는 길도 아니지 않은가. 육생 행위 과정에서 거룩한 예언자의 뜻 깨우쳤다면 그래서 예언대로 살아가겠노라고 서원했다면, 사랑 그 행위의 본질과 행복 그 영위의 근본을 파헤쳐 나가는 노력을 아끼지 말아야 한다. 보이는 육의 질량은 입으로 섭취하여 육 건사 시키는데 있듯, 보이지 않는 정의 질량을 귀로 청취하여 삶의 진리를 알아 가는 데 있다. 진리는 사랑이요 행복이라 육생량으로 사랑하고 정신량으로 하나 되어 인생량 행복에 다가서야 한다.

특히 섭리, 이치, 순리, 도리 등의 대자연(유일신)의 가르침은 거의가 방편적으로 구사하는데 이를 얼마나 바르게 받아들여 나가느냐에 따라 삶의 차원을 달리한다. 어린 시절을 거쳐 성인 시절을 맞이한 것은, 나를 위해 육생을 살아 온 만큼 너를 위해 살아야 할 인생이 남아 있어서다.

　왕왕 신앙에 종사하는 이들에게 직간접적으로 신의 계시가 내리지만(일반인에게도 내리는 경우가 있다) 대부분 일면의 육생해석 차원이 전부라 이면의 가르침 인생차원에까지는 도달하지 못한다. 그리고 지금 이 순간 어느 누군가에게 신의 계시가 내려졌는지도 모른다. 육생의 일면이 아닌 인생의 이면으로 다가서면 구원은 매달리는 데에서 오는 것이 아니라 이로운 행위에 묻어난다는 사실을 알기에까지 이른다. 육 건사가 우선이었던 선천적 육생살이 육생시대는 이를 깨우치고자 고행을 마다하지 않았고, 후천적 인생살이 인생시대에 들어 방편적 가르침을 깨우쳤다면 하나 되어 살아가기 위한 노력을 게을리 하지 말아야 한다.

　물론, 영통하는 이도 있고 신통하는 이도 있다. 타고났기에, 주어졌기에, 받아왔기에 가능한 일이고, 기본질량은 근기에 따라 달리 나타난다. 이를 사주라 하고, 독특하면 개성이라 말하며, 고루 분포되면 다양성이라 말하는데 모두 본연의 삶을 살아가기 위한 것에 있다. 찾았든, 올라섰든, 성취했든 간에 여기까지는 나를 위해 살아온 것이었고, 오른 후에까지도 나를 위해 살아간다면 섭리, 이치, 순리, 도리 등에 벗어난 것이라 그에 상응하는 대가를 치른다. 오르기까지 활동주체요 오른 후엔 운용주체라, 나를 위해 사는 시절에 기본질량을 찾고 못 찾고는 순수 자기 하기 나름이고, 아쉬운 자로 사느냐 이로운 자로 사느냐 일생일대 운명을 좌우하는 때라는 것이다. 컴퓨터가 보편화될 무렵이 나를 위해 사는 육생살이 선천시대였다는 것이고, 이후부터 너를 위해 사는 인생살이 후천시대가 시작됐다는 것이다. 1안의 육생 인프라가 구축된 업그레이드 시대라는 것이다. 신앙도 신을 흠모하는 단계에서 인생종교로 거듭나기 위해 대개혁을 단행해야 했던 때라는 것이다. 한결같이 받들어 모시는 예언자의 계시와 율법을 일면 그대로 받아들이는 바람에 신본주의를 인본주의에 억지로 꿰맞추려는 심각한 모순을 자아내고 있다. 분명 육생량과 정신량이 하나 되는 업그레이드 시대는 신인합일 시대. 이면의 뜻을 받들어 티 없이 행할 때 하나 되는 것이라 만약 빌거나 기도로 근본까지 해결될 일들이었다면 육생의 기본금 사주 주어질 이유가 없지 않은가. 나 하기 나름에 따라 상대성으로 주고받는 표적마저도 불필요할 뿐이다. 해가 뜰 무렵 달이 지고, 달이 뜰 즈음 해가 지는 대자연의 보편적 법칙과 먼저 주고 후에 받는 보편적 선순환의 행위도 필요하지 않다. 신앙은 운용주체로서 인간은 활동주체로서 불가분의 관계이듯, 정치와 만백성도 떼래야 뗄 수 없는 관계다. 행복을 위해서라도 정치는 발전해야 하는 것이고, 상호 발전여부는 신앙이 정신량을 배양하여 종교로 승화하느냐에 달려있다.

이는 곧 운용주체 신앙 앞에 정치는 활동주체라는 것이다. 또 활동주체 인간을 위한 정치는 운용주체라는 것이다. 이 때문에 운용주체 신앙이 육생 행위가 전부이면 정치도 따라서 육생 행위밖에 할 줄 모른다. 가뜩이나 이기적인 인간이 이기적인 육생을 살아가는데 나밖에 모르는 육생살이 분별을 어찌 하겠는가. 도로써 길을 밝히고 덕으로 다스려 나가야 하는 게 신앙이자 정치이지 아니한가 말이다. 안타깝게도 이권다툼과 세력 확장에 혈안이라 육생은 고작 물질문명 이외 이룩한 것이 없다. 활동주체 만백성의 피와 살로 살아가는 곳이 신앙계이자 정치계라는 사실을 상기해야 한다. 그런데 정치인들 까지도 만백성에게 거둬들인 피와 살을 신앙에 갖다 바친다. 동물처럼 육생에 주저앉은 만중생을 바로잡아 나가지 못한 무한책임은 종교로 거듭나지 못한 신앙에 있다. 서양가지에서 16세기 무렵에 발발한 30년(1617~1648) 신앙(종교)전쟁을 개혁의 전쟁이라 부르지만 가지의 육생강국끼리 맞붙어 정신세계 밑바닥을 훤히 드러내 보인 참으로 웃기는 전쟁이었다. 무엇이 달라졌을까. 얼추 르네상스와 대항해 시기와도 맞물린 것을 보면, 육생살이 모순과 정신적 지도자들이 일으킨 자가당착 고통의 시대이자 불행의 시대이기도 했었다. 십자군 전쟁 발발 원인은 신앙의 모순을 보지 못한 것에 있다. 이에 앞서 이슬람에 빼앗긴 예루살렘을 탈환하기 위해 유럽 그리스도가 1095년에서 1456년에 패망하기까지 361년 동안 예언자가 틀리다는 이유 하나만으로 피 흘리며 싸우다가 수도 없이 죽어갔다. 십자가와 초승달의 전쟁이라 부르는 모양인데, 기실 싸움의 형태만 바뀌었을 뿐 작금의 상황과 전혀 다르지 않다. 당시 전쟁의 여파로 가톨릭 교회 교황의 권력이 악화되면서 교회의 갖은 횡포와 성직자들의 부정부패가 심화되었다. 16세기 후반부터 17세기 후반까지 신·구 교파의 대립이 야기되어 벌인 서양 가지권 제국 간에 벌인 전쟁은 결국 신 싸움이자, 기 싸움이었고, 틀에 갇힌 교리의 싸움이었다. 만백성은 사회로, 사회는 정부로, 정부는 왕권으로, 왕권은 신앙에 의지해야만 했던 육생살이 육생시대에서 치른 신앙전쟁 누가 누굴 위해 싸워야 했던 것일까. 만백성을 위한 것이었다면 도탄에 빠트리지는 말아야 했었는데 그것도 가지권의 정신적 운용주체끼리 힘 싸움이자 계략 싸움이었으니 만백성만 골로 갈 수밖에 없었다.

신앙(종교)전쟁으로 많은 정치적 사상을 낳았다고 말한다. 그러나 이를 통해 정신량을 마련하여 종교로 승화하지 못했다면 아쉬움에 눈물지으며 내 욕심에 내뱉은 쓴 소리에 불과할 뿐이다.

물론 외향적, 물질적, 수학적, 과학적 삶을 추구하는 육생 물질문명권이라는 데에서 가지권에게만 맞는 교리가 출현했을지도 모른다. 기존의 육생의 가치를 전복시키고 새로운 가치를 창조한다 하더라도 가지문명권이라는 입장에서 볼 때 육생에 육생의 가치만 더하지 않았나 싶다. 가장 큰 이유는 20세기 후반 뿌리권에 찾아든 업그레이드 시대 제3차 서세동점에 이르러 가지해양세력과 몸통대륙세력 간의 중심잡이 이념은 뿌리에서나 창출 가능하다는 것에 있다. 아울러 신앙전쟁이 뜻하는 바는, 거룩한 신의 가르침에 따른 것이라 하더라도 육생의 힘을 우선하는 물질 사회의 모순과 병폐를 적나라하게 드러내 보이기 위한 것이었다고 할 수 있다. 그러고 보면 1차 서세동점은 가지권 대서양에서 몸통권 인도양을 거쳐 뿌리권 태평양 항로(해양 로드맵)개척을 위한 시기였고, 2차 서세동점은 깊은 잠에 빠진 뿌리권 동북아 삼국 뿌리·몸통·두둑을 깨우기 위한 것에 있었다.

이후 메이지 유신을 부르짖던 두둑열도는 곁가지의 핵심 미국에 의지하여 문호를 개방함에 따라 선진육생물질문명을 단박에 받아들여 비약적 발전을 이루었고, 부국강병의 길은 군사력 증강밖에는 없다는 제국주의 논리에 힘을 쏟아 부었다. 그 결과 1910년 두둑은 뿌리를 잠식하면서 1914년 1차 세계대전을 통해 제국주의 야심을 만천하에 드러내었다.

한편, 1914년 1차, 1939년 2차 세계대전의 주범 독일은 본가지의 중심 영국에서 일으킨 제1차 산업혁명에 힘입어 제2차 산업혁명에 이르기까지 육생물질문명국으로 주도적 위치에 섰었다. 1차 세계대전 패망 후 경제를 급속도로 재건시킬 수 있었던 가장 큰 원동력이 아니었나 싶고, 이를 발판으로 현대식 대학교 설립과 더불어 과학기술의 눈부신 발전을 이루었다. 패망 후 불과 20여 년 만에 2차 세계대전의 주범이 될 수 있었던 것도 나치즘(국민사회주의)때문이기도 하지만 본바탕에 그만한 육생 과학기술이 받쳐주고 있었기에 가능했었다. 파시즘과 인종주의를 조합한 사상이 바로 나치즘으로, 1차 세계대전 이후 독일의 반공민족주의인 범게르만주의에서 발생하였다.

☾ 체통문화, 수치심을 느끼면 가슴앓이 해버린다

가지권의 정신적 지주여야 할 국가가 있는데 그곳이 바로 이스라엘이다. 몸통·가지 정신적 지주여야 할 뿌리민족 역사와 다른 듯싶지만 결코 다르지 않다. 유대인은 선택받은 민족이라 하여 선민(選民)이라 부르고, 인류의 시원이라 뿌리민족이라 일컫는 한(韓)민족은 천손(天孫)이라 자칭한다. 고조선의 패망 이후 몸통대륙에서 쫓기듯 뿌리반도로 내려와 오늘에 이르기까지 2천여 년 민족분열의 역사와 천여 번이 넘는 외세침입의 역사, 가지권에서 2천여 년 동안 나라 잃고 온갖 핍박 속에 떠돌아야 했던 유대민족의 역사와 불행히도 대자연의 거룩한 뜻 저버린 대가로 받아야 했던 표적이라는 점에서 다르지 않다. 물질생산 가지의 정신과 기운생성 뿌리의 정신이 일깨우는 교훈은 본연을 잃고 살아가는 민족에게는 핍박과 함께 미래를 보장할 수 없다는 것이다. 가지권에서 정신적 운용주체 노릇을 제대로 하지 못하자 2차 세계대전 동안에 나치즘에게 온갖 고초를 넘어 홀로코스트(Holocaust)의 표적까지 받았다. 뿌리권에서 뿌리민족이 뿌리의 에너지를 생성하지 못하자 1, 2차 세계대전을 치르는 동안 두둑에게 치욕을 넘어 굴욕의 표적을 받았고, 막바지 표적은 동족상잔 6.25였다. 그럼에도 불구하고 2차 세계대전의 주범 가지독일과 태평양 전쟁의 주범 두둑열도는 패망 이후 불과 20여 년 만에 육생선진국 대열에 올랐다. 왜일까. 왜 전범 국가는 피의 죗값을 치르기도 전에 다시 육생 강대국 반열에 올라선 이유가 어디에 있을까. 제국의 먹잇감 되어버린 식민지 국가들의 재건 속도는 더디기만 한데 말이다. 대다수가 말하길 국민성이 다르다고 한다. 물론 영향이 없지는 않다. 그렇다고 여타 국가는 그만한 노력을 하지 않았다는 것인가. 보여지는 일면으론 분명 대자연이 잘못되어도 단단히 잘못되었다. 하지만 보이지 않은 이면에는 작용반작용의 법칙 상대성 원리가 적나라하게 펼쳐졌다. 인생방정식에 대입해보며 알 수 있을 터, 이로워야 할 민족이 이로움의 질량을 꾸준히 생산했다면, 정신량을 생성해야 할 민족이 꾸준히 정신량을 생성했다면 있을 수도 없는 일이다. 정신량이건 육생량이건 아쉬운 이들은 활동주체라 이로운 운용주체 하기 나름이다. 스승의 본연을 잃으면 제자들이 반기 들듯, 이로워야 할 이가 이로움이 묻어나지 않으면 표적은 자동적으로 가해진다.

1970년 12월 7일. 서독의 빌리 브란트(Willy Brandt) 총리가 전후 25년에 만에 폴란드를 방문하여 국교정상화에 서명하고 바르샤바의 한 유대인 위령탑에 사죄의 뜻으로 무릎을 꿇은 날이다. '진정한 용기는 용서하기보다 용서 받는 일'이라는 말이 있다. 그렇다면 분명 일면으로 용서받지 못할만한 짓을 저질렀다. 또 절대 용서할 수 없는 일이더라도 이면으로 접근하면 부메랑 법칙으로 벌어졌다는 사실도 알게 된다. 늘 용서와 맥을 같이하는 사랑. 너그러이 봐준다는 의미이거나 어여삐 여긴다는 뜻이거나 할 것인데 과연 그럴까. 물론 '내 뜻대로'라는 욕심의 산물로 세상만사 별의별일 겪는 것이겠지만, 본연을 잃은 것도 내 뜻대로 해보려다 겪는 일이다. 정작 이로워야 할 이들이 이로워야 할 때 이롭지 않으면 아쉬운 이들은 살기 위한 변이 차원의 행위를 해대기 마련이다.

늘 그렇듯이 문제는 항상 이기의 육생량을 내 뜻대로 해보려다가 일으키거나, 아쉬워 찾아온 너를 내 뜻대로 해보려고 할 때 발생한다. 모두 진화발전을 위한 것에 있으므로, 한 뜸씩 풀어나가면 그만큼 진보한 것이고, 막히어 부딪친다면 풀어나갈 때까지 유사문제에 봉착하게 된다. 무슨 소리냐면, 지금까지 해결하지 못한 문제를 해결토록 하기 위해 가하는 표적으로, 유사문제 실마리를 잡았다면 이후 흡사한 일이 발생해도 별 탈 없이 해결한다는 것이다.

아울러 가정과 사회와 국가는 문제풀이를 위한 시험장소이자 나의 발전을 위한 문제가 주어지는 곳이므로, 진정 신앙이 정신적 운용주체로 자리하고자 한다면 믿음의 본질을 깨우쳐, 깨닫는 종교로 거듭나야 한다. 오늘날까지 인류가 풀어온 문제는 빙산의 일각이다. 내 뜻대로라는 인간욕심의 굴레는 선천적 육생량이므로 늘리거나 줄여도 이기의 본성은 변하지 않는다. 하지만 후천의 인생을 위해 주어진 것도 육생량이므로, 내 뜻대로 해보겠다는 내 욕심에 정신량을 부가시킨 본성은 네 뜻을 받아주기 위한 이타의 기운으로 화한다는 사실이다.

미운 짓이나 해대고, 제 짓거리 못한다고 해서 폭력으로 다스려서 되겠느냐만 민족의 우수성을 거들먹거리며 육생의 힘으로 자기들만의 삶을 살아가려 들 때, 진정으로 아쉬운 이들과 대화가 가능할까. 예언자가 다른 만큼 개념도 다르고 믿음도 다를 터인데 쉽사리 대화가 통할 것이라 생각하면 정말 곤란하다. 물론, 계시와 가르침의 전파를 위해 상대방 이야기를 끝까지 듣고 반영해 나갈 수 있는 품성을 갖췄다면 몰라도 신앙과 신앙, 믿음과 믿음, 교리와 교리의 대결은 사랑보다 힘을 먼저 앞세울지도 모른다. 전반적인 문제가 신앙에서 비롯되는 것은 아니지만 태반이 신앙생활 하는 이들이라는 데 있어, 바른 가르침과 성찰을 통해 최소 그럴 수밖에 없는 네 처지를 이해하려 든다면 부딪쳐 괴로워하지 않는다. 이해하지 못하고 참기만 한다면 쌓인 때 언젠가는 폭발하기 마련이고, 이쯤 되면 율법이든, 계율이든, 교리든 상관없이 시도 때도 없이 자기 셈법 들이민다. 가지서양은 해 지는 곳의 특성에 따라 육생량 수확을 위해 외향적 발전을 해온 만큼 지울 수 없는 살육사건이더라도 상호발전 도모할 수 있다면 인정할 것은 인정하고, 받아들일 것은 쿨하게 받아들인다. 육생 그 힘의 역사가 그러하지 아니한가. 죄의식 문화의 습성은 힘에 의해 상쇄된다는 것인데 독일이 이스라엘 민족에게 속죄한 것은 작지만 강한 결속으로 어느 누구도 건드릴 수 없는 육생 강대국으로 성장하였다는 것에 있다. 이에 앞서 1967년 아랍연합군과 전쟁을 6일 만에 승리로 이끈 여파도 없지는 않다. 지난날의 과오를 되돌아보고 오늘을 맞이했다면 삶은 보다 나을 것이고, 각성은커녕 과거에 머물러 복수의 칼날만 갈고 있다면 과거에 머문 것이라 국격은 물론이요, 삶의 질도 나아질 리 없다. 특히 가지권에서 이스라엘은 1안의 육생과 신앙에 국한되었을지언정 주도적인 자리에 위치하였고, 그 영향력은 뿌리·몸통까지 이른다. 동북아에서 천손이라 자부하는 뿌리민족도 강점기로 바닥 치고, 동족상잔으로 육 건사가 절박했었기에 꿀꿀이죽에 구제품으로 피눈물 섞어 삼켜 오늘에까지 이르렀다.

체통문화의 맹점은 체면이라는 것에 있고, 수치심을 느끼면 가슴앓이 해버린다는 것이다. 사과하면 너그러이 받아주고, 하지 않으면 겉으론 웃고 속으론 모욕감에 치를 떤다고 할까. 동서(영호남)는 보이지 않는 지역감정의 선이 쳐져 있고, 남북으로는 보이는 이념의 장벽이 쳐져 있는 이유 중에 하나다. 몸통·가지를 위해 동서남북 사통팔달 하나로 통해야 하는 곳이 뿌리다. 그런데 2천 년 전이나 후나 삼분오열 형국은 다르지 않다. 왜일까. 그리고 홍익인간 이념을 되살리지 못하는 이유가 무엇일까.

분명 업그레이드 시대를 맞이하여 해양과 대륙세력 중심잡이 역할을 하고 있다면 두둑은 정중히 용서를 구하러 왔을 것이다. 고조선의 패망 후 열국시대를 거쳐 사국시대 열어 갔고, 다시 삼국시대에서 남북국 이국시대를 열어 가기까지 뿌리의 보호막 두둑은 늘 그러하듯이 뿌리의 손길이 간절한 곳이었다. 10세기경 백두산 대폭발로 마침내 하나 된 민족국가이자 불교국가 고려(918~1392)를 건국하였다. 14세기에 들어 만주 밑둥치와 압록강과 두만강을 경계로 길이는 3천 리 둘레는 7천 리 3:7 음양합의 0의 수로 이루어진 뿌리의 실체가 확연히 드러난 유교국가 조선(1392~1910)을 건국하였다. 두둑열도는 아스카 문화를 꽃 피운 아스카(538~710) 시대나, 무로마치(1336~1573) 시대나, 에도(1603~1863) 시대나 여전히 뿌리의 손길이 절실했었다는 사실도 다르지 않다. 16세기 대항해 시대이자 1차 서세동점을 두둑이 먼저 맞이했어도 여전히 뿌리의 도움이 절실하기는 마찬가지다. 특히 보호막으로서 섬나라인지라 물의 것은 뭐든지 가져다 써야만 하는 열도의 처지가 아닌가. 그러한 그들의 노략질의 이면은 도움이 절실했었다는 숨은 뜻이 내포되었다. 하나 되어야 할 뿌리가 노략질의 뜻을 헤아리지 못하자 1592년에 대대적으로 제1차 침략을 감행했는데 그것이 바로 7년 전쟁 임진왜란(1592~1598)의 시작이었다. 약 300년 후 제2차 침략은 뿌리 잠식을 위해 1905년 이토 히로부미와 을사오적만이 참석한 회의에서 을사늑약을 채결하였고, 마침내 1910년 두둑이 뿌리를 침식하는 초유의 사태가 벌어지고 말았다. 뿌리와 몸통은 순망치한이요, 두둑과는 남귤북지라 이 모두 뿌리하기 나름이라는 데 있어 지금도 상황은 다르지 않다. 진정 두둑은 가깝고도 먼 나라일까. 해양세력인 만치 19세기 2차 서세동점을 계기로 곁가지 미국을 롤 모델삼아 육생물질문명 장족의 발전을 이루었다.

그런데 뿌리는 몸통의 롤 모델이다. 보여준 것이 있을까. 뿌리의 질서가 곧 몸통의 질서가 된다. 다시 말해 뿌리가 침식당하면 그 여파 밑둥치 만주를 통해 몸통에 그대로 전달되고, 뿌리가 하나 되면 밑둥치 만주를 거쳐 몸통도 하나 된다. 뿌리의 불교국가 고려(918~1392)와 몸통의 송나라(960~1279)의 관계도 그렇고, 유교국가 조선(1392~1910)과 명나라(1368~1644)도 그림자처럼 하나로 움직이지 않았던가. 임진왜란 이후로 국력이 쇠약해진 한족의 명나라는 여진족의 청나라(1616~1912)로 국호와 정권이 바뀌었을 뿐이다. 열도두둑도 다른 듯싶으나 다르지 않다. 머지않아 미요시(1546~1568) 정권은 아즈치모모야마(1573~1603) 정권으로 넘어갔으며 임진왜란에 패한 후 에도(1603~1863) 시대의 막이 올랐다. 뿌리 조선은 1598년 임진왜란이 끝나고 1636년 12월 말 병자호란(1636.12~1637.1)이 발발하였는데 두 달을 채 버티지도 못하고 여진족 청나라에 무릎 꿇고 말았다. 침략의 원인을 정묘호란(1627.1~1627.3)의 약속을 지키지 않았다는 데 두고 있다. 이와 같이 뿌리·몸통·두둑으로 이어지는 동북아 삼국의 운명은 거짓말처럼 뿌리에 의해 좌우되었다. 중국은 황제의 나라이고, 조선은 은자의 나라라고 말하지만 뿌리와 몸통의 본질은 바뀌지 않는다. 이보다 뿌리에서 뿌리민족이 뿌리의 본질을 잊고 살아가는 게 더 큰 문제다. 이 때문에 섬나라 이웃이 요청한 도움을 뭍의 방식대로 들어주려 했던 것이 걸림이 되지 않았나 싶고, 도움은 쌍방이 이로워야 하는 것인데 반쪽반생 결과만을 무수히 초래했던 모양이다. 아쉬워 찾아간 자의 이로움보다 이로워 맞이하는 자에게 더 많은 이로움이 묻어난다면 도왔다고 할 수 있을까. 아쉬운 자에게 이로울 때 이로운 자에게도 득이 되는 법이다. 때론 거절도 하나의 방법이 되겠지만 거절만 하게 되면 표적의 불똥이 뛰므로, 거절 또한 쌍방이 이로워야 하는 데 있다. 그래서 돕고자 했을 때에는 이념과 가치가 확실해야 한다고 말한다.

이는 무엇을 어떻게 해야 쌍방이 이로울지에 대해서 알고 있어야 한다는 소리인데, 내 속 편키 위한 것에 있다든가, 내 득볼 심산이라면 반쪽반생은 불 보듯 빤하다. 아쉬운 자의 입장은 상호 득이 되는 방향에 뜻을 두었을 때 이로움이 오가고, 특히 아쉬워 찾아온 너를 이로운 자 뜻대로 해보겠다는 욕심은 절대 삼가야 한다. 뿌리와 두둑은 아주 먼 옛날부터 주고도 받지 못한 관계로 오늘날에까지 이르렀다. 과연 책임이 물 건너 도지로 근근이 살아가는 이웃에게 있는지 아니면 뭍에서 권세를 누리며 살아가는 이웃에게 있는지 심히 생각해 볼 일이다. 물론, 도와주고 안 도와주고는 순수 이로운 자의 몫이지만 결국 이롭지 못한 행위에 대한 대가는 자의든 타의든지 간에 부메랑으로 되돌아온다는 것이다. 지금도 우리는 불우한 이웃을 돕는다고 돕고 있지만 정녕 불우한 이웃은 불우한 처지를 넘어서지 못하고 있다. 무엇이 문제일까.

그중에 제일 심각한 문제가 이로운 행위가 무엇인지 모르는 이들이 퍽이나 잘 알고 있는 것처럼 상대방의 입장을 전혀 고려하지 않고 나댄다는 데 있다. 분명 네게 이로우면 내게도 이로울 것이고, 이롭지 않으면 보여주기식이거나 생색내기일 따름이라 모순이 쌓이면 소통을 위해서라도 결국에는 폭발한다는 것이다. 도와주고 뺨 맞을 일 누가 하겠느냐고 하겠지만 지금 이 순간도 끊임없이 벌어지고 있다. 그러고 보면 이기주의도, 개인주의도, 이타주의도 뺨 맞지 않으려는 자기방어 기제에 지나지 않아 자존심부리건 자존감이라 말하건 이롭지 않으면 별 다르지 않다. 이로운 운용주체일수록, 그리고 정신적 지도자를 자처할수록 이로움의 근원에 대해 바르게 알고 있어야 한다. 나무의 흔들림에 따라 바람의 세기를 가늠하듯, 되돌아오는 표적의 농도에 따라 주고받지 못한 사안을 가늠할 수 있다. 성찰할 수 있을까. 아니면 몰상식한 행위를 해대는 그들을 탓해야 하는 것일까. 몰염치한 경우도 있고, 적반하장도 유분수일 경우도 있으며, 은혜를 원수로 갚는 배은망덕한 경우도 있다. 또 당하는 이들의 태반은 분을 참지 못해 과격한 행동으로 더 큰 화를 자초하기도 하는데, 기실 이성을 잃으면 나만 손해. 성질은 한순간에 내는 것이고, 후회는 지나고 나서 하는 것이므로 이롭지 않은 결과물은 독이 되어 돌아와 결국 해가 된다.

☾ 밑둥치가 잘리면 뿌리도 죽고 몸통도 죽고, 가지는 고사한다

3:7음양합의 0의 수 드러내놓은 조선시대의 뿌리반도는 압록강

과 두만강을 경계로 해서 만주는 핵심몸통 중국의 밑둥치이고, 블라디보스토크는 가외몸통 소련의 밑둥치이다. 무엇을 말하고자 하는 것이냐면, 두둑열도의 메이지 정부(1868~1912)가 구축한 현대식 군대는 가지의 열강세력에 힘입어 무력쟁탈 반열에 들어섰다는 것이다. 1894년(청일전쟁) 핵심몸통 청나라와의 전쟁에서 승리한 여세를 몰아 1904년(러일전쟁) 가외몸통 러시아에까지 승리하였다. 1914년에 발발한 1차 세계대전에 참전하여 나름에 성과를 거둔 원동력은 본가지의 중심 영국과 곁가지의 핵심 미국을 등에 업고 있었기 때문이고, 두둑은 갈수록 기고만장했다. 그리고 마침내 뿌리와 몸통의 아킬레스건 밑둥치(만주) 자르기 위한 전쟁에 돌입하여 성과를 올렸다. 즉 뿌리·몸통·가지 세 개의 차원으로 나뉘어 운행되는 나무 순환 원리는 가지의 열매는 두둑을 통해 뿌리가 흡수하고, 그 영양분은 밑둥치를 통하여 몸통이 빨아들여 가지의 열매를 살찌운다. 이는 밑둥치 순환 법이라 할 수도 있는데 밑둥치가 잘리면 뿌리도 죽고 몸통도 죽고, 이후에 가지는 고사한다. 마침내 두둑은 1931년 밑둥치 만주사변을 일으켰고, 기고만장 그 여세를 몰아 1937년 중일전쟁을 일으켰다.

그러나 결국 분수를 잃고 곁가지의 핵심 미국의 태평양 전진기지 하와이 진주만을 1941년 12월 8일 공습하기에까지 이르렀다. 그 대가로 1945년 8월 6일 히로시마와 8월 9일 나가사키는 원자폭탄 실험장이 되어야 했는데, 두둑의 육생 에너지원은 해양세력 가지라는 사실을 간과하여 자초한 일이다. 이를 계기로 열도는 본연의 자리 두둑으로 돌아가고, 뿌리에는 민주·공산 이념의 장벽이 처지면서 밑둥치(만주) 보호를 하기에 이르렀다. 이후 곁가지 미국의 산물이자 전진기지 하와이에서 두둑열도를 거쳐 뿌리반도에까지 이르는 태평양 로드맵이 구축되었고, 두둑은 이를 바탕으로 불과 20여 년 만에 폐허 속에서 육생경제 선진반열에 올라설 수 있었다. 물론 뿌리를 핏빛으로 물들인 동족상잔 6.25도 한몫 거든 것도 사실이다. 이후에 뿌리는 가지의 육생물질문명을 태평양 로드맵 두둑을 거쳐 받아들였으며, 핵심몸통 중국은 뿌리 밑둥치를 통해 받아들여 오늘에까지 이르렀다. 필자의 한 그루 나무 순환의 논리가 매우 엉뚱한 발상이라 치더라도 16세기 중엽 1차 서세동점에서 19세기 말 2차, 20세기 말 3차에 이르기까지 서에서 동을 잇는 해양 로드맵을 통해 동에서 서로 있는 대륙 로드맵의 순환의 고리를 살펴보면 어떠할까.

앞서 잠시 언급했지만 뿌리가 뿌리답게 살아갈 때 두둑도 두둑답게 살아가기 위해 지난날을 속죄하려 들것이다. 뿌리는 전후 30년 만에 한강의 기적을 이루었고, 그때가 바로 '하늘은 스스로 돕는 자를 돕는다'는 업그레이드 시대가 시작될 즈음이다. 하나 되어 나가는 시대이자, 서양의 양물이 동양의 음물을 가미하기 위해 물밀듯이 들어오는 시대였다. 뿌리·몸통·두둑으로 이어지는 동북아의 삼국 중에 몸통대륙세력과 가지해양세력의 중심잡이 질량을 뿌리가 머금고 있어 중심을 잡아 나가야 할 때라는 것이다. 뿌리다운 삶은 가지의 육생문물에 정신문화를 첨가시키는 데 있어 두둑열도가 예나 지금이나 툭 하면 딴지나 걸고 사자 짓 해대는 이유를 알 수 있지 않을까. 억울하다고 분통 터트릴수록 상처받는 것은 내면의 뿌리이지 외면의 두둑이 아니다. 해양세력 곁가지의 핵심 미국에게 두둑은 뿌리의 거점이고, 뿌리는 몸통의 교두보라 대륙몸통이 뿌리반도에 기대는 만큼 서양가지는 두둑열도에 기대고 있다. 3.8이북 공산은 몸통대륙 세력이 3.8이남 민주는 가지해양 세력에 의해 이념 각축의 장이 된 것도 중심잡이 질량과 생장수장 질량 모두 머금고 있기 때문이다. 에코 3세대가 기성세대가 되기 전까지 민주와 공산의 이념을 중화시킬 대안을 마련하지 못하면 해양과 대륙의 등살에 반도는 여간해서 버텨내기 힘들다. 만약 중심잡이 역할을 바로 하지 못하면 남북이 하나 된다 하더라도 몸통·가지의 세력다툼에 뿌리는 분단의 아픔을 재차 치러야 할지도 모른다. 이로움이라는 뿌리 고유의 응집력으로 영·호남 화합을 일으키기만 해도 두둑은 분명 자세를 달리할 것이다. 이쯤 되면 뿌리·몸통 못지않게 뿌리·두둑 간의 상호상생은 자연발생이라 대륙권에게도 그만한 이로움이 따르고, 해양권에게도 그만한 이로움이 따르므로 남북통일 인류화합의 질량을 찾았다 할 것이다.

이는 뿌리가 몸통·가지의 주도적인 입장에 섰다는 것을 뜻한다. 이러하다면 정신량에 대해 눈을 떴다는 것이고, 대부분의 안건을 육생 창조에 두려 하기보다 인생 창출 안건에 초점 맞추려 할 것이다. 발맞춰 엘리트층 누구나 할 것 없이 21세기 새로운 성장원동력은 문화예술 산업에 있다고 입을 모은다. 문제는 에코 세대의 한류 열풍에 잘 나타나 있듯이, 창조와 창출을 육생량에만 의존하기 때문에 하나같이 거기에 그대로 물린 상태로 머문다는 사실을 모른다. 뿌리의 신선한 바람은 연기, 안무, 율동, 리듬, 스포츠 등에 있지 않다. 이는 한류스타들이 몰고 다니는 타고난 기운에 불과할 뿐이라 뿌리의 정신문화와는 하등의 관계가 없다. 언제까지나 보여지는 육생량에 의존할 수만은 없는 노릇이고, 업그레이드 시대에 불어 닥친 뿌리의 열풍을 냉철히 뒤집어보면 몸통·가지의 바람이 무엇인지 알 수 있다. 그리고 필자는 지금까지 3.8이북은 3.8이남의 영·호남이 하나 될 때 하나 된다고 피력했다. 그 여세를 몰아 뿌리화합의 질량 정신문화를 몸통으로 실어 날을 메신저 지역으로 까지 언급하였다. 메신저세대 에코부머와 기운이 흡사하다는 것인데, 당 창건 73주년을 치른 시점에 3대 독재세습도 쌀밥에 쇠고깃국을 외쳐왔지만 되레 국민소득은 최하위권 면치 못한다. 반면 독재와 주체사상 그 이면에는 분열을 조장할 이념도 신앙도 자리할 수 없게 만들었다. 말인 즉은, 신을 흠모하는 신앙관에 물들지 않았다는 것을 뜻하고, 가지해양 자본주의 이념 등이 발을 딛지 못한 상태라 신앙의 청정지역이라 해도 과언은 아니다. 3대 세습 김부자 찬양하는 열광의 도가니라 주체사상 광신도 집단이라 말하지만 목숨 부지 퍼포먼스라고 할까. 그렇다고 비굴한 것도 비겁한 것도 아니다. 살기 위한 본능행위일 뿐이다. 물론, 혁명과 건설의 주인은 인민대중이며, 이를 추동하는 힘도 인민대중에게 있다는 1대 김일성(1912~1994) 주체사상으로 무장하여 무엇 하나 끼어들 틈새가 없었다. 이어 2대 김정일(1942~2011) 정권에 들어서는 주체사상은 철학적 사관, 사회적 사관, 세계적 사관 크게 3가지로 분류하여 나누었다. 그럼에도 불구하고 2010년 화폐개혁 실패로 2011년 심장마비로 사망하였다. 3대 계승한 김정은(1986~) 정권이 들어선 지 불과 수년 만에 핵무장하고, 철천지원수라고 부르짖던 곁가지의 핵심 미국과 육생문명 개방화를 위해 협상 중에 있다. 정권의 목숨이 달려있는 핵인데 해양민주와 대륙공산 중심잡이 질량이 중심잡이 노릇을 하지 못하면 얼마나 이로움이 묻어날지 모르겠다. 사실, 3.8이남의 에코 세대나 3.8이북의 김정은 체제나 3대 계승의 마지막 주자로서 육생량 개척이나 정신량 창출을 위해 살아가는 세대나 체제이기보다 물려받은 그대로 살아가는 세대나 체제라는 점을 감안해야 한다.

그렇다고 해서 2대 김정일 주체사상이 1대 김일성 주체사상에 더 나은 질량을 부가시켰다는 소리가 아니다. 1대에게 물려받은 육생의 주체사상에 2대의 견해를 덧붙인 것뿐이라 결국 고난의 행군이라 혹독한 표적을 피하지 못했다. 이어 3대 김정은 체제에 들어 불과 몇 해만에 핵을 완성시켰다는 것은, 2대 김정일 체제에서 개발을 늦추지 않았기에 가능했던 것이다. 1995년에서 1998년 사이가 고난의 행군 시기라 말하고 북한의 인구가 대략 3~5% 감소했다고 하는데 어림잡아 60~110만 명 정도가 기근으로 사망한 것으로 추정된다. 독재가 가져다준 참혹한 실상이기도 하지만 이는 순수 3.8이남이 풀어나가야 할 숙제로서 진정한 화합의 질량은 해양세력 이남에 있지 대륙세력 이북에 있지 않다는 메시지를 남겼다. 이남은 이로운 운용주체요 이북은 아쉬운 활동주체라 합의를 통한 화합은 이남하기 나름에 달려있다. 특히 뿌리민족 3대 계승이 이루어지는 시점으로 3.8이남의 기계식 1세대는 육생량 개척을 위해 살아왔던 만큼 아날로그 2세대는 정신량 창출을 위해 살아야 했으며, 디지털 3세대는 말 그대로 메아리 에코부머라 물려주는 대로 있는 그대로 살아가는 세대다. 초 인류 기업의 사정도 다르지 않다. 정신량이 부재하면 2대에서부터 많은 문제가 계속 돌출될 것이고, 자칫 잘못하면 존폐의 기로까지 몰릴 수도 있다. 굳이 3.8이북을 논하자면 1대 김일성 육생량이고, 2대 김정일 정신량이어야 하며, 3대 김정은 메아리 에코부머와 같아 1, 2대에게 물려받은 대로 살아가야 하는 체제라는 것이다. 하지만 정신량은 순수 이로워서 맞이하는 운용주체의 몫이라 해양민주와 대륙공산의 중심잡이 역할을 다하지 못하면 육생량에 큰 혼란을 야기할 수도 있다. 2018년

평창 동계 올림픽 이후에 찾아든 남북한 해빙무드는 선순환 행위를 위해 주어진 뿌리민족의 공부다. 바쁘게 움직이되 서두르지 말아야 할 것이며, 주의할 것은 명(名) 내고자 무리한다거나, 치사 받고자 만용부리기도 하는 날에는 제자리로 돌아갈지도 모른다는 것이다. 뜻을 받아주되 주고받기 위한 것에 있다는 사실과 이로움은 육생량에 있지 않고 정신량에 있다는 사실을 염두에 두어야 한다. 아울러 몸통·가지 중심을 잡아나갈 때 남북의 중심도 따라서 잡아지므로 어느 쪽으로도 치우쳐서는 안 된다. 진행 정도에 따라 대륙몸통과 해양가지는 경제력 군사력 등으로 힘겨루기를 왕왕 벌일 것이므로 이는 모두 뿌리가 중심잡이 노릇을 잘하고 있는지 3.8이남 운용주체에게 물어보는 표적의 일환이라는 것이다. 즉 몸통·가지 중심질량을 흩뜨리지 않고 남북화합에 힘쓰는 것만큼이나 영·호남 화합에 힘써야 한다는 것이다.

한편, 가외몸통 러시아 삶의 형태는 70%는 가지에 가깝다 할 것이고, 30%가 뿌리에 가깝다고 할 것이다. 핵심몸통 중국 삶의 형태는 70%가 뿌리에 가깝고 할 것이고, 30%는 가지에 가깝다고 하겠다. 뿌리와 몸통의 경계(밑동)는 압록강과 두만강이라 할 것이며, 핵심몸통 중국과 가지의 경계는 히말라야 산맥과 톈산 산맥이라 할 것이며, 가외몸통 러시아와 가지의 경계는 알타이 산맥과 우랄 산맥이라 할 것이다. 지리학적으로도 가외몸통은 본래부터 육생량을 북유럽과 동유럽으로부터 교류해 왔다. 본래 러시아는 구소련으로 마지막 소비에트 연방 대통령 고르바초프가 1991년에 사임하고, 74년 만에 해체되기까지 15개 연방 국가였었다. 블라디미르 일리치 레닌(1870~1923)은 소련 최초의 국가원수로서, 독일 출신 카를 하인리히 마르크스(1818~1883)의 사회주의 사상을 발전시켜 1917년 10월 혁명으로 볼셰비키 정권을 수립하고, 소비에트 사회주의 공화국 연방을 창설하였다. 소비에트(Soviet)란 노동자와 군인은 사회주의 핵심으로 민중의 의사를 대변하는 평의회에 의해 통치되는 공화국을 말한다. 이에 마르크스 레닌주의는 공산주의의 경제, 철학, 정치, 사회 이론을 광범위하게 포함하는 공산주의 핵심 사상이라 할 수 있는데 직권 6년 만에 뇌졸중으로 사망하자 조셉 스탈린(1878~1953)이 1922년 소련공산당 초대 서기장에 취임했다. 사망하기까지 30년 동안 독재자의 자리를 굳건히 지키며 2차 세계 대전 이후에 동유럽과 아시아 사회주의 지도국가로서 위상을 떨쳤다. 현재는 러시아로서 독립국가연합을 주도하는 연방공화국이다. 초대 대통령 보리스 열친(1931~2007)을 시작으로, 2018년 5대 대통령에 당선한 블라드미르 푸틴(1952~)은 3선중이다. 업그레이드 시대에서도 과연 곁가지의 핵심 미국 자본주의 군사경쟁에 맞설 사회주의 국가가 있을까. 미·소 냉전시대에서는 당연히 적대보완적 관계였지만 러시아로 분리 독립된 이후에 격차가 드러나기 시작했다. 다음 주자가 핵심몸통 중국일까.

알아야 할 것은, 뿌리와 뿌리에 가까운 몸통은 인생살이 운용주체 질량이라 싸움을 그리 썩 잘하지 못한다는 것이다. 가지와 가지에 가까운 몸통이거나 가외몸통에 가까울수록 육생살이 활동주체 질량이라 나름 싸움에는 일가견이 있다. 뿌리의 보호막 두둑은 말 그대로 호위무사 그 자체라 용감성 하나는 그 어디에 내놔도 손색 없다. 때론 육생량 수급을 위해 가지에, 때론 정신량 흡수를 위해 뿌리에 손길을 뻗어야 하는 지정학적으로서 두둑의 친절은 모방이 자 화합이며 창조원이다. 그렇다고 정신량을 말하는 것이 아니다.

육생 안위에 국한된 사안으로, 가지의 질량과 뿌리의 질량을 언제든지 받아들일 자세를 취할 수밖에 없다는 입장을 말하는 것이다. 활동주체로서 육생의 힘은 있으나 가지의 육생에 견줄 바는 못 되고, 내면의 차원을 안다고는 하나 뿌리의 깊이에 비할 바가 못 되니, 예나 지금이나 뿌리·몸통·가지의 질량을 받아들일 자세를 취하며 살아가고 있다. 실상이 이러하다보니 육생경제 세계 1, 2위를 다투어도 가지의 군사강국에 견줄 만큼 육생강국이 되지 못한다. 지구촌 냉전시대는 업그레이드 시대 전후로 종식되었으나 유일의 분단국으로 자리한 뿌리가 뜨거운 감자다. 핵심몸통과 본가지 중심 그 가운데 위치한 중동의 아랍국간의 잦은 군사충돌로 세계의 경찰국가를 자처한 곁가지의 핵심 미국의 군사력은 예전과 다름없이 유지하려고 애쓴다. 단순한 육생의 전통은 선천적 지리학적 삶의 방식을 위한 것에 있다면, 현대식 변화의 물결은 사통팔달하기 위한 인생의 방식에 따른다. 육생의 힘에만 의지하려 든다면 자신들이 파놓은 함정에 빠지는 것도 시간문제다. 물론, 끊임없이 일어나는 중동국가의 내전이나, 힘으로 윽박질러 기선 제압하려는 곁가지의 행태나 모두 화합의 질량 부재로 일어나고 있지만 말이다. 그리고 그것은 알게 모르게 뿌리에 가하는 일종의 압박이기도 하므로, 육생 재능의 한류열풍을 인생 창출의 한류열풍으로 변화를 일으키지 못하면 어떠한 곳에서 어떠한 민족이 어떠한 표적을 가할지 모른다.

☾ 상극상충의 본질은 뫼비우스 띠와도 다르지 않다

무력개입은 방편에 지나지 않아 화합의 원리를 밝혀내지 못하면 시간이 문제지 재차 충돌은 불 보듯 빠르다. 세 번째 맞이하는 밀레니엄 시대에 뿌리는 동북아를 넘어 세계의 화약고가 되었다. 기상을 드높여야 할 시기에 맞춰 소비에트 사회주의 공화국 연방 소련이 붕괴하면서 15개 독립국가연합을 주도하는 연방공화국 러시아가 탄생하였다.

위 사항을 반복하는 이유는 한반도를 둘러싼 미·소의 힘겨루기는 미·중의 힘겨루기로 넘어가면서 중동의 아랍국이 뿌리를 대신하여 크고 작은 전쟁을 치르고 있기 때문이다. 뿌리의 전쟁은 물론, 뿌리·몸통·두둑으로 이어지는 동북아 삼국 간의 군사전쟁은 당분간 일어나지 않는다는 것을 암시한다. 그 대신 인류화합의 질량은 뿌리에게 전가됨으로써 앞으로 몸통과 가지의 미묘한 흔들림에도 그 책임의 충격파가 고스란히 뿌리에 전이된다는 사실이다. 진화의 채찍이자 발전의 표적으로 뿌리만을 위한 삶을 살아가서는 안 된다는 것이다. 뿌리의 질서가 몸통의 질서이자 가지의 질서이기 때문이기도 하며, 이를 위해 중심잡이 질량에 도움 되지 않는 학연·지연·혈연의 폐해를 과감히 청산해야 한다는 것이다. 하나 되는 행복의 차원은 영원히 변하지 않는 불변의 차원이요, 하나 되기 위한 사랑은 만 번도 더 변하는 만변의 차원이라 도리가 아니라면 의리도 버려야 하고, 진리가 아니라면 미련을 두지 말아야 한다. 너와 나를 넘어 우리가 되고자 한다면 바르고 바르지 않은 일련의 사항을 분별하는 데 있지, 육생의 힘 강하고 약한 것에 달려있지 않다는 것이다. 예나 지금이나 사방의 적을 만든 것은 이기의 육생량에 따른 힘과 자만이다. 약소국은 단지 강대국의 힘과 육생량에 밀려 종속되어 살아가는 것이므로 훗날 육생량을 축적하고 군사강국이 되면 복수의 칼을 들이밀 수도 있고, 앙심의 칼을 들이밀 수도 있다. 힘으로 굴복시켜 놓고 보살피고 아울렀다고 말한다. 가능할까. 정신량이 부재하면 보상적 차원이 육생량일 뿐이라 상극상충의 본질은 뫼비우스 띠와도 다르지 않아 언제든지 나도 너처럼 될 수 있다는 사실을 명심해야 한다.

이쯤에서 본가지의 중심 영국을 통해 곁가지의 핵심 미국의 탄생배경을 잠시 살펴보자. 이탈리아 제노바 출신 존 카보트(John Cabot, 1449~1498)는 1497년 5월 매튜 호에 18명의 선원을 싣고 영국 브리스톨 항을 출발, 악전고투 탐험 끝에 북아메리카를 발견하였다. 최초의 주민은 청교도와 아메리카 인디언들이었다. 당시 선진 유럽 국가는 북아메리카 대륙을 제국건설과 상업교역의 최적지로 삼았던 모양이다. 1500년대에는 스페인이 1605년에는 프랑스가, 그리고 1667년에는 영국이 정착했다. 네덜란드와 스웨덴도 식민지촌을 세웠었고, 18세기 말 구소련도 정착했다. 이후 본가지의 중심 영국은 1763년 프렌치 인디언 전쟁에서 프랑스군을 격퇴시킨 후 북아메리카 북부지역의 주도세력이 되었고, 동부해안 13개 식민지주에 과도한 세금을 부가한 조세정책에 반발하여 일으킨 전쟁이 바로 다민족국가 곁가지의 핵심 미국 독립(1775~1783)전쟁이었다. 1775년 4월 조지 워싱턴(1732~1799) 사령관을 필두로 토머스 제퍼슨(1743~1826)이 기초한 독립선언서를 대영재국으로부터의 평등과 자유를 선포하였다. 마침내 1781년 10월 항복을 받아내면서 1783년 파리평화조약을 거쳐 1788년 공화제 헌법을 수립하여 1783년 연방정부 아메리카합중국을 건국하였다. 본가지의 중심 영국으로부터 미국은 곁가지연합국 육생살이 활동주체 핵심의 싹을 틔우기에 이르렀다. 남부와 북부에서 70여 년 동안 지속된 노예갈등으로 1861년 남북전쟁(1861~1865)을 일으켰으며, 어렵사리 북군이 승리하면서 노예제도는 폐지되었다. 오늘날 곁가지에서 육생살이 핵심 강국이 탄생할 수 있었던 가장 큰 요인 중에 하나가 다민족 국가라는 데 있고, 발판은 독립전쟁과 남북전쟁으로 다양한 인종들이 하나로 어울려 살아가는 데 있다.

　미국 정부가 발표한 홈스테드 법은 서부 개척 토지법으로 한때 와일드 웨스트 시대라 불리기도 했었다. 1848년에 금광이 캘리포니아에서 발견되면서 반세기만에 골드러시와 함께 서부지역은 안정과 번영을 이루었다. 이에 동서 생장수장 질량을 살펴보면 운용주체 민족에 가까울수록 정신량 창출을 위한 숲이 무성한 산과 강을 배경으로 동쪽에서 살아가고, 활동주체 민족에 가까울수록 광활한 벌판과 강을 배경으로 육생량 개척을 위해 서쪽에서 살아간다. 어느 국가나 마찬가지로 개천에서 용 나는 시대가 있다. 그 시기가 전후이거나 개척시대로서 육생경제가 활성화될 무렵이다. 아울러 인간은 육생량을 토대로 더 나은 삶을 지향해 나가는 것이겠지만 뿌리·몸통·가지 세 개의 차원으로 나뉘어 운행되는 지판의 질량에 따라 가지권에 가까운 활동주체 민족일수록 대부분의 시간을 육생물질문명 개척에 할애함으로써 육생의 범주를 크게 넘어서지 못한다. 정신량도 깊은 내면세계보다는 외면적 심리경향이 짙어 육생과 인생의 가교 정신량을 창출하기에는 무리가 따른다. 해서 가지권 육생살이 활동주체 다민족 국가의 결속력은 육생량만으로 가능하여 19세기 말까지 손쉽게 본가지 세력 유럽을 어렵지 않게 추월할 수 있었고, 20세기 초 1차 세계대전을 계기로 곁가지 핵심답게 육생경제 대국으로 우뚝 설 수 있었다. 그러던 언제부터인가 국가의 재산 60%가 상층 2%에 몰리면서 곳곳에 나타난 각양각색의 후유증으로 대공황을 맞이했는데 그것이 바로 뿌리의 실상과 실체를 알리기 위해 가해진 표적이었다. 그럼에도 불구하고 다민족 국가답게 세계 모든 이들에게 평등하게 기회를 제공한다는 아메리칸 드림은 지구촌을 뜨겁게 달구기에 충분하였다.

육생경제 쏠림으로 결국 세계대공황이 일어났고 1932년에 당선된 프랭클린 루즈벨트(1882~1945) 대통령은 4년이나 지속된 경제적 어려움을 뉴딜 정책을 통해 하나씩 해결해 나가려고 했었다. 한편, 2차 세계대전에서 가지독일과 두둑열도가 약속이나 한 듯이 항복하자 본가지의 중심 영국과 프랑스도 연이어 지위가 저하되었다. 어느 사인가 세계경제는 곁가지의 핵심 미국의 달러 중심으로 돌아가자 곁가지만의 유리한 방식으로 국제질서를 주도해 나가나 싶더니만 마침내 50여 개 나라에 군사력을 주둔시킨 육생강국이 되었다. 컴퓨터가 보편화되면서 가지와 두둑은 해양세력으로, 몸통은 대륙세력으로 나뉘어 세계의 육생경제를 어느덧 쥐락펴락 하기에 이르렀다. 기실 뿌리는 몸통·가지의 중심질량이다. 그리고 서양의 양물이 동양의 음물을 부가시키기 위해 육생진화의 최정점에 다다른 업그레이드 시대 전후로 밀려들기 시작했다. 제3차 서세동점의 시작을 알리는 바라 뿌리는 시대의 사명을 잊지 말아야 한다.

언제부터인지 모르게 과거를 가볍게 여기는 자에게는 반성도 없고 미래도 없다는 말이 나돌고 있다. 풍요 속의 빈곤이라 목구멍 풀칠을 위해 육생살이에 몰두하는 실정이라 '나밖에 모르는 행위'를 정당화시키더니 이로 인해 빚어지는 모순을 바로 보지 못하고 있다. 더 이상 버티기 힘들다 싶을 때 자기모순을 보려 한다면 '내 뜻대로'라는 욕심의 흐름을 관찰하기만 하면 된다. 세상은 그렇게 돈이 돈을 버는 금융자본 시대로 변하여 곁가지의 핵심이자 육생량의 본거지 미국을 중심으로 돌아가고 있다. 업그레이드 육생량 수확기로 들어서면서 가지사회는 곁가지 중심으로 육생 자본주의 시장이 되었고, 대부분의 육생강국은 물질문명을 담당한 활동주체 가지권에서 출현하였다. 인간의 일대기와 뿌리민족의 역사가 유사하듯, 육생강국의 일대기와도 흡사하다. 여전히 자본주의 육생의 힘에 의지하는 터라 먼저 주고 후에 받는 선순환 법을 이해하지 못하여 그러는가 먹고 먹히는 육생살이 힘의 사슬에 묶여 산다. 만약, 신앙이 종교로 승화했다면 제국(帝國)이든 대국(大國)이든 건설하는 데 있어 최소 피로 물들이지는 않았을 것이다. 정신량이 부재하면 문화강국 부르짖어도 육생살이 문화일 따름이라 인생살이 문화를 알지 못해 주고받는 피의 표적에서 벗어나지 못한다. 보여지는 문화예술로 격(格)을 논하고 질(質)을 논해본들 육 건사만 시켜달라는 민초들의 아우성이 수그러들지 않고 있는데 과연 삶의 질이 나아진 것이라고 할 수 있을까. 권력과 경제로 고급 주택에 고급 승용차와 최고급 명품으로 치장해본들 결코 허하고 고픈 삶의 이면을 채우지 못한다. 육생량만으로 채울 수 없기에 따로 노는 개인은 실패요, 각자도생의 기업은 부도이고, 대안 없는 정권은 만백성의 원성으로 가득 차 교체된다.

한 그루 나무, 상호작용하기에 가지는 결과물 육생문화요, 뿌리는 영양분 인생문화라 이를 하나로 연결해 나갈 가교를 몸통이 건설해야 하겠지만 교역의 장소라 여의치 않다. 앞으로 뿌리는 몸통과 소통해나갈 것이므로, 원활한 육생량 수급을 위해서라도 정신량을 공급해야 하는데, 심히 염려스럽다.

한편, 19세기 말 2차 서세동점에서부터 20세기 말 3차 서세동점에 이르기까지 핵심몸통 대륙의 근대사와 뿌리반도의 근대사는 육생제국 되어버린 열도두둑에 의해 좌지우지되었다. 16세기 동북아시아 제1차 서세동점은 해양가지 르네상스 시대이자 뿌리·몸통·가지가 조우하는 대항해 시대였다. 특히 뿌리 조선은 두둑 열도와의 7년 전쟁 임진왜란(1592~1598)을 치르고 30년여 만에 몸통 청나라와 병자호란(1636~1637)을 치러야 했다. 왜 위로 치이고 아래로 치여야 했던 것일까. 해양세력과 대륙세력 사이에 위치한 작은 뿌리반도에 불과하여 보잘 것 없는 땅덩어리에 약소국이라는 말은 한낱 구차한 변명에 불과할 따름이다. 1차 서세동점을 전후로 열도두둑은 아즈치모모야마(1573~1603) 시대에서 에도(1603~1868) 시대로 정권이 교체되었다. 몸통대륙도 한족 주원장(1328~1398)의 명나라(1368~1644)는 만주의 여진족 누르하치(1559~1626)의 청나라(1644~1911)로 정권이 교체되었다.

이후 청나라는 1백년 가까이 핵심몸통 명나라의 전통을 포용해 왔지만 등 따시고 배부르면 '내 뜻대로'라는 욕심이 발동하기 마련 아닌가. 불합리한 조세정책과 관료들의 부정부패 몸살을 앓기 시작했다. 19세기 말 2차 서세동점을 전후로 해서 핵심몸통 청나라는 1839년 본가지의 중심 영국과의 1차 아편전쟁(1839~1842)에 패하고 사실상 긴긴 잠에 빠져들었다. 이에 7년 앞선 1832년 핵심몸통 광동에서 출발한 본가지의 중심 영국 로드 암허스트 호가 4개월여 만인 6월에 뿌리의 서해안 충청도 홍주 고대도에 도착하여 통상조약 체결을 요구하기에까지 이르렀다. 아편전쟁에서 패하고 긴 잠에 빠져든 몸통 청나라는 사회불안이 심화되자 곳곳에서 농민봉기가 일어났고, 흉흉한 민심을 틈타 태평천국의 난을 기독교도 홍수전(1814~1864)이 1850년에 일으켰다.

1860년 뿌리에서도 천주교의 박해가 심해지자 동학을 최제우

(1824~1864)가 창도하였으며, 이와 때를 같이해 가지권 열강세력의 등쌀에 열도두둑은 메이지 유신을, 핵심몸통 청나라에서는 양무운동이 일어났다. 과연 중심잡이 질량이어야만 하는 뿌리 조선에서는 개화운동 일어났을까. 동도(東道)는 유교적 질서를 지키는 가운데 서기(西器)는 서양의 군사와 과학기술을 수용하여 국가체제를 유지하고자 하는 동도서기(東道西器)론이 운위되었다. 홍선대원군(1820~1898)의 강력한 통상수교 거부정책으로 말미암아 1866년 가지권 프랑스가 획책한 병인양요와 1871년 곁가지 핵심 미국이 꾸민 신미양요도 결코 뿌리의 문호를 개방하지 못하였다. 쇄국정책 홍선대원군이 물러나고 3년 후 1876년에 두둑과의 강화도 불평등 조약을 체결하면서 개화정책이 마침내 실시되었는데, 꼭 뿌리에서 쇄국정책을 써야만했던 이유를 일면이 아닌 이면으로 알고 있는 이가 있을까.

한편, 1856년 핵심몸통 광저우에서 발생한 애로 호 사건은 1차 아편 전쟁(1839~1842)의 결과물로서 청나라와 통상무역이 여의치 않자, 문호 개방을 확대시키고자 본가지의 중심 영국이 벌인 사건이다. 이후 영국과 프랑스는 연합군을 결성하여 1856년 2차 아편 전쟁(1856~1860)을 벌였는데 힘에 부친 청나라는 가지의 여러 제국들에게 불평등 베이징 조약을 맺기에 이르렀다. 몸통이 죽으면 뿌리도 죽는 법이라 어디 별 수 있겠나. 1884년 갑신정변 실패 이후 핵심몸통과 두둑은 철수를 위한 톈진 조약을 맺었고, 두둑과 뿌리는 한성조약을 맺었다. 이로서 핵심몸통은 가지의 자본주의 열강세력 앞에 종속적 시장으로 편입되는 반식민지화로 긴 잠에 빠져들었는데 요번엔 그야말로 뿌리가 고사하자 몸통이 말라죽는 형국이었다. 1897년 대한제국의 수립은 1905년 을사늑약을 거쳐

1910년 한일강제 병합으로 가는 길, 즉 장례 치르는 기간과 크게 다르지 않다. 1894년 청일 전쟁에서 패하고 체결한 시모노세키 조약은 핵심몸통 몰락을 의미하였고, 두둑은 가지의 열강세력들처럼 근대적 민족주의 국가의 틀을 마련하였다. 엎친 데 덮친다고 할까. 1899년 몸통 청나라 전복을 기도하고 외세배척운동을 일으킨 의화단을 1900년에 들어 가지권 열강세력들이 제압하고 불평등 조약 베이징 의정서를 1901년에 체결하였다. 이를 계기로 베이징 주변에 가지권 세력은 군대를 주둔시킬 빌미를 마련하였고, 이때 자칫 잘못했으면 핵심몸통은 가지권 열강세력들에 의해 분할되었을지도 모른다. 1910년 뿌리가 두둑에게 침식당하는 대참사가 일어나고 1년 뒤 1911년 쑨원(1866~1925)은 신해혁명을 일으켜 중화민국 임시정부를 수립하고, 1912년 중화민국을 건국하였다. 두둑열도의 겁박에 못 이겨 1876년 뿌리 강화도 불평등조약, 몸통인데 별수 있었겠나. 이 시기에 곁가지 미국을 등에 업은 두둑은 제국의 열망을 드러내고 있었으며 뿌리가 두둑에게 잠식당하자 핵심몸통 청나라도 멸망하였던 것이었다. 중화민국이 탄생하긴 했지만 이면엔 뿌리와 몸통 모두 권력이 특정한 지배자에게 집중되던 전제정치의 종말을 가져왔던 때라고 말한다. 정녕 뿌리는 자정능력이 없었던 것일까. 자의건 타의건 해묵은 잔재를 털어낸다는 것은 수술중임을 시사하고, 새로운 시대가 다가오는 것을 암시하고 있다.

☾ 뿌리·몸통·가지 세 개의 차원으로 나뉘어 운행되는 세계는 하나의 지구촌

군벌시대를 맞이한 핵심몸통 곳곳에서 지속된 내전은 1928년 장제스(1887~1975)가 북경에 진입할 때까지 계속되었다. 안으로 깊숙이 곪은 곳은 새로운 시대를 위해서라도 대단위 수술이 필요할 것이라, 이내 개화의 향기에 마취되어 버린 몸통은 육생활동 마저 멈춘 상태가 지속된다.

뿌리가 기능을 잃었는데 핵심몸통이 온전하다면 참으로 이상한 일이 아닐 수 없다. 반면 육생량 결실기를 맞이한 가지해양세력 덕택에 두둑열도 승승장구한다. 이후 두둑에 저장된 가지의 거름 육생량을 뿌리에서 빨아들이겠지만 그때까지 흡수하는 데 있어 방해되거나 장애요인을 제거해야 한다. 어떠한 방법이 있을까. 뿌리가 살아야 몸통이 살고, 밑동이 잘리면 뿌리가 죽고, 몸통이 고사하는 것이 만고진리의 법칙이 아닌가. 1차 세계대전(1914~1918) 후에 뿌리와 몸통에서 신문화 운동이 일어났지만 하층 민초들의 발버둥이라 별무신통이었다. 상층에서 이미 국가권력을 장악한 데다 유교사관에서 벗어나지 못하여 사실상 개혁은 어려웠다.

활동주체 삶의 질은 운용주체 의식 개혁에 따라 달리 나타나듯, 아쉬운 육생문화는 이로운 정신문화 창달을 위한 것에 있다. 아울러 '내 뜻대로'라는 이기심의 발로 숙지하는 방안을 강구하지 못하면 '때리니까 맞아야 하는' 지극히 당연한 힘의 논리에 조차 다가서기 힘들다. 뿌리는 1919년 3.1만세운동을 통해 대한민국 임시정부를 수립하였고, 핵심몸통은 중화민국 초대당수 쑨원이 중국 국민당을 창설하였다. 2년 후인 1921년 반제국주의, 반봉건주의, 인민민주독재 등의 계급투쟁 강령을 중심으로 중국 공산당이 창건되었을 당시 뿌리에서도 공산당 움직임이 활발했었다.

이윽고 민주·공산 적대보완적 체제가 핵심몸통에 들어섰긴 했지만 문제는 두둑에 잠식당한 뿌리에 있었다. 봉오동에서, 청산리에서, 그리고 뿌리 구석구석에서 조국과 민족을 위해 아낌없이 한 목숨 바치는 이들이 있는가 하면 뿌리의 혼을 육생량과 맞바꾸려 하는 완장을 찬 이들의 기세도 만만치 않았으니 말이다.

공산주의로 가는 길이라고 할까. 핵심몸통은 국공합작을 1924년과 1937년 두 차례에 걸쳐 치르는 동안 중화인민공화국을 수립할 수 있는 기틀을 마련하였다. 핵심몸통 현대사에서 가장 중요한 역사적 사건의 하나로 뿌리에게까지 지대한 영향을 미쳤다. 이후 마오쩌둥(1893~1976)은 1949년 10.1 중화인민공화국을 선포했으며, 같은 해 장제스(1887~1975)가 이끄는 국민당 정부는 타이완의 타이베이 시로 이전하여 현재까지 중화민국 정부를 안정적으로 유지하고 있다. 뿌리는 1년 앞서 1948년 8월 15일에 3.8이남에서는 대한민국 정부를 수립하였고, 이승만(1875~1965)이 초대 대통령으로 선출되었다. 3.8이북은 김일성(1912~1994)이 1948년 9월 9일 조선민주주의 인민공화국을 수립하였다. 1950년 6월 25일 동족상잔이 발발하였는데 이는 해양민주와 대륙공산 간의 사상 전쟁이었다. 1953년 7월 7일 모든 전선에 전투를 중단하는 휴전이 3년 만에 선포된 지 어언 65년의 세월이 흐른 2018년, 오늘날 3.8이남은 IT 강국으로 우뚝 섰다. 기적일까, 아니면 과정일까. 대동아전쟁 패전국 두둑은 가지해양세력의 전폭적인 지지로 1964년 동경 올림픽을 치르고, 육생경제를 선진반열에 단박에 끌어올렸다. 그러나 뿌리 3.8이남은 육생경제 재건에 안간힘 쓰다가 광부와 시체 닦기 인력수출을 시작으로 1965년 베트남에 전쟁인력 수출까지 감행했었다. 1970년대 중반에 이르러서야 중동의 건설인력 수출 붐에 힘입어 100억 수출 1,000불 소득을 외치며 육생 중진국으로 도약의 발판을 마련하였다. 이윽고 1988년 인류 대화합 '손에 손잡고' 슬로건으로 서울 올림픽을 성대히 치렀고. 육생살이 진화의 정점이자 음의 기운 뿌리의 실체가 드러나는 때로서 가지권 육생물질문명이 물밀듯이 들어오는 업그레이드 시대를 맞이하였다. 우연이기보다 절차라고 해야 할 것 같다. 1989년 가지독일의 베를린 장벽이 무너지자 가지·몸통 연쇄작용이라고 할까. 1991년 가외몸통 소련의 붕괴로 15개 연방국가 탄생하면서 미·소 냉전시대도 막을 내렸다. 가외몸통 사회주의가 몰락하는 시점에 핵심몸통 공산주의가 기지개 펴면서 발생한 1989년 천안문 사태는 자유의 향연이자 갈망 그 자체였다. 누구에게 던진 메시지였을까.

업그레이드 시대 전후로 음의 기운 뿌리가 생동하자 가지권뿐만 아니라 가외몸통에 이르기까지 개체이자 주체의 삶을 열망하는 변화의 바람 곳곳에서 일기 시작하였다. 공산체제 속에 55개 소수민족으로 구성된 핵심몸통 긴긴 잠에서 깨어나는가 싶더니 몸통의 건재함을 만방에 알리는 2008년 북경 올림픽을 치렀다. 뿌리에서 서울 올림픽을 치룬지 20년 만으로 작금의 곁가지 핵심 미국과 세계의 육생경제 판도를 쥐락펴락하고 있다. 정신량이 받쳐주지 못하면 몸통·가지 양양상충은 피해갈 수 없고, 몸통은 이내 상극상충으로 무질서할 것이라 지구촌은 급격히 3차 대공황으로 피폐해질지도 모른다. 민족의 이익과 주체성을 찾고자 독립을 단행한 가외몸통 러시아 연방, 합의를 통해 화합을 이룬 가지독일과 하나의 연장선상이라 교역의 장소 핵심몸통을 위해 뿌리가 해야 할 바가 무엇인지 바로 알아야 한다. 뿌리와 몸통의 굴욕의 근대사, 육생강국으로 거침없는 행보를 보여준 두둑, 비록 그들의 역사가 사자 짓거리로 점철되었다지만 그러한 두둑을 통해 뿌리가 바뀌지 않으면 뿌리·몸통·가지로 이어지는 선순환의 역사도 바뀌지 않는다. 가외 몸통 소련의 분열기를 맞이하여 육생의 초강대국으로 거듭난 핵심 몸통 중국은 곁가지의 핵심 미국과 힘겨루기는 적대보완적인 것에 있다. 그런데 무엇을 얻고자 이 시점에 힘겨루기를 하는 것일까. 만약 가지권에서 진정한 육생강대국으로 성장한 국가가 있었다면 몸통은 이미 진정한 인생대국으로 자리하고 있을 터, 정신량이 부재한 탓에 여전히 육생 그 힘으로 패권을 다투고 있다. 가지독일과 두둑열도의 행보, 근대에서 현대에 이르기까지 별반 다르지 않다. 그런데 예나 지금이나 육생량을 다루는 가지권에는 육생의 열강세력이 즐비한데, 정신량을 다루는 동북아에는 인생 열강은 어디에도 없고 30년 안팎의 육생 신흥강국들뿐이다.

분명한 것은 육생량을 생산하는 가지권에서 육생의 강대국들이 육생량을 일구었기에 독일의 진심어린 참회가 가능했다는 것이고, 정신량을 다루어야 할 뿌리권에서 육생량만을 가지고 노는 바람에 사과조차 받지 못하고 있다는 것이다. 동북아의 인생 제국은 음의 기운 정신량이 받쳐주지 않으면 양의 기운 육생량만으로 가당치도 않다. 물론, 가지의 육생량이 지구촌 곳곳에 일용한 양식이기 되어 주기에 따르기야 하겠지만 육생살이 양식일 따름이라 언제까지나 힘으로 윽박지르며 군림해야 한다는 사실이다.

하지만 뿌리의 정신량은 인생살이 양식으로 지구촌을 덮고도 남음이 있어 자국의 이익을 앞세우기보다 도로써 나아갈 길을 밝히고 덕으로 질서를 유지해 나가야 한다. 육생살이 강대국이 탄생하기까지 그만한 힘을 요했을 것이고, 그에 따른 많은 문제점도 파생할 것이라 치우친 사의 힘으로 다스려야 했던 만큼 숙명처럼 상극상충 피의 역사 피할 길이 없었다. 1차 서세동점부터 2차 서세동점에 이르기까지 뿌리는 패망의 동선이었고, 3차 서세동점을 맞이하기까지는 재기의 과정이었으며, 이후부터는 뿌리다운 삶을 만들어나가야 한다. 어떻게 살아가야 하는지 육생강국의 탄생과 성장배경 그리고 쇠퇴에 이르기까지 몸통을 통해서건 두둑을 통해서건 보고, 배우고, 익혔다. 이쯤에서 생각해보자. 운용주체 민족의 터전 궁궐에서 왜 쫓겨나야 했는지에 대해서 말이다. 사모(紗帽)와 관대(冠帶)는 지도자의 표상으로서 지붕은 벼슬이요 궁궐은 의복이라는 사실에 대해 알고 있을까. 뿌리민족이라는 사실은 고사하고 민족의 주체성에 대해 알고 있는지 모르겠다. 내 앞에서 벌어지는 일들은 내 발전을 도모하기 위해 일어나는 일련의 상황이라 운용주체 민족일수록 내게 불어오는 바람의 근원에 입각해 방법을 강구하고 대책을 마련해야 한다.

물론, 나름 강구하고 마련했으니까 지금 여기에 있는 것이라고 반문하는 이도 있겠지만 문제는 뿌리민족은 정신량의 운용주체라는 사실을 모른다는 것에 있다. 요컨대 육생량은 선천적으로 받아왔으니 가능한 것이고, 주어졌기에 오른 것이라 인생을 살아가야 하는 민족이 육생량을 위한 육생살이에 멈추면 육생을 살아가는 민족의 끝없는 겁박 속에 살아가야 한다는 것이다. 아울러 운용주체 민족이 정신문화보다 육생국방에 더 힘을 쏟는다면 활동주체 민족에게 미치는 영향이 얼마나 될지 생각해보자. 제아무리 국방력에 힘 쏟아봤자 인생살이 민족은 육생살이 강대국을 어찌하지 못한다는 것이다. 이를 다윗과 골리앗에 비교하기도 하지만 기실 덕망 많은 운용주체와 힘 쎈 활동주체 간에 싸움이 나면 어떻게 될까. 운용주체의 덕망을 완전히 잃어버리고 표적 받는 꼴이라 활동주체에게 받는 수모는 피눈물이라는 사실이다.

한편, 2차 서세동점은 산업혁명으로 육생물질문명이 급상승하는 시대로서 육생의 국방력은 기본으로 갖추어야 한다. 하지만 정신량을 지향하는 운용주체 민족에게 있어 육생의 국방력은 방편에 불과한지라 자칫하다 육생강국과 힘의 논리에 엮이기라도 하는 날에는 자멸을 면치 못한다. 또 1안의 육생 강대국이 되기 위해서는 유색·유취·유형의 과학 기술력도 필요하고, 인재양성을 위한 육해공 삼사관 학교를 비롯한 실전 경험이 풍부한 강사진도 필요하다. 그러나 2안의 인생 강대국은 치우침 없는 폭넓은 인간관계를 형성해 나가야 하므로 '내 뜻대로'라는 욕심의 발로와 '나 하기 나름'이라는 작용반작용의 법칙 상대성 원리에 따른 인성함양에 힘써야 한다. 합의는 화합을 위해 하듯, 사랑은 행복을 위해 하는 것이므로 육생량으로 사랑하고 정신량을 가미시킨 인생량은 행복한 삶을 일으킨다. 예컨대 가지의 육생량은 선천적으로 이기와 이기가 만나 사랑하는 데까지라고 한다면, 뿌리의 정신량은 이기와 이기가 이타로 승화하여 후천적 행복을 영위하는 데 있다. 따라서 몸통은 가지 육생의 사랑과 뿌리 인생의 행복의 교류통로로 자리하고 있다는 것이다. 이에 가지가 몸통에 원하는 것은 정신량이요, 몸통이 뿌리에 원하는 것도 정신량이라 소신을 잃지 않고 뿌리의 정체성 회복에 심혈을 기울이면 몸통·가지 모두 뿌리와 하나 되기 위해 노력을 아끼지 않을 것이다. 다시 말해 아쉬운 육생량은 이로운 정신량을 찾아다니듯, 이로운 정신량은 아쉬운 정신량을 위해 자리하는 것이므로, 핵심몸통이 육생의 강대국으로 발돋움할 때 뿌리는 인생강국으로 도약해야 한다는 것이다. 지금 이 순간도 신앙계는 육생의 믿음만으로 평화를 부르짖듯이 인류도 평화를 육생의 힘만으로 부르짖고 있다. 인류나, 인류의 멘토를 자처하는 이들이

나 대책 없이 착한 선행만 부추기는 꼴과 다르지 않아 결국 육생강국의 탄생과 성장과 패망의 과정만 되풀이한다. 분명한 것은 1안의 육생의 인프라가 구축되어 공존의 업그레이드 시대가 시작됐다는 것이고, 강한 자들이 때리면 약한 자들이 맞으면서 고착시킨 앙금을 녹여 내릴 지혜가 필요한 시기라는 것이다.

지식으로 1안의 육생살이 육생량을 구축시킨 마당에 여전히 지식으로 육생물질문명을 추구한다면 한 뜸도 녹일 방도가 없다. 치우친 육생시대에 육생량으로 때리고 맞으며 쌓은 앙금, 육생량으로 녹여 내릴 수만 있다면 얼마나 좋겠느냐만 지혜의 정신량 없이는 불가능하다.

어느덧 뿌리·몸통·가지로 이어지는 지구촌은 편리한 교통수단 덕택에 일일생활권에 들어섰다. 인터넷과 통신망은 우리 은하계를 넘어 더 넓은 은하계로의 진출을 꿈꾸고 있다. 이렇게 1안의 육생의 인프라를 구축해온 지식인들은 2안의 인생의 인프라 구축한답시고 신지식으로 우주개발에 초점을 맞추는 모양새라 지혜의 정신량이 요원하면 요번엔 태양계에서 피 터지게 싸울지도 모른다. 1안의 육생강국을 위해 우주로 우주로 나래를 펼치고자 한다면 먼저 이웃과 사회와 국가 간의 상호신뢰를 구축해야 하고, 2안의 인생강국을 꿈꾼다면 안으로 안으로 화합의 질량 찾아 사통팔달해야 한다. 4차 산업시대를 맞이한 작금의 지구촌은 안과 밖, 지식과 지혜, 육생과 정신 등이 상호의존할 때 새로운 세상의 서막을 연다. 하나된 민족국가 고려·조선의 1천 년의 역사에서 하나 되어 살아가는 정신량을 마련했다면 19세기 말 2차 서세동점부터 뿌리는 몸통과 가지를 아우르며 살아가고 있었으리라. 고려 불교에서 조선 유교에 이르기까지의 결과가 두둑열도의 내정간섭을 불러들이는 것이었다면 유구한 뿌리반도의 역사 반드시 되짚어봐야 한다. 만약 고려가 1안의 육생량을 구축했다면 조선은 2안의 정신량 마련을 위해 노력하지 않았을까. 고려 초기부터 외세침입에 시달리어 자생의 능력을 잃자 조선은 내부분열 당파싸움으로 일관해야 했다. 16세기 바다로 바다로 신대륙 찾기에 나섰던 가지서양의 해양시대, 뿌리는 1차 서세동점을 맞이하여 그 무엇도 얻지 못하자 미래에 검은 그림자가 드리우고 있었다.

300년이 흐르고 찾아든 19세기 말 2차 서세동점, 가지권은 열차로 대륙횡단을 꿈꾸었다. 요번엔 소임을 잃은 뿌리가 두둑에게 잠식당하는 대참사가 일어나자 몸통은 고사 일보 직전에까지 몰렸다. 방법이 어떻든지 뿌리는 두둑강점기를 통해 1천 년의 부패한 역사를 털어냈었고, 나머지 잔재는 동족상잔 6.25로 털어냈었다. 그리고 마침내 찾아온 20세기 말 3차 서세동점, 가지권은 하늘로 우주로의 진출을 꿈꾸며 다가왔다. 어언 1, 2, 3차 500년의 세월 동안 가지권에서 육생 1안의 인프라 구축으로 뿌리·몸통·가지 세 개의 차원으로 나뉘어 운행되는 세계는 하나의 지구촌이 되었다. 작금에까지 육생살이 치우친 사의 시대상은 인생살이 바르다는 정의 밑거름으로서 다르다는 착한 선의 실상을 알게 되면 시대를 거스른 행위가 무엇인지 안다. 물론, 육생량을 개척하는 국가도 있어야 하고, 정신량을 창출하는 국가도 있어야 하겠지만 업그레이드 시대에 가장 이상적인 국가는 육생량에 정신량을 부가시켜 사는 나라가 아닐까 싶다. 게다가 뿌리는 해양가지민주와 대륙몸통공산의 중심을 잡아나가야 하는 위치라 동서(영호남)화합을 우선하여 나간다면 중심잡이 남북은 머지않아 자연스레 하나 된다. 개국초기부터 외세침입에 몸살 앓았던 고려 5백 년이 그러했듯이 당대 5백 년 무탈하기 바란다면 몸통·가지를 위한 정신량을 꾸준히 생성해야 한다. 조선 5백 년의 교훈이 있지 아니한가. 고려가 초석이 되었다면 조선은 결코 부목이 되지 않았다. 왜구의 노략질로 시작된 당 파싸움으로 1차 서세동점조차 파악하지 못했으니 조선은 애처로운 유교 국가에 발목 잡혔다. 뿌리에서 뿌리민족이 하나 될 때 마련되는 화합의 백신은 인류의 공동자산이 될 것이므로, 문제될 것은 아무것도 없다. 육신의 병이야 얼마든지 생각차원 지식으로 1안의 육생 백신을 개발할 수 있지만, 나밖에 모르는 불신의 병이자 불통의 병은 마음차원 지혜에서 생성시킨 정신량이라야 가능하므로, 2안의 인생 백신은 뿌리에서만 창출 가능하다.

웃기는 소리라 할지도 모르겠지만, 인간의 뇌와 일생과 문명 모두 성장 속도가 비례하는 점을 감안하여 시간 흐름을 유추해보자. 유아기(1~6세)의 하루 24시간 길이 애벌레가 1,000m 가는 시간과 맞먹지 않을까 싶고, 고조선 패망 이후 열국시대에서 하나 된 민족국가 고려를 건국할 때까지 1천 년의 시간에 버금가지 않을까 싶다. 이후 아동기(6~13세)는 육지 거북이가 1,000m 가는 시간이면, 하나 된 민족국가 조선이 패망할 때까지의 1천 년 시간의 흐름과 크게 다르지 않을 것 같다. 청소년(13~21세)기는 아주 천천히 걸어서 1,000m 가는 시간대의 흐름과 강점기부터 업그레이드 시대까지 1백 년 시간의 흐름에 버금간다면, 성년기부터는 뛰어가다 시속 60km 달리는 자동차 승차한 업그레이드 시간대로서 이후 시간의 흐름은 중년기라 할 수 있고, 시속은 점차 80km, 100km … 올라가다 하나의 점이 되어 시야에서 사라진 시간의 흐름은 세상을 버리는 노년기와 별다르지 않을 것 같다.

나이 먹을수록 세월이 유수와 같다 말을 하는 것도 뇌의 기능이 점차 무뎌지기에 하는 소리다. 어떤 이는 오늘일도 어떻게 될지 모르는데 어찌 내일을 기약할 수 있느냐는 말을 한다. 죽고 사는 문제는 하늘의 뜻이요, 내 앞에서 벌어지는 일은 나 하기 나름에 달린 문제다. 인과율은 작용반작용의 법칙에 의거하고, 특히 인간관계 상대성 원리를 부정하는 이들일수록 신을 극도로 부정하는 태도로 일관한다. 분명 '신은 존재한다.' 단지 '내 욕심 내 셈법에 따른 신이 존재하지 않을 따름이다.' 그리하여 내 뜻대로라는 이기의 산물과 나 하기 나름이라는 이타의 보고가 적대보완적으로 내 안에 그리고 인간생활 깊숙이 녹아 있어 누구도 부메랑의 표적 피해 가지 못한다. 세계가 하나의 지구촌이 되어가는 데 있어 그르다는 치우친 사행이 추구해온 다르다는 착한 선행의 모순을 알 때가 왔다는 것을 손에 들고 다니는 스마트폰에서 잠작 할 수 있다. 선순환을 한다하나 반쪽반생 혹은 상극상충 일으키면 '내 뜻대로'라는 심보가 발동한 것이라 언제 어느 때 누구의 엄지손가락에 의해 들통 날지 모른다. 너의 가치를 인정할 때 나의 가치도 인정받는 법이라 하나 되고자 한다면 신앙, 인종, 신념, 가치마저도 존중해야 한다. 그런데 불행하게도 사상이 다르면 하나 되기 힘든 세상이 되고 말았다. 정신량까지 부재하면 분열은 시간문제다. 언제까지 종교로 승화하지 못한 신앙만을 탓할 수 없는 노릇이고, 업그레이드 시대에 요동치는 동북아의 흐름을 인지했다면 육생량이 빚어내는 사행은 선행의 모순을 끝없이 자아내고 있다는 사실을 인지해야 한다. 육생량을 위해 살아가는 가지에서 사행과 선행의 분별이 썩 디테일하지 못하여 자기 셈법 난무해도 열매를 맺는다. 하지만 정신량은 생각과 마음이 하나로 어우러질 때 창출되는 법이라 고려·

조선 하나 된 민족국가 1천 년의 역사를 되짚어보면 하나가 되지 못한 이유에 대해 알 수 있다. 이 땅에 적대보완적으로 자리한 민주·공산 양대 사상, 앞으로 펼쳐나갈 하나 된 민족국가 1천 년의 시간은 결코 뿌리만을 위한 시간이 아니라 대륙몸통과 해양가지를 위한 시간이라는 사실도 알게 된다. 어떻게 할 것인가. 어떻게 쓸 것인가. 양의 질량, 생각의 질량, 지식의 질량, 육생의 질량, 사랑의 질량 등에 대해 알았다면 음의 질량, 마음의 질량, 지혜의 질량, 인생의 질량, 행복의 질량 등에 대해서도 알아야 하지 않을까. 인식했다면 지금도 늦지 않았으니 심히 고민해야 할 때라는 것이다.

에필로그

내 앞의 인연은 나 하기 나름이라는 표현을 줄곧 써 왔다. 작용 반작용의 법칙과 상대성 원리까지 거론하며 '인생방정식'에 대입 해 보자는 말도 심심치 않았다. 무엇을 가려보자는 것이었을까. 물 질은 선천적 활동주체 양의 질량이다. 컴퓨터가 보편화될 때까지 정신문명을 빙자하여 이기의 육생문명을 발전시켜 왔다. 정신은 후천적 운용주체 음의 질량이다. 활동주체 양의 질량에 부가하여 행복한 인생을 누려보자는 것에 있다. 그리고 '작용반작용의 법칙' 은 아이작 뉴턴(Isaac Newton, 1642~1727)의 물체의 운동을 다루 는 세 개의 물리 법칙 중에 제3법칙이다. 제1법칙은 '관성의 법칙' 이요, 제2법칙은 '가속도의 법칙'으로 갈릴레오 갈릴레이(Galileo Galilei, 1564~1642)가 실험으로 증명하고, 뉴턴이 공식화했다. '상 대성 이론'은 특수 상대성 이론과 일반 상대성 이론으로 나누어진 시간과 공간에 대한 물리 이론으로서 1915년 알버트 아인슈타인 (Albert Einstein, 1879~1955)이 제창 발표했는데 그 시기가 일제강 점기와 맞물렸다. 우연일까. 이시기에 서양에서 비롯된 모든 물질 문명은 업그레이드 시대를 열어갈 동북아의 중심 반도로 항해 중 이었다.

선천적 육생량은 눈에 보이는 물질이다. 1안의 육생 인프라가 구축되어야 보이지 않는 2안의 정신 인프라에 주목한다. 육생량을 담당한 서양의 법칙은 보이는 1안의 물질개척을 위한 것에 있다. 인생량을 담당한 동양의 법도는 보이지 않는 2안의 정신량 창출을 위한 것이다. 그리고 일제강점기와 동족상잔 6.25를 치른 후 한강의 기적을 일으키자 기다렸다는 듯이 대화합 업그레이드 시대를 맞이하였다. 음기 육생물질문명 토대위에 양기 인생문화의 꽃 정신량을 쌓아나가지 못하면 심화되는 양극화 현상 그저 바라볼 수밖에 없다. 아쉬운 활동주체가 이로운 운용주체를 위해 살아야 했던 시대가 육생물질문명 시대가 아니었던가. 정신문명은 업그레이드 시대에 빛을 본다. 지금 이 순간부터 이로운 자가 아쉬운 자의 손을 잡고 나가지 못하면 좌절보다 더 무서운 실패의 고통에서 벗어나지 못하는 시대를 맞이할지 모른다. 대안은 아쉬운 활동주체를 위한 이로운 운용주체의 법도를 마련하는 일이다.

작용반작용의 법칙과 상대성 원리 등이 '육생문화'에 기여했다면, 정신량은 하나 되어 살아가는 '인생문화' 발전을 위한 요소다. 나를 위한 어린 시절을 통해 너를 위한 성인 시절을 맞이하듯, 나를 위한 육생(본능, 동물처럼)을 살아왔다면 성인 시절부터 너를 위한 인생(분별, 사람답게)을 살아가야 한다. 어떻게 맞이하고, 어떻게 살아 갈 것인가. 만남은 선천적 육생량을 통해 이루어지고, 하나 되어 사는 것은 후천적 정신량이 가미될 때 가능하다. 아울러 상호상생은 정신량이 부합된 후천적 행위의 결과이고, 반쪽반생은 착하다는 선행의 결과이며, 상극상충은 선천적 힘의 논리에 따른 결과물로서 모든 행위는 '내 뜻대로'와 '나 하기 나름'이라는 적대보완적 관계에 의해 드러나게 되어 있다. 아쉬워 찾아온 내 앞의 인연은 나 하기 나름이라 '인생방정식'이라고 명명하였다.

먼저 주고 후에 받는 선순환 행위는 상호상생으로 '덕 되게 사니 득이 되더라'이고, 반쪽반생은 '무덕하니 무익하더라'이며, 상극상충은 '해하니 독이 되더라'로서 스스로 일으켜 벌이고 당하는 정의(正義) 순환 법이다. 또한 양양상충(陽陽相沖)은 육생의 물질에 양의 물질만을 부가한 결과요, 음음상극(陰陰相剋)은 음의 정신에 정신만을 부합한 결과이다. 아울러 선천의 물질을 관장하는 이들이 활동주체요, 후천적 정신을 주관하는 이들은 운용주체다. 그리하여 선천적 양의 질량을 관장하는 활동주체와 후천적 음의 질량을 주관하는 운용주체가 하나 되어 살아갈 때 영위하는 인생차원이 행복이다.

이로울 법 하니 찾아가고, 아쉬우니 찾아간다. 이롭지 않은 데 찾아가고, 아쉽지 않은 데 찾아가는 이가 있을까. 언제나 이로워서 맞이하는 자가 운용주체요 아쉬워서 찾아 가는 자가 활동주체라는 것이다. 방안은 이 문제 어떻게 풀어 나가느냐에 달려있다. 사랑으로 행복을 영위하지 못하면 내 가정은 물론 이웃과 사회와 조국을 위해 살아갈 방도가 없다. 아울러 '운용주체'와 '활동주체'는 음양차원이자 부부지간이고 부모자식지간이며, 주종지간이자 사제지간이고, 이웃지간이자 지인지간이며, 군신지간이자 노사지간이다. 의논이든 합의든 진화발전을 위한 것에 있고, 하나 되어 나가야 하는 것이 인생살이라 내조는 부부지간에만 국한된 것이 아니다. 음의 질량 물의 본질은 운용주체다. 양의 질량 만물의 본성은 활동주체다. 합의를 통해 화합하는 정도법(正道法) 본래 자리하고 있었지만 개념이 홀수, 짝수라는 천편일률적 음양논리에 머물러 깨우치지 못했을 뿐이다. 인간으로 태어난 것은 사람답게 살아가기 위한 것에 있다. 방법을 알고 있을까. 지위고하 막론하고 이래라저래라 참견하는 행위가 누구를 위한 것인가를 생각해보자는 것이다.

　너를 인정하지 않는데 나를 인정할까. 태반이 제 속 편키 위한 행위를 해대고서는 너를 위한 일이었다고 말한다. 도와 달라 요청했던가. 그런데도 나섰다면 자기 뜻대로 해보겠다는 것밖에 더 되겠는가 이 말이다. 운용주체가 눈치나 보며 제 속 편키 위한 행위만 해대면 활동주체와 화합은 어렵다. 지금 이 순간도 행의 현장에서 제 밥그릇 챙기기 혈안이라 사회를 곧잘 전쟁터로 비유하곤 하는데 범국제적일수록 더하면 더했지 덜하진 않는다. 나밖에 모른다면 패배주의에서 벗어나지 못한 것이라 주관을 잃어버려 눈치나 보며 살아가는 꼴과 다를 바 없다는 것이다. 그리고 작은 반도에서 살아간다고 약소국가일까. 커다란 땅덩어리에서 살아간다고 강대국이냐는 것이다. 덕으로 살아가야 할 운용주체 민족이 힘으로 살아가는 활동주체 민족을 모방하려 할수록 힘을 우선하는 민족에게 겁박과 침탈의 수모를 면치 못한다. 왜 그런 것인가. 음의 기운이 부족한 양의 질량일수록 살기 위한 몸부림칠 것이고, 이때 상충을 친다는 것이다. 운용주체 물은 활동주체 만물의 근원이라 돌연변이 사고(思考)를 일으키지 않는다. 공급받지 못한 활동주체 만물이 일으킬 뿐이고, 그 대신 책임 회피의 대가로 받는 표적은 부패한다는 것이다.

저자소개

1980년대 초 입대를 앞두고 우연히 들어간 암자에서 역서(易書) 몇 권을 훑어본 덕택에 선무당 짓을 해야 했었나보다. 속 빈 강정 채워보려 애썼지만 보고, 듣고, 읽은 것 태반을 기억하지 못한다. 인연도 기억 못하는 것은 예외는 아니었다. 그러다가 불쑥 튀어나오는 말문으로 현혹시킨 모양인데, 역시나 사람을 잡는 것은 선무당이다.

30세 즈음인가. 두어 평짜리 역술원 간판을 걸자마자 병원에 실려 갔었다. 무식한 게 용감한 것이라나 어쨌다나. 그 길로 나와 피토하도록 술을 마셨다. 꼴에 역술원장이라고 꿀리긴 싫었는지 온갖 잡서 닥치는 대로 읽었다. 내용을 기억 못하는 점에선 별반 다르지 않다.

잘나가는 이들만 찾는가 싶었던 어느 날 찾는 이들마다 형편이 어려워졌다는 소리가 들린다. 왜일까. 글문이나 영통으로 상대방의 앞날을 내다본다 하더라도 때가 되면 어쩔 수 없는 모양이다.

그러던 어느 날 60대 후반의 노파의 사연을 들었다. 막내 다섯째가 세 살 먹은 해에 남편과 사별하고, 큰 아들은 서른 즈음에 돌연사 하였다고 한다. 둘째 아들은 뇌성마비에, 셋째 아들은 유치장을 제집 드나들듯이 한다는 것이다. 그리고 넷째 아들은 집 나가 몇 해째 소식이 없다는 것이다. 그나마 막내아들을 의지하며 살아왔는데 척추를 다쳐 장애등급을 받았다는 것이었다. 소설을 쓰는 것일까.

1990년 기와 명상 열풍이 전국을 강타할 무렵 함석헌 사상을 접하면서 괴테와 쇼펜하우어를 알았다. 헤겔과 키르케고르와 니체를 알고 에리히 프롬을 통해 라마나 마하르시, 지두 크리슈나무르티, 오쇼 라즈니쉬 등을 접하다. 새 천 년을 두어해 앞두고 동해바다와 마주한 태백산, 두타산, 청옥산을 쉽게 오갈 수 있는 곳에 터전을 마련하고, 힐링과 웰빙 바람이 불 무렵 정선 움막으로 거처를 옮겼다. 그러다가 사제의 인연을 맺었다. 나름 난다 긴다는 산속인연들이 극구 만류했었다. 인간 스승을 두어서는 안 될 이가 두려한다면서 말이다. 정법을 논하는 분이시다. 입 닫고 눈으로 보고 귀로만 듣고 생활하던 어느 날이었다. 나가라고 한다. 2년 남짓 됐는데 쫓겨난 것이었다. 애제자의 항명소리가 들려왔다. 지체 없이 뛰었다. 대다수가 떠나버린 도량은 황량하기 그지없다. 3년이 채 되기도 전에 이상한 소리가 들려온다. 제 발로 걸어 나와야 할 차례인 모양이다.

이후 '뿌리민족의 혼' 시리즈 제1편 『업그레이드 시대 역사의 동선』, 제2편 『내조, 지혜의 어머니』, 제3편 『생활의 도, 자유인이 되기 위하여』, 제4편 『일제강점기와 동족상잔 6.25』, 제5편 『수행』에 이어 2019년 2월 제6편 『그르고, 다르고, 바른 것에 대하여』가 출간되었다.